The Alchemists
Three Central Bankers and a World on Fire

マネーの支配者

経済危機に立ち向かう中央銀行総裁たちの闘い

ニール・アーウィン
関 美和 訳

早川書房

2007年に始まった金融危機においても、ウォルター・バジョット（1826年生）の残した教訓が生かされた
Hulton Archive/Getty Images

1930年代に中銀総裁を務めたドイツのヒャルマル・シャハト（左）と、イギリスのモンタギュー・ノーマン
AP Photo/Staff/Putnam

1970年代のアメリカで高いインフレに悩まされたアーサー・バーンズFRB議長

Bettmann/Corbis/AP Images

バーンズの後任として1979年にFRB議長に就任し、大胆な金融引き締めを断行して大安定時代の土台を作ったポール・ボルカー

AP Photo/Chick Harrity

1992年2月、オランダのマーストリヒトにて、ヨーロッパ統一通貨を誕生させる条約が結ばれた

金融危機下の中銀総裁たち（2008年）：（左から）マービン・キング、ベン・バーナンキ、ジャン・クロード・トリシェ

世界の中銀総裁たちが定期的に集まって議論を闘わせる、スイス・バーゼルの国際決済銀行（BIS）本部

2002年からFRBのメンバーに加わったベン・バーナンキは、大恐慌研究の第一人者でもあった

Federal Reserve photo, Britt Leckman

FRB理事と地区連銀総裁が集うFOMCの会合では、バーナンキが見事なリーダーシップを発揮した

Federal Reserve photo, Britt Leckman

2009年、AIG救済について議会の公聴会で追及されるティム・ガイトナー財務長官（左）とバーナンキ
Brendan Smialowski/Getty Images

（左から）FRBのバーナンキ、ケビン・ウォルシュ理事、ドナルド・コーン副総裁、2010年のジャクソンホール会議にて
Bloomberg/Getty Images

20年にわたりカンザスシティ連銀の総裁を務め、金融引き締めによりインフレと闘うべきと主張したタカ派のトーマス・ホーニグ
Bloomberg/Getty Images

バーナンキの経済危機対策を高く評価したオバマ大統領は2009年、彼をFRB議長に再指名した
Pete Souza/Official White House photo

バーナンキとキングは共に学者出身であり、若い頃にMITでオフィスを共有していたこともある

AP Photo/Remy de la Mauviniere

互いに衝突することもあったアリスター・ダーリング財務大臣（左）とキング、2007年にポルトガルで行なわれた会合にて

AP Photo/Virginia Mayo

2010年に就任したオズボーン財務大臣（左）は、前任者よりもイングランド銀行と良好な関係を築いた

John Stilwell/PA Wire

2010年2月、カナダのイカルイトで開催されたG7サミットに集う主要国の財務大臣と中銀総裁

AP Photo/The Canadian Press, Fred Chartrand

Ｇ７サミットの会議の合間、カナダならではの犬ぞりに挑戦するキング（左）
AP Photo/The Canadian Press, Fred Chartrand

2011年までECB総裁を務めたトリシェは、ヨーロッパの統一と平和こそが人生の使命と考えていた
Bloomberg/Getty Images

アメリカよりもユーロ圏の経済危機が最大懸念となりつつあるなか、バーナンキ（右）はトリシェ（中）に「今度は君の番だな」と告げた

南欧諸国の危機が深まるなか、2010年5月のECB理事会はいつものドイツでなくポルトガルで行なわれた

ECBによる重債務国の国債買い取りに反対したアクセル・ウェーバー（左）は、2011年にブンデスバンク総裁の座を降りた

© European Central Bank

2010年10月、フランス・ドーヴィルにてサルコジ仏大統領（左）とメルケル独首相が結んだ合意は、ユーロ圏首脳を激怒させた

AP Photo/Phillippe Wojazer, Pool, File

2010年末までECB副総裁を務めたルーカス・パパデモス（左）は、翌年にギリシャ首相に就任した

2011年10月、任期満了により退任するトリシェECB総裁のために、記念パーティーが開かれた

トリシェの後任に選ばれたイタリア中銀総裁のマリオ・ドラギ（右）は、ニックネームが「スーパーマリオ」

イェンス・バイトマンは、ウェーバーの後任としてブンデスバンク総裁に就任し、その基本姿勢も引き継いだ

2011年11月、ECB総裁としてはじめての記者会見に臨んだドラギ。その後利下げを積極的に行ない、同年春にトリシェが行なった利上げ前の状態に戻した

© European Central Bank, Frankfurt am Main, Germany

2003年から中国人民銀行総裁を務める周小川は、経済改革の推進者だが欧米の中銀総裁と同様の権限は持っていない

AP Photo/Ng Han Guan

マネーの支配者

——経済危機に立ち向かう中央銀行総裁たちの闘い

THE ALCHEMISTS

Three Central Bankers and a World on Fire

by

Neil Irwin

Translated by

Miwa Seki

First published 2014 in Japan by

Hayakawa Publishing, Inc.

This book is published in Japan by

arrangement with

The Ross Yoon Agency

through The English Agency (Japan) Ltd.

目次

年表

1656年 11月30日
ヨハン・パルムストルヒのストックホルム銀行がカール一〇世により認可を受ける。

1661年
ストックホルム銀行がヨーロッパ初の銀行券を発行。

1668年 9月17日
ストックホルム銀行の破綻後、リクスバンクが設立される。現在も中央銀行として存続。

1694年 7月27日
ウィリアム三世がイングランド銀行を認可。

1866年 5月10日
オーバーレンド・ガーニー商会が破綻、取り付け騒ぎが広がる。イングランド銀行が最後の貸し手となり流動性を供給。

1907年 秋
ニューヨークで起きた金融危機が世界的不況を引き起こす。アメリカで中央銀行の必要性が認識される。

1913年 12月23日
連邦準備法が成立し、アメリカに中央銀行が誕生する。一二の地区連銀を持つ複雑な構造となる。

1923年 11月16日
ルドルフ・フォン・ハーフェンシュタイン率いるライヒスバンクが大量の紙幣を印刷、ハイパーインフレーションを引き起こす。天文学的な物価上昇により戦争で荒廃した国家はさらに混乱、ナチスの台頭を呼ぶ。
ヒャルマル・シャハトが、ライヒスマルクに代わる安定的な新通貨レンテンマルクを導入。新旧通貨の交換比率は一対一兆。

1929年 10月29日
米国株式市場が暴落。「魔の火曜日」と呼ばれる。

1931年

5月11日　オーストリアの大手銀行、クレジット・アンシュタルトが破産。ドイツその他のヨーロッパ諸国に銀行破産が広がる。

7月9日　ライヒスバンク総裁のハンス・ルターが欧州各国首都とバーゼルを訪問し、金融危機からの救済を要請。

9月21日　イギリスが金本位制を廃止。

1944年

7月22日　ニューハンプシャー州ブレトン・ウッズにて、先進国首脳が戦後経済の枠組みに合意。

1971年

8月15日　ブレトン・ウッズ体制のもとで金準備不足に苦しむニクソン大統領が金兌換の停止を宣言。

1978年

アーサー・バーンズのFRB議長としての任期最終年度、インフレ率は9パーセントに上昇。

1979年

10月6日　新FRB議長ポール・ボルカーがインフレ打倒を掲げ、マネーサプライを引き締めるため利上げを実施。深刻な不況を引き起こす。

1991年
12月10日
欧州首脳がマーストリヒト条約に合意。統一通貨の設立を誓う。

1998年
6月1日
ユーロ管理運営のため欧州中央銀行（ECB）が設立される。

2001年
3月19日
不動産バブルの崩壊と不良債権に苦しむ日本銀行が量的緩和を開始。

2003年
7月1日
マービン・キングが第一一九代イングランド銀行総裁に就任。
11月1日
ジャン・クロード・トリシェがECBの第二代総裁に就任。

2006年
2月1日
ベン・バーナンキが第一四代連邦準備制度理事会（FRB）議長に就任。

2007年
8月9日
モーゲージ証券の評価不能によりBNPパリバが三本のファンドの解約を凍結。ECBが信用市場に緊急介入。
9月14日
イングランド銀行が破綻危機のノーザンロックを救済。

12月12日　FRB、イングランド銀行、ECB、カナダ中銀、スイス中銀がスワップ協定に合意。金融危機におけるはじめての国際協調により、ドルを欧州の銀行に供給。

2008年

3月14日　FRBが三〇〇億ドルの資本注入によりベア・スターンズを救済。
9月15日　リーマン・ブラザーズが破産申請。
9月16日　FRBがAIGに八五〇億ドルの緊急融資。
9月18日　FRB、ECB、イングランド銀行、カナダ中銀、日銀、スイス中銀がスワップラインを拡大。各国金融システムにドルを注入。
9月24日　FRBがスワップラインをオーストラリア、スウェーデン、デンマーク、ノルウェーの中銀に拡大。
9月29日　FRBがスワップラインを三三〇〇億ドル拡大。
9月30日　アイルランド政府が国内銀行の債務保証を発表。他のヨーロッパ諸国から資金が流入。
10月7日　短期金融市場への流動性供給のため、FRBがコマーシャルペーパー資金調達ファシリティーを立ち上げる。
10月8日　アメリカ、ユーロ圏、イギリス、カナダ、スウェーデン、スイスの中銀が初のグローバル協調利下げを発表。
10月29日　FRBがスワップラインをブラジル、メキシコ、韓国、シンガポールに拡大。
11月6日　イングランド銀行が金利を一五〇bp引き下げ。
12月16日　FRBが政策金利をゼロ近くまで引き下げ、「一定期間」にわたる「超低金利」の継続を発表。

2009年

3月5日　イングランド銀行が金利誘導目標を〇・五パーセントに引き下げ七五〇億ポンドの国債買い入れを発表。

3月9日　世界の株式市場が過去一〇年の最低水準を記録。S&P500指数は二〇〇七年の高値から五七パーセント下落。

3月18日　FRBが量的緩和を拡大。総額で一兆七五〇〇億ドルの各種債券買い入れ。

3月24日　バーナンキとガイトナーがAIG救済について議会証言。吊るし上げにあう。

5月13日　ECBが政策金利を史上最低の一パーセントに引き下げ。

6月17日　キングが恒例の市長公邸ディナーでスピーチ。銀行規制についてアリスター・ダーリングを批判。

8月6日　イングランド銀行の金融政策委員会で、キングの大規模量的緩和の提案が否決される。

8月25日　バラク・オバマがバーナンキの再指名を発表。

10月4日　ギリシャの総選挙で全ギリシャ社会主義運動が勝利、ジョージ・パパンドレウが首相に就任。巨大財政赤字が発覚。

2010年

1月28日　バーナンキがFRB議長に再任する。反対票は過去最大。

2月7日　G7蔵相・中央銀行総裁会議がカナダのイカルイトで開かれる。財政緊縮と金融引き締め

2月11日　欧州首脳が財政危機のギリシャについて緊急サミット。
へ向けたコンセンサスが生まれる。

4月23日　パパンドレウが四五〇億ユーロの支援を要請。

5月2日　欧州首脳が一一〇〇億ユーロのギリシャ支援に合意。市場は不十分と判断。

5月5日　緊縮措置への抗議行動が暴動に発展。アテネで三人が死亡。

5月6日　ECBがリスボンで金融政策会合。金利据え置きを決定。トリシェがギリシャ支援を示唆しなかったことから市場は下落。米国市場ではフラッシュ・クラッシュで市場が混乱。その夜ECB役員会は問題国の国債買い入れを検討。イギリスで総選挙が開かれ保守党が勝利するも、単独過半数に至らず自由民主党と連立協議へ。

5月7日　ブンデスバンク総裁のアクセル・ウェーバーが国債買い入れへの反対意見をECB政策理事会に送信。トリシェはブリュッセルで欧州首脳と救済資金について緊急会合。各国の行動を求める。

5月9日　ユーロ圏財務大臣がブリュッセルで七五〇〇億ユーロの欧州金融安定化ファシリティーについて協議。ECB政策理事会は国債買い入れを決定。ウェーバーは反対票を投じ、ブンデスバンク理事会に諮って指令に従うかを検討。FRBがECBその他海外中銀とのスワップラインを再開。

5月11日　FRBの透明性を向上し金融政策の独立性を維持する、ドッド-フランク法案の修正案が上院を通過。イギリスではデビッド・キャメロンが自由民主党との連立政権により首相に就任。

5月12日　FRBに大小銀行の監督権限を残す修正案が上院を通過。

7月21日　オバマがドッド-フランク法案に署名。FRBの権限が増大。
8月27日　バーナンキがジャクソンホールで講演。追加緩和の可能性を示唆。
10月18日　フランスのドーヴィルでアンゲラ・メルケルとニコラ・サルコジが民間債権者の救済参加に合意。トリシェは市場に打撃を与えると大反対。
10月23日　G20蔵相・中央銀行総裁会議が韓国慶州で開催。バーナンキが海外首脳に追加緩和について説明。
11月3日　FRBが六〇〇〇億ドルのQE2を発表。国内保守派と、ドイツ、中国、ブラジルが強烈に批判。
11月21日　ドーヴィル合意後の市場圧力に苦しむアイルランドが支援を要請。

2011年

2月11日　ウェーバーがブンデスバンクを辞任。国債買い入れへの反対からECB総裁就任の可能性を断念。
4月6日　ポルトガルが救済を要請。ユーロ圏で三番目の支援受け入れ国となる。
4月8日　欧州大陸の大部分が不況に沈むなか、インフレを懸念したECBが利上げを決定。
5月6日　トリシェがルクセンブルクでの秘密会合がリークされたことに立腹し、帰国。ギリシャのEU脱退の可能性が話し合われるとの報道。
5月11日　メルケルがトリシェの後継としてイタリア中銀総裁のマリオ・ドラギ支持を表明。
5月14日　ドミニク・ストロス・カーン―IMF専務理事が、ニューヨークのホテル客室係への性的暴行容疑で逮捕される。

5月17日 欧州財務大臣が、ギリシャ国債保有者の損失負担を検討。トリシェは強く反対。
6月16日 キングとジョージ・オズボーン新財務大臣が市長公邸ディナーで協調的メッセージを発信。
6月30日 財政赤字の削減とイングランド銀行の監督権限強化を発表。
パパンドレウの七八〇億ユーロの財政緊縮案が議会を通過。ギリシャ経済の落ち込みにより暴動が継続。
7月21日 ギリシャ国債保有者が損失負担に合意。
8月5日 イタリアとスペインの国債利回りが上昇するなか、トリシェが両国財務大臣に救済条件を記した書簡を送付。
8月7日 ECBが国債買い入れを再開。スペインとイタリア国債も対象。
9月9日 ドイツ人ECB理事のユルゲン・シュタルクが辞任。国債買い入れに反対して辞めたのはウェーバーに次いで二人目。
9月21日 アメリカ景気の減速に対応し、FRBがツイスト・オペを発表。四〇〇〇億ドル分の長短国債を入れ替える。政治的批判をかわすことを狙った量的緩和策。
10月6日 ユーロ危機のイギリス経済への悪影響を懸念し、イングランド銀行金融政策委員会が七五〇億ポンドの追加緩和に合意。
10月19日 フランクフルトの旧オペラ座でトリシェの送別パーティーが開かれる。トリシェ、ドラギ、メルケル、サルコジ、クリスティーヌ・ラガルドIMF専務理事が別室に集まりギリシャとイタリアへの危機対応を検討。
10月27日 欧州首脳がギリシャ国債保有者への追加損失負担を交渉、ギリシャへの新救済案を提案。
10月31日 パパンドレウがギリシャのユーロ脱退を暗に問う国民投票を要求。

11月1日　ドラギが第三代ECB総裁に就任。
11月3日　ドラギ就任後の初回政策会合にて、ECBが二五bpの利下げを決定。翌月も利下げを継続。トリシェが二〇一一年春に行なった利上げ前の状態に戻す。
11月4日　カンヌでのG20サミットにおいて、メルケルら首脳がパパンドレウとシルビオ・ベルルスコーニに救済条件の履行を迫る。
11月6日　パパンドレウが退陣。元ECB副総裁のルーカス・パパデモスが新首相に就任。
11月12日　ベルルスコーニが退陣。元欧州委員会のマリオ・モンティが新首相に就任。
11月30日　FRB、ECB、その他主要中銀がスワップラインの再開を発表。欧州の銀行にドルを注入。
12月21日　ECBが長期リファイナンスオペを開始。四八九〇億ユーロを欧州の銀行に融資。

2012年

2月29日　ECBが二度目の長期リファイナンスオペを実施。五二九〇億ユーロを融資。
5月6日　ギリシャ総選挙で過半数を確保する政党がなく出直し選挙に。極右と極左政党が躍進。
7月26日　ドラギがロンドンでのスピーチで、ECBはユーロを守るためにできることをすべて行なうと発言。
9月6日　ECBが新たな国債購入プログラム（OMT）を発表。ユーロ圏存続のため無制限に国債を買い入れることにコミット。
9月13日　FRBが量的緩和の再開を発表。インフレ懸念がない限りは労働市場が改善するまで債券買い入れを継続すると誓約。

10月23日 キングが「通貨の印刷は、単なる天からの贈り物ではない。経済に必要な調整に、抜け道はない」と講演し、ＦＲＢとＥＣＢが積極緩和に向かうなかで静観を続ける。

12月12日 失業率が六・五パーセントを下回るか、インフレが二・五パーセントを上回るまで低金利政策を続けるとＦＲＢが発表。

イントロダクション　蛇口を開ける

二〇〇七年八月九日、ジャン・クロード・トリシェは、ブルターニュ地方の海岸沿いにある故郷サンマロの子供時代を過ごした家で目醒めた。その日はモーターボートを出して孫たちとのんびり遊ぶつもりだった。この一年、欧州中央銀行（ＥＣＢ）の総裁として多忙を極めたあとにやっと取った夏休みである。イングランド銀行のマービン・キング総裁もまた、その木曜はゆっくり過ごす予定だった。ロンドンのノッティングヒル地区にある自宅フラットから南側のケニントン・オーバルまで赴き、クリケットのイングランド代表対インド戦を見ることになっていた。これから始まる五年間の混乱のなかで、世界を導くことになる三人のうちただひとり、アメリカの連邦準備制度理事会（ＦＲＢ）の議長、ベン・バーナンキだけは、いつも通りの仕事の予定を立てていた。その日はキャピトルヒルの自宅から財務省へ向かい、財務長官のヘンリー・ポールソンと早めの朝食を取る予定で、警備の段取りがつけられていた。バーナンキの朝食はいつもオートミールと決まっている。

結局、三人のだれも予定通りの一日を送ることはなくなった。

午前七時半にトリシェの電話が鳴った。フランクフルトのＥＣＢ本部にいる市場デスクの監督責任者、フランチェスコ・パパディア金融市場局長からだった。

「問題が起きました」パパディアが言った。

フランスの大手銀行BNPパリバが、運用中の投資ファンド三本の解約を凍結すると発表したのである。そのファンドが大量に組み入れていたアメリカのモーゲージ証券が、評価不可能になっていた。正確な評価額がわかるまで、顧客は金を引き出せない。それ自体は小さな出来事だった。それほど有名でもない三本のファンドの資産額はわずか一六億ユーロである。

だが、その知らせはヨーロッパ中のバンカーが抱いていた最悪の不安が的中したことを物語っていた。もう何週間も前から、アメリカの住宅ローンへの懸念が膨らんでいた。二〇〇七年の頭までは超安全な資産としていつでも売買できたモーゲージ証券は、七月にはほとんど売買できない状態だった。怪しげなローンを組んでタンパやクリーブランドやフェニックスで家を買ったものの返済できなくなる人が急増し、これらのローンが組まれた前提そのものに疑いの目が向けられるようになっていた。トリプルAの格付けは、本当はトリプルAではなかったのかもしれない。銀行は見かけほど価値のない債券に莫大な金を注ぎ込んだのでは？　BNPパリバに自社のファンドの価値がわからないのなら、モーゲージ証券に首まで浸かった他の銀行にそれがわかるのだろうか？

銀行は高格付け証券をほぼ現金と同等に扱う。ドルやユーロが必要になるとそれらの債券を担保として貸し手の銀行に差し出す。それは、極めて日常的な取引である。しかし、二〇〇七年八月はじめには、この簡単なはずの取引が突然ややこしくなった。これらの証券の価値が目減りしたからではない。銀行は損失への対処には慣れている。問題は、損失額の予想がつかなかったことだ。そもそも、モーゲージ証券を担保にした銀行間の融資が返済されるかどうかもわからなくなっていた。

パパディアと部下たちはヨーロッパの大手銀行二〇行の資金管理部長と毎日のように連絡をとり合っていたが、このところその面々は「ドンづまり」が迫っていると警告を発していた。その木曜の朝、ついにそれがやってきた。BNPパリバの発表のあと、各行は市場から資金を引き揚げ、通常の資金供給はあっという間に消え失せた。「信頼が揺らいだ」[1]ドイツ銀行のチーフ欧州エコノミストであるトーマス・マイヤーはニューヨーク・タイムズ紙にそう語った。ある大手グローバル銀行の経営幹部は、こう振り返った。「これまで経験したことのない事態だった。これまではただ蛇口をひねれば水が出てきた。なのに、もう水が出なくなった」

なんとも的を射た言い回しである。というのも、その日まさに流動性が金融システムから失われようとしていたからである。ユーロもドルもポンドも、水とは違って簡単に流れ出てはこなくなった。銀行が蛇口を閉めて、貸し渋りが起きれば、経済も停止することはこれまでの歴史が繰り返し示している。銀行間で貸し渋るということは、工場を建てたい企業や家を買いたい個人にもやはり貸し渋るはずである。警戒を怠れば、ヨーロッパの金融危機は世界経済にはかり知れない打撃を与えることになりかねない。ヨーロッパのバンカーもいつものようにロングバケーションを楽しんでいる場合ではなくなってきた。

役員会を招集してくれ。トリシェはパパディアにそう指示した。ユーロ参加国から指名された六人のメンバー全員の合意がなければ、ECBのリソースを使うことはできない。なにもないところから通貨を作り出す権限を握るのもこの六人である。緊急電話会議を開くため、フランクフルト本部のスタッフはスペインやイタリアやギリシャのあちこちのリゾート施設に電話をかけ始めた。トリシェは休みになるといつも中世の港町サンマロに身を隠し、この海の近くで詩や哲学書を読むことがなによりの楽しみだった。しかし、この場所からトリシェは二一世紀最初の金融危機のはじまりに対処することになる。

朝の一〇時までには、役員会の全員が電話でつながっていた。トリシェは語気を強めた。「我々ができることはただひとつ、流動性を供給することだ」ＥＣＢは金融システムにふんだんにユーロを供給するべきだと訴えた。トリシェは、ＥＣＢは「最後の貸し手《レンダー・オブ・ラスト・リゾート》」としての伝統的な役割を果たし、民間銀行が資金を引き揚げているときにこそ介入すべきであり、しかも斬新なやり方でそれを行なうべきだと主張した。金融システムに一定量の通貨を注入する従来の手法を捨て、資金の必要な民間銀行に無制限に流動性を供給しようというのである。トリシェと役員会は中央ヨーロッパ標準時の一二時半きっかりに、いわゆる「固定金利による応札全額供給」を発表した。

つまりこういうことだ。さあさあ、つかみどりしてくれ。四パーセントの金利で好きなだけユーロを供給しよう。この措置により、四九の民間銀行が九五〇億ユーロを受け取った。

蛇口を開いたバーナンキ

ＦＲＢは、グローバル金融の動きを監視するための市場デスクをニューヨーク連邦準備銀行に設置しているが、その木曜日、アメリカ東海岸の早朝に翌日物《オーバーナイト》の動きを監視していたスタッフはほんの数名しかいなかった。ケープコッドで休暇中だったニューヨーク連銀総裁のティム・ガイトナーもバーナンキも、そのニュースを耳にしたのはトリシェが最初の知らせを受けてから何時間もあとのことだった。

朝六時四九分にバーナンキはＦＲＢの金融政策局長であるブライアン・マディガンからメールを受け取った。「おそらくご存じかもしれませんが、またオーバーナイトが枯渇しました」と市場の直近の動きを伝えてきた。だが、この時点でＥＣＢの動きはマディガンに伝わっていなかった。ＥＣＢの異例のオペについてバーナンキが一報を受けたのはそれからおよそ三〇分後、ＦＲＢの警護官が運転する黒いキャデラックでインディペンデンス通りを走っているときだった。七時一六分に広報官のデビッド・スキドモアからメールが届いた。「どうもドイツ銀行のマネー・マーケット・ファンド（MMF）が二本デフォルトし、ECBがドル建て資産への入札を行なっているようです。知り合いのロイター記者が早朝から財務省のプレスルームに向かっています」

細かい内容には間違いがあった。実際にはドイツ銀行ではなくBNPパリバだったし、ファンド数も二本でなく三本で、通貨もドルではなくユーロだった。だが、大筋は正しかった。ECBが異例の手法で市場介入を行なったということだ。そのうえ、FRBの議長ともあろうものがロイター記者からのあやふやな噂話を通してそのことを知ろうとしている。七時半にポールソンとバーナンキが腰を下ろしてオートミールを口に運ぶ頃には、なにか大ごとが起きたのは明らかだった。が、その中身を正確に知っている人はいないようだった。

バーナンキがより正確な状況をようやくつかんだのは八時五二分になってからで、それは金融市場や他の中央銀行とバーナンキとの橋渡し役になっていたFRB理事のケビン・ウォルシュからのメールを通してであった。「ECBの措置は、ふたつのメッセージを発していると思われます」その朝中、電話で情報収集に努めていたウォルシュはそう書いていた。「まずひとつは、彼らが欧州のマネーマーケットの円滑な運営を担保するために流動性を供給する準備があるということです。次に、政策金利で流動性を供給しているということは、今のところ基本的な政策態度を変えるつもりがないということです」つまり、金融システムを安定させるための対応と、ヨーロッパ経済全体の弱さへの対応との間に明確な一線を引こうとしているという理解だった。

朝食を終えたバーナンキは、首都ワシントンのフォギーボトム地区にある白い大理石造りのFRB本部へと向かった。一一時には、知恵を借りようとルイス・ラニエリと会った。一九八〇年代にソロモンブラザーズの債券トレーダーだったこの男こそ、モーゲージ証券の概念を作りあげることに多大な役割を果たした人物である。つまり、いま崩壊しつつあるこの市場の生みの親と言ってもいい。二時には金融業界の知見を借りようと、大手ヘッジファンドの経営者ら数名と会っていた。

その午後遅く、バーナンキの側近たちは議長室に集合し、ソファや椅子に陣どった。ケープコッドで休暇中のガイトナーは、家族サービスの合間をぬって携帯電話を耳にあてていた。副議長のドナルド・コーンは結婚式のためにニューハンプシャーに向かう車の中から参加した。ニューヨークの市場担当者もスピーカーフォンでつながっていた。その朝、FRBは短期金利を誘導目標に抑えるための通常オペとして、ニューヨークデスクから市場に二四〇億ドルを注入していた。ヨーロッパと違ってアメリカの銀行に流動性の問題は見られなかったため、トリシェが行なったような介入の必要はないと思われた。しかし、アメリカ市場にとってはさんざんな一日だった。ダウ工業平均が三八七ポイント下落したのである。

バーナンキは、FRBがECBと足並みを揃え、必要に応じて金融システムを支える準備があるというシグナルを送りたがっていた。そのような声明文を発表した方がいいと主張した。危機に際して市場活性化の積極策に出るべきだと常々言ってきたガイトナーは、信用収縮に対抗するため先手を打つべきだと言い始めた。しかし、少なくともその日は、そこまでの措置はまだ時期尚早だということで一致した。声明文で充分だろう。

バーナンキとブレーンたちは文言について話し合い、広報担当のミシェル・スミスがそれをタイプした。草稿は五時三七分にバーナンキにメールされ、翌朝八時に発表されることになった。「現在の状況を鑑みると、短期金融市場と信用市場の混乱により預金取扱機関に異例の資金需要が生じる可能性がある。連邦準備制度は金融市場を秩序正しく機能させるため、流動性を供給する準備がある」という簡潔なものだった。

要するに、蛇口を開けるということだった。

高みの見物を決め込んだキング

その木曜、ケニントン・オーバルでのクリケットの試合は、追いつ追われつの末、ホームのイングランドチームに残念な結果となった。五日間にわたる試合に最終的に勝ったのはインドチームだった。キングは部下に、緊急時以外には連絡するなと指示していた。シティのスレッドニードル街に要塞のようにそびえ立つイングランド銀行の市場スタッフにとっては悩ましい状況だった。ECBの異例の資金供給は本当の緊急事態と言えるのか？

やはり緊急時だとスタッフが判断してキングに電話を入れると、キングはECBの介入によって逆にパニックが拡大することの方を懸念しており、イングランド銀行の対応についてはそれほど心配していなかった。ちょうど前日の記者会見で、信用市場の収縮は「歓迎すべきことであり、リスク評価が現実に近づいた表れだ」[2]と述べたばかりだった。キングはオフレコで、トリシェは過剰反応しているだけだとばっさり切り捨てていた。ECBの介入は、遅すぎた感もある必要な市場調整を妨げかねないと主張した。金融システムは単に長年の過剰流動性を調整しているだけで、イギリスはなにが起きようとも対応できる、というわけだ。

世界最大級の中央銀行を率いる総裁たちのうち、キングはまだ目の前の危機がそこまで深刻なものだと考えず、その後しばらくもその考えを捨てなかった。その世代でもっとも優秀なエコノミストのひとりであるキングは市場の自己調整力を信頼しており、たとえ混乱時であっても介入には消極的だった。スレッドニードル街の帝王とあだ名されるキングは、自身の見識と分析に絶対の自信を持ち、反対する者をこき下ろすことで有名だった。たとえ、相手がヨーロッパ最大の力を持つ中央銀行総裁であったとしてもだ。労働者階級出身のキングは、非凡な知性と持ち前の競争心でイギリスの支配階級に昇りつめた人物である。イングランド銀行に対する信頼が地に落ちていた一九九〇年代のはじめにチーフ・エコノミストとして入行し、イングランド銀行を自身のイメージ通りに再構築した。厳格な分析。理論的なアプローチ。キングの高い期待に添えなかったり、彼の言動を快く思わないスタッフや部署は、容赦なく攻撃された。

キングはそれまでずっと銀行規制を重視していなかった。金融政策の策定という優雅で知的な仕事と比べると、銀行規制など法律面の雑事だと思っていたのである。ずっと民間銀行のバンカーを軽蔑しているようにさえ見え、オフレコではバンカーたちの言い分をけなしていた。「金融システムの安定維持はイングランド銀行にとって二の次となっていました」二〇〇一年から二〇一〇年までイングランド銀行の金融政策委員を務めたケイト・バーカーは言う。

実際、その混乱した木曜に、キングは世界中の中央銀行総裁との電話会議を副総裁のレイチェル・ロマックスに任せたほどだった。のちにキングは最前線に立ちパニックと闘うことになる。だがその幕開けの日、キングは傲慢さゆえに高みの見物を決め込んでいたのだった。

欧米の三大中央銀行の総裁は別々の世界にいた。物理的に離れていたことはもちろん、世界経済が直面する問題の分析においてもその対応策についても隔たりがあった。トリシェは問題を民間金融機関のパニックだととらえ、一時的な市場不安だと考えていた。キングは長期にわたった過剰流動性への市場調整だと思っていた。バーナンキは金融システムと経済全体を巻き込むような、複雑に絡み合った一連の危機だと感じていた。彼がそう感じたのは、ひとつにはアメリカ発の住宅市場の下落と不良住宅ローンがヨーロッパで問題を引き起こしていたからだ。だが、その見方はバーナンキの学者としての経歴からきたものでもある。大恐慌研究の第一人者であるバーナンキは、当時経済が大混乱に陥った原因は「フィナンシャル・アクセラレーター」にあると理論付けていた。銀行破綻が不況を悪化させ、それがさらなる銀行の破綻につながり、またそれが不況を呼ぶ。バーナンキは、必要とあらばＦＲＢが取りうるあらゆる手段に訴えて、この負の連鎖を止めようと心に決めていた。

この瞬間にこれほどふさわしい人物がＦＲＢ議長であったことは、まさかの幸運だった。サウスカロライナ州の田舎町ディロン出身のバーナンキが、伝説のＦＲＢ議長アラン・グリーンスパンの後継候補として二〇〇五年夏にブッシュ大統領と面接した際には、大恐慌研究者としての彼の経歴は話題にならなかった。だが、その八月の木曜日以降、この経歴が彼のすべての政策に影響することになる。バーナンキは、彼自身も一九二〇年代と三〇年代の中央銀行と同じ失策を犯して多くの人々を窮状に追い込むのではないかという恐れにとりつかれているようだった。

考え方や先入観はそれぞれ違っても、中央銀行家《セントラルバンカー》はみな恐るべき力を持っている。すなわち、通貨を創造し消滅させる力である。アンドリュー・ジャクソンの顔が印刷された紙切れに二〇ドルの価値があるのはなぜだろう？　どうしてその紙切れと交換に温かい食事や映画のチケットが手に入るのか？　それは、「バーナンキ議長がそう仰せだから」と言ってもあながち間違いではない。過去三五〇年間の紆余曲折を経て、セントラルバンカーは大いなる権力の一端を握った。民主主義は、秘密のベールに包まれたエリートたちに国家経済の手綱を譲り渡したのである。その見返りとして国家が求めるのは通貨の安定と持続的な繁栄だけだ（だがそれは、言うは易く行なうは難しである）。雇用も預金保護も、国家の繁栄も衰退も、中央銀行のさじ加減次第なのだ。

二〇〇七年八月九日から五年にわたりふたつの大陸の間で数千回の電話会議が交わされ、数兆にのぼるドルとユーロとポンドが金融システム救済のために注ぎ込まれた。セントラルバンカーは、深刻化したグローバルなパニックを収めるために最前線で闘うことになる。彼らは大統領や議会には及びもつかないスピードと規模で行動した。その後の五年間、ジャン・クロード・トリシェ、ベン・バーナンキ、マービン・キングの三人は未来の世界を形作っていくことになったのだった。

たった一言で株式市場を動かす

一七世紀のスウェーデンで世界初の中央銀行が設立され、当時帝国通貨だった重たい銅板の代わりに便利な紙幣が提供されるようになって以来、貨幣は物理的な対象物であると同時に抽象的な概念となった。中世の錬金術師はスズから金を生み出す方法を発見できずじまいだったが、結局は必要なかった。国家と輪転機から力を得た中央銀行は、それと同じことができた。中央銀行のこの力が、まさしく近代社会の土台となっている。電気や下水道設備が近代都市を可能にしているように、中央銀行の供給する資金フローが近代経済を可能にしている。彼らが金融システムの崩壊を未然に防ぐことで、巨額の長期投資が可能となり、家に灯りがともり、ジャンボジェット機が飛び、世界中のどこからでもほぼだれにでも電話がかけられる。

電子マネーの取引額が貨幣の取引額を大きく上回るようになった現代では、ドル紙幣やユーロ紙幣を印刷する仕事は中央銀行にとって飾りのようなものだ。実際のマネーの創造と消滅は、その影響の大きさの割にあっけない仕事である。ロウワー・マンハッタンにあるニューヨーク連銀ビルの九階で、またはロンドンのスレッドニードル街で、あるいはフランクフルトのドイツ連邦銀行（ブンデスバンク）で、コンピュータの前に座る数名の中間管理職が、キーボード一押しで証券を売買する。彼らは理事会が決めた政策をただ実行しているだけである。彼らが債券を買うと、それまで存在しなかったマネーが生まれる。売るとその分のドルなりポンドなりユーロなりが消滅する。

言葉だけで足りることも少なくない。「追加的な政策が必要とされるであろう」と言われても、素人にはピンとこないだろう。だが、この一文がイングランド銀行やＥＣＢやＦＲＢのトップの口から出ると、ウォール街やロンドンや香港のトレーディングフロアはたいてい歓喜に包まれる。それは、まもなく中央銀行が通貨を市場に大量供給するという意味だからだ。

その一文が金融ニュースで流れた瞬間、たいがい株式市場は高騰し、リバプールに住む退職者の資産が増える。たいていの場合は原油価格も上がり、シュトゥットガルトのトラック運転手の商売は厳しくなる。金利はおそらく下がり、セントルイスの新婚さんは家を買いやすくなる。文章になっていなくても、たった一言でいい場合さえある。二〇〇六年、週末のプライベートパーティーでバーナンキはある女性ジャーナリストから数日前の発言に対する市場の解釈は正しかったかと聞かれ、オフレコのつもりで「ノー」と答えた。そのジャーナリストが月曜にその会話を報道すると、ダウ工業平均は数分もしないうちに八五ポイントも下がった。

政府高官の中ではめずらしく、セントラルバンカーは長い歴史を紡ぐ糸のつながりを感じている。前任者の成功が、今ここにある世界を作ってきた。イングランド銀行が安定した金融システムを作ったからこそ、一九世紀のイギリスは世界の広い地域を支配できた。ＦＲＢの設立によって第一次世界大戦後のニューヨークはロンドンに勝る金融の中心地となり、アメリカの超大国としての台頭と第二次世界大戦後の脈々とした繁栄への礎が築かれた。一九七〇年代にＦＲＢや他の中央銀行がインフレを打倒したことが、その後四半世紀の物価安定とグローバル経済の繁栄の土台となった。二〇〇七年八月九日にそれが崩壊し始めるまでは。

もちろん、彼らは中央銀行が過去に犯した失敗も充分承知している。大恐慌もそのひとつだ。二〇〇七年のその日、そしてそれ以降の日々のバーナンキとトリシェとキングの行動は、たとえば一八六六年のオーバーレンド・ガーニー商会の破綻から得た教訓が下敷きとなっていた。このイギリスの大手銀行の破綻は大きなパニックを引き起こし、他の金融機関から預金を引き出そうと殺到した預金者たちでシティの街路は大混乱となったほどだった。電報の発明により、パニックはまもなく大英帝国の隅々にまで広まった。干上がった信用市場を目の前にして、イングランド銀行が「商人にも、中小銀行にも、あの人にもこの人にも」金を貸して取り付け騒ぎを止めたことは、作家であり知識人でもあったウォルター・バジョットが著したことでもよく知られている。とはいえ、その後の深刻な景気後退を止めることはできなかった。二〇〇七年八月九日のECBの動きは、それと同じ戦略を現代的に焼き直したもので、トリシェとバーナンキとキングはおよそ一五〇年の時を経てバジョットのこの言葉を危機対応のお手本としてたびたび引き合いに出した。

バーナンキとFRB高官は、アメリカ国民が中央銀行に代表される中央集権的な統治手法に反感を抱いていることを充分すぎるほど理解していた。一九世紀に中央銀行が存在しなかったということは、すなわち当時のアメリカでは銀行パニックが日常茶飯事だったということである。毎年の収穫時の農民の資金需要でさえも、予測可能なはずが、決まって国中の金融機関を閉鎖の瀬戸際に追い込んでいた。それでも、中央銀行設立までの闘いは、茨の道だった。議会の支持を得るためには妥協が必要であり、それがこの組織の構造を極端に複雑で運営困難なものにした。それから一世紀後にふたたび、権力の集中に対するお決まりの非難の声が上がることになる。

二〇〇七年に始まった危機のなかでグローバル経済を率いた三人の男たちは、一九七〇年代に育った。中央銀行が景気後退を恐れ、政治権力におののき、結果的に手に負えないほどの物価上昇を許した時代だ。「意思を殺して権力に完全服従しなければ――それが法的にも倫理的にも間違っていたとしても――、私に未来はないと知っていた」ＦＲＢ議長だったアーサー・バーンズは一九七一年の日記にそう記した。この「権力」とは、一九七二年の再選を狙って低金利と好景気を維持することに汲々としていたリチャード・ニクソンである。当時、物価上昇の足が速すぎて、ステーキハウスはその週の牛肉の仕入れ値次第でメニューの価格を訂正するためシールを貼っていたほどだった。それ以来、中央銀行はインフレへの警戒を怠らず、それが良い方に転ぶこともあれば、悪い方に転ぶこともあった。二〇〇〇年代には、ありもしないインフレの亡霊を見た。

だがトリシェ、バーナンキ、キングの三人がどんな亡霊よりも恐れたのは、一九二〇年代と三〇年代の中央銀行の失策である。ドイツ帝国銀行（ライヒスバンク）が政府の資金調達のためものすごい量の紙幣を印刷した、あの時代だ。人々は手押し車に紙幣を積んで食料を買い出しに行き、貨幣と違って価値の変わらない自転車やピアノを買ったものだった。ハイパーインフレに絶望した国民のなかに、ナチスへの支持が生まれた。そして彼らの支配を可能にしたのである。

大恐慌の本質は中央銀行の失策である。二一世紀はじめのセントラルバンカーたちは、スイスのバーゼルに集まり、協調して現代の危機に対応したが、一九三〇年代初頭に彼らが顔を合わせたとき、協調は今よりはるかに難しかった。自国の利益にとらわれ、金本位制に縛られ、経済動向への共通の理解もなかった彼らにとって、一九三一年の世界恐慌は手に余る問題であることは明らかだった。ライヒスバンクのヒャルマル・シャハトやイングランド銀行のモンタギュー・ノーマンら中央銀行総裁たちには、当時の通信技術の制約――大陸間の電話はなかなかつながらず、ジェット機はまだ発明されていなかった――もまた障害となっていた。彼らの失策は数百万の人々を極貧に陥れ、第二次世界大戦の土壌を作り出した。

トリシェが率いた欧州通貨連合は、過去の衝突から生まれたものである。一九四二年、ドイツ占領下のリヨンに生まれたトリシェは、占領と大戦による荒廃から立ち上がろうとしていた国で育った。他の戦後リーダーと同じく、トリシェもまた武力衝突が二度と起きない大陸を作ることを心に決め、ヨーロッパ統一を人生の使命とした。ユーロは彼らの宝物であり、彼らの努力を体現するものだった。だがその努力の賜物が、二一世紀のグローバル金融危機によって崩壊の危機にさらされることになったのである。

強い絆で結ばれたセントラルバンカーたち

トリシェ、バーナンキ、キングの三者のパートナーシップは、経歴も性格も知的嗜好も違う男たちの間に生まれたものだった。その違いは、これから持ち上がる出来事の中で大きく浮かびあがることになる。二〇〇七年八月九日を皮切りに、欧米大国の中央銀行の頂点に立つこの三人の男たちは、互いの違いを乗り越えようと模索していった。

彼らは、中央銀行の総裁職を引き受けた時点で――トリシェとキングは二〇〇三年に、バーナンキは二〇〇六年に――まれに見るほど親密な同胞の一員となった。世界中の中央銀行の総裁たちは、頻繁に顔を合わせる。ワイオミング州ジャクソンホールで毎夏開かれる経済会議でも、首脳会合への随行中にも、そしてなによりバーゼルで年に六度も。あまり理解されず悪者扱いされることも多い中央銀行の総裁たちは、こうした場所で、仕事につきものの政治や個人攻撃や難しい選択から逃れ、つかの間の息抜きをするのである。

彼らは同じ言葉を話す。文字通りの意味でも、また象徴的な意味でも。全員が英語を流暢に話し、経済学の議論に精通している。外務大臣や財務大臣や防衛大臣も、他国の大臣と友好的な関係を持つかもしれない。友達付き合いをすることもあるだろう。だが、セントラルバンカーがその個性や思考や信条や弱点をさらけ出すのと同じレベルの、継続的で親密な関係を築くことはないはずだ。彼らは他国の同胞の発言の意図をおそらくだれより深く理解している。強い仲間意識で結ばれたセントラルバンカーたちは、バーゼルでの発言は絶対に外に漏れないことを確信できている。

三人の総裁には古いつながりもあった。キングとバーナンキはマサチューセッツ工科大学（ＭＩＴ）の若手教員の頃、オフィスを共有していた。キングはケンブリッジの学生時代に、イギリス税制の研究のため留学中だった若き官僚のトリシェと出会った。二〇〇七年八月のその日に始まったパニックは、三人が力を合わせてグローバル経済を繁栄に導くことができるかどうか、その絆と能力を試すことになった。

人類は彼らに強大な力を与えた。そして彼らが歴史から学んだ教訓を生かすときがついにやってきた。ひと世代にわたる不良貸し付けと肥大した借金のつけが表面化してゆくなかで、三人の男たちは失敗の代償がどれほど高くつくかを知りすぎるほど知っていた。

この三人がこれほど巨大な影響力を持つに至った経緯を理解するには、まず中央銀行の成り立ちを知る必要がある。そのはじまりは、昔々のスウェーデンにさかのぼる。

第一部

錬金術師の誕生

――一六五六年から二〇〇六年まで

一章　ヨハン・パルムストルヒと中央銀行の誕生

その男は破産し、絶望しきっていた。ラトビアで生まれオランダで育ったスウェーデン在住の銀行家、ヨハン・パルムストルヒは検察の追及に対して自らを弁護した。それは裁判というより魔女狩りのようだった。国民は預金がどこに消えたか知りたがっていた。預金者と政府の捜査員が店頭に列をなし、「押し合いへし合い、罵声を上げていた[1]」という。「そうした騒乱と脅迫と罵声と駆け引きのなかで命の危険にさらされて、記録を残し帳簿を管理することなどだれにできましょう?」とパルムストルヒは訴えた。

パルムストルヒ率いる世界初の中央銀行、ストックホルム銀行に対する捜査によって、大量の貨幣が金庫から消失していることが判明したばかりか、破綻危機はスウェーデン王室の財政に多大な負担となることが判明した。パルムストルヒは銀行に与えた損失を返済するよう命じられた。それができなければ処刑されることになる。なにしろ現代とは違う一六六八年のことだ。自由に紙幣を印刷する権力を持つこの男の行動が、スウェーデン国民の貯蓄を消滅させ、国家経済を破壊し、政府の介入がなければ大惨事となる状況を招いたのである。

パルムストルヒは一六六九年に減刑され、翌年釈放された。それから一年後に他界した史上初のセントラルバンカーは、金融の天才としてではなく、ヨーロッパの大国の経済を混乱させた犯罪者として名を残すことになった。そこに至るまでの五年間に、スウェーデンでは信用バブルに伴って生活水準が上がり、その後インフレが起き、バブルが弾けて不況が訪れていた。

つまり、数年という短い間にスウェーデンは中央銀行制度の最高と最悪の両面を経験したのである。だがヨハン・パルムストルヒとストックホルム銀行に関わった全員が、それ以上のことを成していた。彼らは、近代グローバル金融の幕を開けたのである。セントラルバンカーたちが二〇〇七年から二〇一二年の金融危機にどう対応したかをきちんと理解するには、そもそも彼らがどうしてそれほど大きな力を持つに至ったかを知らなければならない。それはヨハン・パルムストルヒの話から始まる。

世界初のセントラルバンカー

スウェーデンといえば今ではミニマリスト家具やポップミュージックを思い浮かべるが、一七世紀の大半、スウェーデンはヨーロッパの超大国だった。スカンジナビア半島全体を治め、現在のバルト三国の一部とドイツ、ポーランド、ロシアの一部も支配下に置いていた。

スウェーデンは地の利には恵まれていなかったが、国際舞台で大国の地位を築いていた。人口はおよそ一〇〇万人とイギリスの六分の一しかなく、国土はフランスの二〇分の一だった。そのうえ、農業生産性は低く、一年のうち八ヵ月は暗く寒かった。食糧は乏しく、農民はパンの種に樹皮を混ぜて嵩を増していたほどだった。フランスやイギリスのような農業生産のないスウェーデンは、漁業および鉄鉱石や銅の採掘に頼る他なかった。だが、商業を本格的に発達させるには、単なる物々交換よりも柔軟な取引方法、つまり取引媒体が必要となる。塩、貝殻、または硬貨といったものだ。新たな独立国となったスウェーデンは、一五三四年に最初のダラー（daler）貨幣を鋳造した。アメリカ通貨の名前の起源はここにある。

しかし、一七世紀に入ってしばらく経っても、貨幣はなかなか人々の手元まで届かなかった。貨幣を貯蔵し、分配し、貸し出す組織制度が必要だったのである。アムステルダムやハンブルクやロンドンでは、それを行なう会社が現れており、イタリアの一部でも似たような機関が何世紀も前から存在していた。だが、一六〇〇年代の初頭までスウェーデン語にはそれを表す言葉がなかった。そこで、一六一九年に国王と商人階級の歴々が集まり、イタリア語のバンカをもじってスウェーデン語のバンクとしたのである。[2] しかし、だれがこの新しい組織に設立資金を提供するかについては意見が割れた。グスタフ・アドルフ国王と強力な宰相のアクセル・オクセンシェルナは、市に資金を提供させたがった。だが、これらの市の商人たちは国王が費用を負担すべきだと考えた。そしてリスクも。膠着状態が三〇年も続き、貨幣流通が定着しないスウェーデンの商業は競争力を失った。銀行制度という言葉はあっても、制度そのものはなかったのである。

よそ者がそれを変えることになる。

ハンス・ウィットマッカーは一六一一年に現在のラトビアの首都リガで、裕福なオランダ商人の息子として生まれた。青年になると、当時世界でもっとも銀行制度の発達していたアムステルダムで起業家となった。二八歳のとき、ウィットマッカーは借金が返済できず牢屋に入れられた。釈放されると、また一旗あげようと四万五〇〇〇の人口で賑わう国際都市となっていたストックホルムに向かった。名前まで変えた。ヨハン・パルムストルヒと。

パルムストルヒの肖像画や彼の人となりを表すものは残っていない。ただ、口達者な人物だったことは確かだろう。一瞬で相手に信頼されるような誠実で賢そうな男だったはずだ。この能力に魅力とカリスマ性が加わって、彼は金持ちや権力者に気に入られた。もしそうでなければ、次に起きたことの説明がつかない。

カール一〇世グスタフは、名君グスタフ・アドルフが夢見た銀行設立と商業の近代化をなんとしても実現したかった。国王はオランダの銀行制度に精通しているらしき四五歳の外国人を信用した。一六五六年一一月三〇日、国王令によりストックホルム銀行の設立が許可され、ヨハン・パルムストルヒが経営を任された。国王がパルムストルヒの犯罪歴を知っていたかどうかは定かでない。

パルムストルヒは政治的な立ち回りがうまかった。銀行の利益の半分は国王に捧げられた。両手に余る数の国内の有力者、たとえば宰相や商工会議所の会頭にも、資本を要求せずに利益の一部を与えていた。のちにその株主のひとりが、国王から「銀行制度主席監察官」[3]に任命された。現代ならとんでもないことである。

二〇〇〇年代に革新的なモーゲージ証券を発明したインベストメントバンカーと同様、パルムストルヒもまた「金融イノベーション」の達人だった。スウェーデンでは一六二四年以来銅を法定通貨としていたために、数々の問題が起きていた。まず、銅を銀行の金庫に保管しておくと、他の実用的な目的に使えなくなってしまう。また、通貨を希少金属の価値に連動させると、一国のコントロールの及ばない要因によって価値は大きく変動する。たとえば、ドイツ経済が三〇年戦争で壊滅的な打撃を受けたことで銅の価格は暴落し、スウェーデン通貨の価値も崩れた。

もっと身近な問題もあった。銅はなにしろ重い。もっとも流通量の多い一〇ダラー銅板は縦三〇センチ横六〇センチの大きさで、その重さは二〇キロを超えていた。[4]それはバター三〇キロ、または一ヵ月分の単純労働と同じ価値があった。この銅板はいまだにストックホルム周辺の海岸で発見されることがある。というのも、船への積み降ろしの際に落ちてしまうと、あっという間に沈んで回収できなかったからだ。ダラー銅板は銀行員の腰痛の原因だったに違いない。

パルムストルヒの最初のイノベーションは、巨大な銅板をストックホルム銀行の金庫に保管し、紙の領収書を発行したことである。このアイデアは、カール一〇世にとってかなり魅力的なものだった。銀行の定款に、国王は「スウェーデン国民が重い銅板を持ち運ぶ必要から逃れる利便性」[5]を挙げた。

このイノベーションは成功し、銀行に大量の預金が流れ込んだ。設立から三年後の一六六〇年までには四〇万ダラー、つまり今日の七六〇〇万ドルに相当する預金が集まった。[6]その後まもなく経営陣たちは次のイノベーションを思いついた。パルムストルヒがのちに証言したように、株主であり政府の主席監察官だったグスタフ・ボンドが一六五九年春のある朝やってきて行内を見回し、大声でこう言ったのだった。「この交換銀行にはかなりの預金があるようだな。したがって貸付銀行も始めるべきかと思われる」つまり、こういう意味だ。おいおい、これだけのカネをぶらぶらさせておくのはもったいない。貸し出して、小遣いを稼ごうじゃないか。

ストックホルム銀行は、企業に原材料の仕入れ資金を貸し出し、貴族や政府高官にもさまざまな担保と引き換えに融資を始めた。担保としては土地がいちばん多かったが、めずらしいものもあった。ある女性は銀の燭台を担保に二七〇〇ダラーを借りた。無担保の融資もあったが、貴族の保証人が必要だった。

しばらくの間はこれが非常にうまくいった。上流階級の人々は低利で融資を受け、より豊かな暮らしを楽しむことができるようになった。商人は未来に投資できた。商売を広げるために自分で金を貯める必要はなく、ストックホルム銀行が仲介してくれるだれかの預金を使うことができるのだから。

商業は一気に花開いた。

だがそれも、一六六〇年にカール一〇世が逝去し、まだ幼かった新国王がダラーを切り下げると決めるまでだった。新たな通貨は以前より銅の含有量が低かったため、古い銅板は額面より高い価値を持つようになった。つまりいきなり紙の証書の価値が跳ね上がり、一ダラー証書は一・一ダラーの価値を持つことになったのである。スウェーデンの人々は当然の反応を見せた。古い銅板を引き出そうとストックホルム銀行に大挙して詰めかけたのだ。

もちろん、パルムストルヒはほとんどの銅を貸し出していた。預金者が現れたときのために金庫にしまっていたわけではない。パルムストルヒは融資を繰り上げ返済してもらうことで対処しようとした。これが問題を悪化させた。借金で生活の一部を賄うことに慣れていた顧客は、当たり前だがすぐに融資を返済することはできなかったし、その気もなかった。「銀行だけでなく私の自宅にも毎日夜討ち朝駆けで群衆が押し掛け、証書を見せながらカネを返せと声を上げている。どうにかしてあげたいとは思うが、負担が重すぎてどうしようもない」パルムストルヒはそう書いていた。

ストックホルム中心街の曲がりくねった細い道に立つ銀行の扉の前に茫然自失の状態で佇み、スカンジナビアの冷たい風にさらされて、『素晴らしき哉、人生！』の主人公ジョージ・ベイリーのように泣いているパルムストルヒの姿が目に浮かぶようだ。「みんな誤解している。金庫にカネが入ってると思っているんだ。でもそうじゃない。なぜかって？　それは、ペッテションさんの不動産になったからだ。ニルソンさんのニシンの在庫になり、クリステンソン夫人の銀の燭台になったからだ！」

そして、パルムストルヒが見出した答えは金融の未来を永遠に変えることになった。

預金者の要求に応えるだけの銅はないが、紙ならいくらでも刷れる。証書を発行し、証書の保有者がいつでも自由にダラーを取り戻せるようにすればいい。彼は、鉱山会社が従業員に預かり書を発行し、近代通貨のようにそれを地域内の取引に使っていたことからこのアイデアを思いついた。中国では何世紀も前から紙の通貨は使われていたが、ヨーロッパで近代通貨に近いものが使われたのはこれがはじめてだった。昔から欧州の銀行で発行されていた証書と違い、パルムストルヒの考えた証書は特定の口座や預金に縛られず、人から人へと自由に手渡すことができるものだった。政府もその計画に乗り、銀行証書を税金の支払いに充てることを許可した。希少な金属の裏付けがなく、単一の金融機関とその経営者であるパルムストルヒの信用に頼った近代通貨がヨーロッパに登場したのである。

かくして、金属の需給に応じて価値が変動する物理的な対象としての「通貨」は変容した。「通貨」は概念となり、その素材の価値と切り離されたのである。通貨の価値を決めるのは組織、具体的にはそれを発行する中央銀行である。パルムストルヒの銀行証書と同様、近代通貨の価値を支えるのはその背後に立つ権威への国民の信頼である。政府は一ドルや一ポンドや一クローネが一定量の金や銀や銅と同等の価値を持つと担保する一方で、その割合を変えたり、連動を完全に断ったりする権力をも常に握っている（西欧諸国はその後何世紀にもわたって金その他の金属本位制を取っていた。主要工業国の大半が金本位制を捨てたのは一九七一年のことである）。

一六六〇年代のスウェーデンで、紙幣は大流行した。印刷が追いつかないほどだった。まもなくアムステルダムやロンドンやパリやベネチアといった主要金融都市でも紙幣が流通し始めた。融資の裏付けに銅を保有する必要のなくなったストックホルム銀行は、貸し出しを急増させ新しい支店を開いた。王家だけでも五〇万ダラーを借りていた。

紙幣の流通量はあっという間に金庫の中の銅の保管量を大きく超えた。一六六三年までには金庫に保管されていた銅は四〇〇〇ダラーまで減っていた。そこへ預金者が一万ダラーを引き出したいと通知してきた。

預金者への払い戻しが遅れたり不規則になったり、時には閉店する日が出てくると、どうもなにか隠し事がありそうだと噂になり、不信が不信を呼んだ。ストックホルム銀行証書は、額面から六〜一

○パーセントの割引で取引されるようになり、そのことで預金者はますます引き出しに走った。突然、銀行証書の価値が下がり、以前ほどニシンやスズや木材を買えなくなってしまった。つまり、今で言うインフレ現象である。パルムストルヒが勝手に紙幣の供給を増やすにつれ、すべての物価が上がっていった。

政府も懸念し始め、パルムストルヒに、融資の繰り上げ返済によって預金者への払い戻しを行なうよう命じた。が、それは簡単なことではなかった。この銀行の最大の借り手だった宰相は断固として反対した。喧々《けんけん》囂々《ごうごう》の議論の末、議会は銀行を清算しないことに決めた。貸し出しを削減し紙幣の流通量を減らすことにしたが、それは実際には逆効果だった。これまで借入金で回っていた商売は成り立たなくなった。ほんの二年前までいつでも手に入った通貨は手の届かないものになり、深刻な不況が訪れた。それは通貨供給の収縮が引き起こしたはじめての不況だった（もしくは、恐慌だったかもしれない。経済統計はまだ存在しなかった）。

一六六七年までに、スウェーデン政府はストックホルム銀行を国有化し清算した。パルムストルヒは詐欺罪で裁判にかけられ、銀行経営の特権を失った。しかし、中央集権的な金融制度へのスウェーデンの試みはここで終わらなかった。ストックホルム銀行がこれほどの大騒動になったあとでも、解決すべき問題は残ったままだった。スウェーデンの議会はストックホルム銀行の代わりになるなにかが必要だと気づいた。願わくば、政府がより厳しく監督する、より安定的ななにかが。

スウェーデン政府は、その時代にしては並外れて民主的だった。議会は四つの階級の代表者によって成り立っていた。貴族、商人、聖職者、農民である。中央銀行の再建にもっとも熱心だったのは貴族と商人である。結局、通貨の流通による円滑な取引の恩恵をもっとも受けるのは彼らだったからだ。だが、パルムストルヒ事件のあと、彼らは政府による正式な財政と法律の裏付けが必要だと考えた。

銀行の推進者たちは、やがて聖職者を味方に引き入れた。農民の賛同を得るのは難しかった。上流階級が得をするような組織に政府の財政的裏付けを与えたくなかったのである。

結局、金持ちと事業家と知識人は農民階級を仲間に入れず、世界初の正式な中央銀行を設立するために手を組んだ。一六六八年、国立諸階級銀行がストックホルム宮殿の中に設立された。それはのちにスウェーデン国立銀行と名前を変え、今日も中央銀行として存続している。

近代の錬金術

スウェーデンが近代的な金融機関を設立しつつあった頃、近代科学がいにしえの錬金術に取って代わろうとしていた。ヨーロッパ全域とイスラム世界の人々は、何世紀にもわたってありふれた材料を希少な金や銀に変える方法を模索してきた。中世の錬金術師には、ありとあらゆる種類の詐欺師から、熟練冶金工から、その時代のもっとも優秀な科学者までさまざまな人種がいた。アイザック・ニュートン卿もかつて、「最初の近代科学者ではないが、最後の錬金術師」だと評されたことがある（そう言ったのは、幅広い分野に知的好奇心を持つ経済学者のジョン・メイナード・ケインズだったが）。錬金術師は孤高の集団で、よそ者にはわからない言葉で会話し、仲間以外を軽蔑していた。外からは怪しげな詐欺集団だと思われていた。

しかし、なにもないところから金を作り出すのに魔法の杖は要らなかった。ヨハン・パルムストルヒとスウェーデン人が発見したように、無から富を生み出すのに必要なのは、紙と輪転機と中央銀行、それに国家権力のお墨付きだけだった。

二章　ロンバード街、統べよブリタニア、バジョットの格言

一八六六年五月一〇日木曜日、午後三時三〇分。大手銀行オーバーレンド・ガーニー商会の顧客たちはなんとも不安なものを目にしていた。大英帝国の投資家たちが集まるロンドンのロンバード街にある本店の扉にこんな貼り紙があったのだ。「紳士のみなさま。預金等の深刻な取り付けにより、残念ながら払い戻しの一時停止を発表させていただきます。これは、みなさま全員の利益を守るための最善の措置と思われます。みなさまの忠実な僕、ウィリアム・ボイス頭取より」[1]

この会社はイギリス国内にとどまらずグローバル金融の雄だった。といっても一八六〇年代にはどちらも同じことだったが。ノリッチ出身のクエーカー教徒であり、イーストアングリアの農村部で大手銀行を経営していたガーニー一家によって設立されたこの会社は、主に手形の取引によって右から左へと大金が動くロンドンのシティへと手を広げた。その姿は、二〇〇〇年代にウォール街の海に飛び込んだバンク・オブ・アメリカやワコビアといったアメリカの地方銀行に似ていなくもない。

サブプライム住宅ローンや債務担保証券など存在しない時代、サミュエル・ガーニーとパートナーのジョン・オーバーレンドは一八〇九年に設立されたこの会社を通して、ドミニカの農園やアイルランドの長距離鉄道といった辺境のプロジェクトに賢明とはいえない融資を行なっていた。[2] 雲行きが怪

しくなると、大逆転のかすかな希望を抱いて不良プロジェクトにさらに融資を行なうということを繰り返していた。欲。執着。単純な分析ミス。多少のいかさまもあったかもしれない。

その結果、一八六六年の春にはオーバーレンド・ガーニーは大問題を抱えていた。損失の噂が広まると、預金者が金を引き出そうと大挙して押し掛けた。彼らは鉄道建設会社への一五〇万ポンドの融資が焦げ付いたと聞いていた。オーバーレンドの資本に頼ってスペインと貿易を行なっていた事業家が破産したとも。銀行の共同経営者は別荘を売って現金を調達していた。[3]「ある不運な男性がオーバーレンド・ガーニーで六万ポンドの小切手を提示すると三〇分後に戻ってきてくださいと言われた。戻ってくると店が閉まっていた」[4]そんな記事もあった。

ロンバード街六五番地の扉にその貼り紙が出た翌日は大騒動となった。あの盤石なオーバーレンド・ガーニーが倒産するようなら、他の銀行が倒産してもおかしくない。帳簿上のカネが本当に存在するとだれが信じられよう？　「魔の金曜日」として知られる日、オーバーレンドの貼り紙を見ようと詰めかけた群衆は、他の銀行に向かった。「ほとんどの名門銀行の入り口を取り囲んでいたのは預金者ではなく、なぜか預金者に同情して集まった群衆だった。ロンバード街の細い道は押し合いへし合いする群衆で通れなくなっていた」[5]とタイムズ紙は報じた。当時最新の発明だった電報を通してパニックはたちまちイギリスの隅々まで広がり、全国で取り付け騒ぎが起きた。

スウェーデンは国際舞台から消えて久しかったが、ヨハン・パルムストルヒのイノベーションは、一六九四年のイングランド銀行の設立によってそっくりそのままよみがえり、イギリスを超大国の地位に押し上げた。だが、今その金融制度そのものが崩壊の瀬戸際にあった。イングランド銀行はこれにどう対処すればいいのだろう？　当時の中央銀行が出した答えが、その後一世紀半の時を経てバーナンキ、キング、トリシェのある種のお手本となる。オーバーレンド・ガーニーが破綻したあとにイングランド銀行のとった行動は、同行が大英帝国の世界支配に重要な鍵を握っていたことを示している。

一八六〇年代の終わりまでには、地球人口のわずか二パーセントあまり、三〇〇〇万の人口を擁する大英帝国の支配は、ニューデリーからトロント、香港、ヨハネスバーグに広がっていた。イギリスが経済大国となったのには多くの要因がある。北部の炭鉱が工業化の原動力となったこと。起業家精神とイノベーションを奨励する文化があったこと。そして、海峡を隔てた隣国で起きたような革命やナポレオンによる進攻にさらされず、民主的な政治体制がとられていたことなどだ。

だが、それらすべてをもってしても、ロンバード街に集まった巨大な金融の力がなければ、「日の沈まぬ」帝国を維持することはできなかっただろう。

この時代の金融評論家としてもっとも権威のあった人物が、ウォルター・バジョットである。バジョットは一八二六年にイギリス南西部ラングポートで銀行家の家庭に生まれ、一八七七年に早世した。ありあまる知性と明晰な文体の持ち主で、一八六〇年に叔父が所有していたエコノミスト誌の編集長になる前には、ミルトンやシェークスピアに関するエッセイを著した。英国議会に立候補して大敗を喫したものの、彼はビクトリア朝時代の重要な政治経済評論家であり、「第二の財務大臣」と言われるほど金融への影響力は大きかった。

バジョットは、ケインズやフリードマンのような歴史に名高い近代経済学者ではなく、アダム・スミスやカール・マルクスのような政治経済の哲学者でもなかった。だが、セントラルバンカーの間では、バジョットはオーバーレンド・ガーニーの破綻とイングランド銀行の対応を分析した一八七三年の著書『ロンバード街　金融市場の解説』によって伝説の人物となった。今日に至るまで、この本は金融危機に対処するセントラルバンカーのバイブルとなっている。二〇〇九年のカンザスシティ連銀主催のジャクソンホール会議では、バジョットの名前が四八回も引用された。ケインズ、フリードマン、スミス、マルクスの名前は一度も出てこなかった。

今なお生きる一八六六年の教訓

パン屋はパンを焼く。時計職人は時計を作る。バンカーはいったいなにを生み出すのだろう？　その答えを探るには、まずイギリスの銀行制度が大英帝国にとってどれほど重要だったかを理解するところから始めなければならない。そして、一八六六年であれ二〇〇八年であれ、近代金融になぜ危機がつきものなのかということを。

銀行にお金を預けるという考えは、自然に生まれるものではない。金が貯まれば、銀行の預金記録上ではなく、見える場所に実物を置いておきたいと思うのが普通だろう。何世紀もの間、ヨーロッパの銀行は、個人が預金する場所というよりも、遠距離取引を行なう商人のために必要な機関だった。一九世紀までにはイギリスとその他の数ヵ国でそれが変化した。ヨハン・パルムストルヒが一五〇年前にスウェーデンで発明した銀行証書が、その一因でもある。

バジョットはこう記している。

個人が大量の銀行証書を保有するようになれば、そのうち自分は銀行を盲目的に信頼するだけで見返りになにも得ていないことに気づくだろう。失くしたり盗まれたりする危険があるという意味では硬貨と同じであり、銀行の破綻リスクがあるという意味では銀行預金と同じだ。ただ、銀行預金なら盗まれる心配はない。お金を見たいという人間の願望は非常に強く、しばらくの間は銀行証書を貯め込むようになる。しかし、最後には常識が通り、銀行証書の流通が減り、銀行預金が増える。[6]

その常識的な結論にたどり着いて銀行に預金する裕福な商人階級はますます増え、イギリスの銀行は単なる商業の潤滑油を超える存在になっていった。といっても、世界の舞台でイギリスのライバルとなるヨーロッパ列強国では、同じことは起きなかった。一八七三年にロンドンの銀行預金の総額は九一〇〇万ポンドにのぼったが、フランスでは一五〇〇万ポンド、ドイツでは八〇〇万ポンド相当だった。[7]なぜだろう? 銀行証書は「侵略にさらされず、革命が起きない国家でのみ可能だからである」とバジョットは説明した。「そのような大きな危険が日常的に存在する国家には混乱がつきものである。国民はみな自分の利益に走り、希少な金属を所有したがる。国民の混乱時にも、こうした金属には価値があるからだ」当時オランダとドイツは常に侵略の危険にさらされており、もちろんフランスは一七八九年の革命後何十年も混乱が続いていた。

「これこそ、ロンバード街が存在する理由である」とバジョットは書いた。「だからこそ、イギリスには他のヨーロッパ国家にはない盤石な金融市場が存在するのである。イギリスとスコットランドでは、証書発行の制度により全国各地で銀行が誕生した。これらの銀行に国民の預金が蓄えられ、そこを経由して預金がロンドンに送られている。同じような制度は他の場所には見られず、その結果他国の都市とは比べものにならないほどロンドンに資金が集中した」

つまり、オーバーレンド・ガーニーや他の銀行は、イギリス中の数百万人という商人や農民の貯蓄を預かり、ロンドンの中心にそれを積み上げていたことになる。ここが重要なポイントである。タンス預金は所有者だけが使いたいときに使う。だが銀行預金は、預金者が手軽に引き出せると同時に巨額の長期投資にもなる。いわゆる「流動性変換」である。

ニューデリーからボンベイまでの鉄道を建設するための資金や、大量の反物を生産する巨大繊維工場を作るための資金を個人が蓄えることは不可能に近い。しかし、大勢の人々から貯金を集め、賢い銀行家が貸し出しに値するプロジェクトを選べば、工業経済に不可欠な大規模で複雑でリスクを伴う試みに資金を提供できる。「大金を扱う銀行家は巨大な力を手にしている。その金をすべて一度に自由に貸し出すことができるのだから」とバジョットは書いた。「イギリスの金融市場が他国に比べてこれほど豊かなのは、資金が銀行に集中していることが最大の要因である」

すべての富が集中するその場所は、猫の額ほどの面積——正確には二・八平方キロ——の中に曲がりくねった中世の街路が複雑に交差する、世界都市ロンドンのシティとして知られる街である。現在のバンク駅が建つ交差点は、一九世紀半ばのグローバル金融でもっとも重要な地点だった。そこから北東方向に、イングランド銀行の建つスレッドニードル街がある。通りの向かいは、何世紀にもわたり株や債券が取引されていた王立取引所だ（今は高級モールになっている）。そして、南東の方向にあるのが、手形割引業者の集中していたロンバード街である。

手形流通は一九世紀のイギリス金融の生命線だった。何百万ものイギリス人の貯蓄が、ここを経由して生産的な用途に使われた。大洋航海の蒸気船を建造する造船会社はこうした手形、つまり借用証書を発行し、必要な鉄や木材を仕入れた。鉄の売り手は手形を持ち続けて支払いを待つこともできるし、それを銀行に持ち込んで「割り引いて」もらうこともできる。たとえば一〇〇〇ポンドの額面に対して九七〇ポンドの現金を受け取るのである。その三〇ポンドの差額が銀行の利息収入となる。それが、三ヵ月や六ヵ月後ではなくその場で金を受け取ることへの代償だ（現在ではコマーシャルペーパーがそれにいちばん近い）。資金需要が逼迫すると、つまり銀行の信用供与よりも借り手の資金ニーズが大きい場合には、この割引幅が広がった。それが逆になることもある。

この手形市場は、現代の金融用語で言うと、極めて「流動性が高かった」。商人は銀行に手形を売ることでいつでも手軽に現金を入手でき、銀行はロンバード街に行けばそれなりの価格で手形を買ってくれる業者を見つけることができた。それは産業革命から生まれた偉大な発明品の数々に匹敵するほど、潤滑に動くマシンだった。

少なくとも、オーバーレンド・ガーニーのウィリアム・ボイス頭取が、ロンバード街六五番地の店頭にあの貼り紙を出すまでは。

あらゆる金融危機に共通するもの

オーバーレンド・ガーニーの倒産後、イギリス中の預金者がどの金融機関を信用していいのかわからなくなった。次に倒産するのは自分たちの銀行だろうか？　だれにもわからなかった。そこで、だれもが預金を引き出し嵐が過ぎるのを待つのがいちばん安全に違いないと考えた。しかし、この行動こそがさらに多くの銀行を倒産に追い込むことになる。預金者全員から同時に預金の引き出しを求められたら、どの銀行もそれに対応できるほど現金を保有していないので困窮することになる。金融機関は現金を手に入れるために売れるものはなんでも売らなければならなくなる。オーバーレンド・ガーニーの場合には、それが手形だった。流通市場で手形が投げ売りされ始めると、その価格が下がり、健全な銀行でさえ損失を出すはめになった。それがまた余計に預金者を引き出しに走らせた。

細かい部分に違いがあるとはいえ、この手の悪循環があらゆる金融パニックの核にある。一八六六年も、一九二九年も、二〇〇八年もそうだった。それを止めなければ、国家規模で事業破綻が起き、国民の貯蓄が消滅しかねない。心理的な影響はいずれにしろ避けられない。バジョットはこう表現した。「我々の銀行制度の核にある奇妙な特徴は、人間同士のまれに見る強い信頼である。なんらかの要因でその信頼が弱まっている状況では、小さな出来事が制度を揺るがす大事件となり、大事件は制度全体を破壊することもある」[8]

イングランド銀行の幹部たちは、この悪循環を完全に止めるのが自分たちの役目だと感じていた。そうした状況における彼らの目標は、民間銀行のように保身のために現金を出し惜しむのではなく、金融制度全体の崩壊を未然に防ぐことだった。一八六六年五月一一日の魔の金曜日の朝、ロンドン中の銀行家がイングランド銀行の貸付局に列をなした。[9] ある記述によると、「銀行家たちは震えあがってイングランド銀行と財務大臣を取り囲み、不安を表した。四、五時間の間、ロンドン中の銀行の半分は倒産するかと思われた」[10]。イングランド銀行のヘンリー・ランスロット・ホランド総裁は流動性の要請に応えるかどうかを決めなければならなかった。もしそうすれば、中央銀行をこれまでよりもはるかに大きなリスクにさらすことになる。

彼はこれまでになく大規模な信用供与を行なうことを決めた。イングランド銀行の内部には反対派もいたが、そんなことは気にしなかった。総裁の手法は、単純なものだった。取引価値のある手形やその他の証書を保有していれば、銀行であれ仲買人であれ取引業者であれ、イングランド銀行が短期資金と交換する。しかし、本来価値に従って掛目《ヘアカット》を設定することが条件だった。「真正の証書を持ってここに来る紳士ならだれとでも取引を行なった」とホランドはのちに語った。

つまりそれは、危機がさらに広がるのを防ぐための防波堤として、イングランド銀行の能力を使ってポンドを発行することに他ならない。ホランドは財務大臣のウィリアム・グラッドストーンから特別許可を得て、法律で定めたイングランド銀行の融資金額の上限を超える信用供与を行なった。初日には四〇〇万ポンドを貸し出した。続く三ヵ月間で、イングランド銀行は「これまでにないあらゆる手を尽くして」四五〇〇万ポンドを貸し出した[11]。特筆すべきは、この措置がとられた時代、イギリス全体の預金額がおよそ九〇〇〇万ポンドだったことである。当時のイギリスの経済規模と比較すると、これは二〇〇八年のリーマンショック後にFRBが三兆五〇〇〇億ドルを融資することに等しい。

パニックは次第に収まり、帝国は経済破綻を免れた。数ヵ月後、ホランドはイングランド銀行の措置をこう表現した。「銀行業は信用に依存する極めて特殊なビジネスであり、ほんの少しの疑念がそれまでの蓄積を一瞬で吹き飛ばしてしまう……我々は持てる力をすべて発揮し、危機に際してもっとも適切に対応した。中央銀行の名に恥じぬ働きをしたのである[12]」

こうした出来事から生まれたのが「バジョット原理」として知られる一連の教訓である。バジョットは、取り付けが起きた場合、中央銀行はその資源を用いて「金融機関に無制限に融資を行なう必要がある。適切な担保があれば、商人にも、中小銀行にも、『あの人にもこの人にも』貸し出さなければならない」と書いた。

現在のセントラルバンカーにお馴染みの表現で簡単に言うと、こういうことだ。担保が健全なら気前よく貸し出せ。ただし、高い金利をつけること。バジョットが言うには、「充分な金利を払わずに気安く金を借りることを許してはならない[13]」。それは単純だが強力な指針である。中央銀行はその扉を開き、金庫を開け、自らが潤沢に保有するただひとつの資源、すなわち現金を使って悪循環を止める義務がある。だが、優良な担保がある場合にのみ、つまり本来価値の下がっているものではなくパニックによって価値が下がっている証券に対してのみ貸し出すべきだ。そして、そうした融資に高い金利をつけることで借り手が不当な利益を得ることがないようにするべきである。

しかし、オーバーレンド・ガーニーの破綻から生まれた教訓が、バジョットの原理にぴたりと当てはまらない場合もある。まず、中央銀行が金融危機を止めようと積極的に動いても、厳しい不況が避けられないこともある。危機におけるイングランド銀行の融資は流動性の枯渇した金融機関にのみ向けられていたため、破綻した金融機関にはほとんど役に立たなかった。銀行が破産するたびに信用は収縮し、あらゆる分野の事業が活動を中断せざるをえなくなった[14]。オーバーレンドが破綻したとき、ロンドン・チャタム・ドーバー鉄道は手形で調達した資金でカナダとクリミア半島で大規模な鉄道路線を建設中だった。しかし、信用収縮により、このプロジェクトは中止された。テムズ川の下を通る地下鉄の建設も棚上げになった。

　貸し渋りによって、景気拡大に頼っていた鉄工員や炭鉱夫や造船夫は一斉に食い扶持を失った。当時の経済統計はあてにならないが、労働組合の推定によると一八六六年に二・六パーセントだった失業率は信用凍結後の一八六七年には六・三パーセントに跳ね上がったとされている[15]。

　オーバーレンド危機のもうひとつの教訓は、危機を止めるために中央銀行が大規模介入を行なえば、政治的な批判にさらされるということである。危機の後遺症に苦しむ国民の怒りはイングランド銀行に向けられた。中央銀行が、判断を誤った裕福なバンカーたちを助けることになったのだから。そして、景気は、つまり労働者や商人といった一般大衆の置かれた状況は、いずれにしろ悲惨だった。タイムズ紙の社説は、イングランド銀行は価値のない企業を救い、浪費家のために国民を犠牲にしたと書き立てた[16]。

　スレッドニードル街の内部からも、不満の声は上がっていた。イングランド銀行の理事の多くはホランド総裁の危機対応に眉をひそめていた。理事のひとりであるトムソン・ハンキーは、中央銀行を「最後の貸し手《レンダー・オブ・ラスト・リゾート》」と考えるのは、「この国の金融業界にもたらされたもっとも有害な原理である。イングランド銀行が放漫な銀行の求めに応じていつでも資金を供給する役割を負うなどと考えるのは間違いだ」[17]と書いた。財務大臣はイングランド銀行の介入を容認していたが、その行動に正式な法的裏付けはなかった。今後そうした法的な裏付けをイングランド銀行に与える法案は、議会を通過しなかった。[18]

それから一世紀半後にベン・バーナンキ率いるＦＲＢは、ふたたび「あの人にもこの人にも」無制限に貸し出すことが金融パニックにおける最善の策だと気づくことになる――ただし、みんながそれを認めるとは限らなかった。

三章　ファーストネームクラブ

シルクハットをかぶった口髭の紳士は、ニュージャージー駅に停車していた列車に乗り込んだ。その列車の専用車両はマホガニーの木枠とベルベットのカーテンで飾られ、真鍮の部品はピカピカに磨かれていた。荷物持ちや召使の一群を連れた五人の紳士がまもなくそこに加わった。彼らはお互いを苗字でなく名前《ファーストネーム》で呼び合っていた。一九一〇年にしてはくだけすぎていたが、それは周囲に自分たちの正体を明かさないためだった。噂が新聞に漏れ、ニューヨークやロンドンの市場に伝わることはなんとしても避けなければならない。

その二日後、ジョージア州の小さな港町ブランズウィックで列車から男たちが降りてきた。そこから彼らはボートに乗り目的地へ向かった。最終目的地のジキル島は有力銀行家のジョン・ピアポント・モルガンとその友人たちが所有するプライベートリゾートで、寒さ厳しいニューヨークの冬を逃れるための隠れ家だった。紳士たちを招いたシルクハットの主はネルソン・オルドリッチである。オルドリッチは当時もっとも力のあった上院議員で、新興国アメリカの金融政策を牛耳っていた議員であった。

六人の男たちは、九日間昼夜を問わず働き、アメリカの銀行と通貨制度の改革案を議論し、国際舞台に登場したばかりのこの国が西ヨーロッパを席捲した金融危機に見舞われないためにはどうしたらいいかを模索した。秘密厳守が最優先だった。参加者のひとりはのちにこう記している。「絶対に外に漏れてはならない。もし外に漏れたらこれまでの時間と努力がすべて水の泡になってしまう。もし少人数のグループが密談して金融法案を書いたことが世間にばれたら、議会を通る望みは断たれてしまう」

アメリカの金融にもっとも影響力のある男たちは、お互いをファーストネームクラブの仲間と呼び合った。彼らこそ、この九日間に合衆国連邦準備制度を作った人々である。その役割は単なる法整備を超えたものだった。アメリカ建国後一三〇年間にわたり正式な中央銀行が存在しなかった背景には、中央集権や金持ちや世間知らずのエリートへの不信があった。それこそ、アメリカをそもそも独立へと駆り立てた動機なのである。

ジキル島に集まった紳士たちはただ経済問題を解決しようとしていただけではない。この国に根強く残る政治的な課題を解決しようとしていたのだった。

誕生しては廃止される中央銀行

アメリカの金融制度には再構築が必要だった。アメリカの中央銀行の歴史は紆余曲折に満ちていた。アメリカ合衆国が建国されたとき、巨額の革命資金を調達するために負った借金が各州に重くのしかかっていた。イギリス支配に対する闘いの代償は決して安くなかった。合衆国初代財務長官のアレキサンダー・ハミルトンは、国有銀行が政府の脆い信用力を強化し、強い経済を支えるはずだと考えた。それがこの新興共和国の国力を行使するために必要不可欠なものだと信じたのである。長い歴史を持つイングランド銀行の存在は、国家財政の運用には中央権力が有用であることを示していた。中央銀行は政府のために債券を発行し、国家の資金調達を確保する。貨幣を発行し、その国旗がはためく場所でならどこでも単一通貨の使用を可能にする。国家の貯蓄を適切な用途に使うよう導き、国民が万一に備えて金庫に金をしまい込むことのないよう、確実に投資に振り向ける。

しかし、ハミルトンの提案は反対に遭う。農業主体の南部の政治家は、中央銀行がボストンやニューヨークやフィラデルフィアといった大都市を擁する商業主体の北部に利益をもたらすと考えたからだった。「我々の先祖をこの国へと駆り立てたのはなんだったのか？」背が低く荒々しい好戦家として知られるジョージア州出身のジェームズ・ジャクソン議員、別名「左目の」ジャクソン議員はそう言った。「元凶は、教会とイングランドとスコットランドによる果てしなき独占ではなかったか？　この国で同じ邪悪な存在にまた苦しめられることになるのではなかろうか？　なにが国民にとっての正義といえようか？　フィラデルフィアとニューヨークとボストンだけが得をするのではないのか？」[1]建国の父たちの中には、たとえばトーマス・ジェファーソンやジェームズ・マディソンのように中央銀行は憲法違反だと信じる者もいた。

ハミルトンはこの闘いに勝った。合衆国憲法は連邦政府による国有銀行の設立をはっきりと許可してはいないが、禁じてもいないとジョージ・ワシントン大統領を説得したのである。一七九一年二月にワシントンはハミルトンの法案を承認した。その年の暮れまでに、合衆国銀行がフィラデルフィアに設立された。一八〇五年までに、合衆国銀行は東海岸とニューオーリンズに七つの支店を開いていた。しかし、六年後に認可が失効したとき、ハミルトンは決闘で命を落としており、マディソンが大統領に就任していたうえ、民間銀行は国有銀行をライバルと見なし始めていた。合衆国銀行は廃止されることになった。

しかし一八一二年になると、廃止は間違いだったと思われ始めた。アメリカはイギリスとの戦争に突入していた。ホワイトハウスはイギリス軍によって焼き討ちに遭った。それまでの三世紀半の歴史のなかで、中央銀行がその力を見せつけたことが一度でもあったとしたら、それは戦費を調達するときであった。中央銀行が国債を発行しなければ、アメリカはイングランド銀行に支えられたイギリス軍と戦うことなど決して考えられなかった。数年前には中央銀行を憲法違反だと切り捨てたマディソンだったが、しぶしぶ合衆国銀行の復活を支持するようになった。

第二合衆国銀行は一八一六年に設立され、ニコラス・ビドルの突出した手腕によって運営された。[2]ビドルは才気あふれる若者で、プリンストン大学を一五歳で首席卒業し、ルイジアナ買収の交渉を助けた人物だった。彼は現代のセントラルバンカーが賞賛するに違いない多くの成果をあげた。当時、西部で発行された銀行券は東部で発行されたものよりも価値が低く見られていたが、ビドルはそうした通貨価値の地域差を解消した。銀行券の売買を通して国中の通貨供給量をコントロールすることにより、信用を収縮したり緩和したりできる、したがってインフレを抑えたり経済成長を後押ししたりできることにも気づいた。[3]ビドルは当初、党派政治から距離を置くよう努力していた。ジョナサン・スウィフトの「金に党派はない」という言葉をもじって、「中央銀行に党派はない。ただの銀行だ」[4]と言っていた。

しかし第二合衆国銀行の存続が危うくなると、ビドルはなりふりかまわず政治力を使うようになった。一八二八年、南部農村出身のアンドリュー・ジャクソンが、大衆に受けのいい政策を大々的に掲げて大統領に選ばれた。ジャクソンは都会嫌い、インテリ嫌い、大企業嫌い、そしてきわめつけの中央銀行嫌いだった。「憲法に照らしても、公共の利益に照らしても、国民の大半が合衆国銀行の設立に疑問を持っている。しかも、この銀行が健全な統一通貨を作るという大義をこれまで果たせなかったことは、衆人の認めるところである」[5]ジャクソンは議会への最初のスピーチでそう語った。そして、一八三六年に失効する認可の延長には拒否権を発動すると言った。

中央銀行支持派の有力上院議員であるヘンリー・クレイの手を借りて、ビドルは一八三二年に前倒しで認可の延長を求めた。クレイが助けの手をさしのべたのは、自分自身のためだった。クレイは大統領選への出馬を目論んでおり、国家を二分する中央銀行の問題が選挙戦の目玉になると考えたのだった。議会は紛糾し非難囂々となった。ミズーリ州選出の上院議員トーマス・ハート・ベントンは、中央銀行の存在こそ「未来の貴族階級の称号や財産への布石となるものだ。シンシナティ公爵だの、レキシントン伯爵だの、ナッシュビル侯爵だの、セントルイス伯爵だの、ニューオーリンズ皇太子だの！　認可延長の法案の採決は、このアメリカを貴族と平民に分ける法案、そして最終的には国王の制定へとつながる法案の採決に他ならない」[6]と述べた。

政敵から「ニコラス皇帝」と呼ばれたビドルは、合衆国銀行を救おうと荒業に頼った。政治家を銀行の職員とし、彼らに給料を支払った。新聞編集者に一〇〇〇ドルもの大金を与えて、中央銀行寄りの提灯記事を掲載させた。反対派を罰するために中央銀行の力を濫用して、もっとも強硬な西部の信用を収縮させた。

第二合衆国銀行の再認可法案はなんとか議会を通過したが、ジャクソンは公約通り拒否権を発動した。銀行の廃止が間近に迫ると、ビドルは信用収縮という大胆な措置に訴え、深刻な景気後退を引き起こした。中央銀行が存在しなければ国家がどんな目に遭うかを知らしめようとしたのである。だが、この策は裏目に出た。ビドルと中央銀行は不況の責任を問われ、ジャクソンの判断が賢明だったことを逆に証明してしまったのだ。

一八三六年に第二合衆国銀行が廃止されてから一八六三年までのいわゆる自由銀行時代には、アメリカに単一の法定通貨は存在しなかった。それぞれの州から認可を受けた民間銀行がそれぞれの銀行券を発行していた。財務の健全な地方銀行で発行された一〇ドル券は一〇ドルの価値があるかもしれないが、それほど健全でないと見なされる銀行が発行した銀行券や遠隔地で発行された銀行券は、七ドルの価値しかないこともあった。それはとりもなおさず、貨幣の価値を信頼できないということだった。しかも、最後の貸し手が存在しないため、ウォルター・バジョットの記したイギリスの取り付け騒ぎのようなパニックがアメリカで起きれば、国家経済に破壊的な打撃を与える可能性があった。実際、一八三七年、一八三九年、一八五七年には深刻なパニックが起き、その後景気は後退した。それ以外にも、小規模な危機が幾度となく訪れた。

さらに問題が深刻になったのは、一八六一年に南北戦争が起きたとき、連邦政府にその資金を調達する中央銀行が存在しなかったことである。アメリカの民間銀行はいやいやながら国債を購入したが、海外の投資家は存続さえ怪しい国の債券には見向きもしなかった。窮地に立たされた政府は、戦争の最中に金融制度を根本的に見直さざるを得なくなった。一八六三年の国家銀行法により、連邦政府は銀行に認可を与え始めた。現在の巨大金融総合サービス企業のシティバンクやJPモルガンの前身となるような金融機関が生まれ、それらは州の認可を受けた銀行よりも厳格な規制のもとに置かれた。

それでもなお、解決できない問題があった。たとえば、通貨供給は銀行の国債保有残高に連動していた。通貨需要が長期的に安定していれば、それでも問題はないだろう。だが、金融の歴史を振り返れば、そうでないことは明らかだ。たとえば、取り付け騒ぎが起きれば、だれもが現金を手元に置きたがる。だが、アメリカの銀行制度には弾力性がなく、通貨需要に合わせて供給をコントロールする手立てはなかった。つまり、取り付け騒ぎはすぐに全国に波及し、すべての銀行において資金需要が増大し、銀行破綻と景気後退が連鎖的に発生するということだ。事実、フィラデルフィアの投資銀行ジェイ・クック商会が鉄道債の損失で倒産した一八七三年にそれが起きた。当時の不況は目を覆うほど深刻で、一九三〇年代以前には、一八七〇年代の景気後退が「大恐慌」と呼ばれていたほどだった。[7]

通貨に弾力性のない時代には、しょっちゅう取り付け騒ぎが起きていた。農家の収穫期には毎年のように問題が起きた。秋になると全国の農家は収穫のために労働者を雇い、市場に作物を持ち込むために現金が必要になる。数ヵ月後に作物を売れば、その金は回収できる。その間の資金需要はかならず供給量を上回っていた。収穫期だからといって資金が突然目の前に現れるわけではないからだ。その対応策として、銀行は民間の決済機関を設立し、毎秋大都市の銀行から農村部へと資金が融通されるようにした。

通常の年は季節的な通貨不足は大事に至らなかった。だが、たまたま経済全体が停滞している状況でそれが起きると大惨事となった。そんなわけで、一八七三年の危機の他にも小規模なパニックが一八八四年、一八九〇年、一八九三年と続けざまに起きていた。

そして一九〇七年、いよいよ「大パニック」が起き、とうとう政治家たちもこの国の時代遅れの金融制度をなんとかしなければいけないことに気づいた。きっかけは一九〇六年にサンフランシスコで起きた大地震だった。全国の保険会社は一斉に資金が必要になった。彼らは債券や他の資産を投げ売りし、保険金の支払いに充てていた。

農業主体のアメリカで、その年は大豊作により景気は拡大していた。全国の企業が新たな事業に投資するため通常を上回る資金を求めていた。サンフランシスコでは、大地震後の数週間、預金払い戻しが停止された。というのも、ガス管の破損をきっかけとした大火事で、現金がしまい込まれた金庫は過熱してしまい、開けたら爆発しそうだったからだ。[8]

つまり、通貨供給が増えないなかで、需要がとんでもなく拡大していたのである。その証拠は金利の上昇と預金の払い戻しの増加に表れていた。ヨハン・パルムストルヒが一六六〇年代に体験したように、払い戻しはさらなる払い戻しを呼び、まもなく国中の銀行が破綻の危機に直面したのだった。

そんななか、一九〇七年の一〇月、銅山所有者で銀行家のF・アウグスタス・ハインツは、弟で証券仲買人のオットーと画策してユナイテッド銅山会社の株式を買い占めようとした。オットーと関係のあった銀行や証券会社から、大量の資金が吸い上げられた。しかし買い占めは失敗に終わり、ユナイテッド銅山会社の株価は暴落した。投資家は先を争って、F・アウグスタスとほんの少しでも関わりのあった銀行から預金を下ろした。

まずはじめに、モンタナ州のビュートにあるハインツ所有の銀行が破綻した。次に破綻したのは、ハインツの事業仲間が頭取を務める大銀行、ニューヨークのニッカーボッカー信託だった。五番街の瀟洒な本店には数百人の預金者が列をなし、鞄を手に現金を引き出そうとした。銀行幹部が部屋の真ん中で支払い能力にはなんら問題はないと叫んだが、預金者は納得しなかった。[9] この信託銀行の破産により、全国の銀行は次のニッカーボッカーに金を貸し出すまいと考え、他行への貸し渋りが広がった。

パニックが起きた一九〇七年の秋、アメリカには確かに中央銀行が存在しなかった。とはいっても、セントラルバンカーがいなかったわけではない。ジョン・ピアポント・モルガンは当時だれもが認めるウォール街の帝王であり、問題が起きたときに他の銀行が頼る人物であった。モルガンは世紀末の大物事業家の中でいちばん裕福というわけではなかったが、彼の名を冠した銀行はアメリカにおいてもっとも重要であり、その力は彼が動かす資金額をはるかに超えていた。

モルガンはそれ以前の一連の危機において、ウォール街の大物たちを組織して国債を購入し、財務省を救っていた。したがって、一九〇七年の危機が起きたとき、多くの銀行家たちが助けを求めてウォール街二三番地にあるモルガンのオフィスを訪ねたのは当然の成り行きだった。

　モルガンは財務長官にニューヨークへ来るよう要請した――モルガンが長官を呼びつけたのである。そしてベンジャミン・ストロングという優秀な若いバンカーに、次に狙い撃ちに遭っていたアメリカ信託銀行の財務諸表を分析させ、本当に破綻しているのか、一時的に資金繰りが不足しているのかを調べさせた。支払い不能状態にあるのか、それとも流動性不足だけなのかを調査したのである。流動性不足というのがモルガンの結論だった。そこで銀行家たちはこの信託銀行を救済した。

　預金者はどの金融機関が健全なのか見当がつかず、取り付け騒ぎはたちまちニューヨーク全体、そしてアメリカ全土に広がった。一九〇七年一一月二日土曜の夜九時、モルガンは自分の図書室に数十人の銀行家を集めた。国内有数の銀行の経営陣が東側の部屋に集まり、破綻に瀕した信託銀行の経営陣が西側の部屋に集まった。モルガンとその側近は別の個室に集まった。「不安を抱えた銀行家にこれほど不釣り合いな場所は考えられない」と銀行家のトマス・W・ラモントは書いた。「壁面にタペストリーのかかった壮麗な部屋には、めずらしい聖書や美しい装丁の中世の写本が本棚を埋め尽くしていた。別の部屋には、カスターニョ、ギランダイオ、ペルジーノ他、数多くのルネサンス初期の画家の作品が飾られ、原書がしまわれた聖なる部屋の隣には大きな暖炉があった[10]」

　銀行家たちは待っていた。ラモントはそれを「現代によみがえったメディチの重大決定」と呼んだ。最終的に、モルガンは落としどころを見出した。足腰の弱った銀行の預金を他の優良行が保証することが、夜明け前にやっとまとまった。メディチのたとえはともかくとして、驚くべきはモルガンの役割が、一世紀後にニューヨーク連銀総裁のティム・ガイトナーが演じた役割とそっくりだったことである。モルガンもガイトナーも強い銀行や証券会社が脆弱な組織を買収するよう強く促し、ある銀行を救いながら別の銀行を倒産させ、金融市場が開く前に夜を徹して働いた。

もちろん、大きな違いもある。ガイトナーは、いくら組織統治が民主的でないとはいえ、議会によって設立され政府権限のもとに行動する組織を率いていた。ガイトナーの決定は、大統領が任命し上院が承認するメンバーからなる理事会により認められていた。無から通貨を生み出すその力が、二〇〇七年から二〇〇八年の危機対応を支えていた。

一方で、モルガンはそれなりの公共心を備え、他の銀行家を説得できる非凡な才能を持った有力者というだけだった。国際舞台で頭角を現していたこの国の経済の未来は、このひとりの民間人の富と気性に左右されたのである。

交錯する利害関係

もうたくさん。一九〇七年の金融危機はアメリカ史上最悪の不況につながり、世界各地でも同様の危機が起きた。ここに至って政治家もやっと中央銀行の設立も悪くないと思い始めた。シルクハット姿でジキル島に向かった、ファーストネームクラブのオルドリッチ上院議員は言った。「我々の祖国は他国に比べて地の利があるにもかかわらず、たびたび訪れる信用不安のために経済成長と開発において大きな後れをとってきたのは明らかである[11]」

この金融危機の直後に議会が制定したオルドリッチ - ブリーランド法は現行制度への応急手当にはなったが、より大きな問題への取り組みは先送りされた。その問題とは、中央銀行を拒否してきた長い歴史を持つこの国で、どのような中央銀行を作るべきかという問題だ。そこで国家金融委員会が設立され、議員の代表がヨーロッパ各国の首都を回って銀行制度を視察することになった。しかし、この委員会はすぐに行き詰まった。

農家は新しい中央銀行が単なるウォール街の手先になることを恐れていた。季節変動にさらされずより安定的に農家に信用を供給するなんらかの施策を彼らは訴えた。一方で、大銀行は危機の歯止めとなるような「最後の貸し手」を求めた。とはいっても、政治家にそれを管理させず、自分たちが手綱を握りたいと思っていた。

一九一〇年の秋、ジキル島に集まったファーストネームクラブの目的は、ヨーロッパの中央銀行の最良の部分をとり入れながら、同時に国内の異なる利益の調整が図られる案を考えることだった。

モルガンの所有する隠れ家で長い議論の末に彼らが思い描いた解決策は、単一の中央銀行を置く代わりに全国に複数の中央銀行のネットワークを構築することだった。これらの複数の中央銀行は、「真正の手形」、つまり、企業が顧客から支払いの代わりに受け取る証書をすべて担保として受け入れ、現金を融資する。民間銀行は各地区の中銀から融資を受けることで収穫期の農家の資金需要にも対応できる。そして連邦理事会が融資の金利を決める、つまり国家レベルで信用の緩和と収縮をある程度コントロールする。ジキル島の紳士たちは連邦準備機構を設立する法案を書き、当時もっとも金融問題に影響力のあった上院議員のオルドリッチが三ヵ月後にこれを議会に持ち込んだ。

法案はきっぱりと拒否された。ファーストネームクラブの関わりはその後何年も外に漏れなかったが、国内では人気取り政策が復活するなかで——一九〇七年の金融危機とその後の不況を引き起こした信託銀行への怒りも、少なからずその背景にあった——銀行支配による新たな権力機構を創設する法案など、はなから受け入れられなかった。とりわけ一九一二年の選挙で民主党が議会の過半数を握ってからはそうだった。オルドリッチとファーストネームクラブが解決しようとしていた問題の本質は、そっくりと残ったままだった。

オルドリッチの当初の提案は失敗したが、それは議論の端緒となった。なんらかの形で中央に権力機構を置くと同時に、全国に出先を作ること。そしてまもなく、彼が提起した基本計画——集中しながら国中に分散し、銀行家や政治家や事業家や農家によって共有される権力——は、政治的に実効性のある唯一の解決策であることが明らかになった。中央銀行に関する議論は、地方銀行、中央銀行、そしてさまざまな関係者間の利害調整という問題に行きついた。

もっとも、一九一三年には明らかにさまざまな意見の相違があったとはいえ、ほとんどの政治家が共通の基本認識を持っていた。銀行制度のセーフティーネットとなる中央銀行が必要だということ。それは分散した地区連銀から構成されるということ。その統治はさまざまな利益を代弁しなければならないこと、つまり政治家、銀行家、農家、そして実業家の利益が代表されるということだ。あとは詳細を詰める仕事が残っていた。

地区連邦準備銀行をだれが統治するべきか？　地元の銀行、銀行によって選ばれた企業家、そして国民を代表する第三者からなる理事会。ワシントンの理事会は大統領が任命し上院が承認した財務長官と地区連銀総裁を含む。では何行の地区連銀をどの地域に置くのか？　妥協の末、法案は八行から一二行と決められた。設立地域を決めるために、設置委員会による複雑な手続きが定められた。議論の必要のない地域もあった。たとえばニューヨークやシカゴは当然だった。しかし、結局は政治力の問題となった。法案を草稿したグラスはバージニア州出身だったので、とりわけ大都市でもなく金融の中心でもない州都のリッチモンドはそのひとつに選ばれた。

連邦銀行法は、辛くも一票差で上院で可決された。分かれ目となった一票を投じたのが、ミズーリ州選出のジェームズ・リード上院議員だった。というわけで、ミズーリ州には全米で唯一、セントルイスとカンザスシティのふたつの都市に連銀がある。連邦準備銀行の設置地域は、それ以来現在に至るまで固定され、人口推移があっても変わっていない。

しかも、中央銀行設立反対派に譲歩する形で、連邦準備制度も第一第二合衆国銀行と同様に、認可期限が決められた。一九二八年までである。大恐慌の数年後に再認可を受けなければならなかったとすれば、どうなっていたかは想像に難くない。

一〇〇年に一度のクリスマスプレゼント

連邦準備法をめぐる論戦は醜いものになった。一九一三年九月、ミネソタ州選出のジョージ・ロス・スミス下院議員は、議場に巨大な木製の墓碑を持ち込み、これを小道具にして、新たな中央銀行の運営を政治任命者に任せれば産業や労働者や農業や商業は「死ぬ」と嘆いてみせた。「ジャクソン大統領が問題視していた第一および第二合衆国銀行の政治力など、今回の連邦準備銀行に託された巨大な権力に比べればとんでもなく小さなものである[12]」とスミス議員は騒ぎ立てた。

この中央銀行に反対していたのは、扇動的な人気取りの政治家だけはない。ウォール街のエリートのお気に入りだったオルドリッチ上院議員も、ウィルソン政権が中央銀行の政治支配にこだわったことで、この法案が「行きすぎて歯止めが利かなくなり、従来の経済原則とは矛盾してしまった[13]」と批判した。

さまざまな批判があったにしろ、一九〇七年の記憶がまだ生々しいことも手伝って、利害調整は成功し、一九一三年一二月に法案は可決された。ウィルソンがクリスマスの二日前に署名をし、その後長い歴史の綴られる中央銀行がアメリカ合衆国に誕生した。「多くの専門家が言うように、この新たな機構がアメリカの金融危機を未然に防ぐとすれば、この法案は一〇〇年に一度の素晴らしいクリスマスプレゼントとなるに違いない[14]」ボルティモア・サン紙はそう書いた。

政府は危機に対処する武器を手に入れた。とはいえ、問題が解決したわけではなかった。また、アメリカ国民の心に根強く残る中央銀行への反感が消えたわけでもなかった。その反感はむしろ大きくなったと言ってもいい。経済の潮目が変わるたび――大恐慌、一九八〇年代初頭の深刻な不況、そして二〇〇八年の金融危機後の景気後退といった出来事のたびに――国民の不満は、そうした出来事を未然に防ぐはずの中央銀行に向けられた。

いずれにしろ、一世紀に及ぶ試行錯誤の末、アメリカに中央銀行が生まれた。ニューヨークは金融の中心としてロンドンと肩を並べて競争する準備ができた。ジキル島でファーストネームクラブが描いた一連の草案とそこから生まれた巨大で複雑な組織は、およそ一世紀の時を経てその驚くべき力を発揮することになるのだった。

四章

狂気、悪夢、絶望、混乱
――中央銀行が失敗するとき、その二幕

ルドルフ・フォン・ハーフェンシュタインは官僚として頂点を極めた人物だった。弁護士となり、判事を務め、プロイセンの財務省でキャリアバンカーとも言われる。

だが、彼は歴史上最悪のセントラルバンカーとも言われる。

一八七六年に設立されたライヒスバンクは、統一されたばかりの国家が産業金融の一大勢力として世界の舞台で頭角を現すために欠かせない道具だった。ハーフェンシュタインが総裁になった一九〇八年までには、この銀行は、金銀銅貨を徐々に減らしながら紙の銀行券に移行することで、近代金融システムを構築しつつあった。一九世紀末から二〇世紀初頭にかけ、精緻な金融政策と奇跡のような経済成長に支えられて、ドイツ経済とその金融業界はイギリスと肩を並べるようになっていた。ドイツは鉄鋼と化学製品の一大輸出国となった。だが、まもなくこの新興国の産業経済力がイギリス、フランスという既存勢力とぶつかり合うようになると、武力衝突への不吉な気配が漂ってきた。ハーフェンシュタインは、ドイツが戦費を調達するには、ライヒスバンクの力が不可欠だと見ていた。

一九一四年六月一八日、サラエボでフランツ・フェルディナンド大公夫妻が二発の銃弾に倒れ世界的な騒乱の引き金となる一〇日前、ハーフェンシュタインはドイツの大手商業銀行の経営者を招集し

た。その日彼が言ったことが要請だったのか命令だったのか脅しだったのかは定かではない。今後三年で流動性を二倍にする必要があり、銀行に通貨をとどめずかならず市中に流通させるように、ということだった。少々強引な手段ではあるがドイツ経済を成長に導くためというのが表向きの言い訳だった。だがその目的は、つまるところ戦費調達の手段を確保することであった。

ハーフェンシュタインはこの戦争を武力闘争であると同時に経済闘争でもあると考えていた。「イギリスはドイツの経済発展や世界貿易の拡大、そして我々の海事力に嫉妬し悪意を抱いており、それが世界大戦の根本原因であると分析される」[1]とハーフェンシュタインは書いた。戦費調達のためにライヒスバンクを使うことに、彼はまったく抵抗がなかった。というのも、この紛争が短期に終結すると思われていたからだ。ハーフェンシュタインの使命は、ドイツの産業を紛争によって中断させることなく前進させ続けることだった。「経済活動の継続の前提となるのは、伝統的な信用供給機関の積極的な活用、つまりライヒスバンクを使うことである」[2]一九一四年九月にハーフェンシュタインはそう書いた。

ドイツ国民は金貨や宝石をライヒスバンクが発行する紙幣と交換するよう奨励され、政府は戦費調達の強力な手段を得た。歴史家のジェラルド・フェルドマンは、紙幣の奨励は「それまで思いもよらなかった人々の愛国心と執着心を引き出した」[3]と書いている。ハーフェンシュタインは、裕福な事業家の妻や自分自身の義弟にも貯蓄を紙幣に変えるように説得したとうれしそうに語っていた。ライヒスバンクのプロパガンダ用のポスターは、「我が祖国に金貨を！ 私は防衛のために金貨を差し出し、名誉の代償に鉄を受け取った。金準備を増やせ！ 金準備局にあなたの金と宝石を持ち寄ろう」

紙幣の大量発行がマルクの価値を着実に押し下げていることは、検閲によって国民的な議論にはならなかった。だが、食糧品を買いに行けばそれは明らかだった。ハーフェンシュタインと他のライヒスバンク幹部は、買いだめが物価上昇の原因だと指摘した。インフレは加速していたが、破滅的な水準には至っていなかった。戦争が起きた時点で為替レートは一ドル四・二マルクだった。停戦条約が結ばれた一九一八年一一月一一日には一ドル七・四マルクになり、これは年率にすると一三パーセントの下落だった。だがその程度なら一九八〇年代初頭のアメリカのインフレ率とそれほど変わらない。

しかし、三つの要因が重なってハイパーインフレへの舞台は整った。まず、ドイツの通貨は金貨ではなく紙幣となった。次に、その紙幣で買えるものは、明らかに毎年減っていた。最後に、ルドルフ・フォン・ハーフェンシュタインは、政府が必要とするならばどんな目的のためにでも、紙幣を印刷することを自分の使命と考えていた。

ドイツ政府のこの戦略——ハーフェンシュタインに紙幣を印刷させ、多大な債務を抱えること——は、戦争に勝つことが大前提だった。たとえ勝っていたとしても、平和時の経済に移行することは難しかっただろう（一九二〇年代の借金漬けのイギリス経済は決してのどかなものではなかった）。だが、フランスでの和平交渉で、勝った連合国側は報復を心に決めていた。おだやかな言い方をすれば、「賠償金」ということになる。その結果、ベルサイユ条約は交渉の産物ではなく、連合国の要求を列挙したものになった。[4] ドイツはアフリカの植民地を諦め、また国土の八分の一、国民の一〇分の一、製鉄能力の三八パーセントを手放すことになった。

なかでもいちばん大きな打撃になったのは、国が縮小し貧しくなってしまったこのときに、巨額の賠償金を支払わなければならなくなったことだ。その額は合計で一三二〇億金マルク、それは三年分の歳入と同じ金額だった。毎年の支払い額である三〇億金マルクは、国家輸出額の四分の一を超えていた。のちに賠償金は減額されたものの、最終的にすべての債務を返済したのは二〇一〇年である。

戦時のイギリスを支えるためにケンブリッジ大学を辞めて財務省に移った経済学者のジョン・メイ

ナード・ケインズは、ベルサイユ会議の様子にほとほと嫌気がさしていた。連合国側は報復にやっきになり、寛容さのかけらも見せず、敗戦国ドイツにとうてい背負うことのできない重荷を押し付けた。彼はその条約があとあと遺恨を残すことになるのではないかと悩み、身体まで壊してしまった。条約が締結される前に財務省を辞めたケインズは、すぐさま「平和の経済的帰結」という論文をしたためた。その論文の中で、ドイツに課した懲罰的な賠償金が世界平和への大きな脅威になると述べた。
「過去半世紀の西欧の経済状況は、そもそも極めて例外的なものであり、それが不安定かつ複雑で、脆弱なうえ一時的なものだったと気づいている人はほとんどいない」論文の冒頭でケインズはそう訴えた。「フランスとイタリアが戦勝国の一時的な権限を濫用してドイツとオーストリア・ハンガリー帝国を破壊しようとすれば、それは自国の破壊へとつながるだろう。なぜなら、目には見えなくとも、ヨーロッパ諸国は心理的にも経済的にも複雑に絡み合い、強く結びついているからである」

　一九一九年六月二八日、どこのだれともわからないふたりのドイツ政府官僚がベルサイユ条約に署名した。ひとりは「痩せて目の縁が赤く」、もうひとりは「顔がパンパンに膨らんでいて具合が悪そうだった」うえ、ふたりとも「死にそうに真っ青だった」と、その場にいたイギリス人は語った。[5]それもそのはずだ。ドイツ経済は崩壊し、政治環境を見れば、脆弱な中道派の連立政府が左派のボルシエビキと右派の国粋主義者からの圧力に押し潰されそうになっていた。戦時中の債務が重くのしかかり、初回の賠償金の支払いにも困窮するほどだった。

　残された道は紙幣を印刷することだけだった。戦争債務は紙幣ではなく金建てだった。だが、通貨にいくばくかの価値がある限り、印刷した紙幣を金に変えて連合国に支払うのがいちばん手っ取り早いやり方だった。だが政府債務の調達のために紙幣を刷ることがいかに暴挙であるかを、ハーフェンシュタインはすぐに知らされた。新マルクが市場に出回るにつれ、同じ品物を買うのにより多くの紙幣が必要になった、つまり物価が上昇した。するとマルクの価値は下がる。するとまた、ライヒスバンクはさらに多くの紙幣を印刷しなければならず、それがインフレをますます加速させた。

年率の物価上昇率は高いという域を超えていた。天文学的な上昇率、と言っていい。一九二〇年の終わりに、一ドルは七三マルクだった。それが一九二一年の終わりには一九二マルクになっていた。一九二二年の終わりには七五八九マルク。一九二三年一一月には、一ドルが四兆二〇〇〇億マルクまでになっていた。

当時のとんでもない状況を物語る逸話にはことかかない。[6] レストランで食事を食べ終わる頃には注文したときよりも値段が上がっていたとか、紙幣がいっぱいに詰まったかごを盗んだ強盗が中身を置いてかごだけ持って行ったとか。ただの買い物でさえ、一大事になった。日用品の買い出しに行くために、巨大なスーツケースに現金を詰め込んで引きずっていく人々の姿が、当時の写真に収まっている。地域内では物々交換の仕組みができていった。[7] たとえば、靴工場では労働者に賃金の代わりに靴を与え、従業員はそれをパン屋や肉屋で食べ物と交換した。物理的なもの――靴、パン、肉――には、紙幣と違ってそれ自体に価値がある。安定的な貯蓄手段を提供しようと考えたオルデンブルク市は、一二五キロのライ麦パンと同等の価値を持つ「ライ麦債」を発行した。

より長期的な貯蓄のために、人々は必要のない物品でも購入するようになった。[8] 一九二三年のアウグスブルク報告書によると、ひとりで自転車を六台も買ったり、ミシンを七、八台とかオートバイを二台とか、すべて貯蓄の手段として買っていたらしい。ピアノも人気で、弾かない人たちもピアノを買っていたとバイエルン州政府は記録している。労働者は給料をもらうと先を争って使っていた。銀行では一兆マルク紙幣が頻繁にやりとりされていた。ある銀行事務員は、ゼロの数を記載するのが大変で仕事がなかなか進まず、お金に対する感覚が麻痺してしまったと書いた。お金という現実味がなく、ただの紙のように思えたという。[9]

ルドルフ・フォン・ハーフェンシュタインはいったいなにを考えていたのだろう？　もし紙幣の供給を止めれば脆弱なドイツ政府がどうなるかを彼は悟っていた。借入金の金利が高騰し、歳出削減は避けられず、経済恐慌が起きることになる。それが革命につながる可能性は高い。たとえハーフェンシュタインになんらかの戦略があったとしても、優秀でプライドの高い彼は、頑なにインフレの責任を自分以外のあらゆるものになすりつけていた。「巨額の財政赤字を垂れ流す政府が悪い」――それは確かに本当だが、インフレが起きたのはライヒスバンクが負債の穴埋めに紙幣を印刷したからである。「マルクが下がると見込んで売りを仕掛けた為替投機家が悪い」――そんな投機家がごまんといたが、ライヒスバンクの政策は彼らが正しいことを証明していた。

一九二三年八月一七日、ハイパーインフレの頂点でハーフェンシュタインが行なったスピーチは、彼の近視眼をよく示している。「今日、ライヒスバンクは一日当たり二〇兆マルクの紙幣を発行しております。来週には、それが一日四六兆マルクに増加し……現在の総流通量は六三兆マルクにのぼっております。したがって、あと数日のうちに、我々は総流通量の三分の二を一日で供給できるようになるのです[10]」

一日でマネーサプライを七〇パーセント近くも増やすと言うのだ。しかも、ハーフェンシュタインはそれがいいことだと信じきっているようだった。ハーフェンシュタインは、ライヒスバンクが技術的な問題を克服して、それほど大量の通貨を発行し流通できることに、絶対的な誇りを持っていた。「今や巨大規模となったこの通貨発行組織の運営は、大変な重労働の上に成り立っています。ベルリンから地方へと、毎日大量の通貨が発送されております。航空便でしか配達できない銀行もあります[11]」八月のスピーチで、ハーフェンシュタインはそう語った。

ベルリンでもミュンヘンでもデュッセルドルフでも、不安が鬱積していた。市民は一〇年近くも窮状に耐え続け、藁にもすがりたい気持ちになっていた。コミュニストとファシストが、大衆の怒りのよりどころとなるべく、お互いにしのぎを削っていた。「民衆は現実を理解していなかった」と新聞発行人のレオポルト・ウルシュタインは書いた。「学校で教わった経済理論は、なんの役にも立たなかった。わけのわからない力を盲目的に信じる雰囲気が生まれていた。それは魔法を信じてしまうような、原始的な感情だった。人々は、内情に通じた少数の権力者たちが陰謀を企てていると感じていた[12]」

一九二三年一一月八日、バイエルンの政府高官が集まるミュンヘンのビアホールに国粋主義者の一群が乱入した。アドルフ・ヒトラーという名の若きカリスマ兵士が壇上に立った。そして大歓声を上げる群衆に向かってこう言った。「本日このミュンヘンにおいて、新政府の発足を宣言する！　すぐに新たなドイツ帝国軍を立ち上げる。この暫定新政府の役割は、罪深き都ベルリンへの行軍を決行し、ドイツ国民を救うことである。明日、ドイツ政府か我々のどちらかに死が訪れる！」

その四日後。財務大臣のハンス・ルターはハイパーインフレをなんとか止めなければと重い腰をあげた。そして鼻っ柱が強く野心満々の銀行家、ホレス・グリーリー・ヒャルマル・シャハトを呼び寄せた。ホレス・グリーリーの名前は、シャハトの父親が敬愛した奴隷廃止論者のアメリカ人ジャーナリストにちなんだものである。シャハトは通貨委員に任命され、安定した価値を持つ新通貨をドイツに導入する役目を負った。財務省の中の、狭く暗い掃除道具置き場だった部屋で、秘書をひとりあてがわれ、新通貨の発行に向けて、彼は昼夜を問わず電話にかじりついていた。シャハトとハーフェンシュタインは互いにすぐ近くのオフィスで仕事をしていたが、口をきくことはなかった。国家を弱体化させた責任をまったく自覚していなかったハーフェンシュタインは、衰弱していたにもかかわらず、辞任の要請には首を縦に振らなかった。

だが、それも長くは続かなかった。シャハトは就任後八日目の一一月二〇日、交換比率を発表した。新しく発行される一レンテンマルクにつき、一兆紙マルク。レンテンマルクはドル、ポンド、フランに対して戦前の一マルクと同じ価値を持つ。まさにその夜、ハーフェンシュタインは会議中に心臓発作で倒れた。一日にしてドイツのハイパーインフレとその創造者が姿を消したのである。

魔の木曜日

ウォール街は墓場に始まり川で終わる大通りだと言ったのは、作家のH・L・メンケンである。アメリカの金融業界を象徴するこの通りは、確かにトリニティー墓地からイーストリバーに続いているが、一九二九年一〇月二四日のウォール街はまさにメンケンの表現がぴったりだった。いわゆる「魔の木曜日」である。数千の見物人がロウワー・マンハッタンのこの細く曲がりくねった道に押し掛けた。六〇〇人の警官が沈静化のために動員された。過去一〇年間バブルに浮かれた株式市場の大暴落の混乱を見物するために、大勢の人が集まっていた。人々の顔に浮かんでいたのは、「苦脳というより、驚愕[13]」の表情だったという記述もある。

だが、魔の木曜日自体はそんなにひどい一日ではなかった。結局その日は持ち直したのである。寄り付きから数時間でダウ工業平均は二〇パーセント急落したが、その日のうちにアメリカ金融界の大物たちがウォール街二三番地のJPモルガン本社に集まり、介入を決めた。結果、ダウ平均は二パーセントの下落で引けた。翌朝のウォールストリートジャーナル紙の見出しは、「銀行家、株式暴落を止める」と謳っていた。

しかし、銀行家の介入は市場調整を遅らせるだけで、それを止めることはできない。魔の木曜日のあとには魔の月曜日と火曜日が続き、ダウ平均はそれぞれ一三パーセントと一二パーセント下落した。数日間で株価は前月の史上最高値から四割も下げた。アメリカの偉大な「資産製造機」が一夜にして動きを止めたのである。

米国株式市場の暴落は、もちろん一大事として世界的なニュースとなった。とはいえ、それだけなら局地的な出来事として終わっていてもおかしくなかった。工業立国ドイツの経済活動が停滞したり、イギリスの鉱山労働者が大量に失業したり、グローバルな通貨システムが崩壊する理由はなかった。ニューヨークの株価暴落だけならこうした出来事を引き起こすことにはならなかっただろう。

一連の分析ミスと世界の中央銀行の失策が、これらの出来事を引き起こしたのである。

悩める中央銀行

ヒャルマル・シャハトがマルクを安定させてから六年後、ドイツはふたたび工業国として頭角を現していた。安定的な通貨に支えられて工場の生産性は上がり、株式市場は活況を呈していた。一九二〇年代半ばのベルリンは繁栄と洗練と芸術的なイノベーションの象徴だった。経済と投資機会の拡大するドイツには外国資本が集まった。一九二七年になる頃には、シャハトは海外からの資金流入による経済の過熱を懸念していた。

一方で、フランスとイギリスの中央銀行では金本位制をめぐって緊張が高まっていた。その背後には個人的な対立もあった。一九二〇年代には、経済大国のほとんどは、第一次世界大戦の資金調達のために廃止していた金本位制にふたたび戻っていた。おおざっぱに言うと、物価安定のためには国家経済における通貨供給が経済成長と一致しなければならない。つまり、右肩上がりの経済では、金の需要も際限なく伸びる。

しかし、経済大国に成長が戻っても、鉱山労働者の生産性がいきなり上がるわけではない。戦前の世界金融の中心であったロンドンには金があった。経済成長著しいフランス、ドイツ、アメリカは金を必要としていた。彼らはロンドンで金を買い、自分たちの金庫を満たした。というより、たいていはイングランド銀行の金庫にしまってある金の所有権を譲渡する旨の契約書を取り交わしていた。

一九二七年頃には、このことが、優秀だが一風変わったイングランド銀行総裁モンタギュー・ノーマンの悩みの種となっていた。どの選択にも難があった。イギリス経済が戦時不況から回復できずにいるなかで、金利を上げて通貨供給を引き締めれば、経済成長はさらに鈍化し社会不安を助長することになる。かといって、何も手を下さなければ、金本位制を維持できなくなるのではないかという不安から通貨危機に発展しかねない。

大量の金を囲い込んでいたフランス中央銀行総裁のエミール・モローと犬猿の仲だったことが、ノーマンの悩みを何倍にも増幅した。ノーマンとモローの溝は、単なる政策の違いだけではなかった。モローは英語を話せず、ノーマンは流暢にフランス語を操った。それなのに、ノーマンは英語での議論に固執した。一九二六年のはじめての会合で、モローはノーマンを「自国愛に駆られて世界征服を目指す帝国主義者」だと決めつけ、「フランスの友ではない」と見切った。[14] ノーマンもまたモローを、「鈍重で頑固で想像力や理解力のかけらもないうえ、了見が狭く貪欲で偉そうに突っかかってくる男」だと感じていた。[15] ふたりは見た目も対照的だった。長身で見栄えがよくダンディーなノーマンに比べて、モローは「フローベールの小説から抜け出してきた地方の公証人のような、はげの小男だった」と作家のライアカット・アハメドは書いている。[16]

一方、アメリカの連邦準備銀行の悩みの種は、他国の中央銀行との軋轢ではなく自らの組織内にあった。今日、FRB内部のさまざまな部門が持つ権力と責任は、明確である。ワシントンの理事会と一二の地区連銀で構成されているが、ワシントンにより大きな力が与えられているのは明らかである。しかし、一九二〇年代には分担があいまいだった。一九二七年、ニューヨーク連銀総裁のベンジャミン・ストロングはシャハト、ノーマン、そしてモローの次席をロングアイランドの邸宅に招き秘密会議を開いた。だがわざとワシントンの理事はひとりも呼んでいない。国際経済の運営は自分の専権事項だと考えていたのである。のちにアラン・グリーンスパンやベン・バーナンキが就任する、理事会の議長の権限は非常に弱いものと見なされていた。一九三〇年には、議長だったロイ・ヤングがその職を捨ててボストン連銀の総裁になったほどだった。

ストロングは一九二八年に亡くなり、若く育ちのいい弁護士のジョージ・L・ハリソンが後釜に座った。ハリソンは一九二九年一〇月の大暴落において一連の介入を提案するが、ワシントンの理事たちに却下されてしまう。その翌週、ハリソン率いるニューヨーク連銀は理事会の許可を求めることもせず市場に五〇〇〇万ドルの資金注入を決断し、ヤングから非難を浴びた。アメリカの金融システムが危機にあったとき、それに対応するために創られたはずの連邦準備制度は、内部闘争のために手足を縛られていた。

危機の拡大を招いた失策

ベンジャミン・ストロング、エミール・モロー、モンタギュー・ノーマン、そしてヒャルマル・シャハトが構築したグローバル金融システムは、その後長年にわたり世界に繁栄をもたらした。だが、制度の根幹である金本位制とそれを管理運営する組織および人材は、思いがけず脆弱なものだった。

米国株式市場の暴落のニュースが世界中に広がるにつれ、投資家はニューヨークとその他の株式市場から資金を引き揚げ始めた。その影響は予想外に大きく、工業生産は二ヵ月で一一パーセント落ち込んだ。しかし、グローバル恐慌への道へまっしぐらに突き進んだわけではない。一九三〇年代のはじめにFRBが信用を緩和し政策金利を六パーセントから二・五パーセントに引き下げたことで、市場は一時落ち着きを取り戻したように見えた。ニューヨーク連銀総裁のハリソンは即時の追加利下げを主張したが、ワシントンの理事会は利下げに慎重だったばかりか、他の地区連銀の一部はさらに消極的だった。

利下げ反対派は株価下落をモラルの観点からとらえ、ブームの反動として避けられないものだと考えていた。要するに、我を忘れて宴に興じた後の二日酔いのような、当然の報いであると感じていたのだ。「循環的な下降局面にある経済を刺激するために、目先の対応策を弄しても無駄であろう。いずれにしろ不況は避けられない」[17]金融政策を決定する連邦公開市場委員会（FOMC）は一九三〇年一月の公式見解でそう述べている。それに、不況はまもなく終わり、最悪のときはもう過ぎたと思われていた。「一時期、我々は間違いなく深刻な状況にあった。しかし、恐怖は拭い去られ、冷静な判断と知的な努力が勝利した。通常の活動が始まりつつあり、まもなく陽はまた昇ると確信するものである」[18]一九三〇年五月のスピーチで、FRB理事のチャールズ・S・ハムリンはこう語った。

ヨーロッパへの影響は、当初軽微に思われた。ロンドンとパリの株価は下げたものの、ニューヨークと比べれば小幅だった。しかし、政策の失敗が軽い衝撃を大事件に変えた。ドイツ経済はアメリカからの投資に後押しされていたため、ウォール街の暴落の影響は並外れて大きく、一九二九年の終わりから一九三〇年はじめにかけて経済は収縮していった。当時ドイツの失業保険制度には八〇万人の失業者を助ける予算があった。しかし、世界的な不況は一九三〇年はじめに一九〇万人の失業者を生んでいた。[19]

財政赤字を垂れ流してもすべての失業者に手当を支給するのがこれまでのドイツ政府のやり方だった。だがシャハトはそれを許さなかった。赤字財政支出は一九二〇年代のハイパーインフレに戻る道だと考えていたからだ。シャハトは政府のかじ取りを公《おおやけ》に非難し、政府はそれを聞き入れた。各種の税率を引き上げることで——所得に限らず倉庫、ミネラルウォーター、ビールなどの税率——財政の均衡を図ったのである。その政策は、米国市場の暴落が生んだ負の影響を軽減するどころか、さらに経済を圧迫した。

一方、イギリスとフランスの不協和音は一層深まっていた。アメリカとドイツが厳しい不況に陥り、イギリスが積極的な利下げによって辛うじて不況を逃れていたなかで、比較的好調なフランスは金を大量に購入していた。大量の金がフランスの手に渡るにつれ、他国の中央銀行はこれ以上状況が悪化しても通貨供給を増やすことができなくなっていった。

案の定、状況は悪化した。

米国株式市場の暴落は、増幅効果、つまりベン・バーナンキがのちに名付けた「フィナンシャル・アクセラレーター」を生み出した。市場暴落で痛手を受けた銀行は貸し渋りに走った。貸し出しの減少は経済成長を阻害した。経済の鈍化はさらなる銀行の損失につながり、この負の循環が繰り返された。その間、ＦＲＢの歴々は経済が確実に悪化する様子を目の当たりにして——一九二九年には三パーセントだった失業率は一九三〇年に九パーセントに上がっていた——完全に間違った結論を引き出した。一九二九年の終わりに行なった景気刺激のための介入は失敗だったと思い込んだのである。したがって、追加の介入は無謀な試みだと考えたのだった。連邦準備銀行は「豊富な資金を維持し、信用需要が拡大する兆しが見えればすぐに対応する準備ができている」[20]。一九三〇年一一月、FRBの初代議長でその後理事となったチャールズ・ハムリンはそう言った。言い換えれば、FRBは金融システムへ資金を注入する準備はあるが、それは状況が改善してからということだった。

ハムリンがそう発言した月に二五六の銀行が破綻し、預金者への支払いが不能となった。翌月一二月にはさらに三五二行が破綻した[21]。その中にはニューヨークの巨大銀行であるバンク・オブ・ユナイテッド・ステイツも含まれていた。銀行システムが崩壊するにつれ、数百万のアメリカ人が貯蓄を失い、マネーサプライも収縮した。FRBとハーバート・フーバー大統領は状況が改善することを願いながら、ただ見守った。一九三一年には失業率が一六パーセントに上昇した。一九三三年にはそれが二五パーセントにも達した。

ヨーロッパ全土に金融危機が広がったのは、ウィーンでもっとも権威ある大銀行クレジット・アンシュタルトが長年の不良貸し付けの表面化により、巨額の負債を抱えて破産した一九三一年五月だった。オーストリア政府は預金を保証した。そして自国の信用力が危ぶまれていることに、今更ながら気づいた。世界中で取り付け騒ぎが起きた。クレジット・アンシュタルトが破綻するのなら、同じように過剰融資に走っていたアムステルダムやワルシャワの銀行はどうなのだろう？　フランクフルトやミュンヘンの銀行は？

ドイツの大手銀行で大量の預金引き出しが始まったとき、ライヒスバンクは手足を縛られた状態にあった。金融システムの崩壊は経済を破壊する。だが中央銀行がシステムの歯止めとなるにはマネーサプライを拡大する必要がある。といっても、もうその頃には金準備が不足していた。ということは、金本位制を捨てなければならなくなる。しかし、政府の信用だけに頼って通貨を発行した時代の最悪の記憶が、まだ生々しく残っていた。

シャハトを引き継いでライヒスバンク総裁となったハンス・ルターに残された道は、恥を忍んで隣国に助けを求めることであった。一九三一年七月九日、ルターは専用機でベルリンをあとにした[22]。アムステルダムでオランダの要人と会い、ヒースロー空港ができる以前のロンドンの空の玄関だったクロイドン空港でモンタギュー・ノーマンらと会合を持った。しかし、ドイツの金融システムを救える力を持つ国はひとつだけだった。過去五年間に莫大な金が流入していた国。敗戦前にはドイツがヨーロッパの一大勢力として追い抜いたはずの国。そしてベルサイユでドイツを目の仇にしていた国。フランスである。

ルターはパリに飛び、陳情した。だが数年越しの、いや数世紀越しの怒りと恐れが邪魔をした。ドイツ経済の崩壊を避けるために必要な巨額の資金をフランスは用立ててもいいと言った。ただしドイツにも身を削っていただきましょう、と。国粋主義的な政治活動を禁止し、戦艦の建造計画を捨て、オーストリアと友好関係を結ぶことが条件だった。ドイツにとっては受け入れがたい条件である。

いよいよせっぱつまったルターはバーゼルに飛び、前年に創られた国際決済銀行（ＢＩＳ）に頼み込むという奥の手に出た。今と同じく、当時もバーゼルで週末を過ごすセントラルバンカーたちは、ごちそうとワインを楽しみ、同胞と交わる稀有な機会を得ていた。モンタギュー・ノーマンはＢＩＳの設立に尽力し、「金融という名の宗教における教祖のごとき存在となっていた」という[23]。大勢のセントラルバンカーたちが彼に会うため押し掛けた。ノーマンの伝記作家であるアンドリュー・ボイルによると、バーゼルは「ノーマンの心のよりどころであった[24]」。しかし、各国の中央銀行が納得できる国際政策を作りあげる試みは難航していた。

グローバル経済の現状を理解するための共通の枠組みはなく、世界恐慌の原因をなにに求めるかは人によってさまざまだった。ほとんどの国には信頼できる経済統計が存在しなかった。ジェット機が開発される前であり、アメリカと日本の定期的な参加は不可能だった。[25]そんなわけで、バーゼルはヨーロッパ人中心のクラブとなった。しかも、当初アメリカの中央銀行は参加を許されてもいなかった。国際的なもたれ合いにはいつも懐疑的だったアメリカ政府は、ＦＲＢにＢＩＳのメンバーになることを禁じたのである。[26]一九三一年夏にドイツが直面していた危機は、ノーマンに言わせると「中央銀行には大きすぎる問題[27]」だった。

かくして、ハンス・ルターの打ち手が尽きた一九三一年七月一三日、第二次世界大戦の種が播かれた。もしドイツとフランスが話をまとめることができていたならば、危機は未然に回避され、ドイツは国粋主義と軍国主義に突き進むこともなかったかもしれない。だが、ライヒスバンクは金本位制を維持するために金利を引き上げた。二日間の「銀行休日」が宣言され、資本の国外逃避を防ぐために為替取引が制限された。失業率は三四パーセントにも達した。フランス人に対してだけでなくドイツ人以外のほとんどの民族への憎悪が高まった。ナチス党は周辺政党から与党になった。目はしの利くヒャルマル・シャハトはヒトラーの参謀となり、一九三〇年代を通して経済官僚のトップに立っていた（だが、ナチスの反ユダヤ政策が激化してくるとシャハトは反旗を翻し、第二次世界大戦中は反ヒトラーのレジスタンスと共闘を組む）。平和で民主的でありたいというドイツの理想は、情け容赦ない金融システムの前に崩れ去ったのである。

イギリスでも、金本位制による締め付けが、耐えられない水準に達していた。ドイツの金融システムの崩壊によって、次はロンドンかもしれないとの恐怖が高まり、あちこちで取り付け騒ぎが起き始めた。イギリス政府はＪＰモルガンその他のアメリカの銀行に緊急融資を要請した。ライヒスバンクと同じく、イングランド銀行もまた金本位制を維持し資本の流出を防ぐために金利を上げなければならなかった。それによって、失業率がすでに二〇パーセントに達していた景気はさらに落ち込んだ。

ケインズは政治家たちにこう言った。「私の名にかけて誓うが、この数週間に我々は歴史上もっともひどい政策ミスを犯してきた[28]」

モンタギュー・ノーマンの部下たちは、金本位制を捨てる他に道はないと考えた。ノーマンその人は持病の発作に苦しみ、そのときには北大西洋の船上にいた。当時の偉大なセントラルバンカーであったノーマンは、カナダから帰国の船上でその電報を受け取った。「明日離れるため、残念ながら間に合わず[29]」とあった。ノーマンは、部下のアーネスト・ハービーが帰国した自分を出迎えられないということだろうと解釈した。実際には、イングランド銀行が金本位制を捨てるという意味だった。ケインズは、「嫌いな人間の尻の下に花火を仕掛けた子供のように笑い転げていた[30]」という。

アメリカが金本位制を捨てたのは、さらにその二年後、フランクリン・デラノ・ルーズベルトが大統領に就任したときだった。その頃には、アメリカ国民の四分の一が失業していた。工業大国における金本位制の放棄は深刻な景気後退の終わりを告げるものであり、大恐慌からの脱出に向けた長い道のりのはじまりだった。

トウモロコシを売るのに三セント払う

一九三三年のアメリカと西欧列強の生産能力は一九二九年とそれほど変わらなかった。工場も農園も同じであり、そこで働く人々の知識も能力も勤勉さも変わらなかった。しかし、物価が下がり信用が崩壊すると、システム全体が機能不全に陥る。物の価値は下がり、借金の負担は重くなる。人々は絶望的になる。作家のスタッズ・ターケルが取材したアイオワの農民はこう言っていた。「穀物は焼き払われている。石炭の方がまだ高く売れるのさ。トウモロコシは焼却処分される。ここよりちょっと束の郡に行くと、一九三二年と三三年の冬中納屋でトウモロコシを焼却していた。サウスダコタの市場じゃ、トウモロコシはマイナス三セントの値がつけられた。ひと束、マイナス三セントだよ。トウモロコシを売るのに、三セント持参しなくちゃならないんだ」[31] その頃都市では民衆が飢えに苦しんでいた。

過剰な通貨供給と物価の急上昇が国家に深刻な被害を与えることは、一九二〇年代初頭のドイツを見れば明らかだった。とはいえ、一九三〇年代の欧米列強に見るように、過少供給と物価下落もまた災厄の種となる。損害は金融市場から経済、銀行、政府へと連鎖し、ふたたび市場に跳ね返ってくると同時に、大西洋を越えてヨーロッパの金融の中心地でも悪循環が続いた。世界の中央銀行は、金本位制に手足を縛られていたうえに、協調する能力がなかったか、あるいはその意志もなく、ただ指をくわえて見ていただけだった。

しかし、ドイツのハイパーインフレと大恐慌からは基本的な教訓が読み取れる。中央銀行がかじ取りを誤れば、社会が崩壊するということだ。

五章　アーサー・バーンズの憂鬱

その金曜日、大統領のブレーンたちは二機のヘリコプターに分かれて出発した。世界経済を救うためには、別々の場所から飛び立つ必要があったのだ。一九七一年八月のその週末、リチャード・ニクソンがキャンプ・デービッドで落ち合う予定の政府高官の顔ぶれを報道陣が見ていたら、アメリカの通貨政策に大転換が進行中であることが知れてしまったはずだ。そんなことにでもなったら、すべてが水の泡である。

二機目のヘリコプターは、人目を避けてボーリング空軍基地から飛び立った。基地に向かう車の中で、ニクソンの経済顧問のハーバート・スタインはスピーチライターのウィリアム・サファイアにこう言った。「この会合は、経済史において一九三三年三月四日以来もっとも重要な週末になるかもしれないな」[1]　破綻に瀕した金融機関の取り付け騒ぎを止めるためにフランクリン・デラノ・ルーズベルト大統領が銀行休日を宣言して以来、という意味である。

ホワイトハウスを飛び立ってから二八分後、メリーランドのカトクティン山を望むアスペン・ロッジの居間に、ニクソンは男たちを集めた。ジョン・F・ケネディ大統領が狙撃されたときに同じ車に乗っていて自身も傷を負った財務長官のジョン・コナリー。ニクソン側近でのちにプライベートエクイティー業界の生みの親となるピート・ピーターソン。当時行政管理予算局長を務めていたジョージ・シュルツと副局長だったキャスパー・ワインバーガー。その後シュルツとワインバーガーは一九八〇年代にそれぞれ国務長官と国防長官として冷戦の終結にあたった。その中に混じって長身で控え目な財務次官ポール・ボルカーは、だれより大きな足跡を歴史に刻むことになる。

　男たちはドルについてさまざまなアイデアを出し合った。アメリカ通貨は一オンス三五ドルで金に連動していたが、この交換比率への信頼が揺らいでいた。ドルの本来価値がそれよりも低いことを確信した各国は、これを逆手にとってドルを金に変えていた。さらに、ドル切り下げの噂が火に油を注いでいた。交換比率が有利な今のうちに金を手に入れなければと考えたのだ。キャンプ・デービッドに集まったブレーンが答えを見つけられなければ、早晩アメリカの金準備は尽きてしまう。ニクソンは、会話が絶対に漏れないようにと外部への電話を禁止した。この知識をもってすれば、トレーディングで莫大な利益をあげられたかもしれないという思いが、一瞬ボルカーの頭をよぎった。

　ひとつの案は、ＦＲＢが金利を上げ、ドルの価値を交換比率に近づけるというものだ。しかし、失業率がすでに六パーセントに悪化した状況で、翌年に再選を控えていたニクソンと側近にとって、この案は問題外だった。ニクソンは一九六〇年の大統領選での敗北を、選挙前にＦＲＢが金融引き締めを行なったせいだと考えていた。ニクソンはアメリカ経済を減速させず危機に対処する道を模索するよう、チームに指示した。名目上は独立しているはずのＦＲＢのアーサー・バーンズ議長は、一〇〇パーセントの支持を確約した。が、この会合の落としどころは、だれの目にも明らかだった。金本位制の廃止である。「大統領閣下、私にできることでしたら、なんなりといたします[2]」とバーンズは言った。

　その週末の最終日、集まった一五人全員に名前入りの洒落たウィンドブレーカーが送られた。ニクソンはその日、人気テレビ番組『ボナンザ』を中断して、大統領執務室から国民に呼びかけた。アメリカ政府はインフレと闘うため法令により物価と賃金の統制を敷くと発表したのである。そして、金ドル兌換《だかん》を停止し、「金交換の窓口を閉める」と告げた。一九四四年に世界の指導者たちがニューハンプシャー州のブレトンウッズに集まり、先の大恐慌のような事態を防ぐために作った通貨の枠組み、つまりブレトンウッズ体制が終わったのである。だが結局、今回もまた大失敗に終わるのだった。

例の名入りウィンドブレーカーを受け取った男たちは、ようやく景気後退の火種にならないインフレ防止策を発見したつもりでいた。しかし、それは一大インフレーションのはじまりだった。一九二〇年代と三〇年代に中央銀行が犯した過ちに比べればまだましだったかもしれないが、バーンズは先行きが暗いことを見通していた。

「金兌換の停止を回避しようと努力したものの、できなかった」会合前夜にバーンズ議長はそう日記に記している。「建設的な指導力がないばかりか無策で無能な政府のために、金兌換は明日停止に追い込まれる。これこそ、人類の悲劇ではなかろうか！」[3]

大統領に服従する議長

アーサー・F・バーンズは、額の真ん中で分けた白髪と分厚いメガネがトレードマークで、常にパイプを手に持っているような、まさに学者らしい学者であった。「だれに対しても、昔風の慇懃さで接していた」[4]ある記者はそう書いている。一九〇四年生まれのバーンズは、若き日に目撃した大量失業時代がふたたび訪れることへの恐怖が心に深く根付いていた。「先生は大恐慌の申し子でした」教え子のひとりは一九六九年にそう言っている。「先生は学者として一人前になる頃に、目の前で国家経済が崩壊するのを見たのです。破壊的な変化を阻止することが経済政策のいちばんの目的だと、先生は肝に銘じたのでしょう」

ニクソンは、自分の目の黒いうちは戦後アメリカの景気拡大にブレーキをかけるようなことは許さないとバーンズにはっきり知らしめていた。とりわけ、一九七二年の再選前には。一九七〇年一月に行なわれたホワイトハウスのイースト・ルームでのバーンズの宣誓式で、ニクソンは「議長の独立性を尊重する」と言った。「しかしながら、議長が独自に、私と同じ結論に達せられんことを望む」そのうえ、ニクソンは「私と同じ結論」に誤解がないようにと、こう続けたのだった。「それはつまり、金利を下げ、流動性を上げることである」[5]

ＦＲＢのシニアスタッフは、金融政策の詳細を説明するためにホワイトハウスに呼ばれたときのことを憶えている。大統領にもっとも近い参謀のひとり、ジョン・アーリックマンが会議の終わり頃に突然顔を出した。そしてこう言ったという。「諸君が朝起きて鏡を見ながら髭を剃っているとき、ひとつだけよく考えて欲しいことがある。『マネーサプライを増やすために、自分になにができるか』と自問するのだ」[6]バーンズはニクソンについてこう日記に記していた。「自分の意思を押し殺し、大統領に完全に服従しなければ、私に未来はない。たとえ、それが法律的にも倫理的にも間違っていたとしても」[7]

バーンズがほんの少しでも独立性を示すと、ニクソンたちは汚いやり方でプレッシャーをかけた。ウォーターゲート事件に関係したと言われる大統領顧問のチャールズ・コルソンは、バーンズが国民に賃金統制を強いながら、自分の報酬を五割も上げるよう要求したとの噂を広めた。[8]また、ニクソン政権は連邦準備制度の統治体制を変えることを考慮中で、ＦＲＢを行政府の支配下に置き、理事会の人数を一四人に倍増して議長の権限を弱めようとしているという噂がホワイトハウスから流れてきた。[9]

そして、議長だったバーンズはニクソンとその側近の望みに応えた。大統領と顔を合わすときには、政治参謀のような言い回しを使うほどだった。再選まで一年を切った一九七一年一二月一〇日、バーンズは大統領にこう語った。「そろそろですな。ドンと景気を盛り上げませんと」[10]

政治的なプレッシャーは別にして、バーンズの行動には、経済に対する基本的な誤解があったように見受けられる。当時は賢い政治家がうまく経済のかじ取りをできると盲目的に信じられていたうえ、なにがなんでも失業を回避することが優先されていた。高いインフレという犠牲を払うこともいとわなかったのである。当時もっとも権威のあった経済学者のポール・サミュエルソンとロバート・ソローは三パーセントの失業率——どんな歴史的水準からみても極端に低い——は「まだまだ目標には到達していない」と言い張った。一九五〇年から一九六八年までの平均インフレ率はわずか二パーセントほどだったが、異例の低失業率が目標とされるなかでFRBは早いペースの物価上昇を許し始めた。まず一九六八年にインフレ率は四・七パーセントに上昇し、翌六九年には五・九パーセントになった。一九七〇年の終わりにタイム誌は、ジョージ・ワシントンの頬に涙が一筋流れる巨大な一ドル札を表紙に載せ、「現在価値七三セント」と赤い題字をつけた。[11]

ほんの数年の間に、インフレは戦後のアメリカ心理に深く根をおろしていた。企業も消費者も、止まらない物価上昇を新たな現状として受け入れるようになった。工場労働者の全国的な集まりであるティームスター労働組合は、一九七〇年の交渉で一五パーセントの賃金アップを勝ち取り、鉄道労働者は一三・五パーセント、建設労働者は一七・五パーセントの賃金アップを獲得した。[12]その間、トラック運転手や鉄道労働者や建設労働者の生産性が二桁で上昇し続けていたとは思えない。賃金上昇は、物価上昇の結果にすぎなかった。それがまた、さらに物価を押し上げた。

この悪循環は一九七〇年代はじめまで続き、バーンズはそれを止めるための手をほとんど打たなかった。それどころか、ＦＲＢは、インフレ率が四パーセントだった一九七一年のはじめに金利目標を切り下げた。

バーンズにとっては不運も重なった。一九七二年の悪天候の影響で翌年の食糧価格はあらゆる品目で跳ね上がった。一九七三年八月終わりまでの一二ヵ月に、肉、鶏、魚の値段は四〇パーセント以上も上昇した。上昇が速すぎて、「ステーキハウスのメニューには印刷された値段の上に手書きの白いシールが何枚も貼られていたほどだった[13]」と作家のデビッド・フラムは書いていた。

一九七三年一〇月、ユダヤ教の休日であるヨム・キプールの日にエジプトがイスラエルに奇襲攻撃をかけた。アメリカはすぐにイスラエル支援を表明した。その報復として、一〇月一六日にアラブ石油輸出国機構は原油価格を七〇パーセント引き上げた。原油供給の先行きに対する信頼感は根底から揺らぎ、企業は売り控えに走った。わずか六ヵ月のうちにアメリカのガソリン価格は一ガロン四二セントから五五セントに跳ね上がり、市民の不安は経済実態以上に悪化した。従前の規制によって、燃料の余っている地域から不足している地域への供給転換ができず、ガソリンが完全に枯渇した地域も出た。「ガソリン売り切れ」と看板を掲げたガソリンスタンドの前に何十台もの燃費の悪そうな大型自動車が連なっている場面が、その時代を象徴するイメージとなった。

商品（コモディティー）価格の急騰は中央銀行にとって悩ましい問題を生み出した。食糧とガソリン価格の上昇は、通常であれば中央銀行のコントロールの及ばない一過性のものとされ、金利を上げて価格上昇に対抗することはない。しかし価格上昇からインフレ期待への循環が起きている場合には、金利を上げる理由になる（とはいえ、当時インフレ期待の重要さはあまり認識されていなかった）。バーンズとＦＲＢにとって、オイルショックのタイミングは最悪だった。インフレ期待の悪循環が手に負えなくなりそうな時期だったからである。一九七三年には消費者物価が八・九パーセント上昇し、翌七四年にはさらに一二・一パーセント上がった。

一九七四年八月にニクソンがスキャンダルで辞任し、そこまで強引でないジェラルド・フォードが大統領に就任したあとでさえ、バーンズとＦＲＢは答えを見つけられずにいた。インフレ率を手に負える範囲に収めるまで金利を引き上げれば、深刻な景気後退を引き起こすと考えられた。若き日の大恐慌のトラウマにとらわれていた彼らは、そのリスクを犯すことができなかった。バーンズの議長としての最終年となった一九七八年、消費者物価は九パーセント上昇した。

ジミー・カーター大統領は、バーンズの後継議長にＧ・ウィリアム・ミラーを指名した。ミラーはオクラホマ出身の弁護士の資格を持つ企業経営者で、経済の専門家ではなかった。理事会ではテーブルの上にキッチンタイマーを置き、話の長い学者たちがそれぞれ三分以上話すことを禁じていた。また、ミラーは「禁煙にご協力いただきありがとうございます」と書いたボードを掲げていたが、理事たちはかまわずタバコに火をつけていた。[14] 彼はＦＲＢを「自分が会長として経営する多角的企業[15]」と見ていた、とあるスタッフは語った。

不況をなにより恐れたミラーは、インフレ打倒のためにマネーサプライを引き締めることを拒んだ。一九七九年夏、インフレ率は一〇パーセントにものぼり、カーター大統領はもうこれまでと腹をくくった。内閣改造の一環として、ミラーを権限のあいまいな財務長官に「引き上げ」たのである。ＦＲＢ議長の座は空席となった。カーターの眼は、ある人物へと向かった。アメリカの経済政策立案の第一人者であり、四人の大統領に仕え、一九七一年夏のキャンプ・デービッド会議で国際金融体制の再構築に尽力した男だ。このときの人選が、その後何十年の長きにわたり世界経済を形作ることになる。

そして、一九八〇年にカーターがロナルド・レーガンに敗れ、再選を逃した一因もここにある。

ポール・アドルフ・ボルカーは、身長二メートル近い大男であり、仕事のスケールもその体格に見合ったものだった。カーターがボルカーを議長に選んだのは、世界の金融市場におけるアメリカ経済への信頼が足元から崩れようとしているとき、ニューヨーク連銀総裁だった彼が他の候補にないものを提供できたからである。それは、彼の存在そのものへの信頼感である。議長任命に先立つ大統領とのミーティングで、ボルカーはマネーサプライを引き締めてインフレと闘うつもりであることをカーターに告げた。それこそ、カーターが求めていたものだった——しかし、どんな犠牲を払うことになるか、そのときにはわかっていなかったのは確かだろう。

二重あごでぼそぼそと話すボルカーは、金融業界で短期間働いたことはあったものの、民間企業での経験は短く金には縁がなかった。ニュージャージー州のティーネックという小さな村の村長の息子だった彼は、安葉巻を吸い、ワシントンの小さな雑居アパートに住み、ジョージタウンの高級サロンではなく薄汚い中華料理屋で食事をしていた[16]。連邦準備制度の奇妙な慣習に従って、議長に就任すると給料は以前のおよそ半分になった（地区連銀の総裁はどちらかというと民間企業のトップと同じ扱いで、ただの役人である理事会のメンバーよりも給料が高かったのである）。アメリカで二番目に大きな力を持つ男の年収はおよそ六万ドルだった。

ボルカー就任の年、消費者物価は一三パーセント上昇した。ＦＲＢ理事のひとり、ヘンリー・ウォリックは一九二〇年代はじめのハイパーインフレ時代にドイツで幼少期を過ごしていた。「アメリカは絶対にそんなことにはならないと私は断言したものだ。だが、もう『絶対に』とは言えないな」[17]とウォリックは語っている。九月になる頃には、ボルカーはそれまでのＦＲＢの戦略をいったんすべてご破算にしなければと思うまでになっていた。誘導目標に向けて手探りで金利を少しずつ引き上げるのでなく、別の措置が必要だった。借入コストを先例のない水準にまで確実に引き上げるための措置が。

ベオグラードで開かれる国際通貨基金（ＩＭＦ）会議に向かう飛行機の中で、ボルカーはカーター大統領の経済顧問たちに自分の計画を説明した。[18] 評判は散々だった。確かに大統領はインフレを抑制したがっていた。だが、金利引き上げは数ヵ月後の景気に影響する。再選まであと一年と迫るなか、ボルカーの新政策によって失業率が急上昇するちょうどそのときに、大統領は有権者に二期目への支持を求めなければならなくなってしまう。

その頃、引退したアーサー・バーンズも講演のためにベオグラードへ向かっていた。彼は、中央銀行がどれほどインフレを抑制したくても、政治家の支持がなければできないと語った。そのスピーチは、「中央銀行の憂鬱[19]」というドラマチックな題目のついた、自己正当化と言い訳のオンパレードだった。

大いなる安定期のはじまり

一九七九年一〇月六日は首都ワシントンの歴史的な一日となった。ヨハネ・パウロ二世がローマ教皇としてはじめてホワイトハウスを訪問したのである。その日、ポール・ボルカーはナショナルモールを見下ろす大会議室でＦＯＭＣを開き、いよいよ巨大インフレにとどめを刺そうとしていた。ＦＯＭＣは午前一〇時少し過ぎに始まった。カーター大統領が北ベランダで教皇を迎える三時間半前のことだ。「前門には虎、後門には狼がいる」、つまり、景気後退と急速なインフレが同時に訪れる危険があるとボルカーは言った。「ふたつをなんとか一度にうまく片づけられると考えるのは、幻想というものだろう。現時点では、どちらかひとつに的を絞って対応しなければならない[20]」

ボルカーは六時間にわたって言葉巧みに委員を説得し、自分の定めた方向に委員会の合意を取り付けた。ＦＲＢはこれまでのように金利誘導目標を定めるのではなく、市中の通貨供給量を政策目標にするとしたのである。従来ＦＲＢは通貨の値段、すなわち金利を定めていたが、マネーサプライは銀行や企業や消費者が金利にどう反応するかで決まっていた。それはレストランがハンバーガーの値段を一〇ドルと定め、その値段で買ってくれる人に売れるだけの数を売ろうとするようなものだ。

しかし、ＦＲＢは目の前の過剰流動性に対応するため、従来とは違う取り組みをしようとしていた。望ましい通貨供給量を定め、それに達するように金利を調整しようというのである。つまり、レストランが一〇〇個のハンバーガーを売ると決め、その目標を達成するために値段を一〇ドルにも八ドルにも一二ドルにも変えるようなものだ。ＦＲＢはマネーサプライの伸びを抑えると言明し、そのために必要なだけ金利を上げると決めた。何年にもわたった大インフレ時代のあとで、マネーサプライをＦＲＢの目標まで引き下げるのは決して容易ではないはずだった。ハンバーガーは極端に高価にならざるを得ない。

ボルカーの広報担当であるジョー・コインは報道関係者に連絡をとり、その夜記者会見を開くことを伝えた。中央銀行番の記者たちが土曜の午後に電話を受け、突然記者会見に呼び出されることはめったにない。多くの記者たちは私服で集まった。コインが全国ネットのＣＢＳニュースに電話をすると、ワシントン支局長が折り返し電話をかけてきて、その日出勤しているカメラマンはひとりしかいないと言った。しかもそのカメラマンはローマ教皇の訪問に張り付いていた。「教皇がお帰りになったずっとあとになっても、この記者会見はカメラマンの記憶に残るはずだと言った」[21]のちにコインはそう語った。

五〇人を超える報道陣ですし詰めの会議室に、ボルカーはふたりのスタッフを伴って六時に入ってきた。彼はまず、その前週に市場に流れていたふたつの誤った情報を訂正した。「この会見は、昨日の朝方に囁かれていた私の辞任を発表するためのものではない。また、直近の噂と違い、私はまだ生きている」

それから、主題に入った。FOMCはマネーサプライを政策目標とし、政策金利を一パーセント上げることを決定した。報道陣は金利に注目した。そちらの方がわかりやすかったからだ。それは単にテクニカルな政策変更ではなかったが、その日の報道ではそのことはあまり強調されなかった。ボルカーは故意にその重要性を軽く見せようとしていた。この動きが景気後退を引き起こすかと聞かれ、「まあ、さまざまな意見があると思う」と答えた。イエール大学の経済学者ジェームズ・トービンはのちに、「バーンズはパイプをふかした。ボルカーは葉巻を吸った。ふたりとも煙幕を張っていた[22]」と言っている。

FRBがマネーサプライを新しい政策目標に近づけるために金利を上げるにつれ、ボルカーはアメリカいちばんの嫌われ者になっていった。「信用収縮が始まった[23]」一九八〇年三月号のニューズウィーク誌はそうセンセーショナルに書き立て、百貨店のシアーズがクレジットカードに高い金利を課し、チェースマンハッタン銀行が無担保個人ローンを廃止したと伝えた。金利が二〇パーセントに跳ね上がると、住宅ローンを借りられる人はほとんどいなくなった。建設工事は大半が凍結した。

住宅建設業者は、抗議の意思を示すためボルカーに木材を送りつけるようになった（ボルカーはのちにそのひとつをベン・バーナンキに贈呈している。それは議長室の棚に飾られた）。自動車メーカーもまた頭にきていた。高金利で消費者は車も買えなくなったからだ。建設業者に負けじと、自動車メーカーは売れ残った自動車のキーをボルカーに送りつけた。しかし、いちばん割を食ったのは農家である。一九七〇年代の後半、多くの農家はこのままの異常なペースで穀物価格が上がり続けると思い込み、借入金で土地を買い入れていた。食糧価格が下がり金利が上がると、中部地域の人々はことごとく農地を失った。農民は抗議のためトラクターでワシントンに乗り付け、壮大な大理石のＦＲＢ本部の周りを旋回した。

それはまだ穏やかな方だった。一九八一年、高金利にかっとなった男が改造ショットガンとピストルとナイフと偽爆弾を持って、警備を振り切りＦＲＢ本部に突っ込んできたのである。[24] 男は大会議室の手前で警備員に押し倒され、ボルカーには二四時間の警備体制が敷かれることとなった。

ボルカーは繰り返し議会に呼ばれ、葉巻を吸いながらＦＲＢの政策を説明した。政治家たちは、借金で物を買うことができなくなった有権者の怒りを、こののっそりとした大男にぶつけた。「我々はアメリカンドリームを破壊している」アイダホ州選出の共和党議員ジョージ・ハンセンはそう言った。建築業者の専門誌はボルカーを「計画的で冷酷な、数百万の中小企業の殺人者」[25]と責め立てた。

一九八二年に高インフレによる悪循環が断ち切られたと判断したボルカーは、やっと金利を下げ始めた。その年、物価上昇はわずか三・八パーセントにとどまった。それは過去一〇年間でもっとも低い年間上昇率であった。インフレ期待を合理的な水準まで落とすために払った犠牲は、数百万のアメリカ国民を失業に追い込むほどの、第二次世界大戦以来最悪の景気後退だった。

しかし、この「ボルカー不況」は未来に向けての大きな布石ともなった。アメリカ国民は永遠の物価上昇に耐える必要はなくなった。企業は回収への自信を持って投資を行なえるようになった。ローンの貸し手は返済金がただの紙切れになることはないだろうと、安心して融資を行なえるようになった。ＦＲＢはインフレファイターとしての評価を確立した。物価上昇期待がさらにインフレを呼ぶという悪循環を断ち切る機関としての信頼を得たのである。ボルカーの業績は、アラン・グリーンスパンがインフレを低く安定的に抑えることを容易にした。無理な物価上昇を抑えるためならＦＲＢは手段を問わないと人々が信じている限り、わずかな金利の引き上げでも――あるいは議長の囁きでさえ

――物価を抑えるのに充分だった。

マネーサプライが過剰なときになにが起きるか、過小なときにどうなるかを目の当たりにした中央銀行は、その教訓を学んだようだった。熱すぎず冷たすぎない、ほどよい加減の「ゴルディロックス経済」が世界中のほとんどの地域に訪れ、継続的繁栄と安定的インフレの時代がやってきた。大インフレ時代が終わり、大いなる安定期《グレート・モデレーション》が始まったのであった。

六章　マーストリヒトでルーレットを回す

イングランド銀行の分厚い壁の内側で、トレーダーたちは闘っていた。そして、彼らはその闘いに敗れつつあった。

トレーダーたちは気が狂ったような勢いでポンドを買い入れていた。まずは三億ポンド。さらに三億ポンド。一九九二年九月一六日の午前八時四〇分までに、その額は一〇億ポンドにのぼっていた。彼らは為替市場でのポンド価格を押し上げようと必死になっていたが、どれだけ買い入れてもスクリーンに映る数字はピクリとも動かなかった。前の晩、海を隔てたニューヨークで投資家ジョージ・ソロスが右腕のスタン・ドラッケンミラーに信じられない指示を出していたことを、彼らは知る由もなかった。全力でポンドを売ること。とにかく売り続けろ、と。

ドラッケンミラーは、英国政府が二年前に欧州為替相場メカニズム（ＥＲＭ）のもとに合意されたポンドの水準を維持できないと確信していた。ヨーロッパ各国は域内通貨の為替レートを事実上固定することで、経済を活性化できると考えていた。たとえば、ドイツマルクとフランとリラの為替レートが変動しないとわかっていれば、企業はヨーロッパ全域でビジネスがしやすくなる。マーガレット・サッチャーは、首相時代の最後の仕事としてイギリスのＥＲＭ参加を決め、一ポンドを二・九五ドイツマルクの上下六パーセントに固定した。

　しかし、ドラッケンミラーとソロスは、インフレと低成長に苦しむイギリスのポンドの本来価値はそれより低いはずだと確信していた。彼らはポンドがそのうちかならず本来価値に近い水準まで値下がりすることに賭け、イギリス政府の市場介入によっても人工的に高い価格を維持することはできないと信じていた。フィンランドとイタリアは同じような圧力のもとでＥＲＭから脱退しており、通貨が暴落したことでそれに賭けていた投資家は大儲けしていた。当時イングランド銀行のチーフ・エコノミストだったマービン・キングは、その二日前にフランクフルトに出向いていた。ワーグナーのオペラのような雷鳴とどろくなかでブンデスバンクに到着したキングは、固定レート維持への助けを求めた。のちに彼はその訪問を「おそらく史上もっとも不首尾に終わった外交使節だろう」[1]と語っている。イギリスの終わりは近づいていた。

　ソロスとドラッケンミラーのふたりはポンドを「ショート」すると決めた。つまり、借りてきたポンドを売り、下がったところで買い戻すのである。その火曜の夜、ソロスはドラッケンミラーに言った。「本丸を狙え」[2]

　彼らの運用するクォンタムファンドは、相手かまわずポンドを売りまくった。ロンドン市場が開くとイングランド銀行に、それ以外の時間帯には世界中の投資家に。まもなくだれもがポンドを売り始めた。イングランド銀行は買い続けたが、買えば買うほど損失は膨らんでいった。

　その水曜日、ジョン・メージャー首相は緊急に政策金利を丸々二パーセント上げると決定し、翌木曜にはさらに三パーセント引き上げた。イギリス景気が減速するリスクを冒しても、政府は売り浴びせられていたポンド価格を反転させ、投機家の顔に卵をぶつけるつもりだった。だが、ソロスもそれ以外のグローバル投資家も躊躇しなかった。ポンド売りの勢いは止まらなかった。

九月一七日、ロンドン時間の午後七時四〇分、ノーマン・ラモント財務大臣は財務省前で会見を開いた。「莫大な投機資金の流れがＥＲＭの正常な働きを阻害している」集まったカメラの前でラモントはそう語った。次の措置を議論するため、欧州各国の財務大臣との会合を開くことを決定した、と。「また、イギリス政府はＥＲＭへの参加を即刻停止することが国益にかなうと判断した」[3]

ポンドはたちまち暴落した。ジョージ・ソロスとスタン・ドラッケンミラーはイングランド銀行を打ち負かし、何十億ドルもの利益を生み、金融業界の伝説となった。しかしイギリス、イタリア、フィンランドのＥＲＭからの脱退は、ヨーロッパ各国が統一通貨システムを創ろうと思えば、口約束以上のなにかが必要であることを意味していた。

すなわち、ユーロである。

戦争が物理的に不可能になる

紀元一世紀、ローマの商人はコロニア・アグリッピアとルテティアを通ってロンディニウムへと向かう間、どの経由地でも同じデナリ銀貨を使うことができたとドイツ人経済学者のオトマー・イッシングは言う。[4] つまりケルンとパリを経由してローマからロンドンに向かいながら、同じ通貨を使えたのである。だが、それから二〇世紀の間、ヨーロッパ市民は、そこまで恵まれてはいなかった。

第二次世界大戦が終結してから数年の間、西欧首脳たちは二〇世紀前半の確執を水に流し、新たな経済連合を創る道を模索した。経済的に緊密に結びついた国同士は戦争に走りにくいと考えられるうえ、広大な国土の中で多くの人々が自由に貿易を行なうアメリカは世界最強の経済大国になっていた。戦後ヨーロッパの課題は国家のアイデンティティーと民主主義を尊重しながら統一経済体制を作りあげることだった。まず、ドイツとフランスが鉄鋼と石炭で協力体制を敷いた。この両国の確執は二〇世紀の戦争の核であり、このふたつの資源は戦争にもっとも必要とされたものだった。

「この生産統合による協力体制の確立によって、フランスとドイツの戦争は物理的に不可能になる」

フランスの外務大臣ロベール・シューマンは一九五〇年五月九日の声明でそう述べた。「産出物を共有し新たな最高監督機関を置く。フランス、ドイツ、その他の参加国は最高監督機関の決定に従う。この提案は、平和維持に不可欠な統一ヨーロッパの具体的な枠組みの実現につながるものである」

それから一年も経たないうちに結ばれた石炭鉄鋼共同体の条約には、フランスと西ドイツだけでなくイタリアとベネルクス三国も加盟した。「最高監督機関」は欧州経済共同体となり、のちに二七ヵ国五億人が参加する欧州連合（ＥＵ）へと発展していく。そして市場を監督するのが、ブリュッセルに本拠を置き二万四〇〇〇名のスタッフを擁する欧州委員会（ＥＣ）である。一九五〇年以来、この機構は管轄範囲を広げ、今では石炭や鉄鋼にとどまらず、バナナの形からプルーンの下剤としての販売許可までさまざまな産品を管轄している。

しかし、アメリカの経済優位性は域内の自由な貿易と統一された商業規制だけによるものではない。西から東まで単一通貨を使えるという恩恵もある。一九七〇年頃までには、欧州首脳は同じ恩恵をヨーロッパにもたらす道を模索していた。最初の試みは、一九七二年の「トンネルの中のヘビ」作戦であった。フラン、リラ、その他の通貨の価値（つまり「ヘビ」）をアメリカドルに比べて狭いレンジ（「トンネル」）の中で変動させるというものだ。これは二年で崩壊した。一九七九年にはＥＲＭが始まった。ＥＲＭはそれなりに長続きしたが、ソロスの大胆な賭けにより一九九二年に幕を閉じた。

問題は、各国通貨が異なる文化と目的を持つそれぞれの中央銀行に管理されていたことである。ドイツのブンデスバンクは頑なで独立独歩であり、インフレを低く抑えることを第一目標に据えていた。

一方、イタリア中央銀行はどちらかというと政治家に支配され金融政策も恣意的に決められていた。一九八〇年代、ドイツのインフレ率が二・九パーセントだったのに対し、フランスは七・四パーセント、イタリアは一一・二パーセントだった。

通貨共同体の創出は、一九六九年以来、欧州首脳たちの明確な目標とされていたが、政治的駆け引きがあだとなり進んでいなかった。イタリア、フランス、スペインといったインフレ率の高い国は物価の安定しているドイツを羨み、ブンデスバンクの信頼性を隠れ蓑にしたがっていた。だがドイツは高いインフレを許容する国に通貨供給の手綱を一部でも引き渡すのは嫌だった。「神様を信じないドイツ人はいても、ブンデスバンクを信じないドイツ人はいない」[6] EC委員長だったジャック・ドロールはそう語っていた。ヨーロッパに統一通貨を創るためには、ドイツ人の政治心理を変える必要があった。

統一通貨ユーロの誕生

一九八九年一一月九日、ベルリン時間の午後六時、東ドイツの社会主義統一党のスポークスマンであったギュンター・シャボウスキーは、東ベルリンで報道陣の前に立った。ヨーロッパ中でソビエトブロックと西側の間の境界越えを禁止する法律が廃止されていた。まずハンガリーで、次にチェコスロバキアで。シャボウスキーは記者会見直前に東ベルリンと西ベルリンの間の最新の旅行規制に関する声明を手渡された。一九六一年に建てられたベルリンの壁は、冷戦の象徴そのものであった。

シャボウスキーはその声明をゆっくりと読む時間がなく、一時間にわたる会見の最後に、生半可な理解でルールの説明を行なった。「私の知る限り、本日決断が下された。個人の海外旅行は理由を提示することなく申請できる」いつからですか？　「即刻、すぐに」とシャボウスキーは答えた。「すべての国境通過点から出国が認められる[7]」

つまり、だれが聞いてもシャボウスキーの声明はベルリンの壁が開いたという意味に取れたのである。長年西側へ入れなかった東ドイツの群衆は、ベルリンの壁の検問所に詰めかけ始めた。警備員はどうしていいかわからなかった。政府高官は会議中で身動きが取れず、シャボウスキーがうっかり口をすべらしたと説明することも、群衆を追い払うように命令することもできなかった。午後一〇時半、テレビの記者会見を見たボルンホルマー通りの検問所の警備員は、「門を開け、門を開け」と声を合わせる群衆を目の前にして、言う通りにした[8]。シャボウスキーはまったく意図せずしてドイツの分裂時代を終結させたのである。

その後数ヵ月の間に、西ドイツの指導者たちはこのチャンスを活かして、第二次世界大戦の終結以来分断された国家を統一した。ドイツとの血にまみれた戦いの記憶からわずか四〇年後の当時、フランスと他のヨーロッパ諸国にとって東西ドイツの統一は鬼門であった。フランス大統領フランソワ・ミッテランは、ベルリンの壁崩壊後たびたび巧みな外交的言い回しを使って、ドイツがヨーロッパを支えてくれるならヨーロッパは統一ドイツを支持すると打ち出した。

ヘルムート・コール首相をはじめとするドイツ人は、フランスからとやかく言われる筋合いはないと思っただろう。しかし、ドイツはナチスの生んだ恐怖の代償をまだ支払い続ける必要があることもわかっていた。ドイツ人哲学者のカール・ヤスパースが一九三三年に書いたように、ドイツは「統一ヨーロッパの中でしか存在できず、ヨーロッパの統一を通して我が国はかつての輝きを取り戻すことができるのであり、我々がどうしても手を組むべき悪魔は、尊大でブルジョワ的なフランス社会である[9]」

ヨーロッパ諸国の財務大臣と中央銀行総裁は通貨連合の仕組みを模索するため、粘り強い交渉に乗り出した。一九九一年一二月三日、ブリュッセルで幾度となく行なわれた外交交渉のなかで、フランスの財務大臣ピエール・ベレゴヴォワと国庫局長のジャン・クロード・トリシェはドイツの財務大臣らに会った[10]。彼らはミッテラン大統領からの伝言を預かっていた。フランスは、この通貨連合に参加する国家が永遠にこの協定に縛られること、そして統一通貨は二一世紀の幕開け以前の決まった日付に一斉に導入されることを要求した。フランスの要求通り、一九九九年一月一日に新たなヨーロッパ通貨が創られることとなり、その見返りにヨーロッパの中央銀行は、ドイツのインフレ率を低く抑えてきたブンデスバンクをお手本にして絶対的な独立を保証された。

一九九二年二月七日、数百名の政府高官や関係者が条約締結のためオランダのマーストリヒトに集まった。リンブルク交響楽団がモーツァルトを奏でるなか、各国の財務大臣や外務大臣がひとりひとり革表紙の一八九ページの条約に署名していった。新たな欧州共同体に参加するすべての国の統一通貨がここに生まれたのである。逃げ道を残しておきたかったイギリスとデンマークは、ここに参加しなかった。そして、統一通貨の他に、防衛政策の協調やEU域内における市民の自由移動を確保するために欧州議会が設けられた。

条約締結会議の主催者であるオランダ首相のルード・ルベルスは、この瞬間をシャンパンで祝った。

「終わりました。あとは乾杯を残すのみです。ゲームはここまで。賭けは締め切りましたよ[11]」

それは、ルーレットの胴元がベットの締め切りを告げる言葉だった。ルーレットは回り始めた。チップはもう置けない。あとは結果を見守るだけだ。

前途多難の船出

マーストリヒトでの条約締結後、イギリスやアメリカのエコノミストの見方は三つに割れたと言われる。「不可能」、「最悪のアイデア」、そして「続かない」[12]。

統一通貨の存在だけでは現実に機能する経済共同体を創ることはできない、と懐疑派は言った。政治的な統一――銀行規制から税制まであらゆることに関する統一政策――が必要であり、移動を苦にしない市民の存在も欠かせない。さらに根本的なところで、異なる通貨領域の人々がお互いに責任を共有し、共同体を真に単一の国家だと感じることが必要となる。ヨーロッパほど大規模な経済圏では、地域によって経済状況に違いが出ることは避けられない。ある地域では住宅バブルが崩壊し、同時期に別の地域で経済がブームを迎えることもあるだろう。異なるふたつの地域が同じ中央銀行のもとにあれば、一部の景気後退に大なたを振るうことはできない。

大国アメリカもまた、統一システムの実現にあたり多くの障害にぶつかってきた。三億の国民が住む国に単一の金融政策を敷かなければならないFRBは、こうした「非対称性ショック」に対応するためいくつかの策を講じてきた。

アメリカ政府は、裕福な地域から失業と貧困の多い地域に資金を流している。それは、特別な経済危機においてだけではない。国に治める税金よりも多くの補助金を恒常的に受け取っている地域も存在する。とりわけ、食糧配給券や失業保険の受給者の割合が高い地域はそうである。二〇〇五年にアラバマ州は州民一人当たり五四三四ドルの税金を連邦政府に納めた。一方、連邦政府はアラバマ州に一人当たり九二六三ドルを送り返している。はるかに裕福なニュージャージー州は連邦政府に一人当たり九九〇二ドルを納めたが、六七四〇ドルしか受け取っていない[13]。しかし、ニュージャージーの政治家や新聞が、怠け者のアラバマ州民に対して不平を言うことはない。

銀行システムについても同じことが言える。アメリカの銀行を保証する機関――最大のものは連邦預金保険公社（ＦＤＩＣ）である――は政府の機関であり、州の監督下にはない。ある地域で銀行が破綻し始めると、国全体がそれを支える。一九八六年から一九九五年の間に全国の貯蓄貸付組合の救済に一二三八億ドルの血税が注ぎ込まれ、民間セクターから追加の二九一億ドルが注ぎ込まれた。[14]テキサスだけでその六二パーセントを占めたとも言われる。[15]連邦政府がテキサスの金融機関を支えなければ、どうなっていただろう？　一九八六年のテキサスの税収はわずか一〇二億ドルだった。その歳入では、銀行救済の費用を払い終わるのに九年以上かかる――しかも、他の支出をすべて中断しての話だ。しかしここでも、国がテキサスの銀行を救済したことに、たとえばコネチカットの州民が文句を言うことはなかった。

アメリカでは一部の地域が不況に陥ると、人々は荷物をまとめて景気のいい地域へと移動する。たとえば二〇〇七年に北東部から南部に引っ越した人々の数はその反対よりも七八万七〇〇〇人多かった。[16]それはヒューストンやアトランタといったサンベルト地帯の方が、バッファローやプロビデンスなどの衰退する工業地域より経済の先行きが明るいことを示している。マーストリヒト条約は、それと同じような域内の自由移動の法的権利を人々に保証していた。もちろん、ニューヨーカーがテキサス人と違う言語を話すという冗談もあるが、アメリカ国内で引っ越すのとポルトガルからドイツに移住するのではまったく違う。

要するに通貨を統一するだけでは、経済を統一できないということである。それには統一された政治の枠組みと、より広い意味での一体感が必要となる。イギリスとアメリカから見ると、ヨーロッパにはそれが欠けていた。いわゆる「最適通貨圏」ではなかったのである。懐疑派の一般論を総括したのは、当時ＭＩＴ教授だったポール・クルーグマンである。彼はフォーチュン誌にこう寄稿した。

つまりこういうことだ。ユーロ導入後、まあ数年もすれば、欧州の一部――全部ではない――で景気後退が起きる。すると、景気が悪くて人気取りの政治家がいる国家――イタリアとかスペインとか、とにかく南の方のだらしない奴らだ――と、景気が良く鉄壁の守りを崩さない国――そう、ドイツみたいな――の利害が衝突するようになる。不景気の国は低金利を要求し、インフレなんてこれっぽっちも気にしない。だが、ドイツときたらなにがなんでも物価安定を最優先したがる。しかもヨーロッパはアメリカと違い、不景気の地域から好景気の地域に労働者を移転して「非対称性ショック」に対処することはできない。そうなると、深刻な政治対立が持ち上がり、市場は不況国の国債を売り始め、金融危機が起きる。[17]

ヨーロッパのエコノミストはこの手の意見を充分承知していた。統一通貨は物語の一部でしかないことをアメリカ人は知らない、と彼らは言った。今はまだ最適通貨圏でないかもしれない。だが、統一通貨はそのために必要な通過点なのだと。ユーロが流通し始めれば、他の分野の統合も進む。

ユーロ推進派が手綱を握った通貨統合は、後戻りできない道へと乗り出した。もちろん、さまざまな交渉事があった。ドイツが固執したために、新しい中央銀行の本部は、ほとんどの汎ヨーロッパ機関が本拠を置くブリュッセルでなく、フランクフルトに置くこととなった。その中央銀行の唯一の目的は物価安定である（一方、ＦＲＢは物価の安定と雇用の最大化を目標としている）。政府の資金調達のための造幣は厳しく禁止された。旧ドイツ帝国が行なったような財政ファイナンスができないようにしたのである。

しかし一九九九年一月一日の期限が近づいても、中央銀行をだれが運営するかは決まらないままだった。人選をめぐる騒動は、ある意味で国の威信をかけた闘いであり、厳しい交渉であり、また醜い妥協でもあったため、それが長年尾を引くことになる。一九九七年、オランダ中央銀行総裁のウィム・ドイセンベルクが欧州中央銀行（ＥＣＢ）の初代総裁となることで合意ができた。ドイセンベルクにはユニークな利点があった。ドイツからは金融政策への充分な規律と独立性があると見られ、それ以外のヨーロッパ各国からはドイツ人ではないため支持に値すると考えられていたからだ。ドイツは結局ＥＣＢの構造と本拠地を望み通りにしていた。初代総裁がドイツ人になれば、新ブンデスバンクと呼んでもおかしくないようなものだった。

一九九七年一一月三日、フランスのジャック・シラク大統領は電話でドイセンベルクの任命に異を唱えた。ジャン・クロード・トリシェを推すことにした、とルクセンブルク首相に伝えたのだ。ドイツが中央銀行を彼らの領土に置き構造を決めたのだから、初代総裁は一期八年でフランス人にしろと要求したのである。[18] フランス国内においてトリシェの人気は最悪だった。低インフレに固執するドイツ流の政策は右派からも左派からも嫌われていた。だが、シラクはトリシェを推すと固く決めていた。その理由は、象徴的なものから（フランス人総裁を置きたかった）、シニカルなものから（国内の政敵を困らせたかった）、どうでもよさそうなものまで（オランダの自由な薬物政策が気に食わなかった）さまざまだった。

一九八八年五月の頭にヨーロッパ首脳はブリュッセルに集まり、八ヵ月後に迫った統一通貨の立ち上げ前の、最後の重要な交渉に入った。その週末の会議の議長となったのは、皮肉なことにユーロに参加していない政府の首脳だった。イギリス首相のトニー・ブレアだ。彼はヨーロッパとの緊密な関係を構築したがっていたが、財務大臣のゴードン・ブラウンはなにかと理由をつけて深入りを避けていた。

なんとかうまく行きそうな落としどころが見えてきていた。ドイセンベルクが短期の総裁となり、次にトリシェが八年の任期を務める。シラクは、ドイセンベルクに二〇〇〇年六月の六五歳の誕生日に引退するよう勧めた。オランダは、短期間で自国の総裁を追い出すという提案に腹を立てた。ドイツもまた、中央銀行の独立性に反するとしてへそを曲げた。ECB総裁に再選なしの八年の任期を与えたのは、まさにシラクのような政治家が新指導者に口を挟まないようにするためだったのだから。「こんな男が何週間か長くとどまるかどうかを議論するのに時間を浪費している場合じゃないだろう」[19]過熱した議論のある時点で、シラクはそう言ったそうだ。

「こんな男、とはなんという言い草だ。そこらへんから連れて来た人物とは違うんだぞ」オランダ首相のウィム・コックはそう返したらしい。

「フン！」とシラクは鼻息を出し、すぐにこう付け加えた。「フランクフルトに置くことを受け入れたじゃないか」

フランスはドイセンベルクを拒否すると脅し、オランダとドイツはトリシェを拒否すると脅すなかで、ブレアが妥協案を出した。ドイセンベルクが任期満了前に個人的な理由で自主的に引退の発表をするというものだ（実際には、二〇〇三年に引退しトリシェと交代した）。フランスはそれほど遠くない時点でトリシェを総裁にできるし、オランダとドイツは少なくとも表面的には中央銀行の独立性を繕える。その週末ブリュッセルをあとにしながら、戦後最高の政治家に数えられるヘルムート・コールは精根尽き果てた様子で、その交渉を「今まででもっとも大変な経験だった[20]」と語った。

ルーレットは回り始めた

一九九九年一月一日、ユーロが開始された。はじめは電子取引だけだったが、三年後には紙幣が発行された。交換レートはこの日に決まった。一ユーロは一・九五五八三マルク、二・二〇三七一ギルダー、一九三六・二七リラに固定された。新通貨を簡略に指すものとして、ドルやポンドのような新しい記号が創られることになった。ヨーロッパ文明と同じくらい長い歴史のある記号が採用された。ギリシャ文字のエプシロンを表す「€」である。

最初の数年間は大きな景気後退もなくインフレ率も低く安定的に推移し、新通貨は予想外にうまく行っていた。しかし、「不可能だ」としたエコノミストが間違っていたように、「続かない」とした人々が間違っていたと証明されるには、何年の歳月が必要なのだろうか？　総裁選びだけでもあれほどの争いがあった。巨大金融危機の後遺症と闘うとなると、どうなるだろう？

ルーレットは回り始めた。もうチップは締め切った。

七章　速水優、トマトケチャップ、ゼロ金利政策の苦悩

バーモント州ウッドストックは、人口三〇〇〇人ほどの美しいニューイングランドの街で、ウッドストック・インはその中心にある古き良きホテルである。しかし、一九九九年一〇月の二日間ここに集まった集団には、アンティーク店と紅葉以外の目的があった。世界的に有名な経済学者とセントラルバンカーが、ボストン連銀の主催する「低金利下の金融政策」について話し合う会議に出席するため、ウッドストックに降臨したのである。メンバーの中には、日本経済のかじを取る多数の政策立案者がいた――そして彼らの行くところにはどこまでもついて行く、ライバル意識をむき出しにした日本のマスコミ関係者もテレビカメラと録音装置を手にやってきた。

一九九〇年代の後半、ほとんどの工業国は好景気に沸いていた。ただし、日本だけはまったくの例外であった。世界第二位の経済大国は、巨大な不動産バブルの後遺症に苦しみ、ゼロ成長とデフレの悪循環から抜け出せずにいた。だがウッドストックで英米の経済学者が日本の代表者に送ったメッセージは、「自業自得」。日本はこの問題を解決できる。だが、これまでよりずっと大胆な手を打たないとだめだ、と。講演者のひとり、プリンストン大学のベン・バーナンキはとりわけ、決定的な政策の失敗を取り上げた。

「大恐慌の主たる原因は政策の大失敗でした」ウッドストック・インの演壇で、バーナンキは語った。「そして、今日の日本の政策立案者の言葉は、一九三〇年代を思い起こさせるものです……アグレッシブな金融緩和が物価を押し上げ日本景気の回復を刺激すると信じる強い理由があります。中央銀行の独立性の欠点は、もし中央銀行がなんらかの理由で必要な政策措置を講じない場合、少なくとも短期的には、ほとんどどうしようもないということなのです」

バーナンキはこう続けた。「デフレ予防が理論的に可能であるということは、長引くデフレは起きえないということでしょうか？　いいえ、なぜなら臆病さや無能さに対して打つ手はないからです」[1]

一九八〇年代の後半、日本は世界を制覇しそうな勢いだった。第二次世界大戦から四〇年後、日本は欧米に比べて急速に成長していた。最先端の電気製品と最高品質の自動車を輸出していた。そして、日本人は土地を買っていた――これでもかというほどに。

アメリカ人の注目を集め、愛国者の怒りを招いたのは、アメリカの象徴ともいえる不動産を日本人投資家が買収したことだった。一九八九年のロックフェラーセンター。一九九〇年のペブルビーチ・ゴルフコース。しかし、海外の巨額案件といえど、日本国内の不動産市場の熱狂ぶりにはおよそかなわず、東京やその他の主要都市のオフィスビルやマンションはありえないほど値が上がっていた。当時、皇居の地価はカリフォルニア州に相当すると言われていた。[2]人口三万九〇〇〇の千代田区の地価が、二八〇〇万の国民が住むカナダ全土に相当した。東京の家賃はニューヨークの四倍――そして住宅地の地価はニューヨークの一〇〇倍だった。

物価の上昇は、信用過剰が生み出す典型的な症状であり、財テクという名の金融工学によって過熱させられていた。ますます繁栄し、世界中に対して貿易黒字を計上していた日本の貯蓄は、国内の銀行に流れ込んだ。そして、その銀行は土地購入者ならだれにでも金を貸し、購入した土地を担保として受け入れた。なにしろ、戦後日本で土地価格は常に上がり続けていたのだから、それが続くと考えてもおかしくなかった。融資担当者は取引関係のない企業をアポなしで訪問し、土地の値上がりを見込んで不動産購入資金を貸し出していた。[3]

　異常に高騰した土地価格と途方もない額の銀行貸出を正当化するために、さまざまな説が生み出された。日本は島国で、土地が限られている――しかし、その成長は限りない、と。だがそれは、土地価格の高騰が主要六都市に集中していたことや、農村部には巨大な未開の土地が広がっていて成長を吸収できることを無視した議論であった。

　あまり知られていないが、日本銀行はこのバブルに重要な役割を果たした。第二次世界大戦直後、日銀は強大な力を持ち、通貨供給を管理していたばかりか、大企業の設備投資にあれこれと口を挟んでいた。一九四六年、占領軍の承認により日銀総裁に就任した一萬《いちま》田《だ》尚登は絶大な権力を握り、そのために「法王と呼ばれていた。一萬田日銀は政府より強い力を持っていた」[4]と言う人もいる。川崎製鉄が製鉄所の建設許可を求めると、一萬田は、「日本にはこれ以上鉄は必要ない」と言い、「そこにぺんぺん草を生やしてやる」と言った。[5]

　その後、日銀は普通の中央銀行になった。投機バブルが膨らんだ一九八〇年代の終わりには、銀行が貸し出す大量の資金によってオフィスビルや株式といった資産は高騰したが、米やガソリンの値段は上がっていなかった。インフレは抑制されていたために日銀はマネーサプライを引き締める必要を感じず、バブルの火は消えなかった。手をつけられないほど景気が過熱した一九八九年、日銀はやっと金利を引き上げ、バブルを抑えようとした。振り返れば、その措置は予想以上に奏功してしまった。

　日本のバブルの終焉は、パチンと弾けたというより、シュルシュルと消えたようだった。永遠に続くかと思われた資産価格の上昇と銀行貸出の増加を招いたまさにそのサイクルが逆に回り始めたのである。不動産とその他資産の価格は下落し、損失を目の前にした銀行は新規融資を削減し、経済成長は止まった。一九九〇年代のはじめ、日銀は景気後退時にすべきことを行なった。金利を下げ、企業に投資のインセンティブを与え、消費者に貯蓄せず金を使うようなインセンティブを与えた。だが、国家経済がどれほどの危機にあるかの認識が足らず、手を打つスピードが遅すぎた。一九九一年に六パーセントだった公定歩合は一九九五年に〇・五パーセントまで下げられた。日本経済は一九九六年に多少回復したかに見えたが、一九九七年にはふたたび下降し始めた。

一九三〇年代初頭に世界経済を麻痺させたデフレの軽度版ともいえる状況のなかで、物価はずるずると下がり続けた。円の価値はバブル時より上がっていたために、当時貸し付けられた過剰債務はさらに厄介なお荷物となった。持続的なデフレは経済成長の刺激を狙った日銀の低金利政策を一層効果のないものにした。というのも、「実質」金利、つまりインフレ調整後の金利は、以前より高かったからである。

一九九八年三月二〇日、日銀から企業に転身していた速水優が二八代目の日銀総裁に就任した。速水の七三歳の誕生日の四日前だった。彼はバブル後およそ一〇年にわたる停滞と価格下落にはまり込んだ経済を引き継いだ。従来的な政策に効果がないことはすでに証明されていた。日本経済を救うため速水氏にできることはなにか？　彼はどんな手を打つのか？

ケチャップを買い入れろ

経済学者はそれをＺＩＲＰと呼ぶ。すなわちゼロ金利政策である。速水が引き継いだ挑戦――そして当時は日本独自のものだと思われた現象――とは、ゼロ金利まで下げてもなお経済が低迷したままという状況を打開することであった。金利をさらに下げるわけにはいかない。マイナス金利とは、つまり預金者に金利を課すことであり、そんなことになれば人々は預金を引き出すだろう。

一九九〇年代終わりに日本がこの問題に真剣に取り組み始めると、洋の東西を問わず世界的な経済学者たちが解決策を提起するようになった。日銀に行動する勇気さえあれば、経済を活性化する余地はまだまだあると彼らは主張していた。日銀には通貨を無限に創造する能力があるのだから、円の価値を上がるにまかせることはないと指摘したのである。たとえば、日銀は今後長期にわたり、またはインフレが正常な水準に戻るまで低金利を維持すると宣言すればいい。人々がその約束を信用すれば、企業はインフレ期待から価格を上げ始め、それにつれて景気も回復するだろうというわけだ。

また、経済学者たちは日銀が通貨供給を増やすためにより直接的な措置を講じることもできると言った。紙幣を印刷しそれで資産を買い入れればいい——国債でも、株式でも、オフィスビルでも。市中にばらまかれたそれらの余剰通貨がインフレを生み、価格下落の悪循環を止めるはずだ。日銀周辺で語り草となっていた、まことしやかな逸話がある。FRBの理事だったバーナンキが二〇〇〇年初頭に日本を訪れた際、日銀は「トマトケチャップでも」なんでも買い入れて、市中に通貨を供給すべきだと言ったという[6]（当のバーナンキはその発言を憶えておらず、それほど軽々しいことは言わないはずだと語っている）。

バーナンキが口にしたかどうかは定かでないが、「ケチャップ発言」はゼロ金利環境下の中央銀行が抱える根本的な問題を突いている。中央銀行は無限に通貨を創造できるが、通貨を市中に流通させるのはかならずしも容易ではない。銀行が金利を上げ下げすれば市中の通貨価値は変わるが、それはだれが金を手に入れ、だれが手に入れないかを決めるものではない。つまり、通貨を手にするのはマスタードメーカーでもケチャップメーカーでもよく、その点で言えば家でも衣類でも自動車でもいいわけだ。理論的には、経済の勝者と敗者を選ぶのは民主的に選ばれた代表者の仕事であり、すなわちそれは金融政策でなく財政政策である。近代社会では、選挙にさらされないセントラルバンカーが通貨供給の蛇口を開閉する方がいいという考えが広く受け入れられている。しかし、供給量だけでなく、それを使ってなにを買うかを彼らが決め始めれば、非民主的な方向に行きすぎることになる。

ゼロ金利時代において、中央銀行が通貨を市中にばらまくには財政当局の助けが必要になる。それは、近代の中央銀行が大切に守ってきた政治からの独立性が侵害されることを意味する。バーナンキは二〇〇二年の日本問題に関するスピーチで、この現実を取り上げている。[7] 中央銀行は国債を買い、財務省はその金で一時的に税率を下げることができる、とバーナンキは語った。停滞する経済に、「ヘリコプターで金をばらまく」作戦である。

のちに「ヘリコプター・ベン」と揶揄されたバーナンキはこの比喩を口にしてしまったことを後悔したに違いない。

消極性を批判された日銀

速水優は成人となってからの人生を、右肩上がりの日本の経済成長のなかで過ごしてきた。一九二五年生まれの速水は、二〇世紀の中頃に日銀で出世街道を歩んだ。学部の学位しかもっていなかったが、国際畑を歩み、バーゼルやその他の国際会議で日銀を代表していた。速水は仏教と神道が主流の日本にはめずらしい敬虔なクリスチャンで、公式発言に聖書の言葉を盛り込むこともあった。また、彼を知る人によると、速水は強い通貨が強い国家の象徴であると強く感じていたらしい。「戦後しばらく、円が非常に弱かった時代に、速水は欧米諸国との交渉に幾度も参加した」と語るのは、一九九八年から二〇〇五年まで日銀政策委員会の審議委員を務めた現東京大学教授の植田和男である。「速水さんはおそらく、弱い円が苦痛だったのでしょう……その後経済成長に伴って円も強まったため、なんらかの因果関係を感じたのかもしれません」その経験が、速水に日銀総裁として円の価値を急激に下落させるような施策を躊躇させた――たとえ、日本経済を成長路線に戻すには、それがセオリー通りのやり方だったとしても。

また、速水は日本の長期的繁栄のためには、その他に修復すべき問題があると考えていた。不良債権をなかなか償却せず資本再構成に消極的な銀行。熾烈なグローバル競争を避け、お互いをかばい合う大企業。厳しい決断を下せない政治システム。日銀内外や欧米から問題解決の答えとして差し出された理論に、速水は懐疑的だったようだ。

一九九八年の終わりに、一〇年物国債の利回りが〇・七パーセントから二パーセントに急上昇した。政治家たちは、日銀が国債の買い入れによって金利を押し下げるようにプレッシャーをかけた。しかし速水は、一九三〇年代に軍備増強のため貨幣を印刷したことが一九四〇年代の高インフレを生んだことを例に挙げ、そのような行為は独立性の侵害にあたるとした。「国債の買い入れは断固行なわない」速水は国会で語った。「それは財政規律を乱し邪悪なインフレを生み出す[8]」

しかし、速水はより伝統的な金利引き下げと口先介入には積極的だった。一九九九年二月、日銀はゼロ金利政策をさらに進め、短期金利の誘導目標を〇・二五パーセントから〇・一五パーセントに引き下げた（速水が前年に総裁に就任したとき、短期金利は〇・五パーセントだった）。速水は、「デフレ懸念がなくなる見通しがつくまで」超低金利を続けると約束し、それはかなり長期にわたって続くかに思われた。しかし、これが続いたのは一年超であった。

バーナンキは二〇〇〇年一月にこう述べている。「外部者から見ると、日本の金融政策は麻痺しているように見え、それはおおかた自己が招いた結果と思われる。なにより驚くべきは、効果が絶対的に保証された政策以外はどんな実験も行なおうとしない金融当局の消極性である」[9]

実際、速水は低金利政策を抜け出す言い訳を探しているようだった。そして二〇〇〇年のはじめに日本経済の足元が少し安定したように見えると、超低金利を解除し始めた。「デフレ懸念が払拭されたと言える段階に近づきつつある」[10]二〇〇〇年五月の記者会見で速水はそう発言し、低金利を長期的に継続させるという以前のコミットメントを事実上取り消した。同年の八月に日銀は短期金利の誘導目標を〇・二五パーセントに引き上げ、さらに〇・五パーセントに引き上げたことで、日銀は正式に超低金利政策を解除した。

日本経済が再度失速すると、速水は別の政策を実施した。量的緩和である。「日銀はなんらかの形で金融緩和を行なう必要があったが、総裁は以前とまったく同じ政策をとることには消極的だった。というのも、そうすれば間違いを認めたことになるからです」と植田は言う。そこで、日銀は金利をゼロに引き下げると同時に、当座預金残高を四兆円から五兆円に引き上げることを目標として、市中通貨量を増やすため国債の買い入れを始めた。

「ゼロ金利解除の判断は間違っていなかった」[11]二〇〇一年三月の記者会見で速水はそう述べた。総裁の面目を潰さないためではあったが、今回の政策は近代の独立した中央銀行がこれまでにとったことのないものだった。自己の意思に反して、速水は非伝統的な金融政策を生み出したのである——その一〇年後、ヘリコプター・ベンとＦＲＢは巨大危機と闘うために同じ政策をとることになる。

「非常に難しい決断だった」二〇〇三年、速水は記者たちにそう語った。「それは前例のない措置だった。不安だったし、恐れさえ感じた。だが、そういうときにはいつも神様が共に居て下さると信じ、イエス様が私を愛しすべてを見守ってくださることを思い出した[12]」

危機下に求められる「逸脱」

中央銀行は保守的な集団である。彼らは社会から大きな責任を与えられており、真面目さ、節度、注意深さが求められる。軽率な行動やリスクテイクに傾く人間には一国の経済を預けられない。通常は、それでいいのだ。退屈な人間に中央銀行を率いてもらいたいのである。

しかし、国家経済が中央銀行の助けをもっとも必要とするときこそ、オーソドックスな手法からの大幅な逸脱が求められる。中央銀行を率いるために適切と思われたその資質が、深刻な不況から経済を救い出すかもしれない大胆な実験を躊躇させるのである。

慎重すぎるほど慎重な日銀も、結局は金利をゼロに下げ、それを維持することをコミットし、新規に供給された通貨でさまざまな資産を購入した。だがそれらの努力をもってしても、経済を立て直すには充分ではなかった。日本人は一世代分の富を失った。もし、一九九一年から二〇一一年までの国民一人当たり総生産がアメリカと同じ速度で伸びていたら、日本人の年収は平均で九五〇〇ドル、つまり一〇〇万円近く毎年上がっていたはずだった。

金融政策は大きな効果を持つ——が、万能ではない。一九九九年秋のその日、ウッドストック・インでプリンストン大学のアラン・ブラインダーは、会議の締めくくりにこう述べた。「名目ゼロ金利下の経済は、平常時と同じ経済法則に従うのでしょうか——変数のひとつがゼロに固定されているだけのことなのでしょうか？　それとも、物理における重力ゼロの世界や、絶対零度の環境といった、基本的になにもかも違う状況、または未知の環境に近いものなのでしょうか？　このウッドストックの結論と言えそうなのは、どうやらそれがまったくの新世界らしいということです[13]」

日銀を代表していた植田は、この会議を約束と警告で締めくくった。それは、FRB、イングランド銀行、そしてECBが、日銀と同じようにこの不思議なゼロ金利の新世界にはまり込む未来を暗示していたようでもある。

植田は言った。「私は、この会議で提案された興味深いアイデアをすべて持ち帰り、東京の仲間に伝えることをお約束します。一方で、この会議のもっとも重要なメッセージのひとつは、ゼロ金利環境に陥ってはいけないということだと思います。それは皆さんのご想像よりもはるかにつらい環境であることは確かです」[14]

八章　ジャクソンホール合意と大いなる安定期《グレート・モデレーション》

二〇〇五年八月のジャクソンホール会議は、世界のセントラルバンカーにとって勝利の瞬間だった。数世紀の間、世界各国で好況と不況、インフレとデフレの波を通して先人たちが失敗を繰り返した末に、彼らはとうとう経済運営の重要な教訓をすべて学んだかに見えた。会場に集まった一一〇名のセントラルバンカーと経済学者はすべての答えを握り、かつてない安定と繁栄に満ちた世界を築いたようだった。

その金曜の朝、シカ角シャンデリアの下に登壇した学者たちは、次々にその偉大な人物へ献辞を捧げた。少々猫背で大きなメガネにしかめっ面、時折モナリザばりの不思議な微笑みを見せるアラン・グリーンスパンは、一二兆六〇〇〇億ドルのアメリカ経済の命運を握る世界最大の中央銀行FRBの議長の座をまもなく降りようとしていた。グリーンスパンを見送り、彼の伝説を心にとどめようと、世界中から同胞がここに集結していた。この会議の正式名称は「カンザスシティ連銀主催の経済政策シンポジウム」である。しかし、毎夏この会議が開かれる古代の氷河渓谷の名にちなんで、金融業界ではただ「ジャクソンホール」と呼ばれる。セントラルバンカーが自国の直近の経済事情について議論するために集まるのがバーゼルだとすると、ここジャクソンホールはさまざまな経済の専門家を招き素晴らしい景色のなかで、よりグローバルで長期的な課題を議論する場となっている。

連邦準備制度の歴史研究家として名高いアラン・メルツァーは、グリーンスパンが九二年にわたるFRB史上間違いなく最高の議長のひとりに数えられると断言した。イングランド銀行のマービン・キングは、グリーンスパンの「中央銀行界からの旅立ちによって、我々は知恵と刺激とリーダーシップの源泉を失うことになるだろう」と述べた。

その部屋にいなかった人々は、さらに大仰にグリーンスパンを賞賛した。ボブ・ウッドワードは二〇〇〇年に出版したグリーンスパンについての本の題名を『マエストロ』と名付けた。その前年、タイム誌は、クリントン政権下のルービン財務長官、サマーズ副長官と共にグリーンスパンを表紙に載せ、「世界を救う委員会」と謳った。グリーンスパンはフランスのレジオンドヌール勲章を受勲し、イギリスのナイトの称号を与えられた。

それは、当時すでに「大いなる安定期」と呼ばれていた時代の頂点だった——すなわち、過去数世紀にわたって国家経済を翻弄したバブルとその崩壊、インフレとデフレ、金融パニックとそれに伴う富の破壊といったさまざまな要因が落ち着きを見せていた時代であった。アメリカ経済は四半世紀にわたって拡大を続けており、その間に短期の軽い不況が二度起きただけだった。グリーンスパン就任前の二〇年間の平均失業率が六・四パーセントだったのに対して、在任中の一九年間の失業率は五・五パーセントであり、インフレは抑制されていた。ヨーロッパ大陸の列強は戦争を繰り返した世紀のあとで、経済的に強く結びつき、通貨を共有するまでになっていた。イギリス経済は好況に沸き、ロンドンはグローバル金融のハブとして栄え、世界金融の首都の地位をニューヨークから奪いそうな勢いだった。中国と他の途上国は急速に成長し、欧米の一流学者の教えと自由市場の教訓を大いに活用して、何億人という貧困層を中流階級に押し上げていた。

ジャクソンホールに集まった人々には、世界全体をさらなる繁栄へと導くという共通の目的意識と、そのかじ取りに成功しているという自負があった。彼らは先人の失敗に学び、たとえ最悪の経済危機でさえも拡散を食い止め、人々が悲惨な目に遭わないようにする知識と道具と意思を備えているかのようだった。グリーンスパン時代には二度の景気後退が起き、「大いなる安定期」にもまた二度の米国株式の暴落と、長期にわたる日本の景気低迷、メキシコ、ロシア、アルゼンチンの金融危機があった。しかし、そのどれもグローバルな惨事には至らなかった。

二〇〇五年のジャクソンホールでは、まるで世界経済の問題があらかた解決したかに見えた。

ボルカーは釣りがお好き

アメリカの一二の地区連銀のひとつであるミズーリ州カンザスシティ連銀は、学者を集めて研究を発表してもらうため、一九七八年に年次会議を開催し始めた。当初は地味なイベントで、毎年開催都市を変え、カンザスシティ連銀のお膝元であるロッキーマウンテン地域の住民にとって重要な問題に焦点をあてていた。たとえば、初期のトピックは「西部の水資源——今後の課題と政策案」や「農業銀行にとっての未来の財源」である。初期の出席者の中で、これをグローバルな重要性を持つ会議だと思っていた人はいなかった。

カンザスシティ連銀のロジャー・ガフィー総裁と調査部長のトム・デイビスはそれを変え、この会議を経済政策立案者の間で特別なものにしようと考えた。まずは、議論のトピックを水や農業といった地域の問題からより広範な金融政策の課題に変えることが第一歩だった。次は、世界のトップを集めることである——まずは、ＦＲＢ議長のポール・ボルカーの出席を確保しなければならない。ボルカーは大のフライ・フィッシング好きとして知られており、マス釣りにいい時期と場所で会議を開けばボルカーはやってくる、とグーフィーとデイビスは考えた。それにボルカーの行くところには、世界的な経済学者や政策立案者が集まるに違いない、とも。

デイビスは、近年この会議の開催地となったコロラドの担当者に連絡をした。

マス釣りができる場所に近い会議場を探していると言った。

「どの時期ですか?」担当者がそう聞いた。答えは八月。

「八月ですとコロラドは無理ですね。マス釣りには暖かすぎます……ワイオミングでも大丈夫ですか?」[1]

ワシントンでは、先に述べたようにボルカーの高金利政策は激しい批判にさらされていた。負債を抱えた農民たちはトラクターに乗ってFRBを囲んでいた。テキサス州選出のヘンリー・B・ゴンザレス議員はボルカーの弾劾を求めていたほどだ。ワシントンから遠く離れた場所での魚釣りと講演の誘いは、これ以上ないほどのいいタイミングだった。

ボルカーは、すぐに空気の澄み切ったジャクソンホールの常連となり、一年ぶりの魚釣りを楽しみすぎて正式な開会ディナーに釣りの恰好のままで現れたこともあった。[2] まもなく世界中のセントラルバンカーが、毎年八月にはロッキー山脈の細い滑走路に降り立つようになった。

少数のジャーナリストを含む一一〇名の出席者を選ぶのは、カンザスシティ連銀総裁である。招待客はジャクソンレイクロッジの古風な宴会場に入りきる人数に限られる。開会ディナーの席でのおしゃべりはたいてい、その年にだれが招かれ、だれが招かれなかったかに移っていく。ノーベル賞受賞者であり、かつてはこの会議の常連だったニューヨーク・タイムズ紙のコラムニスト、ポール・クルーグマンは、グリーンスパンを厳しく批判しすぎたために以後招待されなくなったと語っている。[3]

二〇〇五年までに、ジャクソンホールは独自の伝統と逸話を持つイベントとなった。グリーンスパンのアドバイザーであり二〇一〇年までFRBの副議長を務めたドナルド・コーンは、過酷なことで知られる「ドン・コーンの死の行進」[4]という金曜午後のハイキングを率いていた。はじめの一キロまでは金融政策の波及経路について嬉々として話している経済学者も、さいごの数キロにはたいていへとへとでそんな気力はなくなってしまう。

公式セッションでは、経済学者が次々と学術論文を発表し、参加者はそれにコメントし、時には批判的な意見を述べた。ここでは政策立案者が抱える具体的な意思決定に焦点があてられた。

だが、セントラルバンカーの本当のお楽しみは非公式のセッションにあり、そのために地球の裏側からわざわざやってくる人々もいる。魚釣りとハイキングの他にも、セッションの間にはコーヒーブレークがあり、金曜と土曜の夜には西洋風のビュッフェがあり、夜更かし組はホテルのラウンジでエールやウィスキーを傾けながらの深夜のおしゃべりを楽しむ。葉巻を吸う人もいる。

「ジャクソンホール合意」が形成されたのは、こうした葉巻や食事やコーヒーやハイキングの時間だった。それは、中央銀行にとっての「効果的な政策枠組みの構成要素」を指す。しかし、ジャクソンホール合意は世界トップのセントラルバンカーの集合知以上のものであった。それは、「大いなる安定期」を維持するための処方箋と見られていた。その要素とは以下のものである。

- 経済安定化にもっとも効果を持つのは、金融政策である。政治に左右される財政政策――課税と支出――は景気循環に対処する道具としてあまり有効ではない。金融システムに注入または吸収する通貨量を中央銀行に調整させた方がいい。
- 中央銀行は政治から隔離されたときにもっとも力を発揮する。政治家に口を挟ませず、長期的に最善の決断を中央銀行にさせるべきである。

- 物価の安定が最終的な目標である。中央銀行が経済のためにできる最大の貢献は、長期的な物価の変動を小さく見通しの利くものにすることである。
- 市場は機能する。資産価値——たとえば、テクノロジー株にしろ、フロリダの家にしろ——は、極めて効率的な市場で決定される。もちろん、時折不合理なバブルが突発することはあるが、前もってバブルを抑えるよりもバブル後の後始末をする方がいい。
- 金融危機は過去の遺物である。有能な中央銀行と近代的な市場が存在する先進国には、経済全体を一世代にわたって衰弱させるような、破滅的な金融危機は起きない。我々はその予防策を知りすぎるほど知っている。

こうした考え方は、当時の世界の状況から見れば決して的外れではなかった。ほんの数年前のアメリカの状況を考えてみるといい。株式市場は一九九〇年代の後半を通して信じられないほどの好調を続け、一九九五年から一九九九年まで毎年二〇パーセント以上上昇していた。投資家は、「ニューエコノミー」の台頭を信じ、でたらめな戦略のベンチャーでさえ「ドットコム」の名前がついていれば永遠の成長と驚異のリターンを約束するものだと自分たちを納得させていた。そのバブルが弾けて現実が姿を現し始めた二〇〇一年九月、アメリカは同時多発テロに見舞われ、恐怖とパニックの波が本土を襲い、アメリカの金融システムが物理的に破壊され、ロウワー・マンハッタンの一部が閉鎖されたのだった。

そうしたなかで、なにが起きただろう？　ＦＲＢは、株式市場の下落が経済全体に波及しそうになった二〇〇一年一月に短期金利の誘導目標を引き下げ始め、その年に一一回金利引き下げを行なった。

利下げは消費者に自動車や家を買うインセンティブを、企業には借入金で設備投資を行なうインセンティブを与え、株式市場の混乱を中和する力となった。同時多発テロの当日、ＦＲＢは声明を発表した。「連邦準備制度は通常通り稼働している。必要な流動性を供給するための貸付窓口も利用可能である」つまり、ＡＴＭの前に列をなして現金を引き出そうとするアメリカの消費者が、銀行の資金不足で現金を引き出せないといった状況に陥らないために、ＦＲＢは通貨を供給する準備も意思もある、という意味である。グローバル金融システムの崩壊を防ぐため、ＦＲＢは数日のうちにＥＣＢ、イングランド銀行、カナダ銀行とドルをスワップしていた。

二〇〇一年にはバブル後の景気後退が起きた。だが、グリーンスパン率いるＦＲＢの介入は極めて効果的に経済の減速を中和したため、それは近代でもっとも穏やかな景気後退となった。世界中のセントラルバンカーがジャクソンホールに集まってグリーンスパンを讃える頃には、失業率は四・九パーセントまで下がり、一九八〇年代の単月の記録を下回るほどになっていた。

しかし、グローバル経済はその八月のジャクソンホールで合意されたように繁栄を極めていたとはいえ、なにかがおかしいというヒントはすでに存在していた。アメリカでは、住宅価格がこれまでになく高騰していた。二〇〇六年までには、アメリカの平均住宅価格は所得中間値の五・二倍になっていた。一九八五年から二〇〇〇年まで、住宅価格対年収の比率は三倍ほどにすぎなかった。特定地域の住宅価格はさらに劇的に上昇していた。とりわけマイアミ、フェニックス、ラスベガスなどのサンベルト地帯では、不動産市場が数年前のインターネットバブルを彷彿させるまでに過熱していた。

貸し手は条件を緩め、別の時代なら考えられないような住宅ローンを競って提供していた。たとえば、頭金がなくても家が買える「頭金ゼロローン」。収入証明がいらない「自己申告ローン」、別名「嘘つきローン」。毎月の支払い額が金利に満たない、つまりローン残高が減るのではなく増えていくような「逆償却ローン」。それは、不動産投機が夢のような富へのリスクなき道のように思われた、新たな時代であった。

住宅価格が未曾有の領域まで上昇していたのはアメリカだけではない。スペインの地中海沿いでは、イギリスやドイツの退職者たちがこぞって不動産を買い上げていたため、一九九七年から二〇〇五年の間に住宅価格は一四五パーセントも上昇していた。その世紀最長の一五年連続の経済成長の最中にあったイギリスでは、同期間に住宅価格は一五四パーセント上昇した。[5] アイルランドでは好景気と急速な雇用創出によって一九二パーセントの上昇を記録していた。地球上のいたるところで、人々は四方の壁に屋根のついた物件がこれまでにないほどお得な買い物だという結論に達していた。エコノミスト誌の計算では、先進国の住宅価値の合計は、五年前の三〇兆ドルから二〇〇五年には七〇兆ドルに増加していた。

しかし、住宅価格の上昇は、世界経済の根本問題の原因というより、結果であった。実際、住宅価格の上昇していた国では、家計部門の負債が未曾有の水準にまで膨張していた。アメリカでは、一九八〇年の家計部門の負債――住宅ローン、クレジットカード、自動車ローン、その他もろもろ――は総生産の五二パーセントを占めていた。二〇〇五年には、この比率は九七パーセントにも達していた。[6] つまり、すべての借金を返すのには、一年分の国内総生産を要するということである。

その四半世紀の間、特に二〇〇〇年から二〇〇五年にかけて、安易な借り入れがあらゆる金銭問題を解決する万能薬となっていた。雇用環境が厳しい時代もあったが――一九九一年と二〇〇一年の景気後退のあとに続いたのは「雇用なき回復」であった――、消費者はクレジットカードを使ったり、セカンドモーゲージによる借り入れを起こしたりして厳しいときにも消費を続けた。その結果、二〇〇五年のアメリカ人一世帯当たりの負債は、一九八〇年の六四〇〇ドルから四万一〇〇〇ドルまでに膨らんでいた。もし負債増加のペースが経済成長と同じであったならば、負債金額はその半分で収まっていたはずである。

住宅価格が上昇していた他の国も、細かい点に違いはあったが基本的なトレンドは同じだった。たとえば、スペインでは二〇〇〇年から二〇〇四年の間に住宅ローン残高は年率二〇パーセントの割合で増加し、その間住宅価格は年率一六パーセントの割合で上昇していた。[7]そのような急激な不動産価格の上昇は、借り入れに頼らない限りはほぼありえない。しかし、そこに疑問が生じる。だれがそれほど金を貸しているのか？　それはなぜなのか？　その疑問に答えるには、少し時をさかのぼる必要がある。

「安全」な投資先を求めて

一九九〇年代の終わり、一部の新興国は深刻な金融危機に直面していた。投資家は、タイ、インドネシア、韓国などの急成長を遂げていた国々への信頼を失い、投資を引き揚げた。それら新興国の通貨と株式は暴落し、数百万人が失業した。世界中の政府は、この経験から教訓を得た。グローバル投資家が与えてくれるもの——大量の投資資金——はまた、流出するということである。しかも、投資家は最悪のタイミングで投資を引き揚げるということも。

もしあなたが急成長を遂げている新興国の元首だとしたら、覚えておくべきことがある。たくさん貯蓄をしておけということだ。投機資金の流出に耐えるには、巨額の準備金が必要になる。したがって、この地球上でもっとも安全な資産を購入しておいた方がいい。あなたが新興国に住む究極の資産家なら——たとえば中国の製造企業オーナーや、中東の油田所有者や、旧ソ連圏の人脈豊富な事業家ならば——同じことを考えるだろう。政府が転覆する危険や、慣れ親しんだ好待遇や特権を失う危険を心配したくないはずだ。

そうした危険から身を守る最善の策は、政治的に安定した国の超安全な資産を大量に所有することだろう。文化的、法的、その他さまざまな理由から、二〇〇〇年代の初頭には先進国の多くの人々もまた同様に安全な投資先を求めていた。貯蓄性向の高いドイツでは、カネ余りが高じてどこかに投資しなければならなくなっていた。ベビーブーマー世代のいる先進国で企業が最高益を記録するなか、年金基金は投資先探しに必死だった。

二〇〇五年、ＦＲＢ議長のベン・バーナンキはこうした巨額の余剰資金を「世界的貯蓄過剰[8]」と呼んだ。余剰資金は多すぎ、安全で確実な投資先は不足していた。そこで、安全な投資先の需要を満足させるために金融業界はほぼ無から有を編み出した。

どんな住宅ローンも投資としてかなりのリスクがある。借り手が失業してローンを返済できなくなる可能性もあれば、周辺地域の不動産価格が下がることもある。だが、種々雑多な住宅ローンをひとつの入れ物に入れて金融市場で売買できるようにすれば、そのリスクの一部は緩和できる。そしてそれらのリスクある住宅ローンを超安全な投資に変えるには、複数の層に分類すればいい。すべてを束にしてひとつの債券にするのではなく、いくつかの種類に分けるのである。

下層に分類されるのは、リスクもとるがリターンもとりたい人向けの証券である。住宅ローンの支払いが滞ると、そうした投資家が真っ先に損失を被る——それは、より高いリターンを狙うことの代償である。最上層には、より慎重な投資家、ローンのたとえば四割が失われるまでは一銭も損をしたくないという人々のための証券がある。そうした投資家ははるかに低いリターンしか受け取れない。だが、損失のリスクもほとんどない。実際、それほど多くの人が住宅ローンを返せなくなる確率はどのくらいだろうか？　ローン価値の四割を失うほどに住宅価格が下落する確率とは？　相当に低いはずだ――少なくとも当時はそう思えた。

金融業界は、個人向けのリスキーなローンを、グローバルな投資家が欲しがる商品――トリプルAの格付けを持つ超安全な債券へと、魔法のように変えた。この基本的なアイデアは一九八〇年代から存在したが、二〇〇〇年代になると以前には予想できなかった形で拡大していった。一九九五年には三六〇億ドルだった民間のモーゲージ証券の発行額は、一〇年後にアメリカだけでも九〇一〇億ドルにのぼっていた。[9]

そしてこの魔法は住宅ローンだけにかけられたものではなかった。大手金融機関はほぼすべての種類のローンに同じことを行なったのである。クレジットカード、学生ローン、企業融資。二〇〇〇年には二兆六〇〇〇億ドルだったそれらの証券の残高は、二〇〇五年には八兆一〇〇〇億ドルにのぼっていた。

それがピークとなった二〇〇七年には、およそ一一兆ドルの残高があった。その一一兆ドルの残高のすべては、ある人の資産（ドイツの銀行か、韓国の政府ファンドか、インドの大富豪）であると同時にだれかの負債（フロリダの家族が念願のプール付き3LDKの豪邸を購入するために組んだローンか、カンザスの家族がディズニーランドへの旅のために負ったクレジットカードの借金、はたまたありえないほどの高値でオフィスタワーを購入したニューヨークの不動産業者への融資か）であった。

ある人の負債が別の人の資産となるというアイデアは新しいものではない。銀行は数世紀にわたってその取引を仲介してきた。だが、かつて銀行員は借り手を上から下まで見回し、財務状況を調べ、もし借り手が返済しなければその銀行員の失点になるという認識のもとで貸し出しを行なっていた。この新たな時代には借り手と直接接触する人々は、貸し手と大きく切り離されている。国中に店舗を広げた住宅ローンブローカーは、ウォール街の証券組成者にとっては単なる仕入先でしかない。ブローカーたちは、粗悪なローンがあることを知っていたが、ウォール街の大手金融機関は証券の組成で得られる手数料に目がくらみ、その中身を知ろうともしなかった。グローバルな投資家は借り手とその返済能力の中身を理解せず、そうした証券を買い入れていた。トリプルAの格付けさえあれば充分だったのである。

世界的メガバンク、ヘッジファンド、保険会社、そして無数の金融機関がその鎖のつなぎ目となり、借り手と世界的貯蓄余剰を結びつけていた。そして、二〇〇五年のジャクソンホールでは、その鎖の脆弱さを理解している人はいないようだった。

では、彼らはなにを理解していたのだろう？　セントラルバンカーたちは世界経済に起きている不具合についてなにを知っていたのだろう？　彼らはいつそれに気づいたのだろう？

大西洋を挟んだ両側で、セントラルバンカーたちは住宅価格の高騰を懸念していたが、それをどう扱うべきかについては決めかねていた。

確固とした答えのないまま、彼らはいつも穏やかな言い回しで不動産市場の現状を説明するにとどまっていた。スペインとアイルランドの住宅市場には「バブルらしき要素が見られる」[10]と二〇〇七年五月にジャン・クロード・トリシェは述べた。グリーンスパンはその二年前に「バブル」ではなく「あぶく」――特定市場において数多くの小さな泡――が存在すると認めていた。「持続不可能なトレンドが存在するのは明らかである」[11]ニューヨークの経済クラブで彼はそう述べた。二〇〇五年のジャクソンホール会議の三週間前に、マービン・キングはイギリスの住宅バブルを懸念し、住宅市場の過熱を抑えるために金利を引き上げようとしたとも語った。しかし、中央銀行の総裁としてはめずらしく、金融政策委員会で利上げは否決された。なかなか勝てないサッカーチーム、アストン・ヴィラのファンであるキングが、負けに慣らされたという冗談がロンドンの金融界で流行ったものだった。[12]

二〇〇五年にFRBで交わされた非公式の議論は、住宅市場に対する違和感を具体的な政策に落とすことが中央銀行にとっていかに難しいかを示すものである。FOMCでもこうした懸念は話題にのぼった――だが、対策を模索するほどの切迫感はなかった。

「アメリカは住宅バブルの最中にあり、まもなくそれが弾けると実例を挙げて言い立てる記事を見ない日はない」[13]ニューヨーク連銀のエコノミストであるリチャード・ピーチは二〇〇五年六月二九日のFOMCに向けた部外秘のプレゼンテーションでそう述べた。住宅市場の急激な上昇は「住宅市場を支える堅調なファンダメンタルズ」、つまり低金利、高い生産性、ベビーブーム世代のピーク収益、とりわけ富裕層における収入増加の結果だろうとピーチは語った。

FOMCは同日、住宅価格の下落が金融システムに与える影響についてのプレゼンテーションを聞いた。「借り手も貸し手も特段脆弱には見えない」[14]経済学者のアンドレアス・レナートは、アメリカの銀行とその他金融機関によるリスキーな住宅ローンのエクスポージャーを分析しつつ、FRBのリーダーたちにそう語った。「この国の住宅ローン市場は、住宅価格の大幅な下落に直面しても、壊れることはないと判断して差し支えないだろう」

FRBの政策立案者たちは、住宅価格が下がるだろうこと、しかも大幅に下落する可能性があることを認識していた。しかし、住宅市場がどれほど緊密に金融システムと結びついているかについて、または金融システムがショックに対してどれほど脆弱かについては理解していなかった。「住宅価格が大幅に下落した場合でも、金融機関に波及する影響は限られている」シカゴ連銀のマイケル・モスコウ総裁はそう述べた。

FRBに欠けていたものは、専門性ではない。FRBには専門家がありあまるほどいた。注意や規律が欠けていたわけでもない。賢者の集団が熱心に正しい答えを導こうと徹底的に議論を重ねていた。だが、彼らに欠けていたのは、創造性、つまり住宅と金融がお互いにどう結び付き、その組み合わせがひとつひとつの独立要素に比べてどれほど大きな損失を与えうるか――特に住宅価格の急激な上昇が世界の金融システムに脅威となるか――を予見する能力だった。

二〇〇五年にFRBで開かれた会議の中で、アメリカ経済の現状がもっとも露呈した瞬間は、住宅価格指数や証券化市場の現状に関する専門的な議論の最中ではなかった。それは、調査部長のデビッド・ストックトンがした笑い話であった。ストックトンは、数多くの指標が住宅ブームの終焉を示唆していると言った。そしてこう続けた。

このセクターの終わりが近いことをかなりはっきりと示すもうひとつの証拠を挙げましょう。先日、妻が嫌がっているにもかかわらず、わたしがテレビのチャンネルをかちゃかちゃと変えていると、「あの家を転がせ」というディスカバリーチャンネルの新番組に遭遇したのです。どうもその番組の趣旨は、ひび割れを繕ったり、観葉植物をあちこちに置いたり、銀行とお近づきになれば、不動産で大儲けできるということのようでした。効率的市場の最右翼の信者でも、あれを見ればさすがにまずいと思うでしょう。[15]

つまり、グローバル金融危機の伏線は、目の前にあったのである。多くのセントラルバンカーが世界的な住宅バブルを懸念していた。グローバルな信用バブル――住宅ローンだけでなく、消費者と企業の負債――を懸念する人々もいた。また、広範で急速な金融セクターの拡大がグローバルな金融システムの安定性をおびやかすと見る人もいた。そして、彼らはグローバル経済の不均衡がすべての根源にあることに気づいていたが、それをどのように正すべきかを決めかねていた。それらの要因がどのように絡み合っているかが、彼らには見えなかったのである。

皮肉にも、問題の一部は中央銀行の成功そのものにあった。投資家は「大いなる安定期」から学んでいた。中央銀行は経済運営をマスターした。すべての先進国と新興国の多くで、インフレは克服された。中央銀行は今後どのような逆風をも封じこめることができる。急成長を遂げるアジア諸国の金融危機であれ、アメリカの株式バブルの破裂であれ、損失の広がりを防ぐことができる。一見リスクのない世界において、投資家は一層大きなリスクをとりたがった。

地球上のだれよりも金融の未来に影響力を持っていたグリーンスパンは、世界経済がどれほど危機にあるかはともかくとして、これらの関連性については理解していた。リスクプレミアム——余剰リスクに対する投資家の期待リターン——の低下は「長期にわたる安定経済の明らかな効果[16]」であり、それが資産価格を押し上げる役目を果たした。グリーンスパンはジャクソンホールの講演でそう述べている。株式、債券、住宅価格の上昇は一層大きな富と購買力を生み出し、これらの資産価値の大幅な増加は、「ある意味で、リスクに対して低いリターンを投資家が甘受することとの間接的な結果です」とグリーンスパンは語った。

「歴史は、長く続いた低リスクプレミアム環境の後始末が難しいことを示しています」

危機を予言した人物

しかし、その年ジャクソンホールに集まった経済学者のうちグリーンスパンよりもはっきりと将来を予言していた人物がいた——好景気の勝利感が漂うなかで、世界が恐れなければならないことを予想した人物が。

あとになって多くの人が、ＩＭＦのチーフ・エコノミストであるラグラム・ラジャンの講演は、二〇〇五年の会議において稀有ともいえる明晰なものだったと指摘している。[17] ラジャンは、金融業界の誤った報酬システムがリスクテイクを奨励し、世界をより危険な場所にしていることを鋭く見てとった。民間バンカーは長期的な利益を無視して短期的な金儲けに走ることで、巨額のボーナスを手にしていた。だが彼が指摘したのは、恐ろしい失敗を引き起こす要因のひとつでしかなかった。

ラジャンの説に応えてグローバル経済の現状をもっとも正確に描いたのは、ロンドン・スクール・オブ・エコノミクスの教授、ヒュン・ソン・シンであった。

「ロンドンのミレニアム・ブリッジについて、お話ししたいと思います」彼はそう語り始めた。西暦二〇〇〇年祝賀の記念事業として、イギリスではテムズ川に新たな美しい歩道橋がかけられた。水平な吊り橋のデザインで見栄えの悪い柱を排除したこの橋は、最先端のエンジニアリングの優雅さを備えた歩道橋だった。

「六月の快晴の日、女王によってこの橋が開かれました」とシンは続けた。「大勢のマスコミが集まり、この機会を喜ぶために数千の市民が集まりました。ですが、開通してすぐにその橋が激しく揺れ始めたのです」開通したその日に、橋は閉鎖された。エンジニアたちは当初なにを間違ったのかまったくわからずに困惑していた。もちろん、もし兵士の一小隊が足並みを揃えて橋を渡っていたならば、強力な縦の振動が起き橋が揺れるだろうことは予想がつく。一世紀前に建設されたその近くのアルバート・ブリッジには、兵士の行進時には歩調を合わせずばらばらに歩くようにとの注意書きが掲示されているほどである。しかし、ミレニアム・ブリッジで起きたことは違っていた。「ランダムに歩いている数千の人々の歩調が合い、歩調を揃えたまま歩き続ける確率はどの程度でしょう？」シンは聞いた。「『ほとんどない』と言いたくなりますよね」

だが、まさにそれが起きたのだった。歩道橋の設計者は人々がどう環境に反応するかを見誤っていた。オープニングの日に集まった歩行者の足元で橋が少し揺れると、それぞれがバランスを取ろうとしてほんの少し歩調を調整した――だが全員が同時に同じ方向にそれを行なったのである。そのため水平方向に大きな力が働き、小さな揺れが激しい揺れとなった。「つまり、歩道橋自身の振動がさらに大きな揺れを呼ぶのです。最初の振動――たとえば小さなつむじ風――が過ぎ去ったずっとあとになっても揺れは続き、次第にそれは激しくなります。嵐や地震や極度の負荷を想定するコンピュータ上のストレステストであれば、開通日の出来事を『パーフェクト・ストーム』と見なすでしょう。ですが、これは毎日起きることが必至のパーフェクト・ストームなのです」[18]

金融市場でもミレニアム・ブリッジと同様に、各プレーヤー――銀行やヘッジファンドや個人投資家――は周囲の人々に歩調を合わせて行動する。投資家の足元の土台が揺らげば、全員がスタンスを調整する。そしてみんなが同時に同じ方向に動くと、最初の揺らぎが増幅される。すると突然システム全体が激しく揺れ始める。

ベン・バーナンキ、マービン・キング、ジャン・クロード・トリシェとその他大勢のジャクソンホールに集まった人々は礼儀正しく耳を傾け、その後コーヒー休憩に向かった。橋が揺れ始めるまでにそれから二年の月日が流れ、橋が崩れ落ちたのは三年後であった。

第二部

パニック

——二〇〇七年から二〇〇八年まで

九章　三人の委員会

ジャクソンホールでのアラン・グリーンスパンの盛大な送別会から二年後、彼の後継者はこの会議への出席さえも危ぶまれていた。市場が混乱を極めていた二〇〇七年八月、BNPパリバ・ショックへのECBのサプライズ介入から三週間後に、ジャクソンホール会議は開かれる予定となっていた。ベン・バーナンキの側近は、市場ががけっぷちにある今、ワイオミングの田舎まで飛ぶべきかどうかを話し合っていた。ジャクソンレイクロッジに携帯電話の電波が届くようになったのはほんの数年前であり、インターネット接続はいまだ不安定な状態だった。もしまたパニックの波が押し寄せたら、必要な情報を収集し断固とした行動がとれるだろうか？

だが、彼らが出席をとりやめたら市場はさらに神経質になるのでは？　ジャクソンホールにも行けないようなら、状況は想像以上に悪いに違いないと思われる。そこで、FRBの情報通信およびセキュリティーのスタッフがワシントンからジャクソンホールに派遣された。ロッジの二階にあるバーナンキの部屋の向かい側の、メイン会場と離れた会議室内に、彼らは電話回線、インターネット接続、ブルームバーグの金融情報端末を設置し、まさかのときにFRB高官と海外の要人が遠隔地で仕事を続けられるよう準備を整えた。

バーナンキとその側近――ニューヨーク連銀総裁のティム・ガイトナー、副議長ドナルド・コーンと理事のケビン・ウォルシュ、金融政策局長のブライアン・マディガン――は、二日間の大半を、二階のその秘密の会議室で、広がりつつあるパニックへの対応に費やすことになった。

タイミングが悪すぎた。その年のトピックは住宅金融で、講演のいくつかは未来を予言するものだった。たとえば、イエール大学のロバート・シラーは、長期にわたった住宅ブームはまもなくはじけ、経済に厳しい影響を与えるだろうと警告した。「このブームは、家賃や建設コストといったファンダメンタルズでは説明できないと思われる」と彼は言った。「住宅が絶好の投資であるという見方を煽るような社会の仕組み、つまり心理的要因がこのブームを支えている」[1]

とはいえ、この議論はまだアメリカ国内の事象に限られており、同国発の大量の不良住宅ローンが、欧州の銀行から巨大保険会社のＡＩＧまで世界中の金融インフラにどれほど深く組み入れられているかを本当に認識したものではなかった。ミレニアム・ブリッジは揺れており、だれもが不安になっていたが、まだそれほど深刻にはなっていなかった。欧米を代表する三人のセントラルバンカーも例外ではなかった。

ジャン・クロード・トリシェとＥＣＢは欧州の金融システムに流動性を供給していたが、ワシントンやロンドンの同胞には事前に告知せずそれを開始していた。バーナンキとＦＲＢもまた最後の貸し手として行動しながら、経済全体を守るために利下げを始めるかどうかを考えていた。マービン・キングとイングランド銀行は、長年の高リスク貸出の結果に銀行が苦しむのをただ見守っていた。

しかし、この三人の男たちは、今後世界が彼らのパートナーシップをなにより必要とすることをまだ知らなかった。三人三様の育ち、個性、権力への道筋が、これから待ち受ける未来の方向性を形作ることになっていった。

エリート然としたトリシェ

ジャン・クロード・アンヌマリ・ルイ・トリシェは長年危機と闘ってきたキャリア官僚であり、また同時に詩や哲学や文学に精通し、セントラルバンカーという職業を経済の垣根を超える仕事だと考えていた。「経済現象と文化現象、つまりおカネと文学と詩は、多くの人が思うよりもはるかに密接に結びついている」二〇〇九年に彼はそう語っている。「詩とは金貨のように永続的であり、その尊厳はリズムと韻と比喩によって支えられている。その意味で、詩は貨幣のようである――それは、長期に『価値を保存するもの』だ。貨幣は不変性を目指しながらも、人の手から手へ、心から心へと渡される運命にある」[2]

トリシェにとってECBは統一欧州のもっとも具体的な象徴だった。それはこの大陸を数百年――いや、数千年――にわたって苦しめてきた不和に対する回答であった。「経済と金融の統一はヨーロッパの繁栄と安定の共通基盤を築く、壮大な取り組みである」講演の中でトリシェはデリダ、ダンテ、プルースト、ゲーテの言葉を引用しながらそう語った。

トリシェは両親世代の失敗から学び、ヨーロッパに新たな秩序を築こうと決意した――またその能力を備えた新世代のリーダーのひとりだった。彼は究極のヨーロッパ人であり、彼の世代のエリートにとってそれはつまり、フランス人とかドイツ人とかイタリア人といった立場を超越するアイデンティティーを持つことを意味していた。トリシェは子供の頃にドイツやオーストリアやイタリアを仲良しの叔父と旅行し、イギリスにペンフレンドがいた。大人になってからはさらにさまざまな経験を積んだ。彼はフランスのレキスプレス誌にこう語っている。「それは、非常に感動的な瞬間でした」二

○○四年六月一七日に、ＥＣＢの政策理事会がはじめて電話会議を開いたときのことである。その寄せ集めのグループには、ユーロを採用していない国の中央銀行総裁も含まれていた。「私は全参加国に順々に出席を聞いていきました。エストニアの総裁は？　『はい、います』。リトアニア？　マルタ？　キプロス？　全員が揃っていました。まさにそれがヨーロッパだと感動したのです」[3]

ギリシャ語とラテン語の大学教授の息子だったトリシェは、文学と哲学を熱心に学んだ。両親の勧めで数学と科学を勉強したのち、炭鉱の奥深くで技術者見習いとして働いた。だが彼は政治に惹かれ、まもなく炭鉱を離れて、エリート官僚養成学校であるフランス国立行政学院（ＥＮＡ）に進む。それは、一九六八年に過激派学生と警察の衝突が起きた直後の騒乱の時代だった。トリシェもまた多くの若者同様、左翼の学生運動に関わった。労働者の権利に熱心に取り組んでいたトリシェを、統一社会党の仲間たちは、コミックシリーズ『アステリックス』に登場するガリア人ヒーローにちなんで「ジュスティックス」と呼んでいた。トリシェは一九七一年にＥＮＡを一〇〇名中五番の成績で卒業し、フランス財務省に入省し、外務省の通訳だったウクライナ生まれのアリーン・リバルカと結婚した。

トリシェは欧州が統一へと向かう困難な交渉の時代に経験を積んできた。そこでは、持久力――真夜中になっても自分の立場を堅持できる能力――がなにより重要だった。トリシェは、二三ヵ国の中央銀行総裁からなる寄合所帯のＥＣＢの政策理事会を率い、それまでのすべての経験を使って議事進行を操り、政策金利の決定をたいていは望む方向に導いていた。トリシェは議長として持てる力を活用する達人だった。二〇一一年には銀行資本規制をめぐる二七ヵ国の交渉をまとめあげた。交渉は朝一番で始まったが、昼食の時間がきてもサンドイッチは廊下に出されたままで、トリシェは休憩時間を与えなかった。午後の遅い時間になって、空腹に耐えがたくなった各国代表は、食べ物欲しさに妥協することもいとわなかった。[4]

トリシェは、状況に応じて根気強くもなれば、力技や寝技も操り、交渉をまとめるためならどんな手も使った。このスキルが、入省から一六年で彼を財務省のトップに押し上げ、その六年後にフランス中央銀行の総裁に押し上げた。「複雑な案件で自分のために交渉してもらうなら、私は間違いなくトリシェを選ぶ」と、彼の仲間は言う。トリシェは、ユーロが誕生したマーストリヒト条約の交渉にもフランス代表として参加した。彼は、負債にあえぐラテンアメリカとその他新興国の債務リストラを交渉する各国財務官僚の集まりであるパリ・クラブの会長を、一九八五年から一九九三年まで務めた。

トリシェはその経験から、国家の財務破綻や経済危機が起きた場合の、政府と金融機関の厳しい交渉にかけてはだれよりも適任者となっていた。「危機は彼のDNAに組み込まれている」[5]と言ったのは、フィンランド中央銀行総裁のエルッキ・リーカネンである。経済学者というよりも外交官といった方がふさわしいトリシェは、二〇〇七年頃には地球上のだれよりも金融危機の専門家としての経験を積んでいた。

上品な口調とあか抜けた服装のトリシェはまた、カリスマ的な人物でもあった。「少々慇懃なほど口がうまく、高級官僚の雰囲気をまとったトリシェは、絶対に相手を逸らさない」長年のECBウォッチャーであるデビッド・マーシュは言う。「彼は中世の騎士のように女性の手に口づける。たとえ相手がドイツ首相のアンゲラ・メルケルであろうと、フランクフルトに住むジャーナリストの妻であろうと。それに、イギリスの元財務大臣を大げさに『ムッシュ大臣どの』と呼ぶ」[6]だが、長年仕事で付き合いのある人々でさえ、トリシェとは個人的な絆をあまり感じられなかったと語っている。トリシェはどんな場面でも堅苦しく上品で、絶えず自分の意見を通し、自信のなさのかけらも見せようとはしなかった。尊敬できるが親しくはなれない人物だったのである。

トリシェはフランス中央銀行の総裁として、ユーロ圏への参加準備の実務を統括していたが、トリシェの「強いフラン」政策が輸出企業や雇用にマイナスだと考える政治家らと衝突することもしばしばだった。トリシェは「ドイツ訛りのフランス語を話す」、つまりフランス人であってもドイツ人のような厳格な金融哲学を持つ人物だと目され、一九九八年のＥＣＢ設立時に総裁適任者とされたのもそのためだった。

財務省時代に大手商業銀行クレディ・リヨネの虚偽情報開示事件に巻き込まれつつも無罪となったトリシェは、二〇〇三年に八年任期でＥＣＢの総裁に任命された。トリシェは無類の努力家で、一六〇〇名という大所帯のＥＣＢの隅々を掌握し、各局の予算を自ら精査し、記者発表の文言にペンを入れていた。

「和解と友情に基づいて欧州の統一を強め、その繁栄と平和に奉仕することが私の人生の目的です」[7]とトリシェは語ったことがある。その目的は、二〇〇七年八月九日にサンマロにかかってきた一本の電話以降、先が見えなくなっていく。欧州融和のために彼自身が作り出した通貨が、逆に分裂の危機をもたらすことになったのである。

抜群のリーダーシップを持つバーナンキ

キャリア官僚としてリーダーへの階段を昇ってきたトリシェと違い、ベン・シャローム・バーナンキは多くの点でグローバル経済の大物としてはめずらしい人物だった。一九五三年にジョージア州で生まれ、サウスカロライナ州ディロンという田舎町で育ったバーナンキは、幼い頃から非凡な知性を発揮した。一年生を飛び級し、一九六五年の全米スペリングコンテストに州代表として参加し、その後、大学進学適性試験（ＳＡＴ）では州トップの一五九〇点というほぼ満点に近い得点を記録した。[8]母親は息子を遠方の大学に送りたがらなかった。ディロン出身の若いアフリカ系アメリカ人で、自身もハーバードで学びバーナンキに受験を勧めたケネス・マニングが、「ボストンにもユダヤ人はいますから」と確約したので、やっと母親は折れてくれた。

バーナンキはハーバードで優秀な成績を残し、学部中最も優秀な経済学の卒論に送られる賞を受賞した。大学院はＭＩＴに進んだ。当時のＭＩＴは、のちに重要な経済政策の立役者となる多数の博士を輩出していた。一九七七年だけでも、トリシェの後継者としてＥＣＢの総裁となるマリオ・ドラギ、ＩＭＦのチーフ・エコノミストとなるオリビエ・ブランシャール、ノーベル賞受賞者でニューヨーク・タイムズ紙の人気コラムニストでもあるポール・クルーグマンが輩出されている。彼らの二年後輩であるバーナンキは、のちにＩＭＦのチーフ・エコノミストとイスラエル銀行総裁を歴任し、多くのセントラルバンカーにとって学問的な育ての親とも言えるスタンレー・フィッシャーのもとで学んだ。「学生時代のベン・バーナンキに会ったら、未来の中央銀行総裁とは思いもしないだろう」[9]ＭＩＴで教鞭をとるノーベル賞経済学者のロバート・ソローはのちにそう語っている。バーナンキはまったくそういうタイプに見えなかったという。「髪の毛がフサフサだったんだ。本当にものすごく髪が多かった」

実際、バーナンキは仕事についてからも一流の学者になる以外の目標はまったくないように見えた。名門女子大のウェルズリーを卒業し中学校でスペイン語を教えていたアンナ・フリードマンと結婚し、最初にカリフォルニア州に移り住み、その後ニュージャージー州に引っ越し、プリンストン大学の花形教授となった。彼は大恐慌を生み出した政策の失敗を指摘する論文を発表し、「インフレ・ターゲット」、つまり物価上昇の目標を定め、それに合わせて金融政策を調整する理論の提唱者として名をあげた。

バーナンキは学問的に目覚ましい業績をあげる一方で、集団を意思決定に導く才能に目覚めた。素晴らしい聞き手であり説得者であるバーナンキは、一九九六年にプリンストン大学経済学部の学部長に就任した。それは、責任ばかり重く実質的な権限のほとんどない、だれからも感謝されない仕事である――つまるところ、お偉い学者たちは、指導や研究の内容に口を挟まれたくないのである。バーナンキは、自分のもっとも重要な仕事は教授会のおやつをベーグルとドーナツのどちらにするか決めることだとよく冗談を言っていたが、それはかなりの謙遜である。彼は、たとえば金融の授業科目を増やすべきかといった課題に対して、反対者も含めて全員が意思決定の過程に参加していると感じられるように、教授陣をうまく導いていた。

バーナンキはまた、ニュージャージー州のモンゴメリー学区が新規学校建設のための増税問題でまっぷたつに割れている時代に、教育委員を務めていた。この問題をめぐっては、双方が熱くなるあまり殴り合いのけんかが起きたこともあった。同じく委員を務めていたドワイト・ジャフィーによると、バーナンキの直観は増税反対に傾いていたが、「数字を見て新たな学校建設が理にかなっているかについて計算してみた。彼は、数字による分析を信じ、その結果に従って生きていた」[10]という。賛否が同数で割れるなかで彼の一票が決定票となり、最終的には増税が決まった。

この数字信奉者の教授が世界でもっとも権力を持つ男のひとりとなったのは、時期的な偶然が重なったからである。まず二〇〇一年にバーナンキはプリンストン大学の首席副学長、つまり最高教育責任者であり学長に次ぐ管理運営責任者の最終候補に選ばれた。もし、バーナンキがその職に就いていたら、二〇〇二年にFRBの理事職を打診されたとき、違う返事をしていたことは間違いない。バーナンキはそれまで公職を真剣に考えたことはなかったが、FRBの仕事は魅力的に思えた。二〇〇一年九月一一日の同時多発テロによって国への奉仕精神が盛り上がっていたこともある。バーナンキはまもなくアラン・グリーンスパン率いるＦＲＢに仕えることとなり、そこで世界に向けて理事会の政策を説明する特殊な才能を発揮したのだった。二〇〇二年の彼のプロフィール写真には、身なりにかまわない学者らしさが残っている。髪の毛はあちこちに跳ね、髭はもじゃもじゃで襟に届きそうなほどに伸びていた。

それからわずか三年後、七九歳のグリーンスパンが引退を決意した。折しも、ブッシュ政権は苦境に立たされていた。政府はハリケーンカトリーナへの対応に失敗し、イラク戦争は泥沼化し、ブッシュが最高裁判事に指名した大統領法律顧問のハリエット・マイヤーズの指名は大騒動の末撤回された。上院はブッシュ大統領のチーフ・エコノミストのグレン・ハバードやレーガン政権の経済顧問だったマーティン・フェルドシュタインのような、物議をかもしそうな――保守的な思想を持つ――候補を承認する雰囲気ではなかった。四〇パーセントの支持率がさらに悪化しつつあった大統領にとって、どちらかというとワシントンの新参者であるバーナンキは、安全な選択肢となった。

アメリカでもっとも力を持つ男のひとりとなっても、バーナンキはグリーンスパンのようにジョージタウンの社交場に出かけるよりも、妻と自宅で静かに過ごす方を選んだ。手頃な価格の吊るしのスーツを着て、この仕事に付随する多少の贅沢、たとえば警護や送迎車や運転手を嬉しがることもなかった。土日にもジーンズ姿でほぼ毎週出勤し、ウィークデイには持てないひとりの時間に、さまざまな決定についてじっくりと考えをめぐらせていた。

もちろん、新参者にはマイナス面もあった。グリーンスパンはＦＲＢ議長に就任する前に、二〇年近く大統領に経済政策を助言していた。バーナンキは議長職の傍ら政治を学ぶしかなかった。プライベートではバーナンキに温かく接していた上院議員たちが、テレビ中継の入る公聴会で自分を吊し上げたときには、ただ困惑していたようだと側近は語っている。そうした政治の日常茶飯事を学ぶには時間がかかった。

確かに、当初のバーナンキは官僚タイプに見えなかった。大統領とワシントン・ポスト紙の両方から別々の機会に靴下のことでからかわれた政府高官はおそらくバーナンキくらいのものだろう（紺色ではなく焦げ茶の靴下を履いていたからだ）。だが、彼はFRB議長としての新しいイメージ作りに努力し、権力者たちに彼がグローバル経済の手綱をしっかりと握っていることを認識させた。金融界と政界の大物が開くプライベートな会合に出席し、彼らの世界を知ろうとした。バーナンキはスピーチのコーチにつき、緊張したときの声の震えを止めることに努め、こまめに散髪したり髭をきちんと整えたりして、身なりもあか抜けてきた。

しかし、バーナンキが変える必要のないことがあった。リーダーシップの方法論である。年八回開かれる連邦公開市場委員会（FOMC）――ワシントンのFRB理事七名と一二の地区連銀の総裁で構成される――は、扱いにくい集団である。議長は常にそのトップに立つとはいえ、正式には一票の議決権を持つだけである。つまり、議長といえど正確には他のFOMC委員の「上司」ではなく、説得と知力を通して委員会を導かなければならない。議長としてのバーナンキは、大学の学部長や教育委員時代に養った手法で人々を導いた。「ベンは、机を叩いて大声で『俺の味方か敵か』と迫るタイプではない」プリンストン時代にバーナンキの同僚だったアラン・ブラインダーは、二〇〇九年にそう語っている。「それは彼のやり方じゃない。私はベンを二五年も知っている。彼は相手の意見を尊重し、知力を使って説得できる男だ。自分に反対する相手を嫌な奴だとは決して言わないよ」

FOMCでは、スタッフの発表のあと、会議のはじめに委員全員が経済についての見方を順々に述べ、コーヒー休憩となる。委員がコーヒーを飲んでいる間に、バーナンキは会議室の隣にある自分のオフィスに入り、各委員の見解をタイプする。会議が再開すると、議長はそのメモを見ながら「先ほどこういう意見が出たと思うが」と言いながら、おさらいしていく。おかげで、グリーンスパンとそりが合わず議論から締め出されたとしばしば感じていた委員の幾人かはバーナンキと良好な関係を築くことになった。「議長ならば、自分の考えにそぐわない意見を、議論の価値なしとして退けることもできる」とリッチモンド連銀総裁のジェフリー・ラッカーは言う。「だが、この議長はそうしない。バーナンキは他者の意見を真剣に受け止める人間だ」

ブッシュ大統領が後任のFRB議長を検討していたときには、バーナンキの学術研究は議論されなかった。だが二〇〇七年に危機が起き、二〇〇八年にそれが深刻化すると、バーナンキの研究がまさしく意味を持つものとなった。彼の論文は、金融業界の問題が金融にとどまらず他の領域まで拡大し、経済全体の成長を阻害すると論じていた。これこそが、一九三〇年代に起きた大恐慌の真の原因であり、「大恐慌」を「大」恐慌たらしめた要因だと主張していた。当時も、二〇〇七年と同じように、銀行その他の貸し手は大損失を被り、あらゆる種類の貸し出しを控えるようになった。それが経済を弱め、銀行の損失をさらに拡大させ、悪循環を生み出した──「フィナンシャル・アクセラレーター」。バーナンキと共著者のマーク・ガートラーはそう呼んだ。議長は危機の初期から、アメリカ発の住宅問題がなんらかの深刻な事態に発展するのではないかと懸念していた。

大恐慌研究の第一人者であるバーナンキは、その後の展開への知的な備えはできていた。問題は、彼の静かなリーダーシップが嵐の中でFRBを導けるかということにあった。

絶対的な支配者のキング

マービン・アリスター・キング——二〇一一年にはサーの称号が付いた——は、危機の初期には他国の中央銀行総裁からかなり距離を置いているように見えたが、それは付き合いがなかったからではない。実際、キングはトリシェとバーナンキとは長い付き合いだった。キングは一九六〇年代にケンブリッジの学生だった頃、イギリスの税制を学びに留学していたトリシェと知り合っている。またバーナンキとは一九八〇年代にMITで教員室を共有していた。二〇〇七年八月にキングが周囲から距離を置いていたように見えたのは、並々ならぬ自信家のいつもの振る舞いの延長だった。

キングの自信満々の態度は、エリート家庭の出身でなく鋭い知性と努力と根性でその地位を勝ち取った人物にありがちなものだと見る人もいるだろう。キングは鉄道事務員の息子として一九四八年に生まれ、ウェスト・ミッドランズのウルバーハンプトンという田舎町で育った。公立校で早熟な知性を発揮してキングスカレッジへと進んだのちハーバードの大学院で学び、ロンドン・スクール・オブ・エコノミクスで教鞭を執ったキングは、その世代のもっとも有望なイギリス人経済学者のひとりと目されていた。一九九〇年代初頭にチーフ・エコノミストとしてイングランド銀行に入行すると、銀行を自分のイメージ通りに生まれ変わらせた。厳格な分析と理論的アプローチを旨とし、彼の志向と高い期待水準に添えないスタッフや部署を切り捨てた。

キングは熱烈なスポーツファンで、スピーチの中でプレミアリーグのサッカーチーム、アストン・ヴィラに触れ、たまに（時にはタイミング悪く）午後の仕事をさぼってテニス、クリケット、サッカーの試合を観戦していた。学生時代は活発なスポーツマンで、運動神経はともかくとして強い競争意識を燃やしてクリケットとサッカーをプレーした。活力の塊のようなキングは、アラン・グリーンスパンや他の官僚とテニスを楽しみ、ノッティングヒルの自宅からイングランド銀行本部のあるスレッドニードル街までの八キロを歩くこともしばしばだった。

キングの負けず嫌いは仕事にも及び、職場や政府で彼と衝突した人は痛い目に遭った。国際的な経済学会やロンドンの社交場の友人にとって、キングは鋭いユーモアと活き活きとしたまなざしを持つ魅力的な人物であった。だが仕事仲間にとっては、キングは知的ないじめっ子で、常に自分が正しいと信じ、意見を通すためには手段を選ばず、反対する者を孤立させたり攻撃したりした。財務大臣のアリスター・ダーリングは、キングを「ありえないほど頑固」で「癪に障る」男と評し[11]、イングランド銀行の問題はキングの「封建領主のような」運営手法だと書いた[12]――キングを二度も任命した人物がそう言うのである。

キングがイングランド銀行のチーフ・エコノミストとなった一九九一年は、スレッドニードル街の老夫人と呼ばれたこの中央銀行にとって最悪の時代だった。数十年間高いインフレに悩まされており、ジョージ・ソロスの仕掛けるポンド売りにより、ポンドがＥＲＭからの離脱に追い込まれる直前のことだった。

チーフ・エコノミストだったキングは、金融政策の立案者としてのイングランド銀行の信用を再構築することに着手した。イギリスでもっとも明晰な若手学者を雇い入れ、経済分析よりも人付き合いにかまけていた多くの古参エコノミストを追い出した。キングが立て直しに成功したことで、トニー・ブレア率いる労働党政府は、イングランド銀行の積年の念願だった政治権力からの独立を彼らに与えた。キングのおかげで、今後は政治家の都合で金融政策が動くことはなくなったのである。「知的水準を上げることで、独立に値する組織にした」二〇〇三年から二〇〇八年まで金融政策委員を務めたレイチェル・ロマックスはそう語る。キングは一九九八年に新設された金融政策担当の副総裁に任命され、二〇〇三年に総裁に就任した。

キングの研究者としての時代はとうに過ぎていたが、学術的なものの見方を捨てたわけではなかった。イギリス経済の機能に目を向け、経済モデルを議論し、展開し、それに磨きをかけた。日常的な意思決定においては、「根本原理」に立ち返ろうと努めた。イングランド銀行の目的はなにか？ この金融政策はどう役立つか？ また、スタッフには現場経験者より学者に助言を求めることを強く勧めていた。

キングは経済学の学術経験のない民間の銀行家や経営者が経済を語るのを密かに忌み嫌っていた。芸術家や知識人や政府首脳のためには喜んで夕食会を開き、暖かく活発でウィットに富んだ人物として彼らに接するキングが、金融界の大物が集まるイベントでスピーチをするときには、カクテルには付き合わず、義務を果たすだけのために現れた。

優雅な理論に支えられた金融政策とは対照的に、銀行規制は煩雑な仕事である。イングランド銀行は、政治からの独立を得た一九九七年の取引で、規制監督業務の大半を新設された金融サービス機構に移すことになった。「金融システムの規制監督業務は、イングランド銀行の中で疎まれる業務になっていました」と言うのは、二〇〇一年から一〇年間金融政策委員を務めたケイト・バーカーである。イングランド銀行の元エコノミスト、リチャード・バーウェルは、フィナンシャル・タイムズ紙にこう語っている。「危機以前には、金融システムの規制監督業務はキャリアの墓場だった[13]」

出世していったのは、キングの考え方をそのまま踏襲した経済モデルを作ることに熱心なエコノミストたちだった。考え方の違うスタッフは出世できず、辞めていくことも多かった。「キングはイングランド銀行の知的方向性を厳しく掌握していました」とバーカーは言う。重箱の隅をつつき、すべてをコントロールしたがるキングは、ほんのささいなことにも首を突っ込んだ。毎夏開かれるスタッフと家族のためのバーベキューとスポーツの集まりで、キングは「だれが出席したか、だれがコイントスに勝つかなど、どうでもいいことまですべてにうるさく口を挟んでいた[14]」と元スタッフはフィナンシャル・タイムズ紙に語った。

子供の頃に音痴だったキングは、学校のオーケストラに入れてもらえなかった。だが大人になってからクラシック音楽に目覚め、大いなる情熱を抱き、ロンドン交響楽団の評議員にまでなった。彼は、イングランド銀行と英国経済への奉仕を、素晴らしい演奏を指揮することに重ねていた。「指揮者の役割は、自由な精神、想像力、知的探究心の三つを組み合わせること。人生の大部分において私はそうしてきた」キングは二〇〇四年にラジオのインタビューにそう答えた。「あとは、チームを率いる力、つまり大勢の人々を動かす力。それこそ私がイングランド銀行で努力してきたことであり、指揮者の喜びもそこにあると思う」[15]

キングのチームは金曜の会議で時間をかけて意見をすり合わせ、翌週木曜に開かれる金融政策委員会に備えたが、この指揮者にお気に入りのメンバーとそうでないメンバーがいることは明らかだった。最新の経済データと分析が発表されるこの会議の百名近い参加者のうち、イギリス国内のあちこちに分散し民間銀行や企業と接触を保つ「バンクエージェント」と呼ばれるスタッフは、格下と見なされていた。「会議は三時間も続いた」金融政策委員会のメンバーであり、キングとの不和が公の確執に発展したデビッド・ブランチフラワーは言う。「理論ずくめの会議の最後の一〇分にエージェントが報告する――そして理論とは正反対の発言をしていた」

金融政策委員会の中の少人数の会議でも、さまざまなモデルを現在の経済状況にどう当てはめるかに議論は集中した。二〇〇八年夏に金融システムの問題が深刻化していたときでさえ、キングは理論を優先し、自分の持っている情報を委員会にほとんど明かさなかった。「金融政策委員会はかやの外に置かれていた」と当時の委員のひとりは言う。「マービンはオフィスに閉じこもり読んだり考えたりしていた。切迫感はなく、会議もあまり開かれなかった。私たち委員は『いったい、この非常時に自分たちはなにをしているのだろう?』と感じていた」
危機が広がるにつれ、金融市場はますます不透明感に包まれた。しかし、少なくともひとつだけははっきりしていた。イングランド銀行の王様《キング》は、絶対的な支配者であった。

飼いならせなかった馬

二〇〇七年八月の終わり、三人は心も身体も別々の場所にいた。バーナンキはジャクソンレイクロッジの宴会場の上階に設置された秘密の部屋で危機対応策を練っていた。トリシェはぎりぎりになって、個人的な理由を挙げて出席をとりやめた。いつも副総裁のチャールズ・ビーンを会合に派遣するキングは、今回もそうした。

二〇〇七年八月三一日金曜の午後、ロッジ前には会議参加者とその配偶者を夜の余興に送迎するためのバスが並んでいた。経済学者や銀行家にジーンズやカウボーイハットは似合わないが、このときだけはみなカウボーイ姿だった。来客がライトビールを飲むなかで、地元の牧場主がホースウィスパリングの技術を実演した。雌の仔馬は牧場主の仕草や囁きを無視し、牧場主がどんなに細やかに接しても、鞍をつけようとしなかった。そのときちょうど始まっていた金融危機との類似は明らかで、集団の中にざわめきが広がった。セントラルバンカーは金融市場を落ち着かせようと、囁きかけていた。だがこの実演と同じく、耳ざわりのいい言葉だけでは市場をなだめることはできなかった。

牧場主は、自分が馬をなだめる間、客人たちに牛肉と煮豆のビュッフェを先に食べるよう勧めた。夕食が終わる頃にはもちろん、仔馬は落ち着いて牧場主を背中に乗せていた。金融市場はそれほど簡単には飼いならせなかった。

一〇章　クリスマスまでには終わるだろう

二〇〇七年九月一四日金曜の朝、マービン・キングとアリスター・ダーリングは、EUの中銀総裁と財務大臣が集まる会合に出席するためポルトガルのポルトに飛んだ。甘くてコクのあるポートワインで有名なこの港町への旅は、最悪のタイミングだった。

それまでの数週間、イギリス北東部に本社のある資産一〇〇〇億ポンドの銀行、ノーザンロックは危機に見舞われていた。この銀行は住宅ローンを貸し付け、それを証券化して金融市場で販売していた——八月以降、モーゲージ証券は世界的に焦げ付いていた。最悪の状況に気づいた預金者たちは典型的な取り付け騒ぎを起こし、ノーザンロックは資金繰りに行き詰まった。テレビニュースでは、人々が預金を引き出すためにノーザンロックの店頭に長い行列を作る姿が流れた。「列の最後で貧乏くじを引きたくありませんから[1]」しょんぼりとした預金者は、カメラに向かってそう言っていた。

壮麗なムーア様式の会場で、イングランド銀行の総裁と財務大臣はその様子を遠くからテレビで見ていた。「これは完全に合理的な行動だ[2]」キングはダーリングにそう言ったという。

もちろん、その言葉に間違いはなかったが、ダーリングが聞きたかった言葉ではなかった。イギリスの歴史上、銀行破綻はめずらしくない。だがそれは一八六六年のオーバーレンド・ガーニー以来はじめての取り付け騒ぎだった。

一九九七年以前にはノーザンロック住宅金融組合として知られていたノーザンロックは、近代的な銀行の一形態として発展してきた。[3] 預金の大半はネット経由で、国内各地からインターネットバンキングの高金利を目当てに預金が集まっていた。伝統的な銀行とは違い、住宅ローン——その多くはイギリス北東部のさびれた造船や炭鉱の町の住宅購入者が組んだものだった——を保有することはなかった。ノーザンロックはそれらを即座に証券化し、世界中の投資家に売却していた。ノーザンロックは一七年連続で年率二〇パーセントという猛烈な速度の成長を見せていた。二〇〇七年までにはイギリス中のショッピングモールに支店を持つほど拡大していたが、巨大金融機関にはほど遠かった——たとえば、規模としてはバークレイズのおよそ二〇分の一だった。

二〇〇七年八月に金融システムがぐらつき始めると、それまでノーザンロックの強みと思えたものが、大きな弱点となった。モーゲージ証券が紙クズになるかもしれないと恐れた投資家は、それらを買おうとはしなくなった。また、ほぼ住宅ローンに特化した銀行に融資を行なう貸し手はいなくなった。

ヨーロッパ大陸とアメリカでは、これはそれほど大きな問題ではなかった。というのも、ＥＣＢとＦＲＢはノーザンロックのような銀行向けの緊急貸出を緩和し、彼らに有利な条件で融資を行なっていたからである。だが、キングはモラルハザードを懸念してなにも対策をせず、そのうち手遅れになる可能性もあった。現金が必要になったノーザンロックは、アイルランドの支店経由で——そこはユーロ圏内だったため——ＥＣＢの融資を利用しようと考えた。[4] だが、適正な法的手続きに二、三ヵ月は必要だとわかった——それでは間に合わない。

数週間が過ぎ、ノーザンロックの資金繰りはますます苦しくなっていった。先の見通しが立たず、民間市場から融資を受けることは難しくなっていた。それがまた資金不足に拍車をかけた。

九月九日の週末、バーゼルで中央銀行総裁との会合中だったキングのもとに、財務大臣のダーリングと金融サービス機構のカラム・マッカーシーから電話がかかった。ふたりは、イングランド銀行がＥＣＢとＦＲＢに倣って銀行システムをより積極的に支える必要があると考えていた。

「その電話会議の間、明らかな非常事態なのに平時と同じ判断をすると言って譲らないマービンの頑固さに、私は次第に腹が立ってきた」[5]とダーリングはのちに書いている。

キングは、間違いを犯した銀行自身が尻拭いをすべきだと言い張ったが、三世紀にわたってイングランド銀行は、銀行破綻とパニックの広がりを予防し、預金の安全を確保してきたのである。キングの戦略は、本当に必要ならば「最後の貸し手」としてノーザンロックに介入するというものであった——だが、イングランド銀行が真に最後の貸し手であることに固執し、緊急融資に「懲罰的」金利を課すことで、他の銀行が助けを求めてくることを牽制しようとした。

ノーザンロックへの緊急融資は内密に行なうべきであるとキングは主張した。ノーザンロックがイングランド銀行に頼らなければならないほど資金繰りに行き詰まっていることが公になれば、パニックが広がると考えたからである。しかし、両行の法律顧問は、即座に情報を公開しなければ、ノーザンロックの株主に銀行の健全性について誤った印象を与え、法に抵触しかねないと指摘した。のちにその指摘には疑問が投げられたが、「当時の騒々しい雰囲気のなかで」[6]ノーザンロックへの大規模融資を長期間伏せておくことはいずれにしろ難しかったに違いない。

確かにそうだった。九月一三日の木曜日、イングランド銀行はノーザンロックへの融資をまとめ、預金者と株主の安全を確保するため慎重に実施計画を練り、翌週月曜にそれを発表することになっていた。だが、その日の夜八時半、ＢＢＣが生放送で救済案をスッパ抜いたのである。情報はリークされていた。慎重に実施するという案はゴミ箱行きとなった。

預金者は、ノーザンロックがイングランド銀行に頼らなければならないほど資金繰りに困っていることを突然知らされる一方、政府からは預金の安全性を保証されていなかった。ノーザンロックの小さな支店は二、三人が並ぶといっぱいになり、それ以外の人々は外で待たなければならなかった。行列ができ、そのニュースがテレビで放送されると、取り付け騒ぎが起きた。ネット経由の預金者が一斉に預金を引き出し始めたため、サーバーがパンクした。ネット経由で預金が引き出せないという噂が広まると、パニックはますます深刻になった。

取り付け騒ぎが収まったのは、政府がノーザンロックの預金をすべて保証する――はっきりとした法的権限はなかったのに――とダーリングが発表した九月一七日の月曜だった。「ぐちゃぐちゃな状況だった」ある政府関係者はそう語った。だが、その発表で事足りた。行列は消滅した。取り付け騒ぎは収まった。その間に政府は時間を稼いでノーザンロックを国有化し、預金が守られる形で秩序正しく清算した。

同日、ダーリングは予定通りにアメリカ財務長官のヘンリー・ポールソンと会った。「おたくのマービンは痛みに強い男ですな」とポールソンは言った。「あなたもそうあることを願いますよ」[7]

二〇〇七年の夏から秋にかけて、主要国の中央銀行はこの危機にそれぞれ異なる解釈を与えていた。キングとイングランド銀行は、これを長年にわたる金融機関の過剰なリスクテイクの反動であり、必要かつ健全な市場調整だと見ていた。イングランド銀行は判断ミスを犯した銀行を救済する気になれなかった。ジャン・クロード・トリシェとECBはこれを金融パニックだと考えていた。欧州の民間銀行は、怪しげなモーゲージ証券を予想外に大量保有していたが、ECBと監督官庁は欧州の金融システム全体にユーロを注入し、金融機関の流動性を確保していた。ヨーロッパ経済を真の危機から守るためにはそれで充分であろうと願いながら。

ベン・バーナンキとFRBは金融パニックと景気後退の二重の脅威を感じていた。今回の危機は金融システムとアメリカ経済全体に及んでいた。彼らはECBと同様、持てる武器を使って金融機関の流動性を確保した。しかし金融システムと経済全体との関わりを研究していたバーナンキは、貸し渋りがアメリカ景気の停滞を招く――あるいはそれ以上に悪いことが起きる可能性を懸念していた。その危険を払拭するため、九月中旬に政策金利を下げ始め、成長を促そうとした。

一方で、欧米以外の主要国や新興国の中央銀行の多くは、そしらぬ顔をしていた。欧米の金融市場は他人事である。こちら側にはおそらく影響しないし、自分たちは国内問題で手一杯だ、と。その認識の間違いにはじめに気づいたのはキングだった。

ECBとFRBが大規模介入を行ないイングランド銀行の不完全な措置が出されると、一〇月には危機感が薄れてきた。米国株式市場はその月の高値を更新した。しかし、年末に株価はふたたび反落し、世界の中央銀行が打ち出していたつぎはぎだらけの施策に限界が見え始めた。

各国の中央銀行が異なるスピードと異なる戦術で別々に動くのを止め、共に危機に立ち向かうときだった。危機の初期の段階で、欧州の銀行がアメリカの金融システムにとってどれほど重要な存在となっていたかを本当に理解していた政策立案者やエコノミストはほとんどいなかった。

エコノミストのヒュン・ソン・シン――ミレニアム・ブリッジの比喩を予言的に語ったあの人物――は二〇一一年の論文で、次のように述べている。[8] ウォール街が組成したいわゆるリスクフリーの不動産やその他資産担保証券を購入する余力をだれより持っていたのは欧州の銀行だった、と。だからこそ、二〇〇八年初頭時点で、欧州を中心とするアメリカ国外の銀行が、アメリカに一〇兆ドルを超える資産を保有していたのである。これはアメリカの総生産のおよそ七〇パーセントに相当する。

しかし、フロリダの住宅ローンを担保にしたモーゲージ証券が焦げ付き始めると、損失を償却するのに必要なのは、ＥＣＢが提供してくれるユーロではなくドルだった。通常であれば、ＥＣＢからユーロを借り為替市場で一時的にドルに転換することは難しくないはずだった。しかし、この危機の本質は通常なら助け合うはずの銀行間の信頼が消失してしまったことにあった。

ブンデスバンクの五〇周年を祝うために九月末にバーゼルで開かれた会議のディナーの席では無数の電話が飛び交い、世界中の中央銀行がこの問題をどう克服すべきかを話し合っていた。それらの会話は結論がなく多岐にわたりすぎていて、だれがどんなアイデアを出したのか参加者たちはよく憶えていなかった。バーナンキ、トリシェ、キングは一対一で議論をしたのち、他国の中央銀行総裁らと対策を話し合った。各国はそれぞれ市場操作の責任者を派遣し、緊急措置の発表形式とタイミング、文言を詰めた。

二〇〇七年の一二月一二日、声明が発表された。「本日、カナダ銀行、イングランド銀行、欧州中央銀行、連邦準備制度、スイス国立銀行は、短期金融市場の圧力増加に対応するための措置を発表する」各国の中央銀行による協調体制が市場の信頼回復につながることを、中央銀行総裁たちは願っていた。

五ヵ国の中央銀行は二〇〇一年九月一一日の同時多発テロ後に用いた措置をふたたびとることになった。通貨スワップを通してグローバルな資金の流れを確保しようというのである。たとえば、ＦＲＢとＥＣＢは一〇〇億ドルと同価値のユーロを交換する。ＥＣＢはそれをドル不足に苦しむユーロ圏の銀行に融資する。一定期間後――たとえば九〇日間――に、ふたたび二国の中央銀行間で反対の通貨交換を行なう。つまり、切実にドルを必要とするユーロ圏やスイスの銀行に、ＦＲＢが間接的にドルを融資するということだ。

二番目の戦略は、主要国の中央銀行が大量の流動性を緩い条件で供給し、民間銀行にそれを活用させることだった。すなわち、中央銀行から融資を受けたがらない民間銀行の態度を変えるための試み——基本的には、断れないような提案を相手に飲ませる施策である。イングランド銀行は、三ヵ月間に融資額を四倍の一一〇億ポンドまで増やし、通常要求する高格付け資産だけでなく、ダブルA格の債券まで担保として受け入れた。海外の中央銀行とイングランド銀行の一部の人々は、その措置がグローバル協調政策の一環だったことで、キングの面目が保たれたと感じていた。イングランド銀行が大幅な政策転換に踏み切ったと見られずにすむと思われたのである。

一方、ＦＲＢは金融システムに強制的に資金を注入する新たなプログラムを導入した。貸付窓口に来てもらうのではなく、そのプロセスを逆にすると発表したのである。ＦＲＢは年末までに入札方式で四〇〇億ドルを提供し、かならず「だれか」がそれを受け取ることにした——その「だれか」とはもっとも高い金利を支払う銀行である。いわゆるターム物入札貸出制度、ＴＡＦと呼ばれる制度である。当時一般のアメリカ人は知らなかったこと——ＦＲＢもとりわけ指摘しなかったこと——は、その「だれか」の大半が、欧州の銀行のアメリカ出先機関だったことである。

この制度のもとで最初に貸し出された二〇〇億ドルのうち、アメリカの銀行が受け取ったのは、ささいな額だった——たとえば、シティバンクに一〇〇〇万ドル、ワコビアに二五〇〇万ドルといった程度である。一方、ウェストＬＢやドレスナーなどドイツの銀行や、ベルギーとフランスに本社を置くデクシア銀行などのニューヨーク拠点はそれぞれ二〇億ドルの融資を受けていた。この入札制度のもとで相当額の融資を受けた銀行には、イギリス、日本、カナダ、スペイン、フィンランドの金融機関が含まれ、それら外銀は米銀よりはるかに多額の融資を受けていた。[9]「ＴＡＦがロンダリング機能を果たした」あるＦＲＢ高官は一年後にそう語った。「あたかも我々はアメリカの問題を解決しているように見せていたが、真の問題は欧州の銀行が抱えるドルのエクスポージャーだった」

外銀への大量融資が公になると——三年後、議会命令によって強制的に開示された——FRB高官は、海外の金融機関がアメリカの信用市場を支えていたと訴えた。それら外銀を通して、欧州の貯蓄がアメリカのクレジットカードや住宅ローンに流れ込んでいた。しかもFRBは貸付窓口において外資銀行への貸し出しを差別することは法的に禁じられており、TAFは実質的に貸付窓口と同じ機能を果たしていた。もし一般のアメリカ人——と政治家——がその仕組みを知っていたら、FRBがこれほど積極的に外銀に資金を提供できたとは思えない。

トリシェとECBは、欧州の銀行にドルを注入する新たなウルトラCを発表すれば、逆に健全性への懸念が高まるのではないかと心配していた。そこで、彼らはあたかも欧州の銀行がFRBを助けてアメリカの信用市場の凍結を解いてあげているように見せかけた。「この一月の協調は正しい措置だと確信している」[10]二〇〇八年の記者会見でトリシェはそう述べた。通貨スワップとTAFの関連性は一般のアメリカ人や政治家にはほとんど理解されていなかったが、ECBはこれらが同じ問題へのふたつの対策であることをわかっていた。欧州の銀行はドル不足に陥っている。ECBのドル融資は、内部では「ユーロ・TAF」と呼ばれていた。

協調行動のおかげで二〇〇七年の末までには短期金融市場のパニックは多少収まったが、ほっとしたのもつかの間だった。バーナンキが恐れるフィナンシャル・アクセラレーターが姿を現しつつあった。信用が収縮し銀行が慎重になると、貸し渋りが起きカネが経済に循環しなくなる。貸し出しの減少は景気の鈍化を意味する——住宅建設が減り消費が鈍る。この悪循環が、「大恐慌」を「大」恐慌たらしめたのだとバーナンキは主張していた。

二〇〇八年の頭に、このフィナンシャル・アクセラレーターがアメリカで回りはじめた。アメリカ経済は金融パニックの第一段階をしのいでいたものの、二〇〇七年一二月までには景気後退入りしていた。どの経済統計をとっても、アメリカ経済が不況に沈んだことは明らかだったが、一方でヨーロッパのほとんどの国では単に景気が減速しているだけで、新興国は勢いよく成長していた。

二〇〇八年三月には欧州の問題が大西洋を越えてアメリカの投資銀行にめぐってきた。バンク・オブ・アメリカやJPモルガンといったより伝統的な銀行の資本の大部分は、個人と企業の預金――ほぼ動かないマネー――であるが、ベア・スターンズのような投資銀行は、足の速い資金に頼っていた。彼らの調達源の大部分は、「レポ取引」によるものであった。つまり、ほぼ毎晩、有担保資金を提供してくれる貸し手に頼っていた。レポ取引は平時には安定的な調達源だった。なにしろ、ベア・スターンズは一九二三年から存在し、貸し手に損失を与えることなく八五年間も生き延びていたのだから。二〇〇八年三月一三日、モーゲージ証券ビジネスが破綻し始めてからかなりの時間が経ったあとでさえ、同社の時価総額は八〇億ドルにものぼっていた。

しかし、投資家は今後の損失を懸念して一斉に動きを止め、ベア・スターンズの資産価値を疑っていた。しかも、ベア・スターンズにはまったく余力がなかった。同社の総資産は三九八〇億ドルだったが、負債は三八七〇億にのぼっていた。つまり、モーゲージ証券の価値がほんの少しでも下がれば、債務超過に陥ってしまう。三月十三日木曜日の夜、貸し手は現れなかった。命綱だった翌日物が断たれたのである。

ベア・スターンズは実質破綻に陥り、バーナンキは苦境に立たされた。ＦＲＢは長らく「最後の貸し手」としての役割を果たしてきた――が、それは伝統的な銀行を対象にしている。ベア・スターンズは多くの点で伝統的な銀行と同じように振る舞ってはいたが、異なる種類の生き物だった。ＦＲＢが定める資本規制の範囲には入っていなかった。ベアは、ＦＲＢによる緊急融資の対象にはなり得なかった。バーナンキには行動を起こす義務はなく、ベアを破綻させ、そのあと損失の回復に努めるしか道はないように思われた。

しかし、バーナンキが大恐慌の研究から学んだ重要な教訓は、金融機関の破綻を許せば、それが経済全体を停滞に引きずり込むことだった。規模からいえば、ベア・スターンズはノーザンロックの三倍に満たない。しかし、重要性からいえば——金融システムとの深い結びつきを考えれば——、ベアの破綻は世界の金融市場に破壊的な打撃を与えるとバーナンキは確信していた。

数字をはじいている時間はなかったが、その夜一晩中続いた議論では、ベアが破綻すれば、次は大手投資銀行のリーマン・ブラザーズが即座に資金繰りに窮し、それがまた次に波及するだろうと推測された。またそれは、マネー・マーケット・ファンド、つまり数百万の個人と企業が現金の置き場所とし、ベアのような企業の短期債務に投資するチャネルの崩壊につながる可能性があった。そうなれば、株式市場は二五パーセント下落し、アメリカの富は破壊される。こうした推測はいずれも厳格な分析に基づいたものではなかった。むしろ、納税者に巨額の負担を強いる決定は、ひとにぎりの危機《クライシス》ファイターの直観に委ねられることになった。すなわち、ガイトナー、ＦＲＢのキャリア官僚であるドナルド・コーン、元インベストメントバンカーでバーナンキの側近のケビン・ウォルシュ、そしてニューヨーク連銀の市場責任者ビル・ダドリーである。

そんな事態を未然に防ぐ手立てがあるなら、とにかく打つべきだ。金曜の夜明け前の議論で、彼らはそう判断した。考えられる選択肢は、「異例かつ切迫した状況」においてすべての「個人、パートナーシップ、または企業」への融資を可能にする、連邦準備法第一三条三項を行使することだった。たった一日で、彼らは九五年にわたる先例を覆し、銀行ではなく証券会社に資金を注入した。その週末、ガイトナーとＦＲＢはベア・スターンズの危機を救う仕組みをひねり出した。ＦＲＢはベアの資産のうち三〇〇億ドル分を買い取り、ＪＰモルガンが残りを引き受ける。同時に、連邦準備法一三条三項の権限を利用し、すべての投資銀行――リーマン・ブラザーズ、ゴールドマン・サックス、モルガン・スタンレー――に貸付窓口を開いた。資金繰りの悪化を解決するためである。

一世紀近くにわたり、ＦＲＢは米銀の「最後の貸し手」であった。三ヵ月の間に、彼らはその役割を、欧州系金融機関とウォール街の大手投資銀行にまで拡大した。元ＦＲＢ議長であり独自の倫理感を持つインフレファイターのポール・ボルカーが、この歴史的変化に物申さないはずはなかった。「中身の疑わしい不動産ローンとモーゲージ証券を投資銀行からＦＲＢに直接譲渡することは、長い歴史のなかで中央銀行が危機時に掲げてきた哲学への挑戦のように見える。その哲学とは、良質の担保に対してのみ高い金利で無制限に貸し出すことだ」ベア救済から一ヵ月も経たないうちに、ボルカーはニューヨークの経済クラブでそう語った。「やりすぎると後戻りできなくなる」[11]

二〇〇八年夏には嵐の中の小康が訪れ、金融危機が収まりかけているように見えたが、別の懸念が表面化してきた。それが、トリシェとキングの大失敗につながった。

その夏、原油価格とその他のほぼすべての商品価格が歴史的に高騰し、物価全体を押し上げていた。中国その他の新興国の需要拡大に供給が追いつかず、トウモロコシ、銅、コンクリート、あらゆる天然資源の価格が上昇していた。物価の高騰は経済の過熱と凍結の両方を招いた。消費者の燃料支出は増え、その分他の消費にマネーが回らなくなり、経済全体は悪化した。通常なら、中央銀行は商品価格の短期的な変動に対して金融政策を調整することはない。原油価格がある月に上がったからといって、翌月もそうなるとは限らないからである。値上がりが一時的なものならば。

しかし、値上がりが頻繁になると消費者にとってはそれが常態となる。企業は価格上昇を前提に取引を行なうようになる。労働組合は賃上げを求める。貸し手は通貨価値の下落を埋め合わせるために高い金利を要求する。いったんそうなると、インフレが循環的に生成される。そして、原油価格が高騰していたその夏、トリシェはまさにそれが起きつつあることに気づいた。航空会社は運賃に燃料チャージを加えていた。労働組合は、ECBが容認する二～三パーセントではなく、四～五パーセントの賃上げを要求していた。

危機のなかのこの時点で、トリシェは欧州の金融システム回復に向けたECBの試みと、通常の金融政策を必死に切り離そうとしていた。二〇〇七年九月、FRBが利下げを開始すると、トリシェは面白いたとえを引き合いに出した。「テレビドラマは救助隊や救急救命室や心臓外科医ばかりに注目して、日頃血圧を測ったりコレステロールを測定してくれる内科医には目もくれません」フランクフルトでの講演で、トリシェはそう語った。「中央銀行にも、救命救急室があります――そこで、突発的な自動車事故の負傷者を手当てしたり、血管形成やバイパス手術を行ないます。ですが、そうした措置は――システムを機能させるために欠かせない措置ではありますが――仕事のほんの一部でしかありません。レントゲン写真に目を凝らしたり、地道な対話に従事する大勢の内科医によって、中央銀行は成り立っているのです[12]」

二〇〇八年夏の「地道な対話」の中で、トリシェ博士の「医療チーム」は、インフレの出現を今後の大きなリスクと見なしたのだった。

ECBの政策理事会は、ユーロ圏の雑多なメンバーからなっている。彼らは、フランクフルトの近代的な高層建築、ユーロタワーの三六階にある会議室の丸テーブルを囲み、毎月金融政策を話し合う。総裁・副総裁と四名の理事は、密室の交渉を経てユーロ圏各国の全会一致により指名される。実際には、役員会の六つの椅子のうち四つはユーロ圏の四大経済が占めている。ドイツ、フランス、イタリア、スペインだ。政策理事会には、ユーロ圏の各中央銀行総裁――八二〇〇万人の財布を預かる巨大なブンデスバンクから人口わずか四一万八〇〇〇のマルタ中央銀行まで——が参加する。

ユーロ圏で英語を母国語とするのはアイルランドだけである。ＥＣＢで英語を公用語としたのは、妥協の結果であった。ドイツ人はフランス語を話すことに耐えられないし、フランス人はドイツ語に我慢ならなかった。理論的には、政策理事会は、英語の上手い下手に関わらず、自国の利益ではなくユーロ圏全体にとってなにが最善かを議論する場である。だが、もちろん実際にはそうはいかない。そこで、愛国心の誘惑に抵抗するため、ＥＣＢは議事録と投票記録を三〇年間非公開としている。たとえば、イタリア中央銀行の総裁がイタリアの利益にならない政策に賛成票を投じるには、世代が変わるまで非公開の方がやりやすいだろうという論理である（それとは対照的に、ＦＲＢとイングランド銀行は議事録を二週間以内に公開する）。

政策理事会は、トリシェにとって集団を合意に導くその芸術的な技を発揮できる場でもあった。月の第一木曜日、イングランド銀行が決定を下すのと同じ日に、理事会は朝九時に集合する。ＥＣＢのチーフ・エコノミストがはじめの一時間でスタッフによる分析を説明する。その後、トリシェが自分の意見を述べる。そこで、強い意見を持たない人は総裁が主張する方になびく。議論を要約し票を数える時点で、特になにも発言しない人々はトリシェに賛成と見なされた。

メンバーの多さと昼までに発表をまとめなければならないという時間的制約から、ひとりひとりが意見を述べる時間はたった五分しかなく、それがトリシェに味方していた。トリシェが望まない方向に向かいそうな長時間の議論は実際には起きなかった。その時間がなかったからだ。そのうえ、反対意見は少なくとも正式には公開されないため、決定に不満を持つメンバーがいても、トリシェが気にする必要はなかった。彼らが報道陣に反対意見を漏らすことは、ルール違反と見なされた。

結果を発表する声明は、数時間のち、午後一時四五分にリリースされる。二時三〇分にトリシェは記者会見に臨んで結果説明を行なっていた。二〇〇八年までには、彼は市場に自分の意図を婉曲に過不足なく伝える達人となっていた。トリシェは、ECBの意図を世界に伝えるために符牒《ふちょう》を使うようになっていた。たとえば、もし彼が、理事会はインフレを「強く警戒」していると言えば、ほぼ確実に翌月に利上げを行なうという意味である。

二〇〇八年六月八日の政策理事会では、意見が割れた。トリシェはその日こう言った。「本日もまたいつものように多くの意見と考え方が交わされ、我々の分析に対して非常に率直な議論がなされた。多くのメンバーは……即時の利上げが妥当であると考えた。また先々の利上げは妥当だと考えたメンバーも多かったが、利上げはかならずしも妥当ではないと考えたメンバーもいた[13]」妥協案として、今回トリシェは「強い警戒」とは言わず、「警戒を高めている」という言葉で利上げの可能性を匂わせながらも確約はしなかった。中央銀行のコミュニケーションとは、しばしばそうした微妙な区別を操ることである。

ふたたび政策理事会が開かれた七月三日、折しもさまざまな商品価格が史上最高値を記録していた。WTI原油先物は一バレル一四五ドルに達していた。原油先物はその四月まで一バレル一〇〇ドルで取引されており、一年前には七三ドル程度にすぎなかった。ユーロ圏のインフレ率は四パーセントだった。その朝トリシェは、まだ意見の割れていた理事会を説得し、利上げの方向に誘導した。

トリシェは二五ベーシスポイント（bp）の利上げを発表し、ECBがインフレ打倒に真剣でないと考えていた人々に断固たるメッセージを送った。「我々は、あらゆる経済仲介者、企業、価格設定者、そして社会のパートナーに、現在のような高インフレが長引くと想定しない方がよい、と申し上げたい[14]」

しかし、インフレはたいした問題ではなかったことが、のちに判明することになる。

一方、イングランド銀行は、インフレと景気後退のどちらがより大きな脅威かを計りかねていた。総裁の非介入哲学がイギリスで一四一年ぶりの銀行破綻を招いたあとになっても、彼らは金利を上げることも下げることもなく、時間を稼ぎながら次になにが起きるかを見守っていた。

金融政策委員会の九人のメンバーの中で、イギリス経済が深刻な危機にあり緊急の措置が必要であると考えていたのはダートマス大学教授の「ダニー」ことデビッド・ブランチフラワーただひとりだった。

ブランチフラワーは、急速に広がる金融危機が失業率を上昇させ、消費を減退させると予想していた。だが、委員会内部では、彼の意見にはあまり説得力がないと見なされていた。ブランチフラワーの見方に同調していたメンバーでさえも、彼の説には証拠がなくあいまいな警告にすぎないと感じていた――スレッドニードル街のキングの領土では、証拠がすべてだった。スタッフの間では、確実に昇進を勝ち取るには、キングが重要と見なす仕事をしなければならないとされていた。それは、彼が作った金融分析統計局《MA》の仕事である。厳格な理論に基づく「MA方式」がこの地を支配していた。ブランチフラワーは、それと正反対の、いわゆる「現場主義の経済」なるものを実践し、彼が見たままの現実に基づいて判断を下していた。

八月末にもなると、ブランチフラワーは仲間の委員を説得するのにうんざりしていた。そこで、ロイターの記者に連絡し、本音を打ち明けた。「景気は今後はるかに激しく落ち込むだろう」と記者に語り、クリスマスまでに二〇〇万のイギリス人が失業すると予想した。「恐れていたことが起きつつある。実際、私はこれまで先行きをかなり正確に予想してきたが、妥当な措置をとるよう周囲を説得できなかった」

ブランチフラワーは、「なにも手を打たなければここから抜け出すことはできないだろう」と警告した。翌週開かれる金融政策委員会の月次会合で、二五bp以上の利下げを推す、と彼は言った。

頭にきたキングはブランチフラワーを総裁室に呼びつけた。

「なんてことしてくれるんだ⁉」キングは激怒していた。

「君の知ったこっちゃないだろう！」ブランチフラワーはやり返した。

キングは、ブランチフラワーが、秘密主義と気配りとなにより仲間意識を旨とする暗黙の了解を破ったと文句を言った。

「君がどう思おうとかまわない」キングの支配的なやり方に腹を立てていたブランチフラワーはそう返した。「いったいなに様だと思ってるんだ。ふざけるな。オレは独立した委員会メンバーなんだぞ。いかれてるのはそっちの方だ。オレはイギリス国民を代表してるんだ。君の手下じゃないし、そもそも君は間違っている」

そう言ってブランチフラワーは出ていき、すでに悪かったふたりの関係は完全に修復不可能となった。

二週間後の二〇〇八年九月一一日、テムズ川のほとりにある超近代的なビル、ポートカリス・ハウスの中で、ブランチフラワーとキングは委員たちと座っていた。彼らは下院の財務委員会に所見を述べており、ブランチフラワーはキングの部屋にいたときよりは穏やかだったものの、本音は明らかだった。

「私はいささか陰鬱な見方をしております」ジョン・マクフォール議員の質問に答えて、ブランチフラワーは話し始めた。「他の方々よりも、深刻な落ち込みを予測いたします」

それについてキングの意見は？　「失業率についてはまだはっきりしたことは見えておりません」

公聴会でキングはそう言った。「少なくとも、全能の神は、来年の失業率のデータを示すものを私にはお与え下さいませんでした。ダニーにはお与えになったかもしれませんが、ダニーから私には降りてきておりません」

ブランチフラワーは、三年経ってもその出来事を思い出して腹を立てていた。「冗談じゃない、そのデータを読みあげたばかりだったんだ、くそ！」彼は言った。「真剣に殴ってやろうかと思ったよ。私のふたつ隣の席に座っていたんだから」

リーマンをどうする？

バーナンキとガイトナーが編み出したベア・スターンズの救済策を、世界中のセントラルバンカーは天才的で優雅だとさえ褒め讃えた——あるヨーロッパのセントラルバンカーはのちにそれを「練達の」救済と呼んだ。次の破綻危機に対する備えは整っているように思われた。だが、表面的には静かだった二〇〇八年の夏、バーナンキとガイトナーは自分たちの力がどれほど限られているかを次第に思い知らされていた。

バーナンキは金融システムを活性化する政策を広く考えるようスタッフに訴えていた。「ブルースカイ」という件名の有名なメールを送り、案を投げるようにスタッフに指示していた。しかし、ベア・スターンズを破綻させた力が、リーマン・ブラザーズを窮地に追いやるにつれ、打つ手はほとんどないことがわかってきた。

ベア・スターンズや他の多くのウォール街の企業と同じく、リーマンもまたモーゲージ証券の組成に深く関わっていた。また、財務レバレッジは高く、七〇〇〇億ドルの総資産に対して資本はわずか二五〇億ドルだった。リーマンは七月にニューヨーク連銀に提案を持ち寄った。銀行持株会社へと転換することで正式にＦＲＢの監視下に入り、安定的な調達を確保するという案である。ガイトナーには、その提案が「まやかし」[15]のように思われた。リーマンはどこからどう見ても銀行とは言えなかった。なぜＦＲＢはそんなふりをしなくてはならないのだろう？

この頃、ニューヨークとワシントンのＦＲＢ高官は、リーマンがベア・スターンズと同じ状況に陥った場合の対応策を練っていた。七月一四日の夕方、ガイトナー、ドナルド・コーンとその他数名との電話会議の中で、ニューヨーク連銀の市場デスク責任者ビル・ダドレーは、リーマン破綻への対応策を提示した。翌日交わされたメールの中で詳しく述べられたこの案とは、リーマンをふたつに分割するものだった。「悪い銀行《バッドバンク》」には、危機時に価値の定まらない複雑な不動産担保その他の証券、六〇〇億ドル相当を組み入れ、うち五五〇億ドルをＦＲＢが調達する。「良い銀行《グッドバンク》」、つまりクリーンなリーマンにはその他すべてを移し、不良資産を取り除いた、より流動性がありレバレッジの少ない投資銀行となる。ＦＲＢは「悪い銀行」に資本を提供する代わりに、「良い銀行」の株式を受け取る。

それは、理論的には美しいアイデアではあったが、ＦＲＢの弁護士は唖然としていた。ベア・スターンズに利用した緊急貸出制度は安全資産に対する融資を許可するものであって、投資銀行の株式には使えなかった。この案には、ベアを買収したＪＰモルガンのような買い手が存在しなかった。コーンはその夜の電話会議でその案を強く押し返すことはなく、ＦＲＢ弁護士のキーラン・ファロンは法律顧問のスコット・アルバレスに、その案に「大きな懸念がある」[16]と語っていた。ダドリーの案に近いことは結局実現しなかった。

それから一週間も経たないうちに、バーナンキはもっとも内輪のブレーンにメールを送った。件名は、「リーマン破綻時の選択肢について」。ブレーンのひとり、パトリック・パーキンソンは、返事の冒頭にこう書いた。「ティム（ガイトナー）が水曜のＦＯＭＣで言ったことが、短い方の答えだ。

いい案はない」それから長い方の答えを書いた。もしFRBがリーマン・ブラザーズに二〇〇〇億ドルの信用を供与するという劇的な策を講じたとしても――当時のFRBのバランスシートは九三〇〇億ドルであり、その二〇パーセントを超える額をたった一社のために差し出したとしても――、かならずしも問題が解決されるわけではない。「買い手が不在の場合、我々の行動はリーマンの存続を確保することにならない」パーキンソンは七月二〇日にそう書いた。

ＦＲＢによる資金注入は、翌日物の貸し手を満足させるには充分かもしれないが、逆にそのためにリーマンは取引先から現金を要求される可能性が高い。あるいは、拡大する資金ニーズを満たせるかどうかを投資家が懸念し始めれば、それだけではすまなくなる。「賭けてみる価値がないわけではないが、それでもギャンブルであることは違いない」[17]パーキンソンはそう締めくくった。

リーマンの資金繰りがますます厳しくなった二〇〇八年の夏、買い手が見つからない限り、いい救済策はないというのがFRB内の合意だった。「もし売却できなければ、リーマンへの融資が永遠に政府のバランスシートに残ることになる――ノーザンロックのように」[18]ニューヨーク連銀エコノミストのジェイミー・マクアンドリユースは、七月のメールでそう書いている。

リーマン審判の日は、ベア・スターンズと同じように突然やってきた。ゆっくりと、そしていっぺんに。懸念の囁きが何ヵ月も続いたあと、実際の信用崩壊はほんの数日で起きた。ファニー・メイとフレディ・マックが政府管理下に入った、つまりある意味で破産した直後のことだった。比較的落ち着いていた夏のあとふたたび危機が舞い戻り、ＦＲＢが長く恐れていたように、市場はリーマンに狙いを定めていた。

九月一一日木曜の朝、ニューヨーク連銀の高官はワシントンの同僚に、その週末に開く「清算のためのコンソーシアム」と題した五ページの計画書を送った。リーマンの破綻によりもっとも損失を被るであろう金融機関のトップを集めて、「リーマンの債務超過とこれ以上の金融崩壊を回避するための共同資金調達案の可能性を探るための会」を開こうというのである。ＦＲＢは交渉の席にとどまりそうな企業だけを招集しようと目論んでいた。一社が逃げれば、「みんながそれに続くだろう」と予想されていた。

情報漏洩の危険をできるだけ排除するため、ＦＲＢは招集までに二時間足らずの猶予しか与えなかったが、経営者たちが金曜午後に姿を見せたときには、報道陣がすでにロウワー・マンハッタンのニューヨーク連銀本部の周りを取り囲んでいた。

その後の二日間は、近代グローバル資本主義にとって、もっとも大きな影響を与えた二日間であった。その週末に貫かれた基本原則とは、「リーマンを救済するのは、ＦＲＢでなくウォール街だ」というものだった。ガイトナーとヘンリー・ポールソンは部屋の間を行き来して、必死で買い手を探していた。少なくとも、ガイトナー曰く、体力ある企業が協力して「リーマンの墜落する滑走路に緩衝材を敷いてくれる」ことを望んでいた。

コートダジュールの優雅な集い

アメリカの高官が衝撃に備えている間、欧州の中央銀行総裁と財務大臣たちは、南フランスのニースとモナコの間に佇むボーリュ・シュル・メールの豪華な邸宅に集っていた。彼らは、ベアトリス・エフルッシ・ロスチャイルドのために二〇世紀のはじめに建設された邸宅の、地中海を一望する庭園でシャンパングラスを傾けていた。テノール歌手の歌声が晩夏の風に乗って運ばれてくる。ロングドレスの淑女と燕尾服姿の紳士がいないことを除けば、その光景はまるで第一次世界大戦前のようだったとある出席者は語った。

大戦を彷彿とさせるのは、その壮麗な舞台だけではない。イングランド銀行副総裁のチャールズ・ビーンは、その朝の例の議会公聴会で、こう発言していた。「一年前にはじめて危機が訪れたとき、第一次世界大戦のときと同じように、『クリスマスまでには終わるだろう』と考えていましたが、それが長引くにつれ、はるかに深刻で根深い問題が今後表面化してくるだろうことに気づきました[19]」グローバル危機は形を変えて何年も続き、統一欧州への深刻な脅威となる。大戦のたとえは危機の本質をよく表していた。

だが、欧州のセントラルバンカーたちはこの危機をまだ自分たちの問題としてとらえていなかった。コートダジュールの月の輝く夜にも、翌日ニースで行なわれたよりビジネスライクな会議でも、アメリカがこの混乱をなんとか片づけてくれるだろうという雰囲気が漂っていた。これまでもそうだったし、バンク・オブ・アメリカがどうにかリーマンを救い出してくれるかに思われた。彼らは何度も外に出てメールを送ったり、アメリカのスタッフに電話をかけたりしていた――そして、情報はほとんど得られないままだった。ニューヨーク連銀の話し合いの進展をだれも正確には知らなかった。というのも、ガイトナーとポールソンは忙しすぎて海外の要人に報告している暇がなかったからである。そんなわけで、ニースでの議論は金融規制の長期的な改革に集中した。トリシェは注意深く「危機」という言葉を避け、現在の「市場調整[20]」について演説を行なっていた。

欧州のセントラルバンカーがニースを発った九月一三日土曜の夜、アメリカではすべてが崩れ落ちていた。バンク・オブ・アメリカは、リーマン・ブラザーズではなくメリルリンチの買収を決定した。英国の金融当局は、バークレイズによるリーマン買収を許さなかった。アメリカの問題をイギリスに移したくなかったからだ。日曜には打つ手がなくなった。リーマンの買い手はいなくなった。

コンソーシアムの案が潰れたのは、メンバーである金融機関自身の財務が脆弱になっていたことが大きい。ＦＲＢは健全な担保に対してのみ融資を許されている。ベア・スターンズの救済に対する反論はあったが、ＦＲＢは融資を回収できると考える妥当な理由があった。リーマンは債務超過に陥っていた――融資は問題の解決にならず、バーナンキにもポールソンにも私企業に資金を注ぎ込む合法的な道はなかった。いずれにしろ、ジョージ・ブッシュ大統領からウォール街救済にうんざりしていた民主党議員まで、政治家の支持が得られるかも定かではなかった。

そんなわけで、リーマン・ブラザーズは月曜の朝いちに破産申請を行なうしかない、とバーナンキは日曜にトリシェに電話で伝えた。

バーナンキは、言い訳がましい調子で、世界の銀行は、ベア・スターンズの破綻以来この六ヵ月の間に次の大型倒産に備えているだろう、と言った。トリシェは、世界のすべての主要銀行とこれほど深く結びついている企業に対する扱いが不用意すぎると怒りながら、どんなことがあってもリーマンの破産を許すべきでないと言い張った。

「打つ手がないんだよ」バーナンキはトリシェに言った。

「しからば」トリシェは返した。「由々しきことになるぞ」

一一章　マネーの壁

リーマン・ブラザーズを破産させる決断は、つまるところ、決断と呼べるようなものではなかった。ベン・バーナンキとティム・ガイトナーとヘンリー・ポールソンは、リーマンの破産を回避する武器を持たなかったのである。リーマンが窮地に立たされたとき、危機ファイターたちは法的および政治的な制約に手足を縛られ、どうすることもできなかった。

しかし、そのとき外に向けて彼らが語ったことは違っていた。彼らは自信と落ち着きに満ちた態度で、リーマンの破産は計算された決断であり、金融市場は破綻に対する備えができている――六ヵ月前のベア・スターンズ危機以来それは予見されていた――と伝えようとしていた。「彼らの落ち着き払った様子は、少し奇妙だった」ある欧州のセントラルバンカーはそう語る。「彼らは大きなリスクをとり、それはポールソンが行なった政治的選択のようだったが、『市場には充分に備えがある』と演出しようとしていた」

海外のセントラルバンカーたちは内々に、バーナンキとガイトナーよりもポールソンとブッシュを責めていた。だが、そうした同情的な仲間でさえ、FRBが抱えるジレンマを理解していなかった。「海外の中央銀行から見れば、我々がこのような形で手足を縛られていることは理解しがたいでしょう」あるアメリカ人高官はそう言った。いずれにしろ、結果は明らかだった。これほど国際経済への影響の大きい金融機関の破産を許したことで、ＦＲＢは世界の中央銀行を失望させてしまったのである。

しかし、後ろを振り返る暇などない。二〇〇八年九月一五日の月曜日、リーマン対策で眠れぬ週末を過ごしたあと、ガイトナーとニューヨーク連銀のスタッフは新たな危機に直面していた。一兆ドルの総資産と一一万六〇〇〇人の社員を擁する保険会社のＡＩＧが破綻の瀬戸際に立たされていた。

ＡＩＧは世界の隅々にまで事業を拡げていた。住宅火災保険、地方自治体への年金保証、ジャンボ航空機リース。しかし、この数年の稼ぎ頭――今ＡＩＧ全体を破綻に追いやろうとしている部門――は、金融商品部門だった。この部門はウォール街が組成した表向きは高格付けのモーゲージ証券を保証し、ありえないほどの利益をあげていた。ＡＩＧがこれらの証券を保証することで、投資家はそれらを事実上ノーリスクだと考えていた。一方、ＡＩＧはこれらの超安全な債券保証から損失を被る可能性は非常に低いと考え、支払いに備える準備金を積んでいなかった。

ＡＩＧが保証したモーゲージ証券が価値を失うと、クライアント――フランスのソシエテ・ジェネラル、ドイツ銀行、アメリカのゴールドマン・サックスといったグローバルな金融機関――は巨額の追い証（追加担保）を請求してきた。だが、ＡＩＧの保険部門は規制でがんじがらめであり、金融商品部門に現金を移すことは簡単にはできなかった。

通常であれば、つなぎ融資を受けて時間稼ぎをしている間に、利益の出ている事業部門のいくつかを売却することは、ＡＩＧなら難しくなかっただろう。しかし、金融機関は問題企業に七五〇億ドルものローンを貸与するどころではなかった。彼らにしても、次のリーマン・ブラザーズになることは避けたかった。株式市場での資金調達も不可能だった。月曜朝にリーマンが破産を申請したあと、ダウ・ジョーンズ工業平均は五〇四ポイント、一日の下げ幅としては最大に近い下落を記録し、危機の初期にアメリカの金融機関に投資した海外投資家の多くは、そのすべてを失った。問題を抱えた保険会社の新株への投資意欲は存在しなかった。

ガイトナーは、AIGの破綻は金融システムにとって破滅的だと確信していた――しかし、リーマン・ブラザーズのときと同じように、AIGのリスクの中身についても、もしAIGが破綻したらどうなるかについても理解している人間はFRBの中にはいなかった。名目上は貯蓄金融機関監督局がAIGの監督局ということになっていたが、これほど巨大で複雑な企業の監督となると、彼らには荷が重すぎた。

FRBのリーダーたちは、とにかく素早く目算を立てる必要があった。「我々の推測では、AIGの破綻は、基本的にすべての終わりを意味していた」数年後に、バーナンキは講義の中でそう語っていた。「AIGは多様な企業と関わり合っていた……もしAIGが破綻すれば、これ以上危機をコントロールできなくなると感じていた」[1]だが、少なくともFRBには打つ手があった――法的に適正な救済策がなかったリーマンとは違う。今回はワシントンも世界を失望させないはずだ。ベア・スターンズを救ったのと同じ「異例かつ切迫した状況」における緊急融資制度のもとで、FRBは市中銀行が貸し出せない、または貸し出そうとしない巨額融資をAIGに与えることができる。AIGの保険事業がある意味でその融資を保証し、AIGは返済のためにそうした事業を売却することになる。とはいっても、納税者の血税が戻るかどうかは、神のみぞ知ることだった。

九月一六日の夕方、バーナンキとポールソンがFRBによるAIGの救済策の説明のためキャピトルヒルに向かうと、政治家たちは愕然としていた。上院院内総務のハリー・リードは頭を抱え、「議会から支持を得られるとは思わないでいただきたい」と言った。

下院議員のバーニー・フランクが「八〇〇億ドルなどというカネがあるのかね？」と聞くと、バーナンキは「八〇〇〇億ドルあります」と当時の総資産額を引き合いに出した。バーナンキの使えるリソースはそれだけではなかった。通貨を印刷できる銀行には、実は天井などなかったのだから。

バーナンキとガイトナーは、救済する企業としない企業を決めるとき、彼らなりに厳格で規律あるロジックを用いていた。問題企業の正確な財務状況と法的に可能な選択肢をもとに判断していたのである。だが、外の世界から見れば、彼らの行動はただの行き当たりばったりに見えた。

二〇〇八年秋を表す常套句は、「ドミノ倒し」である。ある投資銀行が破綻し、それが保険会社を倒し、それが商業銀行を倒し、という具合だ。しかし、ブッシュの顧問だったエドワード・P・ラジアーがのちに語ったように、それは「ポップコーン」と言う方がふさわしい。[2] 一社の破綻が順番に次の破綻につながるのではなく、金融機関がフライパンの上のポップコーンの粒のように、バラバラに弾けていたのである。その熱源はひとつ。モーゲージ証券をはじめとするさまざまな証券の損失が、だれも想像しなかったほど巨額にのぼるとわかったことだ。ポップコーンはみな一斉に弾けるわけではない。まったく弾けないポップコーンもある。だがすべてが熱されている。ＡＩＧ後の世界の中央銀行の挑戦は、コンロの火を止めることだった。

九月一六日、バーナンキとガイトナーは、今にも弾けそうなポップコーン、つまりＡＩＧをどうするかにかかりきりだった。

リザーブ・マネジメントは、世界中の多くの人の貯蓄方法と、多くの企業の資金調達方法を変える商品を開発した先駆的ファンド運用会社である。一九七一年に発売されたリザーブ・プライマリー・ファンドは、多くのマネー・マーケット・ミューチュアル・ファンド同様に、預金者にとっても借り手にとっても銀行と同じような機能を果たしながら、規制や費用がかからなかった。銀行の機能とはなにか？　貯蓄したい人からお金を預かり、投資したい人にお金を貸すことである。マネー・マーケット・ファンド（ＭＭＦ）も同じ機能を果たす。預金者がお金を預け、ファンドの管理者がそれを安全な短期投資――たとえば、ゼネラル・エレクトリックのコマーシャルペーパー（ＣＰ）や短期国債など――に回す。あるいは投資銀行の調達手段であるレポ取引に回す。

だがＭＭＦは銀行と違い、巨額の資本準備金を維持する必要はない――投資家のほぼすべての資金を証券に投資できる。銀行の支店や窓口といった間接費が必要ないため、通常は預金者により高い金利を支払い、借り手により低い金利で貸し出すことができる。だが、銀行システムにあるようなさまざまな政府保証はない――たとえば政府預金保険やＦＲＢの緊急融資への参加などである。一九七〇年代と八〇年代には、銀行金利に天井が設けられていたこともあり、規制を迂回する目的でＭＭＦの人気は急拡大した。いずれにしろ、ＭＭＦは非常に安全な投資と見られ、アメリカ国民は巨額の現金をこのファンドにとどめ置いた。二〇〇八年八月時点で三兆八〇〇〇億ドル、すなわち、アメリカ国民一人につき一万二〇〇〇ドル、米銀に預けられた預貯金総額の半分を超える額がここにとどまっていた。

リザーブ・プライマリー・ファンドの残高はＭＭＦ残高全体のうちわずか六二〇億ドルにすぎなかった。六二〇億ドルの資産のうち、リーマン発行債券への投資は、一パーセント超――七億八五〇〇万ドル――だった。だがリーマンが破綻すると、ファンド全体が崩壊の危機に陥った。投資家たちは、開示情報から、このファンドがリーマンの債券に投資していることに気づいた。九月一四日日曜日の夜、リーマンが破綻に向かっていることが明らかになると、リザーブ・ファンドのマネジャーたちは解約が殺到することを予想した――その後の訴訟で開示されたメールによると、その額を一五億ドルと予想していた。月曜の朝八時三七分、すでに五〇億ドルの解約請求が寄せられていた。

解約に応える現金を調達するためには、資産を売却しなければならない。が、二〇〇八年九月一四日の週は、ＣＰやその他の短期証券を売却するにはアメリカの金融史上最悪の週であった。リザーブ・プライマリー・ファンドは銀行ではなかったが、それは「取り付け騒ぎ」と言えるものだった。火曜夜に、ファンドは元本割れを起こし、一ドル額面のファンド価値が九七セントであることが公開された。

投資家はそれに反応して、他のＭＭＦからも資金を引き出し始め、その翌日の解約額は一六九〇億ドルにのぼった。悪循環が始まろうとしていた。投資家はファンドの解約を求め、ファンドは現金を得るために市場でＣＰを投げ売ることを強いられ、その価値をさらに押し下げ、損失を招いていた。同時に、多くのアメリカ企業が日常的に資金繰りに利用する調達源が怪しくなってきた。

ニューヨーク連銀の市場監視スタッフは、ウォール街のトレーディング・デスクの情報源などと毎日連絡をとり、ＦＲＢ上層部もまた関係者から話を聞いていたが、それによると、状況はコントロール不能に陥る寸前だと思われた。ＭＭＦの元本割れが続くことが予想され、アメリカ国民の三兆八〇〇〇億ドルの貯蓄が危機にさらされていた。しかも、ＭＭＦからそれだけの現金が流出しているということは、銀行にとっても、またＣＰで調達を行なう企業にとっても、資金源が枯渇することを意味していた。ＭＭＦが破綻すれば、リーマン破綻とＡＩＧ危機を乗り切った金融機関の支払い能力も、ほとんどのアメリカ企業の資金繰りも枯渇してしまう。

「恐慌と紙一重のところまできていた」バーナンキは二〇〇九年にタイム誌にそう語った。「市場は急性アレルギー反応を起こしていた[3]」

これまでのルールは通用しない

近代経済は衝撃に対して驚くほど柔軟である。二〇〇〇年代初頭のドットコムバブル崩壊時のように巨大株式バブルが弾けても、景気の落ち込みは穏やかで、投資家は傷をなめ、資本は他の用途に回され、社員は新しい仕事に就き、全員がなにごともなく毎日を送る。しかし、金融システムの根幹――貯蓄の安全性への信頼――が揺らぐと、その影響ははるかに深刻なものとなる。マネーそのものの安全が脅かされることは、もっとも冷静な投資家にとってさえ根源的な恐怖を呼び起こす。二〇〇八年のパニックの問題は、単なる投資損失ではなかった。損失を被った投資の多く――MMFが代表的な例であるが――が、絶対安全とされていたことである。近代金融システムの根底にある事実が、むき出しになってきた。つまり、マネーとはただの概念である――巨大ないかさまの仕掛けでさえある――ということだ。人々はそこから抜け出そうとした。

それが、二〇〇八年九月の雰囲気であった。問題は、世界の中央銀行はどう対処すべきか、ということだった。パニックが地球上のいたるところで同時に発生しているとき、伝統的ルールの当てはまらない市場で、ウォルター・バジョットのパニック対策――支払い能力はあっても流動性の不足した企業に懲罰的金利で無制限に融資を行なう措置――が機能するだろうか？

このパニックに対するFRBの措置は、危機に対するFRBの取り組み全体を象徴するものであった。大恐慌の研究者であるバーナンキは、フランクリン・デラノ・ルーズベルト大統領をとりわけ賞賛していた。ルーズベルト政権の施策がすべてうまくいったわけではないが、そこには実験の精神があり、政府がもてるものをすべてぶつけ、どれが奏功するか試そうという心意気があった。MMFが危うくなると、バーナンキは部下に同じ方法を指示した。なんでも試してみろ。

リザーブ・ファンドが元本割れを起こした三日後、資産担保CP買い取りによってMMFへの流動性を供給するプログラム、通称AMLFが立ち上げられた。ニューヨークとワシントンのFRBスタッフは危機対応に駆り出されて手薄になっていたため、MMFに精通したボストン連銀がこのプログラムを運用することになった。ボストンといえば数多くの大手ミューチュアル・ファンド運用会社のお膝元であり、これら多くのファンド取引を管理するステート・ストリート信託銀行もここにあった。このプログラムは、銀行への流動性供給のために以前から設置されていたインフラを利用して、MMFを支えようという試みだった。FRBは銀行への融資を行ない、銀行はMMFからCPを買い取り、それを担保としてFRBに差し出す。仲介者である銀行はリスクをとらなくていい仕組みである。

二〇〇八年九月二二日、プログラム初日の融資額は二四〇億ドルにのぼり、パニックが終息するまでに二一七〇億ドルが融資され、ステート・ストリートやJPモルガン・チェースなどの銀行を通して、ジャナスやオッペンハイマーといったお馴染みのミューチュアル・ファンドに資金が供給された。法的な制約から、このプログラムが受け入れるCPは特定資産を担保にするもの、たとえばクレジットカードローンなどといったものに限られていた。しかし、特定種類の証券だけとはいえ市場に買い手がいることで、MMFは元本割れを回避するだけの資金を調達できた。

次の攻撃を仕掛けるまでには、少し時間がかかった。一〇月七日に発表されたコマーシャルペーパー資金調達ファシリティー（CPFF）は同じ問題の裏側に焦点をあてるもの、つまり買い手であるMMFの不在でCPによる調達が難しくなった企業に目を向けたものである。

二〇一〇年のはじめにこのプログラムが終了するまでに、八二社の参加企業から購入したCPの総額はおよそ七三八〇億ドルにのぼっていた。国内外の大手銀行がこのプログラムに参加していた。アメリカの大企業の何社かも、参加社リストに名を連ねていた。通信会社のベライゾンは二〇〇八年一〇月に二日連続でこのプログラムを利用し、一五億ドルを調達した。オートバイメーカーのハーレー

・ダビッドソンの金融子会社は三三回にわたり合計二三億ドルを調達し、オートバイ購入者にローンを提供し続けた。アメリカの自動車大手の金融子会社——フォード・クレジット、GMAC、クライスラー・フィナンシャル・サービス——はすべてこのプログラムに参加した。GEもそうだった。マクドナルドのフランチャイジー向け融資会社は八回にわたり合計二億三〇〇〇万ドルを調達し、アメリカの消費者にビッグマックを届け続けた。

ルーズベルト的実験精神によって、FRBは数多くの融資制度を立ち上げており、それらのプログラムをリストアップして一枚の紙に要約すると、小さな文字の羅列にしか見えないほどだった。

評論家はいつもこう訊ねた。このカネはどこに流れるのか、と。FRBから融資を受けているのはだれなのか？　かなりあとに開示された情報によると、答えはあらゆる場所のあらゆる人であった。タイム誌は、バーナンキを「パーソン・オブ・ザ・イヤー」に選び、「数兆ものドルを創出しアメリカ経済にばらまいた……ミューチュアル・ファンド、ヘッジファンド、外銀、投資銀行、メーカー、保険会社、その他FRBから融資を受けられるとは夢にも思わなかった借り手に。自動車ローンから企業債券まで、凍結していた信用市場をあっという間に再開させ……中央銀行の地味な舞台を臨機応変なアドリブの場に変えた[4]」と評した。

彼の眼が疲れているように見えたのも無理はない。

リーマン破綻の衝撃は、すぐに大西洋を越えて広がった。二〇〇七年八月以来欧州の銀行が恐れていたこと——ふたたび大手金融機関の深刻な損失が明らかとなり、そこへの融資が危うくなること——が起きた。リーマンでさえ破綻するなら、どんな大銀行が破綻してもおかしくない。もしそうなら、ライバル銀行にほんの数パーセントの金利でドルを貸そうという銀行があるだろうか？　二〇〇七年末と同様に、ドル不足は顕著であり、多額のドル建て債務を抱えた欧州の銀行にとって、それは大問題となっていた。

二パーセントを超えることのなかった銀行間金利《インターバンク》は、リーマン破綻後の数週間で五パーセントを超えるまでに跳ね上がった。しかし、それはまぎらわしい数字だった。貸し手は姿を消し、市場は事実上閉鎖されていた。銀行間取引は存在していなかった。そのためリーマン関連の直接損失を楽にしのげる銀行でさえ、日々の資金繰りに困っていた。グローバル通貨にもっとも近い存在であるドルの世界的な不足は、世界経済を破綻の危機に押しやっていた。

「明らかに、教科書にはない金融危機のケースだ」スウェーデンの中央銀行、リクスバンクのステファン・イングベス総裁はそう言った。「自国通貨を刷るわけにはいかない。我々はドルもユーロも創造できない」

パニックはすぐさまリテールに広がった。政府の預金保証制度の信頼性に乏しい国では、特にそうだった。一般の預金者は、巨大なグローバル金融機関が破綻し、金融市場に激震が走るのを見て、リーマンとは縁もゆかりもない銀行から預金を引き出し始めた。政治家たちは必死に国民に訴えた。「アイルランドの預金者には、なんの危険もありません」九月一九日にアイルランド財務大臣のブライアン・レニハンはそう発言した。「国民は、根拠なき風説を真に受けて、銀行預金を引き出してはなりません」[5]

世界中の中央銀行間の電話会議はますます頻繁になり、拡大する危機への協調対応策が模索されるようになった。中央銀行の市場責任者——ニューヨーク連銀のビル・ダドレー、ECBのフランチェスコ・パパディア、その他数行の市場チーフ——は、戦略を拡大するために力を合わせた。電話会議は通常ニューヨーク時間の早朝、ロンドン、フランクフルト、東京が夜中でない時間に行なわれた。たいていはダドレーが議論を率いていた。結局、問題の根本はドル不足であり、ドルを創造できる唯一の組織が運転席に座っていた。

世界の中央銀行は、単に金融システムを乱すパニックへの対応策を模索していただけでなく、ガイトナーの言葉を借りると「劇場」で正しく振る舞うべく力を合わせていた。対応策の中身はともかく、世界中の中央銀行が協調しているという事実が自信の回復につながると彼らは考えていた。「我々が一緒に消防車を走らせていることを知らしめることが、消防車が現場に到着して救助を行なうことと同じくらい重要なのだ」とあるアメリカの高官は語った。

マービン・キングとイングランド銀行が危機対応努力に消極的だった初期の頃とは違い、今回は全員が認識を共有していた。リーマン破綻から四日後の九月一八日、ニューヨーク時間の朝の三時に、消防車はサイレンを鳴らし始めた。二〇〇七年末に、ＦＲＢは主要中銀との通貨スワップ協定を結び、二四〇億ドルにのぼるドル供給を発表した。今回、欧州市場の寄り付き前に行なわれた発表では、その金額が一八〇〇億ドルに拡大されていた。その六日後の深夜、ＦＲＢは三〇〇億ドルを追加供給し、オーストラリア、デンマーク、ノルウェー、スウェーデンの四中銀とスワップ協定を結ぶと発表した。

それは、二〇〇七年末のパニック対策の拡大版であった。すなわち、できるだけ多くの国で、できるだけ緩和した条件で、できるだけ多くのドルを供給することである。アメリカの納税者が損失を被らないような法的保証はあったとはいえ、真の保証は紙に書かれた文言ではなく、バーゼルその他の場所で長年の間に築かれたセントラルバンカー同士の絆であった。国家は違えど中央銀行の同胞がお互いを裏切ることはありえない。バーナンキとその仲間はそう信じた。

議会で通貨スワップについて質問されたバーナンキは、この制度から恩恵を受ける欧州の銀行はアメリカに融資を行なっており、この措置がアメリカ経済に直接の利益となることを強調した。だが、より根っこの部分で、彼は、世界の金融システムは深く結びついており、欧州とアメリカは命運を共にしていると確信していた。「ある意味で、我々は連邦準備制度の一三番目の地区となったのだよ」ある欧州のセントラルバンカーはのちにそう語った。

一二月一〇日までに、海外の中央銀行はFRBから五八〇〇億ドルの融資を受けていた――FRBの総資産の四分の一の規模である。そのうえ、外資系銀行にも個別にドルを注入していた。ピーク時には、ロイヤルバンク・オブ・スコットランドに八五〇億、スイスのUBSに七七〇億、ドイツ銀行に六六〇億、イギリスのバークレイズに六五〇億、ベルギーのデクシアに五九〇億、日本の農林中金に二二〇億を提供していた。[6]その融資の規模が公になったのは、それから二年以上経って議会法案が通過し情報公開法が最高裁で争われたあとであり、それでなくても秘密主義のFRBの中において、その情報は固く守られていた。通常なら、FRB内部の数十人のスタッフが、どの銀行がどれだけの融資を受けているかを正確に把握している。だが、パニックの間、この情報は固く守られ――もし一般に公開されていたら、とんでもないことになっていたかもしれない――一二の地区連銀でそれを把握していたのは、それぞれふたりずつだけだった。

一〇月以降、新たな嘆願者がFRBの扉を叩くようになっていた。バーナンキへの正式な書簡や、バーゼルでの彼の側近への囁きを通して、新興国の一群が援助を要請していた。助けて欲しい、と。二〇〇九年三月、イギリスのホーシャムで開かれたG20会議にケビン・ウォルシュがFRBの代表として出席すると、新興国の代表が次から次に廊下でウォルシュを引きとめ、援助を要請してきた。

新興国の中央銀行もまた、先進国と同じようにドル不足に陥っていた。閉ざされた扉の奥で、この問題は新たな議論の争点となった。FRBがイギリスやカナダの中央銀行との間に築いていた長期にわたる親密な絆は、ブラジルやメキシコの中央銀行との間には存在しなかった。また、連銀総裁の中には、国境を越えた融資は金融政策ではなく財政政策の領域ではないかと懸念する声もあった。特に、リッチモンド連銀はまさにその理由で、どのような種類の通貨スワップ協定にも否定的だった。リッチモンド連銀総裁のジェフリー・ラッカーはこの問題で繰り返しニューヨーク連銀のティム・ガイトナーと衝突していた。

しかし、それにもまして、政治体制の安定しない新興国への資金供給は、大きなリスクであった。そこで、バーナンキたちは安全にスワップ協定を拡大するための基準を考えた。まず、その国がドルを求めていること（中国とインドは求めていなかった）。世界経済において重要な位置を占めているか、または重要な金融の中心地であり、救済がアメリカ経済の利益となることをバーナンキが議会に正当化できること（ブラジル、メキシコ、韓国、シンガポールは適格であるが、ペルーは不適格だった）。政治的に独立し、信頼できる中央銀行が存在すること（たとえば、この基準に照らすとロシアは除外される）。二〇〇八年一〇月二九日、発表が行なわれた。「本日、連邦準備制度、ブラジル中央銀行、メキシコ銀行、韓国銀行、シンガポール金融管理局は暫定相互通貨協定の設立を発表する」

ＦＲＢは、その創立以来アメリカの最後の貸し手であった。二〇〇八年末、ベン・バーナンキ率いるＦＲＢは世界の大部分にとっての最後の貸し手となった。

崩壊まであと数日

九月一七日水曜日の夜、ＡＩＧ救済を決めた翌日、バーナンキとスタッフはナショナルモールを見下ろす議長室に集まった。バーナンキは、ＦＲＢが破綻した個別企業をこれ以上救済しないことを、ポールソンにはっきりさせる潮時だと考えていた。恐れにより一時的な流動性不足に陥った企業や市場をＦＲＢが助けるのはいい。だが、債務超過の組織を助けるのは議会や政府の仕事である。バーナンキはポールソンに、救済案を議会に諮る必要があると電話で告げた。翌朝、同じことをもう一度強く言おうとポールソンに電話をすると、ポールソンはバーナンキの言葉を止めた。財務長官もすでに同じ結論に達していたのである。

その午後、ふたりはホワイトハウスでブッシュ大統領と会った。大統領の支持を取り付け、ふたりは議会のリーダーとの会談のためキャピトルヒルに向かった。下院議長のナンシー・ペロシの会議室で、金融システムそのものが崩壊の危機にあり、アメリカ経済への打撃は破壊的であると議会リーダーたちに警告した。「グローバル金融システムの崩壊まで、数日の猶予しかありません」とバーナンキは言った。問題解決の武器を財務省に与える、大胆な法案を通す必要があるのです――それも、今すぐに。

その日、そして、その後の一連の厳しい議会公聴会の日々、バーナンキはポールソンの脇に立ち、七〇〇〇億ドルの不良資産救済プログラム（ＴＡＲＰ）を説明し支持し続けたのだった。バーナンキの積極的な支援は欠かせなかった。ゴールドマン・サックス出身のポールソンは熱意の塊ではあったが、素人相手に複雑な経済概念をうまく説明できなかった。公聴会を伝える記者たちは、ポールソンがぐるぐると同じことを繰り返してなにを言いたいのかさっぱりわからないため、記事にしにくいとぼやいていた（九月二三日の上院銀行委員会の公聴会で、ポールソンはこう言った。「この救済策で我々が対応しようとしていることは、我々が対応しようとしていることであり、まず、複雑な証券、住宅ローンと住宅ローン関連、そしてさまざまな資産クラスがあり、別々の資産クラスにそれぞれ別の対応が必要であります。しかし、市場メカニズムを使うと、我々は、その、数千という機関を見ているわけで、これを適正に行なうには、大銀行、小銀行、貯蓄貸付組合、信用組合に対処しなければならず、ここで行なおうとしていることはうまく行くと思いますが、それはメカニズムを開発することで、そこから我々は価値を得ることができる、つまり市場がなんらかの価値を発見できるということです」）。

大恐慌研究家としての経歴はバーナンキに信頼をもたらし、その明晰で論理的な話術には説得力があった。彼は、特定の法案を勧めるのではなく、状況を説明し、緊急かつ大胆な措置の必要性を語ることを自分の役割と考えていた。バーナンキはＴＡＲＰの交渉には関わらなかったが、この不人気な法案の立役者として政治家や国民の記憶にとどまるのは彼だろう。

一〇月三日にようやくＴＡＲＰは可決された。一〇日後、ポールソンは、アメリカでもっとも影響力のある金融機関九社のトップを財務省本部に招集した。七メートル以上もあるマホガニーテーブルの片側にずらりと名札を置き、全員を一列に座らせた。彼らは午後三時に集まるようにと前夜に告げられたが、理由は聞かされていなかった。あまりの突然な呼び出しに抵抗した人もいたが、二時五九分には全員が名札の前に座っていた。ポールソン、バーナンキ、ガイトナー、そして連邦預金保険公社（ＦＤＩＣ）のシーラ・ベアが入室し、金融機関トップの向かいに座った。ポールソンが会議の指揮を執った。ここに集められた金融機関はそれぞれ、今回の救済案から数十億ドルの資本を受け取る、と彼は告げた。拒否する者は、監督官庁から連絡を受ける――ここで、バーナンキとガイトナーの存在が暗黙のプレッシャーとなっていた。ガイトナーが、それぞれの金融機関が受け取る資本額を読みあげた。シティグループ二五〇億ドル、モルガン・スタンレー一〇〇億ドル、といった具合に。中には既存株主の希薄化と、自分たちの報酬への制約を恐れ、あれこれと反対意見を述べた経営者もいた。いつも調停役に立つバーナンキは、「それほど騒ぐことでもなかろうに[7]」と言った。

ＴＡＲＰ、いわゆる金融救済法案は、アメリカ政府の施策のうち史上もっとも不人気なプログラムのひとつと言っていい。ポールソンとバーナンキが金融機関と会合を開いているそのとき、ＣＢＳとニューヨーク・タイムズ紙は世論調査を行なっていたが、救済法案への支持率は二八パーセントにとどまっており、[8]それから二年経っても、法案に賛成票を投じた議員たちは、政敵からそのことでやり込められる始末だった。この法案の最大の目的は、金融機関救済の負担をバーナンキとＦＲＢから民主的裏付けのあるプログラムに移すことであった。しかし、あらゆる場面でバーナンキはポールソンの横に立っていたため、その後何年も、バーナンキはＴＡＲＰとその政治的な遺恨に悩まされることになった。

「いったいなにをごちゃごちゃやってたんだ？」

ヨーロッパでは、トリシェが政治の表舞台に出るはめになっていた。九月三〇日火曜の早朝、人口四〇〇万人で、ＧＤＰがルイジアナ州より小さいアイルランドのリーダーたちは、ヨーロッパの歴史を変えることになる措置を決めた。アイルランドでは、不動産への過剰融資が焦げ付き、銀行への信頼が急速に失われつつあった。

トリシェはアイルランドの財務大臣ブライアン・レニハンに電話をかけ、断固として告げた。「なにがなんでも銀行を救わなければならない」[9]トリシェはレニハンとアイルランド銀行総裁のジョン・ハーレーに、リーマンから始まったパニックがヨーロッパ全土に広がりつつあると警告した。多くの金融機関が足元をすくわれている――ドイツ、オランダ、そしてフランスでも。だがその月曜、狙い撃ちされたのはアイルランドだった。アングロ・アイリッシュ銀行の株価は四六パーセント下落し、株式市場全体を一三パーセントの暴落に導いた――一日の下落幅としては、アイルランド史上最悪を記録した。

その夜、レニハンは大手民間銀行の頭取との会議を招集し、対応策を話し合った。朝四時、政府はこの小国の外のだれにも相談せず、大手六行の債務を保証することを決定した――民間銀行の債権者と預金者全員を政府資金で保護するというのである。

ハーレーは朝六時にトリシェに電話をかけ、この計画を告げた。[10] イギリス財務大臣のアリスター・ダーリングは、ＢＢＣの朝のニュースでそれを知らされた。[11] ヨーロッパ全土に驚きが広がり、しばらくするとそれが怒りに変わった。そもそも、トリシェたちは、大規模介入によってユーロを（通貨スワップを通してドルを）市中銀行に流し込めば、取り付け騒ぎを防ぐには充分だろうと考えていた。しかも、アイルランドがとった措置は、政府を大きな危険にさらすものだ。その結果として、アイルランドの銀行が他の欧州の銀行よりも強い政府保証を備える状況が生まれてしまった。

投資家がはたと思い返したのは、それから一年以上経ってからである。アイルランド政府に、はたしてそんな余裕があったのか？　発表後、アイルランドの銀行に大量の資金が流入した――それは、他の欧州の銀行から、特にイギリスの銀行から流出した資金だった。ダーリングはその朝九時頃レニハンに電話し、レニハンの策がイギリスを「不可能な立場」[12]に追い込んだと言った。イギリス政府は、その巨大な金融システムに同等の保証を与える意思も余力もなかったからである。欧州諸国は、自国の金融機関が想像以上にアメリカの影響を受けていることに気づき、慌てていた。フランスとベルギーの合弁銀行であるデクシアに九二〇億ドルの支援を行なったサルコジ大統領は、「奴らはいったいアメリカでなにをごちゃごちゃやってたんだ？」[13]とスタッフに聞いたらしい。また、政府保証の強さによって資金が国から国に流れるなかで、この危機がいつ自国の問題となってもおかしくないことに欧州首脳は気づき始めていた。

トリシェは、欧州各国の財務大臣や元首との内々の話し合いのなかで、一貫性を主張した。各国がばらばらに金融機関の債務保証を行なうのはよろしくない、と。各国リーダーはその基本的な考え方には賛成だった。だが、細かい点では合意できなかった。翌週末、サルコジはドイツ、イギリス、イタリアの元首をパリのエリゼ宮に呼び、共同案をひねり出そうとした。アイルランドなりベルギーなりが個別行動をとらなくていいように、EUが支える単一の機構が汎ヨーロッパの金融機関を保証するような統一案を、フランスは考えていた。

そのような統一案をスピーディーにまとめるのは、法的にも政治的にも至難の業だった。なにより、欧州最大の経済であるドイツが反対していた。ドイツは銀行救済を完全な国内事項としてとどめたがっていた。フランス案のもとでは、ドイツがアイルランドのような経済的基盤の弱い小国の銀行救済費用を負担することは避けられそうになかったからだ。「穏やかに言っても、ドイツはそのような統一案には非常に慎重である」パリサミットの直前、ドイツの財務大臣ペール・シュタインブリュックはそう述べた。「他の国は自由にお考えになるといい。ドイツにとっていい話とは思えない」[14]

ドイツのメルケル首相と会談したサルコジは、側近にこう囁いたと言われる。「これがまとまらないと大変なことになる。だが、俺の責任じゃない。メルケルの責任だ。彼女、なんて言ったと思う？『尻拭いはごめんだわ』だとさ」[15]

金融救済案でのバーナンキと同様、トリシェは主導者ではなく影響者として振る舞った。サミットでは銀行支援策を国家間で統一する重要性について語った。だが、フランス政府とは違い、救済費用をEU全体で負担することには積極的ではなかった。トリシェの本心がどこにあったにしろ、究極の調停者である彼は、ドイツが猛反対する案はまとまらないと見ていた。トリシェを見てきたある欧州官僚は言う。「彼は非常に柔軟だ。その時々でなにが可能かを見極め、自分の立場を変えることができる」

パリでの会議は、ほとんど意味のないあやふやな戦略に落ち着いた。日曜夜、アンゲラ・メルケルは急遽ベルリンに帰国した。経済顧問のイェンス・バイトマンから、預金者がものすごい勢いで預金を引き出していると報告が入っていた[16]。取り付け騒ぎが始まりそうになっていた。メルケルはテレビを通して国民に確約した。「ドイツ国民の預金は安全です。ドイツ政府がそれを保証いたします」のちに、首相は具体的な法的保証を発表したのではなく、一般原則を述べていたにすぎないとスポークスマンは説明した。だが、それはどうでもよかった。メルケルの発表は、この六日間彼女がさんざんけなしてきたアイルランドの措置とまったく同じに聞こえていた。

続く数日間、欧州のリーダーたちは預金保証の大まかな枠組みに合意した。だが、共通の財源についてはまったく触れていなかった。ということは、ドイツはドイツの銀行を保証し、スペインはスペインの銀行を保証するのだろう。しかし、それでは国家経済に比べて金融システムが極端に大きな国は困る。アイルランドの銀行債務はＧＤＰの四倍にものぼっていた。

バーナンキは金融救済法案の後始末に三年を費やすことになった。トリシェは欧州首脳の協調不能への対処に奔走することとなった。

間違いを認めたキング

リーマン破綻前まで、大西洋を挟んだ金融政策の違いは鮮明だった。ＥＣＢは二〇〇八年七月に利上げを行なってマネーサプライを引き締め、イングランド銀行は六ヵ月間政策金利を据え置き、ＦＲＢは二〇〇八年はじめに利下げを行なってマネーサプライを緩和していた。だが、二〇〇八年九月と一〇月の混乱の日々、金融危機の被害が経済全体に波及することは明らかだった――ただ、どの程度深刻になるのかはだれにもわからなかった。アメリカでもヨーロッパでも大規模な人員削減が毎日のように報道されていた。世界の貿易は落ち込んでいた。トリシェとキングが夏に恐れていたインフレ圧力は消え失せていた――七月に一バレル一四五ドルだった原油価格は、年末には四〇ドルになっていた。

グローバル経済が景気後退に向かっていること、もしくは恐慌さえ起きかねない方向に向かっていることを、あらゆる指標が示していた。中央銀行はインフレ懸念を捨て、流動性を供給するときだった。かつてMITでオフィスを共有したバーナンキとキングは、主要中銀の協調行動が大きなインパクトをもたらすと考えた。足並みを揃えることで、為替市場の歪みも解消できる――トリシェはそれを特に懸念していた。ECBが利下げを行なえば、ユーロは暴落しかねない。トリシェも一〇月初頭までにはバーナンキとキングに同調していた。利上げのわずか三ヵ月後に、トリシェは方向を変えたのである。

三人は比較的小規模な中銀総裁と話をした――バーナンキはカナダ銀行のマーク・カーニーに、キングはスイス国立銀行のフィリップ・ヒルデブラントに、トリシェはリクスバンク（スウェーデン中央銀行）のステファン・イングベスに。バーナンキはFOMCの特別会合を招集した。そのビデオ会議では、まるでテレビドラマ『ゆかいなブレディ家』のイントロのように、分割された画面に理事と総裁の顔がずらりと並んでいた。

二〇〇八年一〇月八日のニューヨーク時間朝七時に共同声明が発表された。歴史上初のグローバルな協調金融緩和政策である。それは、バーゼルの男たちが、違いを乗り越えて落としどころを見つけたというしるしだった。「直近の金融危機のなか、各国中央銀行は継続的に緊密な協議を行ない、金融市場の緊張緩和のため、流動性供給を含む前例なき協調行動をとってきた」と声明は述べていた。

インフレ圧力の減退について触れたあと、こう宣言した。「したがって、グローバルな金融環境の一定の緩和が妥当である。そのため、カナダ銀行、イングランド銀行、欧州中央銀行、連邦準備制度、スウェーデン中央銀行、スイス国立銀行は、本日、政策金利の引き下げを発表する。日本銀行はこの政策行動への強い支持を表明している」

協調努力によって確立された一連の政策に従って、各国中央銀行はその後数週間それぞれ利下げを継続した。一一月のイングランド銀行の金融政策委員会では、〇・五パーセントの利下げが予想されていた。だが、経済指標は悲観論者のデビッド・ブランチフラワーの予想をさらに下回るものだった。会合に先立ち、ブランチフラワーは、数ヵ月前には反対の立場に立っていた金融政策委員のティム・ベスレーと会った。ベスレーは立場を翻していた――景気は彼の予想よりどんどん悪くなっていた。

「どうすればいい？」ベスレーはそう聞いてきた。

「一五〇（bp）下げるべきだ」ブランチフラワーは答えた。市場予測の三倍、一・五パーセントの利下げを行なうべきだ、と訴えた。ベスレーはタカ派委員に話しに行った。ブランチフラワーはキングに話しに行った。「もう限界だ。君が一五〇bp下げないなら、オレが即刻会見を開いてすべてぶちまける」と告げた。

キング自身も同じ結論に達していた。彼は頑固者だが、自分が間違っているという確たる証拠があれば、臆せず意見を変える。イギリス景気はまっさかさまに下降しているという証拠が積み上がっていた。キングはこう切り出した。「現状は理解している」ブランチフラワーはそう記憶している。「事態は非常に深刻だ。念のためにはっきり言っておくが、私から一五〇bpの利下げを提案する」

一一月六日の一一時半に決定が下され、ブランチフラワーと委員たちは自室に戻り、正午の発表まで情報漏れのないよう沈黙を守った。一五〇bpの利下げが市場をアッといわせた瞬間、ブランチフラワーは数ヵ月の闘いの末ついに自分が勝ったこと――だが、それにはグローバル金融の崩壊を要したこと――に信じられない思いだった。「私は震えていた。ぶるぶると身体を震わせていた」そう彼は言う。グリニッジ標準時の一二時きっかりにすべてのメディアに情報が伝達されるよう、カウントダウンが行なわれた。メディアも市場もイングランド銀行のスタッフでさえも、その大胆さに言葉を失った。二〇〇七年にはもっとも危機対応に消極的だったイングランド銀行が、とうとう大なたを振るったのである。

バーナンキもまた、一〇月の利下げでおしまいにするつもりはなかった。とはいえ、もうそれほど利下げの余地は残されていなかった。先の緊急協調利下げとその三週間後の利下げによってFF金利はわずか一パーセント、史上最低水準になっていた。FRB議長が三代にわたり景気回復に使ってきた武器は、もはや機能していなかった。ここからさらにゼロに近づけることはできるが、ゼロ以下はない。マイナス金利なら預金が減っていくことになり、人々は預金を引き出すはずだ。

しかし、学者だったバーナンキは、短期名目金利がゼロになったとしても、中央銀行に打つ手がないわけではないと主張した。長期金利を下げることができる。二〇〇八年末、景気は急降下していたが、正確にどのくらい落ち込んでいるのかは定かでなかった。一一月二五日、FRB理事会は五〇〇〇億ドルを上限に、ファニー・メイやフレディ・マックなどの政府支援機関の保証付きモーゲージ証券を買い入れる計画を発表した。しかし、資金注入を急ぐあまり、FRB内弁護士はミスを犯していた。この決定は理事会の権限を越えていたのである。それは、金融政策の一種であったため、地区連銀総裁を含むFOMCの決議が必要だった。

一二月一六日のFOMC会合に先立って、バーナンキは地区連銀総裁たちに電話をかけた。景気は最悪であることに全員が同意した。モーゲージ証券の購入決定の判断に関われなかったことに腹を立てる総裁もいた。ＦＲＢの大幅な融資拡大について、すでに懸念している総裁もいた。バーナンキは、次の政策発表を決断力と結束力を示す場にしたいと考えていた。そして、ただの利下げではなくゼロ金利まで切り下げ、それを一定期間継続することにコミットし、同時にモーゲージ証券の購入という代替的な手段で流動性を供給する計画にＦＯＭＣのお墨付きを与えようとしていた。

普段のバーナンキは、ひとりかふたりの反対がある方が、委員会として健全だと考えていた（「ふたりが常に同じ意見なら、ひとりは必要ない」[17]）。だが、この決定に関しては、全会一致にこだわった。結束を見せることで、ＦＲＢが長期の超低金利政策に真剣にコミットしていると信じてもらえると思ったからだ。しかし、ダラス連銀総裁のリチャード・フィッシャーは乗り気ではなかった。この政策は危険な割に景気への効果は限られていると考えていた。フィッシャーは反対票を投じた。が、その後昼食をはさんでスタッフが発表の準備をしている間にそっとバーナンキに近づき賛成に変えたいと申し出た。「部屋を出て少し歩いたら、やはりベンの足を引っ張りたくないと思った。チームプレーヤーじゃないと思われたくなかった」[18]フィッシャーはのちにそう語っている。

バーナンキが長年かけて養った敬意による合意形成が、ここで報われたのである。しかも、彼がそれをもっとも必要としたときに。

壁は持ちこたえた

その秋と冬、世界中のセントラルバンカーは歴史の重みを肩に感じ、絶えず連絡をとり合いながらノンストップで働いた。アメリカを大恐慌へと導いた一九二〇年代と三〇年代の中央銀行の物語、ライアカット・アハメドの『世界恐慌　経済を破綻させた四人の中央銀行総裁』が二〇〇九年一月に上梓されると、ガイトナーはこの本を枕元に置いた。読みながら何度も何度も立ち止まり、極めて優秀で善良なセントラルバンカーでさえ対応を間違え、大きな悲劇を生み出してしまうことに恐怖を覚えた。

しかし、二〇〇八年の秋に世界最強のセントラルバンカーたちが行なったのは、ひとつ、またひとつとマネーの壁を築き、深刻で大規模なパニックと闘うことであった。銀行、投資銀行、さらには個別企業への融資。ユーロやポンド、そして新興国通貨とのドルスワップ。金融機関救済のための政府への働きかけ。地球上のほとんどすべての国で人々がカネをしまい込むなかで、中央銀行はそれをさらに生み出し、金融システムに注ぎ込み、恐怖におびえる世界の投資家を底なしの資力で支えた。

彼らは世界経済の急激な減速を回避することはできなかった。二〇〇八年五月から二〇〇九年三月までに、世界の株式市場は四七パーセント下落し、およそ二七兆ドルの価値を失った。地球上のあらゆる財とサービスの半年分の生産額が、この期間に消え去ったのである。米国株式市場のチャートを見ると、一九二九年から一九三一年までと、二〇〇七年から二〇〇九年までの動きはかなり近いことがわかる。工業生産などの経済指標もまた同様だ。しかし、一九三〇年代には、何年にもわたって下落が続いた。今回は、二〇〇九年の春か夏には横ばいとなった。

まだまだやるべき仕事は残っていた。しかし、世界の中央銀行が建てたマネーの壁はしっかりと持ちこたえていた。

第三部

ショックの余波

——二〇〇九年から二〇一〇年まで

一二章　ＦＲＢの闘い

レイバーン下院議員会館の二一二八号室前の廊下には大勢の人が座り込んでいた。寝起きのままのスウェット、ピチピチの半ズボン、ボロボロのコート姿の彼らは、どう見ても金融サービス委員会の公聴会を待つ人種には見えない。もちろん、傍聴するのは彼らではない。学生、バイク便のメッセンジャー、ホームレス。数少ない一般向け傍聴席を争う仕事は、首都ワシントンならではのアルバイトである。彼らは金持ちの金融ロビイストに雇われ、列に並んで場所を確保する。二〇〇九年三月二四日、失業率は上がり、景気は冷え込み、株価が一九九七年の水準に落ち込んでいた。そんななか、下院の列待ちには、さらにめずらしいライバルが現れていた。ショッキングピンクのＴシャツの上に救命胴衣をつけた中年女性の集団だ。おばさんたちは「仕事はどこに行った?!」「年金はどこに行った?!」「我々に救済を！」と書いた看板を掲げていた。

そのおばさんたちは、イラク戦争反対運動のために設立され、経済問題にも活動を広げていた左翼グループ、「コード・ピンク」のメンバーだった。あたしらが先に来たんだから、証人席のすぐ後ろに座らせなさいよ、と迫っていた。証人席に座るのはベン・バーナンキＦＲＢ議長、ティム・ガイトナー財務長官、そしてニューヨーク連銀総裁のビル・ダドレーである。六ヵ月前にＦＲＢが救済した巨大保険会社ＡＩＧは、以前に交わした雇用契約に従って、一部社員に総額一億六五〇〇万ドルの残留手当を支払うことになっていた。バーナンキとふたりの仲間の上に議会の怒りの鉄拳が落ちようとしていた。

「これは非常に重要な公聴会である」マサチューセッツ州選出の下院議員で金融サービス委員会委員長のバーニー・フランクは言った。「いかなる妨害も許さない」ピンクのおばさん集団が看板を掲げた。

民主・共和両党の委員代表が長い演説を始めた。その後、三人が証言を行なう。ガイトナーは「システミック・リスクに対応する、広範な規制改革案」について話し始めた。フランクがガイトナーを遮る。

「そこ、場をわきまえなさい」フランクはおばさんたちを叱った。「看板を下ろして。聞いていられないのなら、出ていきなさい」

バーナンキの番がきた。「ＡＩＧは厳しい流動性圧力にさらされ、破綻の一歩手前でした――」フランクがまた遮った。「今度看板を上げたら退場してもらう。そんなあほらしいことをして恥ずかしくないのか、まったく」

準備した証言が終わると、フランクは六〇名あまりの委員に意見を述べさせた。ひとり五分である。例外はない。フランクは告げた。「五分ルールなどなければいいし、委員の数がこれほど多くなければいいとも思う。それに、ダイエットしないで痩せられればもっといいとも思うが」

ミネソタ州選出の血の気の多い超保守派下院議員で、二年後にほんの一瞬だけ共和党大統領候補の筆頭となるミシェル・バックマンは、政府は「自由市場経済を捨て、中央政府による計画経済への歴史的転換を図る」つもりなのかと迫った。そしてＦＲＢの合憲性に疑問を投げ、ドルを諦めて別の国際通貨に移行する計画があるのかと訊ねた。

「いったい君たち三人の頭の中はどうなっとるのかね？」と詰め寄ったのは、二〇一二年の大統領選に出馬し、『ロン・ポールの連邦準備銀行を廃止せよ』を上梓することになるテキサス州選出のロン・ポール下院議員である。「君たちは、資本主義を諦めるつもりなのか？」

イリノイ州選出のドナルド・マンズーロ議員はバーナンキとガイトナーに、ＡＩＧ救済で助けられたのはＡＩＧと保証契約を結んでいた顧客だけで、その他大勢のアメリカ国民の株式資産は大幅に減少したと責め立てた。「アメリカ国民は年金資産の四割から五割を失った」とマンズーロは追及した。

「ＡＩＧ救済の目的は、特定主体を助けることではありません」とバーナンキは答えた。

「だが、そうなったじゃないか。結局同じことだ」とマンズーロは遮った。

アメリカ国民は「だれかの年金が減らないように」四〇〇億ドルも払わされている、とマンズーロは言った。「そうじゃないか？」

「お言葉ですが」バーナンキは答えようとした。「もし救済しなければ、国民の損失は――」

「イエスかノーで答えて欲しい」マンズーロは詰め寄った。

「……はるかに大きなものになっていたはずで――」バーナンキは続けた。

「いや、ＡＩＧに保証を受けていた人々は――」マンズーロがそれを遮る。

「……はるかに大きなものに――」バーナンキはもう一度話そうとした。

「私が質問しているんだ」マンズーロがぴしゃりと跳ねつけた。「ＡＩＧの加入者は……一〇〇パーセントの払い戻しを受け、ほとんど損失を被っていない。違うのか？」

「それは契約の内容によります」とバーナンキは言った。

フランクがふたたび口を挟んだ。「そこの二列目の人たち、動いたり話したりしないように……これ以上邪魔したら、警備の者に連れ出してもらう」

ＦＲＢをやっつけろ

二〇〇九年春、党派も政治的思想も違う人々が、ひとつだけ合意できることがあった。金融危機の反省から、もっとも手足を縛らなければならない政府機関は、強大なＦＲＢだということである。

ＦＲＢはちょうど都合のいいターゲットだった。リベラル派は、ＦＲＢが前議長アラン・グリーンスパンの自由市場教義に毒され、そのため大銀行への規制や預金者保護がおろそかになったと考えていた。保守派は、ＦＲＢが自由市場に介入し、流動性を過剰に供給し、判断ミスを犯した銀行を救ったと考えた。両派とも、ＦＲＢを秘密主義の組織と見なし、充分な監督がなされていないと感じていた。二〇〇九年夏の世論調査では、ＦＲＢの支持率はわずか三〇パーセントで、内国歳入庁（ＩＲＳ）よりも低い数字だった。[1]

バーナンキたちが危機の最中に大きな決断――ベア・スターンズやＡＩＧの救済、わけのわからないアルファベット頭文字がついた流動性供給のさまざまな措置――を下しているとき、政治は二の次だった。バーナンキらは経済を支えるために最善の手を打つことに専念し、政治は成り行きにまかせた。「殿堂入りバッターと同じくらいの打率に落ち着けば、まずまずだ」野球ファンのバーナンキはそう言っていた。大リーグのトップヒッターでも通算打率が三割なら悪くない。言い換えると、全打席でヒットを打つことはできないが、バットを振り続け、最善と思われる手を打ち続けなければならない。結果オーライなら、多少の失敗は許されるはずだ。

決定の多くは時間を争うもので、深夜に下され、政治と切り離して考えられるべき問題だった。そのうえ、政治家にひとことでも相談しようものならすぐマスコミに嗅ぎつけられるため、意思決定がなされる前に政治家と話し合うことはできなかった。議会への報告は、だいたい決定が下され発表がなされたあとだった――ＦＲＢの存続と権限を支配する議会は、たいてい後回しだった。

深刻な金融危機のあとにはかならず、金融規制の議論が湧きあがる。二〇〇八年のパニック後にも、お決まりのパターンが繰り返された。二〇〇九年一月にオバマ大統領が就任すると、金融システムの抜本改革が政策の優先課題となった。「深刻な危機を無駄にしてはいけない」[2]二〇〇八年一一月に大統領首席補佐官のラーム・エマニュエルはそう語っていた。オバマ政権は当初、二〇〇九年四月に開かれるサミットのお土産となるように、金融改革案を成立させたいと願っていた。法案審議の煩雑さを考えるとほぼ不可能なタイミングだったが、ホワイトハウスはこれを進めたがった。財務副長官のニール・ウォリンが、数百ページの草案を書くのに数週間はかかるとエマニュエルに訴えると、数日でまとめようとしていたエマニュエルはウォリンのＰＣを指さしてこう言った。「つべこべ言わずに、すぐとりかかれ」

コネチカット州選出のベテラン上院議員で上院銀行委員会の委員長だったクリストファー・ドッドは、上院をなんとか通過できるような金融改革法案をまとめようとしていた。上院では、たったひとりの議員が、ほとんどすべての審議を遅らせることが可能だった。その昔は本当に重要な問題の場合だけしかその手《フィリバスター》は使わないという暗黙の合意があったが、二〇〇九年には野党は日常的に長時間演説で議事進行を妨げるようになっていた。それを止めるには超過半数（六〇議席）の賛成が必要であり、審議には数日も数週間もかかっていた。

上院議員の息子で、自身も三〇年にわたって議員を務めるベテラン政治家のドッドは、昔ながらの方法で金融改革に取り組もうとしていた。両党が最善のアイデアを持ち寄って話し合い、八〇から九〇議席の支持を得られるような超党派の法案を作りあげようというのである。「上院本会議で、六〇の拳銃を頭に突きつけられながら、六一票目を請い願うのはごめんだった」二〇〇九年春、ドッドは側近にそう語った。「今回は違う。政治的思想信条とは切り離すべきだ」

彼の戦略の核は、ＦＲＢを狙うことだった。

ドッド自身、ＦＲＢに不満を持っていた。住宅バブルの間、グリーンスパンのもとでＦＲＢは不良貸し付けを抑制する手をほとんど打っていなかった。一部の議員とは違い、ドッドには中央銀行に対する根深い嫌悪感はなかったが、危機の最中にＦＲＢがとった異例の措置は、権力の過剰集中の表れだと思っていた。彼はある公聴会で、危機のあとにＦＲＢにさらに大きな権力を与えるのは、「家族のワゴン車を衝突させた息子に、より速い大型車を買い与えるようなものだ」[3]と言った。

ドッドはまた、金融危機の根本原因は、監督機関が多すぎることだと信じていた――連邦レベルだけで五つの監督機関があり、そのうえ各州にばらばらに置かれていた。金融機関は認可の種類を選ぶことができ――したがって監督機関を選ぶことができた。予算と権力を失いたくない監督機関は、金融機関を逃さないためにあまり口を出さない傾向があった。

ＦＲＢの権力を縮小することが超党派の合意形成につながるとドッドは考えていた。銀行委員会の共和党側トップだったアラバマ州選出のリチャード・シェルビー上院議員は、強烈なＦＲＢ嫌いだった。シェルビーは金融機関の救済には絶対に反対だったし、二〇〇〇年代初頭の低金利政策が住宅バブルの根本原因だと考えていた。ドッドの提案は、監督機関が重複する現在の複雑な制度に代わり、新設の単一組織を置き、ＦＲＢが長年独占してきた国内すべての銀行監督権限を移すというものであった。それが、強大になりすぎたＦＲＢへの牽制になるとドッドは考えていた。シェルビーのスタッフはこの提案を面白おかしくこう名付けた。「ＦＲＢをやっつけろ」作戦、と。

それが上院での動きだった。ドッドとシェルビーがそれぞれ独自にＦＲＢを再構築しようと動くなか、違う方角からもＦＲＢへの脅威が現れていた。

テキサス州選出のロン・ポール下院議員は一応共和党に属していたが、党の政策にはしょっちゅう反対していた。イラク戦争にも巨大な防衛費にも反対し、大麻の合法化には賛成した。一九八八年の大統領選にはリバタリアン党から出馬し、一般投票の〇・五パーセントを獲得して三位に終わっていた。二〇〇八年の大統領予備選では有力な候補となり、特に二〇一二年の予備選では彼の強烈な反政府的態度が有権者の共感を呼んでいた。いかなる政府介入にも断固反対していたポールは、たとえば田舎の郵便局に他界した地元名士の名前をつける法案や、五月を精神衛生月間とする法案など、どうでもいいことにでも反対票を投じていた。四三四対一の場合の一票は、だいたいポールだった。

当然ながら、ポールはＦＲＢを忌み嫌っていた。厳格な金本位制を提唱し、通貨創造における政府の独占を終わらせたがっていた。政府が紙幣を印刷し裏付けるという概念は、政府を毛嫌いする男にとっては受け入れがたいものである。そのうえ、ポールは陰謀論にはまっており、金融サービス委員会の委員の立場を利用して、バーナンキに（その前はグリーンスパンに）奇想天外な質問をするのだった。二〇一〇年のある公聴会で、ポールはＦＲＢがウォーターゲート事件に関与し、一九八〇年代にはサダム・フセインに資金援助していたとほのめかした。バーナンキは「あまりにも突飛すぎる」[4]と答えた。

しかし、二〇〇九年になると、ポールの積年のＦＲＢへの聖戦に、みんなが参加したがっているようだった。彼は、ＦＲＢが議会と国民から情報を隠しすぎていると主張していた。そこで、ＦＲＢを監査する権限を議会に与える法案を持ち出した。現在の法律のもとでは、ＦＲＢ内の金融政策の決定過程や海外の中銀との取引の詳細を政治の力で開示させることはできなかった。ＦＲＢは、機密性を政策決定能力の鍵と見ていた――それが、政治家や国民の圧力によらない意思決定を可能にする。しかしその機密性が、なにかを企んでいるという印象を増幅させていた。

ポールが法案につけた名前も絶妙だった。「FRBを監査しろ」法案。民間企業は例外なく監査を受ける。FRBほどの大規模組織には定期的な監査義務があってしかるべきであるというわけだ。実際、FRBはすでに財務面で監査を受けており、組織内の独立した監査担当者によって監査され、議会によって監視され、外部の大手監査法人に監査を受けていた。

だが、ポールは横領やごまかしの防止以上のものを求めていた。金利や通貨スワップや緊急融資の決定に議会が口を挟むことを可能にしたかったのである。FRB高官にとって、それは金融政策に政治的影響を持ち込む武器を議会に与えよと要求されているようなものだった。数ヵ月後に公聴会で責められると知りながら、人気のない政策を決定するのはまだいい。しかし、政策決定に至るすべての記録を即座に召喚されるとなると、話はまったく別である。ポールにとって、FRB監査法案は非民主的な組織に少しばかり民主性を加えるための手立てだった。

FRB監査法案は、四三五議席中三二七議席――下院の約四分の三――の賛成多数で下院を通過した。議会唯一の社会主義者であるバーニー・サンダースがこの法案の上院での旗振り役となり、二〇〇九年の春にはFRB監査の動きは勢いを増していた。

軍事演習

FRBが攻撃を受けるなか、その頂点に立つ人物は政治家にならざるをえなかった。バーナンキ自身は政治家向きではなかったが。

ベン・バーナンキは、ワシントンにいがちな社交家タイプではなかった。ご機嫌とりは苦手で、そんな器用さも持ち合わせていなかった。妻でニュースキャスターのアンドレア・ミッチェルと共に社交パーティーに出没していたグリーンスパンと違い、バーナンキは家で静かに読書をしたり、妻と映画を見に行ったりする方が好きだった。ＦＲＢ議長に就任したときも、目立たずにいたい――グリーンスパンのような全能の神でなく、寡黙な仕事人でありたい――と願っていた。

金融危機によって、それはかなわぬ望みとなった。危機のなかでは、先頭に立って人々を導くリーダーが求められ、バーナンキはまさにそう振る舞った。しかし、特にはじめのうちは、彼が政界の新参者で、権力に慣れていないことは明らかだった。議会対応においても、バーナンキは素のままで、できる限り率直に答弁し、プリンストンの大学生に教えるような平易な言葉で経済とＦＲＢの決定について説明した。議会証言の前には、「軍事演習」と呼ばれるリハーサルを行なった。何時間にもわたって、彼のアドバイザーが想定される質問を次々とぶつけ、時には特徴のある議員の話し方を真似ることもあった。バーナンキは敵対的な公聴会でも超然とした態度を保ち、相手が頭から湯気を出して怒っているときにも冷静沈着に答えていた。不機嫌になったり喧嘩腰になったりすることはめったになかった。しかし、目の前の政治闘争に勝つためには、礼儀正しいだけでは不十分だった。

ＦＲＢには議会で闘うための備えがなかった。法律の企画立案部門には五人しかスタッフがいなかった。ＦＲＢは、マスコミへのリークや脅しすかしといった汚ない手段も使わなかった。自分たちの主張を率直に何度も繰り返していれば、かならず報われると信じていた。二〇〇九年夏、バーナンキは政治闘争に備えて新たなチーフ・ロビイストを採用した。クリントン政権で財務長官のアドバイザーを務めたリンダ・ロバートソンである。また、バーナンキは大物政治家に親しみを持たれるように振る舞った。テネシー州選出のボブ・コーカー上院議員がＡＩＧ救済に関する数百ページものＦＲＢ

の機密文書を個人的に調べたいと言ったとき、バーナンキは彼をＦＲＢ本部に招いて朝食を共にし、彼が何時間でも調査を行なえるように部屋を準備した。

バーナンキはＦＲＢの過ちを認め、特に危機前の数年間には不良住宅ローンを制限し、預金者保護のために手を打つべきだったと語った。危機の間の救済措置は、景気のこれ以上の落ち込みを防ぐために絶対に必要だったと主張しつつも、ほめられたことではなかったと認めた。それでもバーナンキは、ドッドとシェルビーの描く方向性は、かなり危険だと見ていた。金融危機の直前とその間、ＦＲＢ以外の銀行監督機関は個別行だけしか見ておらず、経済における金融機関の密接なつながりについては考えていなかった。

「委員長、目的はもっともですが、金融システムの安定維持政策からＦＲＢを実質的に除外することはまことに、まことに危険です」バーナンキはドッドに訴えた。「銀行監督の役目をＦＲＢから取り上げるのは、この国にとって間違いです」[5]

だが当時の政治状況では、バーナンキとＦＲＢが大敗を喫することは避けられないように思われた。

ドッドの計画に危機感を持ったのは、バーナンキだけではない。ティム・ガイトナーも、金融システムへの脆弱性を改善する鍵となるのはＦＲＢだと思っていた。ガイトナーは、失敗があったとはいえ、ＦＲＢは、動きの遅い他の監督機関に比べて素早く危機に対応したと見ていた。ＦＲＢ職員の優秀さ、また通貨を創造する能力と最後の貸し手としての機能は、経済危機を食い止める最後の砦となっていた。ガイトナーは、ＦＲＢ強化を金融改革の基本目標と考えており、この主張を裏付けるためふたりのＦＲＢスタッフを財務省に引き入れた。

二〇〇九年五月一九日、ガイトナーは上院銀行委員会の民主党議員と金融改革法案の草稿にたずさわる主要スタッフを財務省に招き、二階のダイニングルームで朝食を取った。コーヒーと卵料理を食べながら、ガイトナーは譲れない三つの項目を挙げた。第一に、金融システム全体を揺るがしかねない大銀行の監督権限をＦＲＢが維持すること――資産五〇〇億ドル以上、とガイトナーは考えていた。次に、金融システムへの緊急措置を発動する権限を政府が維持すること。それが危機対応に欠かせないことはすでに証明されていた。最後に、新たな監督機関の責任者には、財務長官が就き、金融システムのリスクを特定し、ＦＲＢの監督下に入る金融機関を指定すること。

　もちろん、民間銀行にも言い分はあった。ＪＰモルガンやシティグループといった巨大組織から、支店がひとつしかないような小さな州法銀行まで、銀行という銀行はＦＲＢの監督下にとどまりたがった。「ＦＲＢの監査官は常に同じバンカーの目線で銀行のリスクを理解していた」と言うのは、米国独立コミュニティー銀行協会の会頭、カムデン・Ｒ・ファインである。「どの監督機関にもそれぞれ文化の違いがあり、ＦＲＢの場合は『我々も同じ銀行だ』というスタンスだった」民間銀行は、馴染みのない新たな監督機関を置くというドッド案を警戒していた。

　ウォール街への救済措置の影響が残るなか、政治的に悪者と見なされていた巨大金融機関は注意深く議会に接触する必要があった。自分たちの立場を声高に主張すれば逆効果となるだろう。だが、ガイトナーが彼らを代弁してくれていた。ガイトナーは、必要とあらば数千の小さな銀行をＦＲＢの監督下から手放すこともやむをえないと考えていた。だからといって、そうした中小銀行が無力というわけではない。ワシントンでの最強の武器は、地元票である。議員は選挙区の利益を守るために闘う。四三五すべての選挙区から部品を購入して軍用機を作れば、絶対に予算がつくというジョークもあるほどだ。

　アメリカの小さな銀行は、この軍用機のたとえにかなり近い存在である。国中のすべての街にはコミュニティー銀行がある。街の銀行の経営陣や理事たちは、たいていが地域の世話役――地元の慈善団体に寄付を行ない選挙運動に私財を投じる——である。それが、米国独立コミュニティー銀行協会——二万三〇〇〇支店を動かす五〇〇〇人の協会員が一兆ドルの資産を管理する——を強力なロビー団体にしている。

バーニー・フランクやドッドの上級スタッフと会ったファインは、ある提案をした。コミュニティー銀行は銀行規制を強化するような法案を積極的に支持することはない。だが、議会がコミュニティー銀行をそっとしておいてくれるなら——つまり、このままFRBの監督下に置いておくなら——金融改革法案に反対しない。「もし法案に別の監督機関が盛り込まれていたら、何が何でも反対する」とファインは告げた。「彼らはFRBをやっつけると脅していた。私は、簡単にはそうさせないと言った」

FRBが監督権限を失ったら大変な被害を受ける集団が、もうひとつあった。連邦準備制度を構成する地区連銀にとって、ドッド法案は存亡の危機ともいえた。一連の救済案の決定において、カンザスシティやダラスやフィラデルフィアの地区連銀は蚊帳の外に置かれていた。地区連銀総裁たちは、グリーンスパンよりもバーナンキを個人的に尊敬し、バーナンキもまた彼らに敬意を払っていた。しかし同時に、多くの地区連銀総裁はバーナンキ率いるFRBがその構成員に情報を与えずに、組織全体の信頼性を損ねるような行動をとったと感じていた。

危機対応策のいくつかは切迫した状況で決断されたため、ニューヨーク連銀以外の地区連銀は、一般発表後にそれを知らされることになった。

地区連銀はウォール街の救済とはなんの関わりもなかったが、もし巷のアンチFRB感情が高じてその監督権限が奪われることになれば、いちばん損をするのは地区連銀だった。銀行の監督こそ、地区連銀の仕事だったからである。監督責任以外には、地区の商業銀行にこまごまと資金を供給する他にほとんどやることがなかった。地区連銀総裁はいつも金融システム全体の利益という観点から話をしていたが、いちばん割を食うのは彼らだということは、頭の回る人間ならすぐに予想できた。

ＦＲＢを代弁する声は、一枚岩ではなかったものの、強力な主体の集まりだった。バーナンキとＦＲＢの側近。ガイトナーとオバマ政権。大小の民間銀行。国中の地区連銀と、その政治経済界の人脈。問題は、それほどの大きな力をもってしても、ここまで政治的に不人気な組織への根深い憎悪を克服できるかどうかは未知数であるということであった。

民主党の威信をかけた闘い

オバマ大統領が就任した二〇〇九年はじめ、だれもがバーナンキは一期限りの議長だろうと考えていた。近代最悪の景気後退を未然に防ぐことができなかったばかりか、民主党政権の中の共和党員だったからである。民主党員の中では、一九八七年以来共和党員がＦＲＢの議長職についてきたことへの不満があり、しかも民主党の中には明らかな適任者がいた。

ラリー・サマーズは学問上のライバルを完膚なきまでにやっつけることで知られており、女性は科学に向かないと発言してハーバード大学の学長を辞めさせられていた。しかし、彼は一流のエコノミストであり、元財務長官であり、二〇一〇年一月のバーナンキの任期切れに際してオバマが変化を求めるとすれば、またとない人選だった。政権発起時に、オバマはサマーズに国家経済会議の委員長への就任を打診した。経済危機のなかで熟練した学者を傍に置きたいと考えたのである。かつて務めた財務長官よりは格下の仕事だったが、サマーズにとってはＦＲＢ議長の指名にふさわしい忠実な兵士としての立場をアピールする機会だった。

オバマ政権発足後、バーナンキと大統領は礼儀正しく接していた。だが、深い個人的な絆があったわけではない。政権発足から半年の間にふたりきりで会ったのは四回だけである。その間、バーナンキは次々にマスコミに登場していた――名実共に国家経済に自信を取り戻させようとしていたのである。バーナンキの積極的な金融政策――ゼロ金利政策と一兆七五〇〇億ドルにのぼる債券買い取り――は、アメリカ経済を破綻から救い出す効果をあげているように見えた。景気後退は二〇〇九年六月に底打ちが宣言された。

オバマ政権の中には、バーナンキの行動――特にテレビなどへの出演――を、再任への見え透いた働きかけだと見た人もいた。

オバマがだれを議長に指名するかは、大統領とガイトナーと首席補佐官のラーム・エマニュエルだけの間にとどめられていた。このことで、ガイトナーは微妙な立場に立たされた。サマーズは一九九〇年代に無名だったガイトナーを財務省に拾い上げ、国際経済問題の第一線に登用してくれた恩人である。一方で、バーナンキは苦しい危機の日々に力を合わせたパートナーであり、それ以来親しく付き合ってきた友人だった。

だが、タイムリミットが迫る頃には、オバマにとってもガイトナーにとってもそれほど難しい決断ではなくなっていた。バーナンキが経済を破綻させないために必要な手をすべて打つことは証明済みだった。また、ウォール街の信任も得ていた。ウォールストリートジャーナル紙が行なった調査では、四七人の銀行エコノミストのうちひとりを除いて全員がバーナンキの再任を支持していた。[6] ＦＲＢ嫌いの政治家であっても、その多くはバーナンキを尊敬していた。

サマーズに能力があるのは間違いないが、バーナンキより議長に適任かは怪しいところだった。サマーズの強烈な個性がマイナスに働くとも考えられた。なんといってもＦＲＢ議長はひとりで政策を作るわけではなく、理事会を合意に導かねばならない。合意形成はサマーズの得意とするところではなかった。

脆弱な経済状況のなかで、ガイトナーとオバマは安全な選択に傾いた。六月に入って、ガイトナーは、バーナンキとの毎週の定例ミーティングの折にこう聞いてみた。二期目に興味がありますか？バーナンキはあると言った。バーナンキは疲れ切っていて、プリンストンに戻って静かに学究生活を送りたいと思わないでもなかった。だが、一旦始めた危機対応を最後まで終わらせたかったし、再任は彼の政策への暗黙の支持であるとも感じていた。二〇〇九年のジャクソンホール会議が開かれる前の晩、バーナンキはホワイトハウスに呼ばれた。オバマとバーナンキとガイトナーのミーティングは一〇分もかからなかった。大統領はバーナンキの仕事ぶりを賞賛し、次期議長の指名を受けて欲しいと言った――が、いいタイミングが来るまで伏せておきたい、と。ここにきてもオバマとバーナンキの間には特別な絆はなかったが、その能力と信頼性だけで再指名には充分だった。

その年のジャクソンホールでは、バーナンキが再指名されるかどうかがそこかしこで話題になっていた。本人はその答えを知っていたが、決してだれにも悟られないように気をつけた。発表は、翌週大統領が休暇を過ごしていたマーサス・ヴィニヤードで行なわれた。休暇中の大統領との共同会見に何を着て出たらいいのかわからなかったバーナンキは、いつものダークスーツを着ていった。大統領は上着もネクタイもつけていなかった。会見場として準備された地元の高校の体育館に着くまでには、ふたりはなんとなく外見を合わせていた。バーナンキはネクタイを外し、大統領はスポーツジャケットを羽織っていた。

「大恐慌研究の専門家であるベンが、まさかそれを未然に防ぐ役目を負うことになるとは、彼自身想像もしていなかったに違いありません。ですが、その経歴、気質、勇気、そして創造性のおかげで、我々は救われました。それが、彼をFRB議長に再指名する理由です」オバマは言った。

もちろん、上院の承認が大前提だった。一二月一七日に銀行委員会が開かれ、バーナンキの承認を本会議に上げるかどうかが議論された――任期切れのちょうど六週間前である。クリストファー・ドッドは危機前のFRBの政策をけなしていたが、バーナンキには賞賛の言葉を送った。「ベン・バーナンキは難局のなかでFRB議長として私たちを導いた。完璧ではなかったにしろ、アメリカ史上もっとも困難な時期に立ち上がり、賢いリーダーシップを発揮して国を救った[7]」

次はリチャード・シェルビーの番だった。「我々は過去に多くの法案を成立させ、FRBへの信頼を示してきた。必要かつ適切なときにそうした法律をFRBが行使するものと信頼していた。しかし、我々の信頼と自信は失われた……ベン・バーナンキの理事および議長時代にFRBがとった行動に私は強く反対し、またバーナンキの描く未来の計画を信頼するものではない」

残りの上院議員がバーナンキへの意見をひとりひとり述べるうちに、パターンが見えてきた。丁寧さはそれぞれ違っていたが、共和党員はみな否定的な意見を述べた。結局、銀行委員会の民主党議員はひとりを除いて全員バーナンキを支持し、一〇人の共和党議員の中でバーナンキを支持したのは四人だけだった。承認は本会議に移され、バーナンキはふたたびここで闘いを強いられた。

ドッドが目指した超党派の金融改革法案は、まとまりそうになっては、またばらばらになっていた。シェルビーは狡猾な交渉人だったうえ、共和党が掲げる法案戦略を優先していた。つまり、オバマの目玉政策にはすべて反対し、時には妨害し、大統領を無力に見せるという戦略である。ドッドはそのことを重々承知していたが、それでも共和党がウォール街の利益を守っているようには見られたくないはずだと考えていた。

実りのない交渉を数ヵ月続けたあと、ドッドは結論を迫ることにした。二〇〇九年一一月一〇日、ドッドは一一三九ページの法案を上院銀行委員会に提出し、シェルビーと共和党に、真剣に交渉するか法案に反対するかを迫った。ドッドの案は今とは異なるＦＲＢの姿を描くものだった。それは、金融システムの最後の砦ではなく、金融政策だけに集中しそれ以外の機能をほとんど持たない組織の姿だった。

一一月半ばの公聴会で、シェルビーはドッド法案のほぼすべてを攻撃した。ドッドはじっと座ってこめかみに指をあてていた。シェルビーはドッドへの協力の可能性を除外しなかった。しかし、合意を引き出そうという熱意もないようだった。シェルビーが口を開くたび、超党派法案の夢は消えていった。

上院よりも与党案が通りやすい下院では、はるかに早いスピードでものごとが進んでいた。バーニー・フランクは、バーナンキとガイトナーの意見に近い形で、ＦＲＢにより大きな権限を与える法案を起草していた。だがその中には、人気取り政策が一部含まれていた。フランクとノースカロライナ州選出のメル・ワット議員はロン・ポールのＦＲＢ監査法案に代わるような新しい情報公開の要求を盛り込みながらも、金融政策や海外中銀との取引に関しては議会が口を挟めないような文言を入れていた。

ポールは怒り狂った。「この法案は、ウォール街と大銀行の利益を優先するものだ」と委員会で訴えた。国民は、「暴走する秘密主義の政府にも、金融救済法案を成立させるような議会にも、だれもなにも知らされないことにも、うんざりしている」と。

ポールはＦＲＢ監査法案を守るため、フロリダ州選出の新人民主党議員アラン・グレイソンと手を組んだ。グレイソンは、ポールに負けず劣らずＦＲＢ嫌いの攻撃的なリベラル派議員である。ＦＲＢ監査法案は超党派の支持を得ていたが、下院リーダーたちはバーナンキとガイトナーの主張にも一理あると思っていた。ポールとグレイソンの法案は、金融政策に政治が首をつっこむことを許すものであった。とはいえ、ＦＲＢの力と秘密主義への強い怒りはためらいに勝り、ポールの法案の勢いは止まらなかった。一一月一九日、ポール－グレイソン修正法案は四三対二六で金融サービス委員会を通過し、三週間後には包括的な金融改革法案の一部として下院を通過した。

二〇一〇年が明ける頃には、ドッドの戦略は壁に突き当たっていた。シェルビーはこれまでにもましてＦＲＢに敵対的になり、より包括的な法案の協議も後退していた。ドッドの側近は、シェルビーが共和党内で名をあげるために強硬な態度に出ていると言っていた。

ドッドは目標を立て直す必要に迫られた。ＦＲＢの力を縮小させることを目指していたが、シェルビーと共和党保守派の支持がない今、法案成立には民主党全員と共和党中道派の一部の支持が必要だった。それは難しそうだった。有力上院議員であるニューヨーク州選出のチャック・シューマーなど民主党の一部はすでにガイトナーとオバマ側についており、ウォール街の監督権限をＦＲＢから奪うことに断固反対していた。

そこで、ドッドは次善の案を推した。資産五〇〇億ドル以上の民間銀行――全国八〇〇〇の民間銀行のうち約三〇行――をＦＲＢの監督下に置き、小さな銀行を新たな監督機関のもとに移すという案である。ガイトナーとホワイトハウスは、その案の交渉には前向きのようだった。それなら、財務長官の第一の目標である、もっとも大規模で複雑な銀行をＦＲＢの監督下に置くことがかなう。最初のミーティングで五〇〇億ドルという基準を出してきたのは、ガイトナーの方だった。バーナンキはその案には反対だった。上院議員との内輪の会合では、彼は大銀行の監督について熱心に語っていた。大きな金融機関を監督できなければ、中央銀行としての仕事に差し障り、アメリカ経済全体を大きなリスクにさらす。しかしバーナンキは、国中の中小銀行から寄せられる知見は三億人の国民を擁する経済の働きを理解するために欠かせないと繰り返し述べていた。小さな銀行を監督しない連邦準備制度は、ワシントンやウォール街の視点だけで世界を見る危険がある、とバーナンキは訴えた。

一部の地区連銀は、ワシントン本部が望みのものを得るために、小さな銀行の監督権限を売り渡すのではないかと恐れ、不信に陥っていた。カンザスシティ連銀のトーマス・ホーニグとダラス連銀のリチャード・フィッシャーは、他の連銀総裁に警鐘を鳴らし始めた。

一二の地区連銀総裁が業務について報告し合う連銀総裁会合や電話連絡を通して、ホーニグとフィッシャーは政治にうとい総裁たちにはっきりと現実を突きつけた。連銀への脅威は本物である、と。ワシントンの理事は我々を守ってくれない。自分たちの持てる人脈を使って議会に訴えなければならない。「我々は監督業務を続ける必要がある。もしそれが大切だと思うなら、行動を起こして欲しい」ホーニグはそう呼びかけた。

各連銀には、民間銀行家、企業経営者その他の地域代表からなる一二名の理事がいる。彼らはたいてい裕福で人脈も広い。全国の隅々にこのような一四四名の軍団がいるのである。地区連銀総裁の多くは理事に頼んで知り合いの政治家にＦＲＢを守るよう要請してもらった。地元の銀行協会にロビー活動を要請した理事もいた。連銀総裁たちはワシントンを訪れ、政治家に会って自分たちの主張を伝えた。ロビイストの真似事をしようとしていたのである。二〇一〇年のはじめには、ホーニグはワシントンの常連となり、朝から晩まで議員との会合をぎっしり詰め込んでいた。スタッフはロビー活動にはまだ不慣れで、政治家が働く七つのビル群の中の移動時間をしょっちゅう読み違えていた。

根回し、妨害、ロビイング

民主党は追い詰められていた。新政権の目玉政策である医療保険改革法案は一二月に上院を通過したが、それは長く醜い闘いの果てであった。民主党はウォール街の手先として攻撃された。

景気後退は数字の上では終わっていたが、停滞は続いていた。二〇〇九年の終わりに失業率は一〇パーセントを切るか切らないか程度で、一九八〇年代以来最悪の水準にあった。そんななかで、ありえないことが起きた。二〇一〇年一月一九日火曜の補欠選挙で、アメリカでもっともリベラルなマサチューセッツ州の上院議員に、脳腫瘍で死去した伝説のテッド・ケネディに代わって共和党のスコット・ブラウンが当選したのである。これで民主党の議席数は超多数派《スーパー・マジョリティ》である六〇議席を割り込むことになった。

スコット・ブラウンの勝利は民主党全体に衝撃を与え、短期間にこれほど支持を失った理由についてみんなが犯人捜しにやっきになった。景気が第一の理由であり、その責任はウォール街にある。そして、普通に考えれば、それを煽ったのはＦＲＢである。そのＦＲＢを率いていたのはベン・バーナンキだった。それは、くしくも任期の切れる一月三一日の二週間前で、オバマはバーナンキを再指名していたが、上院ではまだ承認されていなかった。

補欠選挙での敗北から二日後、民主党上院議員は毎週恒例の昼食会で戦略を話し合った。緊張した会合の中で、リベラル派と中道派の一部は、不況とウォール街救済に有権者が激怒しているときに、その原因を作った張本人を承認するのはおかしいと息巻いていた。「マサチューセッツの件はある種の警鐘だった」[8]とバーニー・サンダース議員は語った。

バーナンキが承認されなければ大変なことになる。失業率が一〇パーセントに近く、市場への信頼が揺らいでいるこの時期にＦＲＢに議長が不在となってしまう。しかも、これほど注目を集める指名が民主党与党の上院で否決されれば、オバマ政権は大きな痛手を負うことになる。闘いが始まった。

「官邸の中でも政治的駆け引きを好む人たちはバーナンキを気に入らず、この闘いにそれほど熱心ではなかった。彼らを引きずり込むのが一苦労だった」ある高官はそう語った。「だが、指名が通らなかったときの痛手を理解すると、彼らはやる気になった」

ホワイトハウスでは、ラーム・エマニュエルと大統領上級顧問のデビッド・アクセルロッドが上院議員を揺さぶる作戦に出ていた。押しが強く人脈豊富なエマニュエルは電話にかじりついた。大統領自身も、バーナンキが承認されなければ市場に深刻な影響が及ぶと強調しながら、上院に働きかけた。国務長官のヒラリー・クリントンでさえ、外交政策に関する上院議員との会話の中で、わざわざバーナンキ再任に触れていた。

バーナンキと側近たちもまた、臨戦態勢に入っていた。ＦＲＢ流の目につかないやり方で。彼らはチーフ・ロビイストのリンダ・ロバートソンのオフィスに作戦司令室を設置して、各上院議員の票を読み、それぞれに対する攻略法を考えた。バーナンキとのミーティングは？　四二名の上院議員がそれに応じた。業界団体の圧力は？　ＦＲＢはいくつかの主要業界ロビー団体にも人脈を持っていた。

米国商工会議所は大統領の医療保険改革法案に断固反対の立場をとっていたが、会頭のトム・ドノヒューはバーナンキ支持に積極的だった。ドノヒューは共和党上院議員に呼びかけた。ウォール街最大手金融機関のＣＥＯが参加する金融サービスフォーラムも、知り合いの上院議員に働きかけるようメンバーに訴えた。ＪＰモルガンのカリスマＣＥＯ、ジェイミー・ダイモンはあちこちに電話をかけた。ゴールドマン・サックスのロイド・ブランクファインＣＥＯでさえ、少なくともひとりには電話をした。テネシー州選出のボブ・コーカー上院議員である。

バーナンキ再任の功績の一端は、アメリカでもっとも嫌われていた大企業、つまり危機を生み出す原因を作った巨大金融機関の経営者たちの積極的な働きかけにあると言ってもいい。

バーナンキの再任をめぐる闘いはもはや、この頭の禿げかけた経済学者が今後四年間FRBを率いるのに最適な人物かどうかが焦点ではなくなっていた。人気取り政治家の怒りに政府のかじ取りを許すかどうかの問題になっていた。

一月二三日金曜日、ドッドとニューハンプシャー州選出の共和党上院議員ジャッド・グレッグは、バーナンキ再任を予想する共同声明を出した。声明やテレビ取材にも、次第に潮目が変わる様子が現れ始めた。

「金融危機の責任をひとりになすりつけるのは間違っている」カリフォルニア州選出の民主党議員ダイアン・ファインスタインはそう言った。「安定と継続性のため、バーナンキ再任を支持する」

上院民主党のナンバー2で、これまで態度を保留していたリチャード・ダービンも、しぶしぶ態度を決めた。「FRBの政策と景気への懸念はある」テレビ番組に出演したダービンは言った。「だがバーナンキは、大恐慌以来最悪の金融危機において、我々を導いた」

共和党リーダーたちは、慎重に成り行きを見守っていた。一方で、共和党にとってオバマが選びそうな他の候補よりバーナンキの方がましなのは明らかだった。だが他方で、バーナンキは保守派の支持基盤にとって象徴的な敵役になっていた。再任争いで民主党に冷や汗をかかせ、大統領に時間と政治力を使わせることを、共和党は楽しんでいるようだった。共和党が票を出し惜しみすることで、民主党議員は国民に不人気なバーナンキに投票せざるを得なくなる。上院院内総務のミッチ・マコーネルが政治討論番組『ミート・ザ・プレス』で次のような発言をしたのも、そういう理由からだ。

「バーナンキは上院で超党派の支持をうけるだろう。おそらく再任されるはずだ」とマコーネルは言った。

「では、賛成票を入れますか?」番組ホストのデビッド・グレゴリーが訊ねた。

「超党派の支持を受けるだろう」

「ですが、賛成票を入れるとはおっしゃらない？」グレゴリーが押した。

「二、三日中に決める」

「再任に懸念があると？」

「再任されると思う」

「ですが、懸念を持たれているわけですね」

「一部にはあるが、再任されるだろう」

マコーネルは正しかった。一月二八日、上院は七〇対三〇で彼を承認した。一八名の共和党議員と一二名の民主党議員が反対票を投じた。再任投票での反対票としては、史上最多であった。

いずれにしろ、両党は歩み寄り、バーナンキはあと四年の任期を得た。

喜んでいる暇はなかった。闘いはすでに金融改革案に移っていた。地区連銀総裁たちは自分たちの銀行監督権限を守ろうと、全力でロビー活動を繰り広げていた。こんな売り言葉で。「我々は地域に根付いた連邦準備制度組織である」「ワシントンやニューヨークの大銀行寄りの官僚への抑えとなる存在である」「資産五〇〇億ドル以上の銀行だけをＦＲＢ監督下に置くドッド案は、ウォール街の利益を偏重する制度を生む」と彼らは訴えた。

地区連銀総裁は自分たちの正当性を主張し、積極的にワシントンの政治家を訪問した。ある上院議員スタッフは言う。「周りを見回すと、いつもどこかの地区連銀総裁がいた」

地区連銀総裁たちは、あまり理解されない地区連銀が実際になにを行なっているかを政治家に説くことに多くの時間を割いた。ＦＲＢがウォール街の巨大資本を支えていることに激怒し、ロン・ポールの法案を支持していたある議員が、ダラス連銀のリチャード・フィッシャー総裁のもとを訪れた。

貸付窓口を通した融資をひとつひとつ全部自分で承認していたフィッシャーは――融資額が一晩で九〇億ドルに達した危機の最中でさえそうしていた――、たまたま訪問前日に、その議員の選挙区にある銀行に貸出窓口から融資を行なったことを知っていた。

「昨夜、あなたの選挙区の銀行に一万ドル貸しました」とフィッシャーは告げた。その議員は仰天した。彼らが地元の銀行の日常業務にそこまで深く関わっているとは思いもしなかったからである。

「こういう仕事に関わられたいですか？」とフィッシャーは訊ねた。「ロン・ポールの法案を施行するということは、まさしくあなたたちがこういった判断を行ない、金融政策を実施するということなのですよ」

スノーマゲドン

その冬ワシントンはまれに見る大雪に見舞われ、街はたびたび麻痺状態となった。二〇一〇年二月五日と六日の二日間、ダレス国際空港には一メートル近くの積雪があり、連邦政府は数日にわたって閉鎖された――その吹雪は「スノーマゲドン」と呼ばれた。

政府機関の閉鎖は、バーナンキと側近たちに金融改革法案の最後の一押しの戦略を考える時間を都合よく与えてくれた。FRB本部の周りにはまだ雪が降り積もり、警備員以外にはだれもいないビルの中で、バーナンキは副議長のドナルド・コーン、理事で共和党議員やウォール街とバーナンキの橋渡し役となっていたケビン・ウォルシュ、首席法律顧問のスコット・アルバレス、首席報道官のミシェル・スミス、そしてリンダ・ロバートソンと集まった。

彼らはまずFRBの基本原則と目標を話し合った。金融政策と大手銀行への対応に特化するのか、国内のほぼすべての銀行を監督し国民を保護する幅広い役割を負うのか、双方のメリットを比較した。一方で、専門領域に特化した機関は、効率がいいと思われた。他方で、ＦＲＢは他の監督機関よりも現在の仕事に長けているという自信があった。スタッフは有能で、管理運営もうまくいっている。新たな監督機関はそうはいかないだろう。

なにが大切で、なにが妥協できる部分なのか？　もっとも優先させなければならないのは、金融政策の独立性を維持することである。ＦＲＢ監査法案に対してはなんとしても闘わなければならない。

金融政策の施行とシステムの円滑な運用には、大手金融機関の監督権限を維持することが必要である。また、小さな銀行の監督権を維持することも必要だった。それは、アメリカ経済の原動力となる産業への知見を得るためであり、アメリカ全土で目に見える存在であることによって安心感を保つためである。預金者保護の役割は、手放すことも考えられた。それはこれまでもＦＲＢの中心的機能ではなかった。その大雪の日のいい知らせは、ＦＲＢにとって本当に重要な事柄については潮目が好転してきたらしいということだった。

ワシントンの理事と地区連銀総裁はときに反目することもあったが、二〇一〇年はじめのこの大切な時期には、お互いが強い味方となっていた。バーナンキと理事たちは人脈を駆使して、ワシントン内部で闘っていた。地区連銀総裁はアメリカ全土のさまざまな政治家との人脈があった——また、素人に金融概念を説明する経験も豊富だった。

金融行政に普段は馴染みのない政治家も、次第にドッド - フランク法案の中身に目を向け始めた。そして問題を理解するために、しばしば連銀総裁に助けを求めた。ロバートソンのスタッフはＦＲＢ本部でイベントを開き、連銀総裁がその地区の議員スタッフを招いて何時間でも説明を行なう機会を設けた。

皮肉にも、それまでの理事会と地区連銀との緊張関係が、逆に資産となった。

カンザスシティ連銀総裁のトーマス・M・ホーニグは講演の中で、大企業の救済と「大きすぎて潰《トゥー・ビッグ・トゥー・》せない《フェイル》」文化を攻撃し、暗にFRBの危機対応を批判していた。FRB内ではホーニグに不満を持つ理事もいたかもしれないが、そのことで逆に政治家からの信頼は高まった。あなた方もここ数年のFRBのやり方が腹に据えかねているでしょうが、わたしも同じです、と態度で示していたからである。ですが、あなた方の今の対応は生産的ではありません、と。

ホーニグはまた、地区連銀の理事長を上院の承認の対象とすることに反対だった。それは地区連銀にさらなる政治介入を許すことになると考えられた。しかもそれは、そもそも地方銀行には何の関係もないワシントンやニューヨークの問題が発端となっていた。

ニューヨーク連銀は特に責任が重かった。ゴールドマン・サックスの元CEO、スティーブン・フリードマンはゴールドマンの取締役会の一員でありながら、同時にニューヨーク連銀の理事長も務めていた。二〇〇八年九月にゴールドマンが銀行持株会社に転向しFRBの監督下に入ってからも、フリードマンは両方の役割を維持し続けていた。そのうえ、ゴールドマンがニューヨーク連銀の融資プログラムの支援を受けている最中に、フリードマンはゴールドマンの株の買い増しをFRBより許可されていた。フリードマンが理事長を辞任したのは、ウォールストリートジャーナル紙がこの利益相反を記事にしたあとの二〇〇九年五月だった。しかし、地区連銀総裁の目には、連邦準備制度全体の評判に取り返しのつかない傷がついたと映った。

「本当に頭にくる」とホーニグは言った。「ゴールドマンの人間に例外を許したせいで、アメリカ中のバンカーが目の敵にされている。ネブラスカやデンバーやコロラドの田舎町からきた我々の理事会のバンカーは、『いったいなにがどうなってるんだ?』と目を白黒させるばかりだ」

地区連銀総裁と米国独立コミュニティー銀行協会のロビー活動が勢いをつけてくると、ドッドのスタッフは妥協案を模索し始めた。ＦＲＢは全国に散らばる五〇〇〇を超える銀行持株会社を監督するが、およそ九〇〇の州法銀行については監督権限を手放すというものだ。

カンザスシティ連銀のホーニグとダラス連銀のフィッシャーは、テキサス州選出の共和党上院議員、ケイ・ベイリー・ハチソンを説得し、ドッド案をよりＦＲＢ寄りに修正する交渉を導いてもらうことにした。その旗振り役としてハチソンに白羽の矢が立ったのは、テキサスには数多くのコミュニティー銀行があるからであり、ハチソンは知事に出馬するつもりだったからとされる。

ハチソンのスタッフは、法案中の「ＦＲＢをやっつけろ」作戦の最後の柱を骨抜きにする修正案を草案した。資産五〇〇億ドル未満の銀行の監督権限を現状のまま地区連銀にとどめる案である。ハチソンは上院の中ではどちらかというとおとなしい議員として知られており、取引を画策したり大げさな言い回しを弄するタイプではなかった。だがこの問題に関しては、ハチソンは政治的な野心と個人的な忠誠心に動かされ、フィッシャーやホーニグとほとんど同じ言い分を訴えて、修正を求めた。ＦＲＢを大銀行のためだけの機関にしてはならない、と。

五月五日、ホーニグとリッチモンド連銀のジェフリー・ラッカー、フィラデルフィア連銀のチャールズ・プロッサー、ミネソタ連銀のナラヤナ・コチャラコタは上院の会議室にいた。それは、議員とそのスタッフだけが参加する非公開会議だった。テレビカメラが入らないため、いつもの長い前置きはない。議員が本当に聞きたいことだけを聞く場である。二〇名を超える両党議員が上下両院から集まり、地区連銀総裁が質問に答えることになっていた。

議会番の報道陣が部屋の前でたむろするなか、ほぼ九〇分にわたって議員たちが次々に質問した。連銀の役割とその重要性について、純粋な好奇心から質問していることがわかった。彼らの口調は温かく親しげで、これまでのFRBに関する議論とは打って変わって、激しい怒りは見られなかった。地区連銀総裁たちの主張はやっと届いたようだった。

全アメリカ国民のためのFRB

FRB監査法案は圧倒的多数で下院を通過していたが、クリストファー・ドッドが上院に提出した金融改革法案にはまったく盛り込まれていなかった。バーニー・サンダースはなんとかそれを打開しようと、ロン・ポール案に添った修正案を草稿していた。

バーナンキとガイトナーは、FRB監査法案が成立したら大変なことになると見ていた。金融政策に大きな政治圧力がかかり、必要な厳しい政策判断を下せなくなる。窓口貸付を通した緊急融資が公開されるとなれば、銀行はこの制度を利用しづらくなり、金融危機がはるかに起きやすくなる。サンダースの修正案がそのまま上院を通れば、下院で先にほぼそっくりの法案が通過しているため、これが法律として成立するのは間違いないだろう。委員会で双方の法案をすり合わせることにはなるが、両方の法案に盛り込まれている項目を潰すことは不可能に近い。

ドッドと上院院内総務のハリー・リードは、サンダースにはっきりと言った。FRBの独立性を守り、自分たちとオバマ政権が受け入れられるものにしない限り、あらゆる手を使って妨害する。だが、透明性を確保しつつ独立性を脅かさないところでドッドと合意できれば、修正案を全力で支持し、即座に採決に移す、と。

五月一一日、サンダースは修正案を上院本会議に正式に持ち込んだ。サンダースはスタッフから、できる限り話を引き延ばしてくれと言われていた。落としどころを見つけるための時間稼ぎである。

「今こそＦＲＢのベールをはがすときです」サンダースは言った。「通貨はＦＲＢのものではありません。アメリカ国民のものです。アメリカ国民には、その行方を知る権利があるのです」[9]

サンダースが上院で演説している間、すぐそばの別室でサンダースとドッドのスタッフが押したり引いたりのかけ引きを繰り返していた。サンダース側は金融政策を議会による監査対象にしないことに同意した。ドッド側は泣く泣く緊急融資の公開を認めた――が、二年間の猶予を設けることで、銀行が評判の失墜を恐れて融資を受けにくくならないように配慮した。またドッド側は、金融危機の間のＦＲＢによる融資内容の徹底調査と情報公開に同意した。

彼らが手を打った落としどころは、全員に花を持たせるものだった。人気取りのリベラル派であるサンダースや、保守派ティーパーティーのＦＲＢ嫌いの集団が要求したように、この法案はかつてないほど多くの情報を開示させるものだった。しかしそれはＦＲＢにインフレと闘い金融システムの歯止めとなる自由裁量を残した形での情報開示だった。

「私は政治的決断を迫られた」サンダースは後日報道陣にそう語った。「人々は私にこう言っていた。『透明性は必要だ。監査もいい。だが、日々の金融政策の決定に干渉したくない。それは望んでいない』と」[10]

サンダースのはじめの修正案では多数票を得ることはできなかったはずだが、妥協案は九六対〇で上院を通過した。

翌五月一二日、今度はハチソンの修正案の番だった。一年にわたる攻防とロビー活動とごり押しの末、上院本会議では論戦にもならなかった。ハチソンと共同提案者の民主党議員エイミー・クロブチャーは、それぞれ三〇秒で話を終えた。

「この修正案は、アメリカの金融政策がウォールストリートでなくメインストリートにつながることを確かにするものです」とクロブチャーは言った。彼女の選挙区にある銀行の頭取の言葉を引用してこう続けた。「ＦＲＢはアメリカ人すべてに奉仕するために創られました。ウォール街のためではありません」

形だけの反対らしき主張をしたのはドッドである。ＦＲＢの権限を縮小するというドッドの目標は、上院議員が次々と地元の銀行に取り込まれるにつれ、露と消えた。「修正案に反対します。ですが、これ以上言うことはありません」ドッドはハチソンを見て両手を上げた。「降参です」

それだけだった。採決が始まった。ホーニグと四人のスタッフは連銀の総裁室の図書室のテレビでそれを見ていた。彼らは票を記録し始めたが、数分もしないうちにその必要はないことがわかった。修正案は九一対八で可決され、ドッドの戦略は覆されてＦＲＢは国中のほぼすべての銀行の監督権限を維持することとなった。ホーニグは総裁室の階下にある銀行監察官の部屋に降りていった。そこは彼が四〇年前に仕事を始めた場所だった。いわば人質に取られていた監察官たちに、ホーニグは賞賛の言葉を送った。

いわゆるドッド‐フランク法案が法律になるまでには、まだいくつかの段階が残っていた。いく晩も徹夜会議が続き、その中で上院と下院の法案の相違をすり合わせることになる。ここで、ＦＲＢが断固拒否した条項――ニューヨーク連銀の総裁を他の連銀のように民間理事会による任命ではなく、大統領の指名によるものとする――は取り除かれた。ＦＲＢの闘いは終わった。大切なこと――金融政策の監査、大小銀行の監督権限、バーナンキの承認――にすべて勝利したのはＦＲＢであった。

では、なぜ勝てたのだろう？　これほど人気のない政府機関が危機からひっかき傷と青あざ程度で脱出し、より強い存在となれたのはどうしてだろう？

議会がどれほどＦＲＢの危機対応を罰したかったとしても、総額で数兆の資産を預かる銀行を監督する仕事は複雑で、おいそれとだれかに手渡せるものではない。政治家はその内実を学ぶうち、ＦＲＢには本当に能力と手段があることを知ったのだった。

もちろん、幸運も手伝った。元連銀総裁が現財務長官であり大統領の側近中の側近だったことで、政権はＦＲＢの闘いを助けた。もし財務長官と大統領が違っていたら、優先順位は違っていたかもしれない。バーナンキは政治的な闘いが得意ではなかったが、政治家への接し方はその時代に合っていた。ＦＲＢの秘密主義とあいまいさが批判されるなか、彼は熱心で率直な議長であった。

普段は統治の難しいＦＲＢの構造もまた、プラスに働いた。国内に分散された一二の地区連銀と、民間の理事会、そして連銀の傘の下にある数千というコミュニティー銀行が力を発揮した。コミュニティー銀行は、自分たちの狭い利益のために働きかけていたのではない。ＦＲＢ全体の問題、すなわち金融政策の独立性とバーナンキの承認を求めてロビー活動を行なっていた。

かつて一九一三年に連邦準備法を成立させるために行なった一連の妥協が、怪物を生み出した。だがその怪物の触手はアメリカの産業と政治をしっかりとからめ捕り、消すことのできない存在となっていた。

一三章　ギリシャ悲劇

「確かですか？」若い方の男が聞いた。

「確かですか？」信じられないといった調子で男は繰り返す。

年取った方の男はジョージ・プロボプロス。ギリシャ中央銀行総裁である。総裁は確かだと言った。若い方はジョージ・パパコンスタンティヌ。このギリシャの新財務大臣は、長く憧れたこの仕事が、考えていたよりもはるかに厳しいものであることに気づきつつあった。

パパコンスタンティヌと全ギリシャ社会主義運動党は当初、財政赤字をGDP比六パーセントとする前提で予算を立てていた。だが選挙直前、前政権は税金の回収が不十分なままで支出を大幅に増やしていた。二〇〇九年一〇月四日の選挙までに、財政赤字はGDPの八～一〇パーセントにものぼろうとしていた。

ギリシャ政府には予算と見通しがあったにしろ、実際に税金を受け取り支払いを行なうのはギリシャ中銀である。中央銀行は国家の懐具合をだれよりもよく知っている。中央銀行総裁が新財務大臣に驚くべき知らせを伝えたのは一〇月七日の朝だった。大臣、財政赤字はGDPの一二・五パーセントにのぼります。もしかすると、それ以上かも。

新政権は、会議室に一〇数名のアナリストを缶詰めにして、予算の見直しを始めた。計算の合わない支出が毎日ぼろぼろと見つかった。たとえば、六億ユーロの医療費は、いつそれが発生したか正確な記録がなかった。パパコンスタンティヌは、毎晩「これで終わりだな？」と言っていた。が終わったためしはなかった。「基本的に、ギリシャ政府には予算が存在しなかったということを、我々は発見しつつあった」彼はのちにこう振り返った。

すべての数字が出そろうと、プロボプロス総裁の暗い予測でさえ楽観的すぎたことがわかった。二〇〇九年のギリシャ財政赤字はＧＤＰの一五・七パーセントにものぼっていた。世界最悪の水準であった。

この深い溝を埋める仕事が、三人のジョージの肩にかかった。パパコンスタンティヌ、プロボプロス、そして首相のパパンドレウである。三人がアテネで下した決断が、その後ヨーロッパと世界を再構築することになる。

民主主義が生まれた国

金融危機は、銀行破綻がきっかけとなることもあれば、財政破綻がきっかけとなることもある。いずれにしろ、ひとつだけ言えることがある。きっかけはなんにしろ、それがすぐに広まるということだ。金融システムが崩れると経済が崩壊し、金融機関救済に余分な支出が必要になると同時に財政に圧力がかかる。債務パニックが起きればその国の金融機関は縮小し、財政支出の削減によって景気は減速し、銀行は保有国債の損失に苦しむ。

金融危機と財政危機は、同じコインの裏表である。だが、二〇〇九年一〇月にギリシャ財政の真実が明らかになったことから始まったパニックには、別の一面があった。二〇〇一年のギリシャのユーロ加盟は、この比較的小さな国と全ヨーロッパの富を結びつけ、三人のジョージと一一〇〇万の国民を危機に無防備にさらしていた。

ギリシャはユーロ圏一七ヵ国の中では意外な加盟国である。一九九九年の国民一人当たりGDPは、フランスやドイツの半分の一万三〇〇〇ドルだった。ビジネス環境はめちゃくちゃで、汚職がはびこり、規制は厄介でその運用は予測不能だった。政治は脆弱で、民主制度は定着していなかった――一九七三年までは軍事独裁政権の統制下にあった。

だが、ギリシャには隣国のブルガリアやトルコにないものがあった。それは、ここが民主主義の生まれた場所であり、ヨーロッパという概念、ヨーロッパ帝国の発祥地であったことである。地理的にはヨーロッパとアラブ世界の境目に位置していた。さまざまな問題を抱えていたが、ギリシャは特別な存在であった。

ギリシャにとってもユーロへの加盟はとりわけ魅力的だった。ほとんどの西欧工業国がインフレを克服して久しいなか、一九七三年から一九九四年までギリシャの物価は毎年二桁で上昇していた。ドラクマの価値が年々下がり続けることは、観光産業には恩恵をもたらしたが、一般のギリシャ人の貯蓄を吹き飛ばすことになっていた。高インフレのために国債利回りも一般の貸出金利も驚くほど高かった。返済時のドラクマの価値下落を考慮に入れると、当然のことだった。

一九九二年、一〇年物ドイツ国債の利回りが八パーセントの時代、ギリシャ国債の利回りは二四パーセントだった。ギリシャの二大政党、中道左派の全ギリシャ社会主義運動と中道右派の新民主主義党はどちらもユーロ加盟を熱烈に支持しており、共産党左派とネオファシスト右派だけが反対していた。一九八〇年代と九〇年代のギリシャは、低成長、二桁インフレ、高金利、多額の財政赤字と、ことは、低金利と低インフレを意味し、それが現実のものになった」
数々の問題を抱えていた。「ユーロ加盟によって、ギリシャはドイツのブンデスバンクをモデルにしたＥＣＢの信頼を借りることができた」当時学者だったプロボプロスは言った。「信頼を得るということは、低金利と低インフレを意味し、それが現実のものになった」

ＥＣＢに金融政策を預けたことで、金利も大幅に低下した。二〇〇〇年から一〇年間、ギリシャのインフレ率は三パーセント前後に落ち着いた。表面上はインフレ懸念が払拭され、ギリシャ国債の利回りはドイツやフランスとほぼ同水準まで下がっていた。二〇〇七年の危機前夜、一〇年物ドイツ国債の利回りは平均四・〇二パーセントだった。ギリシャ国債は四・二九パーセントだった。投資家は気が緩み、ギリシャ国債をドイツやフランスやオランダといった健全な国債に替わるリスクフリーの資産と見なしていた。実際、ヨーロッパの銀行規制のもとでは、これらの健全な国の銀行は、ギリシャ国債をリスクフリーの資産として資本の裏付けなく保有でき、そのことが大量保有のインセンティブとなっていた。ギリシャにとってもヨーロッパ全体にとっても残念なことに、ギリシャはこの環境を利用しなかった。「低インフレと低金利環境を利用して、経済を立て直すべきだった」とプロボプロスは言う。

ギリシャは、経済のファンダメンタルズを立て直す代わりに、粉飾を行なっていた。二〇〇〇年代のはじめにゴールドマン・サックスが仲介した一連の通貨スワップを通して、ギリシャ政府は簿外融資を受けていた。また、軍事費を過少に報告し（トルコとの緊張関係が続くなかで、莫大な支出が必要だった）、医療費も把握できていなかった。政府は長期資産――たとえば将来の空港使用料の権利――を売却することで、急場をしのいでいた。「悲しいことに、彼らはなにがウソなのかわからなくなっていた」あるユーロ圏の中央銀行官僚はそう言った。「国家機能に重大な問題があること――ごまかし、数字の間違い、書類の不備――が次第に明らかになっていった」

潮が引いたときにはじめてだれが裸で泳いでいたかがわかる、ということわざがある。二〇〇八年九月のリーマン破綻がきっかけとなった金融危機で、潮が引いた――するとそこは裸のギリシャ人でいっぱいだった。

フランクフルトにいたトリシェは、パパコンスタンティヌと同じ驚きでギリシャの深刻な財政問題を受け止めていた。このときまでECBのスタッフのほとんどはユーロ圏の主要経済の監視にかかりきりだった。ひとりの経済学者がかけもちでギリシャ経済を見ていたにすぎない。二〇〇九年末にそれは一変し、ECBはギリシャ財政を警戒し、一bpの金利上昇にも注意を払うようになっていた。ECB本部では経済学者のチームが招集され、国家予算を徹底的に調査した。クリスマスまでに、アテネに秘密の使節団を送り、現地でギリシャ中銀や財務省から情報を収集した。

あとになって考えると、ギリシャのとんでもない実態への金融市場の反応は、驚くほど鈍かった。一〇月はじめに新政権が発足したとき、国債利回りは四・四四パーセントだった。月末には四・六五パーセントになり、年末には五・七七パーセントになった。パパンドレウが支出削減と税金の積極回収を発表してはじめて――臆病な政策が市場を失望させた――金利は急上昇し始め、二〇一〇年一月には七パーセントになっていた。

しかし、緩やかな金利上昇でさえ、国家には大きな打撃となった。国家の債務水準が高いと、ほんのわずかな金利上昇が深刻な問題を引き起こす。二〇〇九年、ギリシャの公的債務はGDP比一二九パーセントにのぼり、一ポイントの金利上昇でも利払いに支障をきたす状況だった。ギリシャは危機に直面していた。巨大な債務が金利を押し上げ、高い金利が債務を維持不能にしていた。

なにもこれは新しい現象ではない。歴史上多くの国家がこのような苦境に陥ってきた。こうした債務危機に対処する目的で、一九四四年にある組織が設立された。国際通貨基金、IMFである。IM

Fは債務問題を抱える国家に融資を行ない、回復を助ける。設立以来六〇年間に——さまざまな失敗を経験しながら——IMFは債務に苦しむ国家への救済に取り組んできた。同時に、一九九〇年代後半のアジア危機、二〇〇〇年代初頭のラテンアメリカ危機では、財政支出の急激な削減の危険性も認識することになった——支出削減に伴う景気後退が、社会不安や政情不安定をもたらしていたからだ。リーマン危機の当初、IMFは経験豊富なスタッフが蓄積した知識を確実に若手に伝えていくため、いわゆる「危機対応専門家チーム」を作っていた。

IMFのトップについていたのは、中道左派社会党出身で、人脈とカリスマ性を兼ね備えた元フランス財務大臣のドミニク・ストロス・カーンである。二〇一二年の大統領選挙にストロス・カーンがサルコジの対抗馬として出馬する可能性は高いと言われていた。もちろん、女好きで知られるストロス・カーンが醜悪なスキャンダルを回避できれば、という前提ではあったが。

フランスの大統領候補と目されるストロス・カーンの存在は、ヨーロッパのリーダーからの信頼を高めることにはなるが、IMFを引き入れるのはトリシェと一部の人々にとって受け入れがたいことだった。理由のひとつは、ECBの傲慢さである。我らはヨーロッパ、文化の発祥地であって、IMFの救済を必要とするような途上国ではない。IMFの介入を許すことは「屈辱だ」とトリシェは語ったこともある。デフォルトは起きない、起きるはずがないとトリシェは決めつけていた。ギリシャは借金を返す、と。

トリシェは、ドイツ人のような倫理観に基づく哲学を持っていた。ギリシャはカネを浪費し、多額の借金を作った。だから支出を減らし、赤字を削減しなければならない。充分な勇気と政治的決意を見せれば、市場は低い金利でそれに報いてくれるはずだ。トリシェは信頼の力がものを言うと思っていた。政府が断固とした行動をとれば、投資家や企業や消費者の信頼は回復し、ギリシャ経済は成長路線に戻るだろう。二〇一〇年一月、トリシェはこう語っていた。「危機的な状況にある国々は、自国の回復と繁栄のために、大胆かつ勇気ある措置をとることが重要である。それが信頼の改善に必要不可欠であり、現在の経済状況のなかでは、欧州においても世界においても信頼が鍵となる」[1]

そんなわけで、二〇〇九年末から二〇一〇年頭にかけて、トリシェはギリシャが自力で問題を解決できるだろうとたかをくっていた。税制を改正し、財政支出を削減すれば、債券市場の信頼を取り戻せる、と。IMFから——だれからも——助けてもらう必要はない。あるIMF高官は、「トリシェはみんなの先頭に立って、『IMFなどいらん!』と言い張っていた。それはIMFに反対していたというより、加盟国政府に自分で責任をとって欲しかったからだ」と言った。

またトリシェは、ECBはギリシャ救済のどのような措置もとらないと頑なに言い張っていた。「我々はどの政府も、国家も、特別扱いしない」二〇一〇年一月、フランクフルトでの質疑応答にトリシェはそう答えていた。しかし、そのときすでに、ギリシャが財政問題によってユーロからの脱退に追い込まれる危険性を指摘するアメリカやイギリスの評論家もいた。トリシェはその可能性をどう考えていたのだろう?

「ばかばかしい仮説には答えようがない」[2]トリシェはそう返した。

極寒の離島の町で

カナダのモントリオールから軍用ジェット機に乗って四時間ほど北に飛ぶと、グリーンランドからデービス海峡を隔てたバフィン島の人口七〇〇〇人に満たない田舎町、イカルイトに到着する。第二次世界大戦時代には、大西洋を越えて敵地に戦闘機を送り込む中継地点となる航空基地が、ここに置かれていた。現在は、カナダにいちばん最後に加わった最大の州、ヌナブト準州の州都だが、本土からは地上交通手段のない離島の町である。

大寒波が訪れた二〇一〇年の冬、この田舎町に主要国の財務大臣と中央銀行総裁が集まった。国際会議の開催地に不便な場所が選ばれることはこれまでにもあったが、その二月のG7サミットの開催地は、その中でも極端な例だった。

この場所が選ばれた理由はさまざまあったに違いない。うるさい抗議団体などの邪魔が入らないところに高官を隔離できること。イヌイット先住民の文化を讃えること。欧州で禁止されているアザラシ製品の輸入解禁を訴えること。北極圏とカナダの深いつながりをアピールし——原油採掘権を主張すること。理由はともかく、この会議の行方が世界中に大きな影響を与えることになる。

この季節にはめずらしい華氏ゼロ度という暖かさのなかで、参加者たちはイグルー作りの実演を見学し、先住民の文化に触れた。イギリスの新聞は、マービン・キングが分厚い毛皮のコートを着て犬ぞりに乗っている写真を面白がって載せていた。「たのむから赤ちゃんアザラシを棍棒で殴っているところだけは、写真に撮られないようにして下さい」あるセントラルバンカーの広報担当者はそう忠告した。それと、アザラシを食べている姿も。最後の夕食で出されたアザラシの生肉に手をつけたのは、カナダ人だけだった。

いつものダークスーツではなくセーターとコートに身を包んだ財務大臣と中央銀行総裁は、イグルーを思わせるホテルの円形会議室に集まった。トリシェは欧州の同胞に言い訳がましく語った。ギリシャを「特別扱い」しないという前言を翻したのである。ギリシャはもう持ちこたえられない、とトリシェは言った。財政緊縮計画を発表しても国債利回りは上がり続けていた。フランス、ドイツ、スペインの大手民間銀行は多額のギリシャ国債を保有していた。ギリシャの状況がこれ以上悪化すればヨーロッパの金融システム全体が危うくなる。そして、金融市場でギリシャへの懸念が高まれば、同じく財政問題が疑われる国の国債、特にポルトガルとアイルランド、それにスペインとイタリアの国債が下落することは明らかだった。

いつも大所高所の視点を強調するトリシェらしく、今回の脅威はギリシャにとどまらず統一ヨーロッパの問題だと主張した。真剣に受け止めなければ、と。欧州のリーダーたちは、北極圏を去る頃には危険をより深く理解していた。トリシェがイカルイトを発とうとしているとき、集まった報道陣がヨーロッパの先行きについて質問した。「自信がある」[3]と彼は答えた。

このサミットでは、もうひとつの転換が起きていた。カナダの大自然のなかで、世界経済のリーダーたちは、取り組むべき最大の挑戦が入れ替わったことを認めていた。経済は傷を癒しつつある。そろそろ景気浮揚から目を移すべきだ。刺激策はもう必要ない。ギリシャ問題は、世界各国が財政赤字の縮小に手をつけるべきだという合図だった。超緩和政策はもういいだろう。金融引き締めに比較的慎重な態度をとっていたバーナンキでさえも、その数日後に緩和政策からの出口戦略に触れていた。「我々は現在の緩和政策を縮小するために必要な計画を念入りに作りあげてきた。適切な時期にその計画を効果的に実施できることに、充分な自信を持っている」[4]下院金融サービス委員会に向けてバーナンキはそう告げた。

イカルイトのG7サミットは、世界が金融引き締めと財政緊縮へ向けて大きな転換を始めた瞬間だった。「もちろん、グローバルな景気は改善してきたし、これからも改善し続けるだろう」開催国カナダの財務大臣、ジム・フラハティーは二月六日の記者会見でサミットを総括していた。「我々は……出口戦略に目を向け、より安定的な財政路線に移り始める必要があるだろう」[5]つまり、もう繁みから抜け出したということである。

しかし、それは時期尚早な――しかも、高くつく――発表だったことがのちにわかる。

三週間後、ＥＣＢ理事のユルゲン・シュタルクはアテネに飛んだ。ギリシャ政府と欧州委員会（ＥＣ）の経済・通貨問題委員オッリ・レーンとの交渉のオブザーバーとなるためである。だが、旅の目的はそれだけではなかった。イカルイトでのトリシェの説得を受け、ユーロ圏政府はギリシャが債券市場で資金調達できなくなった場合にはなんらかの資金供給を行なうことを考えていた。

だが、彼らはその代わり、ギリシャが予算削減、民営化、増税といった広範な措置を実行することを求めていた。財政緊縮が信頼につながるというトリシェの信条が勝ったのである。しかし、ドイツ政府はレーンらが断固とした態度で交渉することを望んだ。そこでシュタルクの出番となったわけである。ブンデスバンクをモデルにしたＥＣＢなら、ギリシャの放漫財政への強力な対抗力となる。そんなわけで、自身もドイツ人のシュタルクがアテネに飛び、ある種のお目付け役としてレーンに協力することになったのだった。

三月一日の朝、シュタルクが部屋に入っていくと、財務大臣のパパコンスタンティヌが固くなるのがわかった。パパコンスタンティヌはシュタルクを無視してレーンと話し続けた。だがシュタルクは臆せず発言した。パパコンスタンティヌは知らなかったが、その朝シュタルクはレーンと朝食を共にし、作戦を練っていた。そのふたりを対立させようというパパコンスタンティヌの思惑はあて外れに終わった。

パパコンスタンティヌはギリシャの財政赤字を一年間で三分の一削減する計画を示した。二〇〇九年の対ＧＤＰ比およそ一三パーセントから、二〇一〇年には八・七パーセントに減らすという。それは経済活動の四パーセントの減少を意味し、急激な景気後退を引き起こすはずだった。支出削減の痛みを和らげるためには、なんらかの緩和措置が必要とされた。たとえば、利下げ、輸出振興のためのパートナーシップ、信頼回復によるギリシャへの外国投資の促進など。だが、その日の話し合いは、景気後退のリスクや痛みを緩和する措置には及ばなかった。財政赤字削減の時期と方法が焦点であった。

シュタルクとレーンは、パパコンスタンティヌの計画を気に入った。ふたりはギリシャが大胆な財政改革計画を持ち、それを実行する政治的意思があると信じた。ギリシャ側は付加価値税を上げ、税金の回収を強化し、年金を凍結し、公務員への「一四ヵ月目の給与」を廃止する計画を立てていた。ギリシャでは、月給に加えて、休暇の費用を補填するような、いわゆる「一三ヵ月目」と「一四ヵ月目」の給与が支給されていた。その一ヵ月分を削ると、給与の七パーセントの削減になった。「こうした措置は簡単ではないが、財政赤字と公的債務の削減は必要であり、経済回復に大きく貢献するものである」とレーンは記者に語った。「我々は、ギリシャ経済が活力を取り戻すよう、引き続きギリシャ政府と国民を支援していく」一方で、シュタルクは、パパコンスタンティヌが財政赤字削減に真剣であることをECBに報告していた。

この会合から三日後、労働組合員およそ二〇〇人が財務省に押し入り、支出削減に抗議した。不満が渦巻いていたのは、アテネの街角だけではない。ギリシャ救済の議論が盛り上がるにつれ、ドイツでも怒りが膨らんでいた。ギリシャ人が一四ヵ月目の給与を失い年金を削減されるのを嫌がるように、ドイツ人もまた金遣いの荒い国を助けるのを嫌がった。タブロイド紙のビルトは、ギリシャへの怒りをことさら煽り立てていた。二〇一〇年冬には、一面に「ギリシャはドイツの銀行を破産させる?」[6]「ギリシャ人は貯金せず、喧嘩とストライキばかり」「腐ったギリシャ人よ、島を売れ、そしてアクロポリスも」といった見出しが並んでいた。

それでも、二〇一〇年三月には、ユーロ圏各国によるギリシャ救済案がやっとまとまりつつあった。

三月二五日の朝、トリシェはブリュッセルの欧州議会での定期証言に臨んだ。まずドイツ語で、「議長どの」と挨拶し、フランス語でひとこと二言述べてから、証言のほとんどを英語で行なった。二二〇〇語の証言の終わり近くに一文が挿入されていたが、ひっそりと入れられていたので多くの参加者はその重大さに気づかなかった。「ECB理事会は二〇一〇年以降も適格担保の最低格付け（トリプルBマイナス）を維持するものである」[7]

つまりこういうことだ。格付け機関がギリシャその他の国々の格付けを下げても、金融機関はギリシャ国債を担保としてECBから融資を受けることができる。それは二ヵ月前のトリシェ自身の発言を覆すものだった。ECBはギリシャに流動性を供給するために損失のリスクを負い、ギリシャ国債の投げ売りを防ぐということだった。

トリシェの心変わりはそれだけではない。ドイツ首相のアンゲラ・メルケルは、この頃までにIMFをギリシャ救済に引き入れてもいいと思うようになっていた。IMFにはありあまる資金力と経験があるうえ、「条件」を履行させる、つまり改革への圧力を強める力があると考えたのである。フランスのサルコジ大統領など、それを屈辱と感じるリーダーは少なくなかった――IMFの介入は、その最大株主であるアメリカの影響力をヨーロッパに持ち込むことになる。

「メルケルの考えは、ヨーロッパという概念そのものへの裏切りである」とフランクフルター・ルンシャトウ紙は論じていた。「IMFへの支援要請は、IMFを牛耳るアメリカへの要請に他ならない。なんと恥知らずなことであろう。欧州委員会とECBを汚す行ないである」

だが、メルケルには心強い味方がいた。つい三月四日まで、トリシェは「IMFの支援は非常に重要だが、資金供給を頼ることは適切でない」[8]と言っていた。しかし、政治の風向きが変わるにつれ、トリシェの意見も変わった。だがいつものトリシェらしく、意見を変えたなどとは認めなかった。

「私も理事たちも、ＩＭＦがこの道の専門家でないと言ったことは一度もない」[9] 四月八日、トリシェはＩＭＦによるギリシャ救済を支持し、そう述べた。

その木曜日、トリシェとユーロ圏一六ヵ国の首脳がブリュッセルで達した合意は、風刺漫画のようないかにもヨーロッパらしい意思決定の産物であった。ＩＭＦの関与といった中身のある話はともかく、共同声明の中で「ガバメント」と言うべきか「ガバナンス」と言うべきかといった議論に何時間もが費やされた。その結果できあがったのは、たった一ページ半のなんともあいまいな声明で、基本的に欧州各国政府はギリシャを破綻させないと約束するだけのものだった。声明は、「ユーロ加盟国は、ユーロ圏全体の金融システムの安定を維持するため、必要とあれば断固とした協調行動をとることを再確認する」という文言だった――彼らの口約束さえあれば、市場が問題国家に融資を続けるだろうとでもいうように。トリシェは記者会見で「本日決定された措置は、通常、発動されることはない」[10] と述べた。

ユーロ加盟国による経済支援の金額を示すような文言は声明のどこにも見当たらなかった。報道陣に聞こえてきたのはたった二〇〇億ユーロ前後の支援額であり、その三分の一をＩＭＦが負担するという噂だった。そのような支出には、加盟一六ヵ国すべての承認が必要とされる。スロベニアやマルタやキプロスがそれを妨害することも、理論的には可能だった。

単一通貨の縛りのもとで加盟国がお互いを支え合わなければならないという現実を、欧州首脳はこのときはじめて認めたのだった。しかしヨーロッパはそのチャンスを活かせなかった。このとき、ギリシャ危機はヨーロッパにとってわりと小さな資金負担で解決できる問題だった。ギリシャのＧＤＰはユーロ圏全体の二パーセントにすぎなかった。だが、ユーロ加盟国は比較的弱い国々を支援するにはするが、他の選択肢がまったくないときだけに限ってしぶしぶ支援するのであって、そこには大きな手続き上の障害があり、支援規模も充分ではないことが、その春に図らずも露呈したのだった。

金融市場がそれを理解するのに時間はかからなかった。サミット前に六・四六パーセントだった一〇年物ギリシャ国債の利回りは、翌日六・二八パーセントに下がっただけで、市場はヨーロッパがギリシャを無条件に支援すると信じていないことは明らかだった。さらに心配なことに、暖かくなるにつれて雲行きがますます怪しくなってきた。

ギリシャ国債が下落すると、「次はどこか」と噂されるようになった。金融業界とメディアは、それらの国々をアルファベットの頭文字で「PIIGS」と呼んでいた。ポルトガル、アイルランド、イタリア、ギリシャ、スペインである。ECB内部では、財務的に問題の大きそうな国から小さそうな国の順に、「GIPSI」と呼ばれていた。ギリシャ、アイルランド、ポルトガル、スペイン、イタリアという順番である。

ギリシャの財務問題は、解決にそれほど費用はかからないはずだった。だが、ユーロ圏首脳の動きがあまりにも遅く消極的であったがために、はるかに高くつくことになってしまう。二〇一〇年四月には、ギリシャ国債の利回りは一〇パーセント近くまで上昇した。他のGIPSI国の利回りも上昇していた。アイルランドの一〇年物利回りは月初の四・四八パーセントから月末には五・一二パーセントへと上昇した。ポルトガルは四・二二パーセントから五・一四パーセントに上がった。

それは、グローバル投資家の群衆心理によるものだった。実際にはGIPSI各国には、大きな違いがあった。ある国（ギリシャ）は危機以前に巨大な財政赤字を抱えていたが、他は違っていた。対GDP比の公的債務が非常に大きな国が二ヵ国（ギリシャとイタリア）あったものの、三ヵ国はそうではなかった（当時、スペインの公的債務の割合は財政の健全なドイツより低かった）。ある国（アイルランド）は柔軟な労働市場とビジネス寄りの環境を備えていたが、残りの四ヵ国は労働者の解雇

	GDP（2010年）	財政赤字（対GDP比、2010年）	公的債務（対GDP比、2010年）	ビジネス環境ランキング＊
ギリシャ	3050億ドル	9.6%	142%	100位
アイルランド	2040億ドル	32.0%	96%	10位
ポルトガル	2290億ドル	7.3%	83%	30位
スペイン	1兆4100億ドル	9.2%	60%	44位
イタリア	2兆600億ドル	4.6%	119%	87位
ドイツ	3兆3200億ドル	3.3%	80%	19位

＊世界銀行「ビジネス環境の現状」（2012年版、183ヵ国対象）

や給与削減に多くの障害を設け、企業の環境変化への対応を難しくしていた。二ヵ国（アイルランドとスペイン）は銀行の引き当て損に苦しみ、三ヵ国はそうではなかった。三ヵ国（ギリシャ、ポルトガル、アイルランド）は経済規模が小さく、救済することが比較的容易だったが、二ヵ国（スペイン、イタリア）は経済規模が大きく、救済するとなればユーロ全体が破綻しかねないほどの負担になると思われた。参考のため、ドイツと比較したGIPSI五ヵ国の統計を表にまとめた[11]。

　GIPSI五ヵ国はそれぞれ異なる問題を抱えていたが、市場は十把一絡げに見るようになっていた。さらに問題だったのは、市場がこの危機を、南ヨーロッパのだらしない政府の単なる無駄遣いによるもので、それを直せば解決できると思ってしまったことだ。健全なヨーロッパの国々も同じように考えていた。

　四月にギリシャ国債の利回りが急上昇すると、三月二五日の口約束が効かないことが明らかになってきた。五月に八五〇億ユーロの国債償還期限を控え、ロールオーバーは不可能だと思われた。四月二三日、パパンドレウ首相は、財政危機を認め、支援策の発動を要請した。トルコ沖に浮かぶカステロリゾ島の美しい風景を背にして、パパンドレウ首相はギリシャの古代史を引き合いに出した。「我々は国家として緊急に、支援策の発動をEUの同胞に正式に要請いたします」と語り、四五〇億ユーロの緊急融資を求めた。「我々は――政府と国民は――沈みつつある船を受け継ぎました……苦難の道を歩む、現代のオデュッセイアのようであります。しかし今、イタケーへの道は開かれ、我々はその旅に出ようとしています」[12]

ホメロスが描いたオデュッセイアの旅は一〇年間続き、人食いや、船乗りを豚に変える魔女や、狂暴な片目の怪物が登場する。ギリシャが漕ぎ出す旅もまた、厳しいものになりそうだった。

荒れる金融市場

財政支援を要請する他に道はないとパパンドレウ首相が発表した四日後、市場はふたたびギリシャに背を向けた。しかもきっぱりと。スタンダード＆プアーズ（S＆P）はギリシャ国債の格付けをジャンク級に落とした。四月二七日に一〇年物国債利回りは九・七パーセントまで上昇した。それだけではない。市場の機能が停止していた。現実には市場での資金調達が不可能になっていた。欧州の指導者とＩＭＦは、ギリシャ救済策をなんらかの具体的な措置として示すため、ふたたび交渉の席に戻った。

関係者全員が、五月二日の発表ですべてが終わることを願った。三年間で一一〇〇億ユーロをギリシャに融資する――支援額はそれまで以上に膨れ上がっていた。そのうち八〇〇億ドルはユーロ圏から、残りはＩＭＦからの支援である――だが紐付きの融資だ。パパコンスタンティヌ財務大臣とパパンドレウ首相は、ＩＭＦが掲げた財政赤字の削減と増税などを条件とした八一ページの覚書に署名した。その覚書は、二〇〇九年に一五パーセントを超えていた対ＧＤＰ比財政赤字を二〇一四年までに三パーセント以下に削減するというものだった。[13] ギリシャ政府はその目標に向けて、タバコとアルコールの増税を実施し、医師やその他の高額所得者の税金逃れを防ぐ措置を講じ、公務員の給与を削減することに同意した。

こうした動きにECBも深く関わっていた。ユーロ圏各国政府は個別にギリシャ救済の資金を提供する場合、ECBに判断を仰いでいた。「各国政府から、二国間融資の妥当性について客観的な評価を行なうよう求められている」[14]トリシェは数日後にそう語った。ECBは救済への積極姿勢を示すため、ギリシャ国債を担保として受け入れる意思をふたたび明らかにした。今回は、格付けにかかわらず無制限に受け入れるという発表だった。

しかし、それには見返りが必要だった。トリシェがECBのバランスシートを危険にさらしてまで助けるとすれば、ギリシャの財政赤字削減と改革の進捗について直接に情報を得る必要がある。覚書には、IMF、EC、そしてECBが査察団を年四回アテネに派遣し、進捗を調査することが明記されていた。毎回その査察に合格しなければ、資金提供は受けられなくなる。ギリシャ官僚はこの査察団を「トロイカ」と呼んだ。

突然、三つの官僚組織が——うちひとつは中央銀行である——一一〇〇万の人口を擁する民主国家の税制と財政政策に実質的な影響力を持つことになったのだった。ECBは政治から切り離されているはずだった。だが、今はギリシャの政策判断に少なからぬ影響を与えるどころか、IMFやECと共に、それを指図していた。

金融市場には、安堵感が漂っていた。発表翌週の月曜には、GIPSI五ヵ国の国債利回りは下がり、株式市場は高騰した。しかし、その安堵もほんのつかの間だった。週半ばには、ふたつのことが明らかになった。欧州とIMFはギリシャ救済には本腰を入れたものの、問題のありそうな他の国家への包括的な資金援助計画を持ち合わせていなかった。そしてまた、ギリシャも合意した条件に従うことが難しくなっていた。アテネ市内では抗議行動が起き、数万の人々がバットやハンマーを手に持って議事堂前のシンタグマ広場に集まって石を投げたり、警官隊と衝突したりしていた。[15] 五月五日、無政府主義者が銀行に火炎瓶を投げ込み、三人が死亡するまでに発展した。

金融市場もまた、荒れていた。ＩＭＦ支援策の発表を受けて週の頭に八・五パーセントまで落ち着いていたギリシャの一〇年物国債利回りは、木曜には一一・三パーセント、金曜には一二・四パーセントまで上昇した。悪影響は他のＧＩＰＳＩ諸国にも及んだ。アイルランド国債利回りは五・一パーセントから五・九パーセントに上昇。数ｂｐの変化であっても数十億ユーロの利払いの増加につながり、すでに苦しい状況はますます苦しくなっていた。上昇がこのまま続けば、一億三〇〇〇万人の市民が住むこれら五ヵ国はまもなくデフォルトしてしまう。この時点で、彼らの唯一の選択肢は、ユーロから脱退し、自国通貨を再導入して債務負担を軽減することだと思われた。ただそんなことになれば、経済の混乱はヨーロッパだけにとどまらない。

市場はＥＣＢがパニックを止めるためにどのような措置をとるかに注目し始めた。根本的な問題は、民間投資家がこれらの国債を売り浴びせていることだった。ＥＣＢはその無尽蔵の資源を使って債券を買い入れ、なんとか利回りを下げようとするか？　だがそれでは財政ファイナンスを禁じたマーストリヒト条約の精神に反することになる。だが、政府から直接買い入れるのではなく、市場から買い入れれば、条約違反を回避できるかもしれない。五月五日、ロイヤルバンク・オブ・スコットランドのアナリストは、その措置を提唱し、「ユーロを壊すよりは、ルールを壊した方がいい」[16]と書いていた。

五月六日には、ＥＣＢ政策理事会の定例会合が予定されていた。年に二度、フランクフルト本部以外のユーロ圏首都でこの会合は開かれる。今回はそのうちの一度だった。開催地はリスボンである。

いつものように、トリシェが会議を率い、各国代表がそれぞれ五分ずつ経済評価を行なった。トリシェの指示通り、理事会は急拡大していた債務危機には触れず、インフレデータを見ながら金利の維持を決定した。会見でのトリシェへの最初の質問は予想通りだった。「市場での国債買い入れによるギリシャ救済の可能性は？　この措置について本日話し合われましたか？」[17]

「そのことは議論されなかった」トリシェはそれだけにとどめた。数分後に別の記者が同じ質問をした。「先ほどの答えを繰り返す。それ以外に言うことはない」トリシェはそう答えた。

トリシェに国債を買い入れるつもりがないと感じた株式市場は暴落した。二年前のノーザンロックやリーマンショックのときと状況はそれほど違わなかった。ただし、今回資金の手当てがつかなくなったのは、ヨーロッパの国家だった。

ニューヨーク時間の午後二時三二分――リスボンにいるECB理事たちが夕食に集まっている時間――大手ミューチュアル・ファンドがS&P五〇〇指数先物に四一億ドルの売り注文を出した。市場はすでに大荒れとなっており、投資家は欧州のニュースに一喜一憂して激しく動いていた。その日、市場はすでに三パーセント下げていた。[18]四一億ドルの売り注文は一〇兆ドルのS&P五〇〇の時価総額を考えれば、相場を大きく左右するほどではない。しかし超高速トレーディングシステムによって売りが増幅され、大暴落につながった。

午後二時四七分までにダウ工業平均は一〇一〇ポイント下げ、時価総額合計を九パーセントも押し下げていた。三時ちょっと過ぎに市場は落ち着きを取り戻し、三・二パーセントの下落でその日の取引を終えた。これがのちに「フラッシュ・クラッシュ」と呼ばれた出来事である。

この出来事は、世界中の数兆ドルの資金が自動トレーディングシステムを通して一瞬のうちに流れ出す、米国株式市場の脆弱さを示す例となった。とはいえ、それはヨーロッパ危機と完全に無関係ではない。投資家のギリシャ危機への懸念を反映して、市場はその週下がり続けていた。フラッシュ・クラッシュは、グローバル投資家がトリシェらの協調努力にどれほど注目しているかを示した、ひとつの出来事だった。そして、その出来事の理由が不透明ななかで、ＥＣＢ高官の間にある疑問が芽生えていた。「これは、自分たちが引き起こしたことなのか？」

国債を買い入れるべきか否か

フラッシュ・クラッシュが起きたとき、トリシェら政策理事会のメンバーは、一五世紀に建てられたリスボンのバカリョア宮殿で夕食を取っていた。暴落の瞬間、リスボン時間の八時少し前、出席者のブラックベリーが一斉に振動し始めた。[19] だれも夕食に集中できなかった。夕食会には開催地ポルトガルのバンカーとその妻たちも多く出席していた。理事会の中でも財政規律に厳しいブンデスバンク総裁のアクセル・ウェーバーは、ポルトガルの高官にどのような財政緊縮策をとるのかと訊ねた。はぁ、公務員のボーナスに課税することを考えています。ポルトガルの公務員はギリシャ同様、一三ヵ月目と一四ヵ月目の給与を受け取っていた。しかも無税で。

ウェーバーは開いた口がふさがらなかった。課税などどうでもいい。「一三ヵ月目と一四ヵ月目の給与などもってのほかだ。ドイツでは何年も前にやめている」

トリシェは夕食が終わる一〇時頃を見計らって、次の施策を話し合うために秘密の理事会を招集した。国債利回りが極端に開いていくなかで——ＧＩＰＳＩ各国の利回りは上がり続け、ドイツ、フランス、オランダといった健全な国の利回りは下がり続けていた——、ＥＣＢは金融政策をコントロールできなくなっていた。ドイツ国債の利回りはいつの間にかポルトガルより三パーセントも低くなっていた。ギリシャ国債の利回りとの差はさらに広がっていた。それは、ヨーロッパ企業と個人の金融環境が国によってまったく違っていることを意味していた。トリシェは理事たちにこの問題に対処するアイデアを出して欲しいと頼んだ。

ひとりがこう言った。「国債を買い入れればいい」ECBが市場で国債を買い入れて利回りを下げるのはどうだろう。それほど費用をかけずに市場心理を変えられるかもしれない。それだけなら、国家のための資金調達とは言えないはずだ。単に、中央銀行の金融政策が機能していることを証明するだけだ。

そのアイデアに反対する人々もいた。春にギリシャに派遣されていたECB理事のユルゲン・シュタルクもそのひとりだった。だが、国債買い入れのアイデアを出した人物が人物だっただけに、トリシェはこの方向に理事会を動かせるかもしれないと希望を抱いた。

その人物とは、アクセル・ウェーバーだ。

ウェーバーは、ECBの政策理事会において一目置かれる存在だった。ひとつには、彼がユーロ圏最大の中央銀行の総裁であり、他のどの国よりECBの政策決定を実行していた組織の長であったことがある。そしてもうひとつには、彼がトリシェの後継と目されていたことである。ドイツ人はまだECBの総裁職についておらず、ウェーバーは二〇一一年一〇月のトリシェの任期満了後の最有力候補だった。ウェーバーの個性と経歴もまた、彼の立場を強めていた。ウェーバーは経済学者としても地位を確立しており、自分の見方をはっきりと主張した。ウェーバーは経済理論についての活発な議論の応酬を楽しんだ。大柄で胸板の厚いウェーバーは、テレビドラマのギャングの親玉トニー・ソプラノに似ていなくもなかった。

国債買い入れの最大の障害はドイツ国民になるだろうとトリシェは予想していた。中央銀行による政府資金の調達禁止は、一九二〇年代のライヒスバンクのもとでの経験からきたものである。財政ファイナンスの禁止は、ブンデスバンクのもっとも重要な原則である。だが、もしウェーバーが危機緩和のために限定的かつ戦略的な国債買い入れを許すなら、トリシェはタカ派の理事の批判をかわすこともできると思われた。

しかし、翌五月七日の朝になると、ウェーバーは心変わりしていた。おそらく、明るい陽射しの中で、昨晩より頭がすっきりしたのかもしれない。あるいは、限定的であっても国債買い入れを許せば、ブンデスバンク内で大変な批判に遭うと思ったのかもしれない。それとも、夜中にライヒスバンクのルドルフ・フォン・ハーフェンシュタインの亡霊を見たのかも。

なにがウェーバーを心変わりさせたのかはさておき、リスボンからフランクフルトに向かう三時間のフライトの間に、彼はメールを書き始めた。いくつかの基本的な原則をそこにしたためた。もし、ECBが国債を買い入れれば、選挙で選ばれた政治家ではなくECBがヨーロッパ全体の経済の健全性に究極の責任を持つことになる。ギリシャは流動性不足ではなく、実質支払い不能に陥っており、国債買い入れによっても、その状態が変わるわけではない。いずれにしろ、国債買い入れは、法的に許されたとしてもマーストリヒト条約の精神に反する。ECBは金融システムの流動性を支えるために欧州の銀行への融資を増やすことはできるが、支払い能力を心配するのは政府の仕事である。政治家が重い腰をあげるまでには、あと数日間市場の恐ろしい動きが必要になるだろう。今ここでECBが介入すれば、彼らはいつまでたっても必要な抜本改革を行なわないと思われる。

政策理事会が国債買い入れを始めるなら、ブンデスバンク総裁は、ECBの慣行に逆らって、公式に反対意見を表明する、とウェーバーは続けた。もしトリシェが記者会見でドイツの立場を明らかにしなければ、自分でそうすると言ったのである。

ウェーバーの乗った飛行機はフランクフルトに降り立った。ウェーバーは送信ボタンをクリックし、メールは政策理事会メンバーに送られた。ウェーバーの立場は明らかだった。もし彼の意見を無視してギリシャやその他の国の国債を買い入れるなら、ただではすまないと言っていた。

ウェーバーがフランクフルトに向かっている間に、トリシェはブリュッセルに戻っていた。ヨーロッパ各国の政府首脳とのミーティングがEU本部の七階で予定されていた。先週発表したギリシャ救済策が充分でないと首脳たちを説得するのがトリシェの仕事だった。債券市場の危機は、今やギリシャだけなく、幅広く欧州諸国に及んでいた。

各国首相や大統領は、危機の深刻さを理解していないようだった。トリシェはこの数日間に加速したGIPSI五ヵ国の国債の暴落を描いたグラフを見せた。「私が伝えたかったのは、一部の国家がこれまで非常に不適切に行動してきたことで自国を脆弱にし、それがヨーロッパ全体にも影響を与えているということだ」トリシェはのちにブルームバーグニュースにそう語っている。「今、その責任をとる必要がある」[20]

トリシェの考える「責任」とは、欧州各国政府がお互いを助け合い、一国が支払い不能に陥ることのないよう協調行動をとると世界に確約することである。トリシェはリスボンでの深夜のミーティングの様子から、政策理事会の賛同を得て国債買い入れを始められると考えていた。しかし、それは欧州問題の根本的な解決にはならない。国債買い入れをエサにして、政府の行動を引き出す必要があった。また、トリシェはそれをあからさまに押し付けるわけにはいかなかった。つまるところ、中央銀行の役割とは、政治から独立してもっとも妥当な決定を下すことであり、政治取引とは一線を画すべきだった。したがって、ブリュッセルでの議論は、交渉の条件がはっきりと提示されない――見返りを具体的に示すことのできない――腹の探り合いとなった。

「さて、どうしたらいいでしょう」トリシェはグラフを背にして言った。「私たちは、自分たちとみなさんの両方に責任を持つことはできません。みなさんの行動が必要なのです。みなさんの行動が、絶対に必要なのです」その場にいた人々によると、トリシェの声は次第に大きくなり、身振りが激しくなり、髪の毛を振り乱していたと言う。あまり金融に詳しくない首脳のひとりは、トリシェが具体的になにを言いたいのか理解しようと努力した。だがその言葉はあいまいで、なにを確約するものでもなかった。しかし、それ以外のほとんどの人はトリシェの意図が手に取るようにわかった。ＥＣＢは市場圧力を緩和するために国債を買い入れるが、それは政府がすべきことをきちんと行なえばという条件つきである、ということだった。[21]

トリシェは一部首脳からさんざん小言を聞かされていた。特にサルコジ大統領は、ＥＣＢに積極的姿勢をとるようプレッシャーをかけ続けていた。そうした元首は、さっそくこの話に食いついてきた。欧州全体を保証するメカニズムを構築するため、各国財務大臣をことにあたらせるという。いつも大げさなイタリアのシルビオ・ベルルスコーニ首相は、夕食会のあと記者会見室に立ち寄り、自信満々な様子で救済策がその週末にも発表されると言った。「家が燃えているとき、どこから水が来るかはどうでもいい[22]」首脳たちはトリシェが消防隊を率いてくれると頼りきっていた。

中央銀行の中央銀行

彼らは世界中のいたるところからやってきた。時差ボケで目をこすりながら、書類の束を抱え、黒いベンツのセダンから降り立った。なかにはがっしりとしたＳＰを連れた人もいる。ここバーゼルは、セントラルバンカーの憩いの地である。みなそれぞれが、好みのホテルに投宿し——アメリカ人はヒルトン、ヨーロッパ人はたいていスリー・キングスに――普通の人にはわからない責任を背負った者同士が、ここにいる間は強い仲間意識で結ばれる。彼らが向かう場所は要塞のような円形のタワーで、その曲線がいかめしい防弾壁の印象を少し和らげている。そのビルはバーゼル駅からほんの数分の場所にありながらスイスの領土ではない。ニューヨークの国連本部と同じく、この場所に国籍はなく、そのビルは世界に属している。ここが国際決済銀行（ＢＩＳ）、つまり中央銀行の中央銀行である。トリシエ、ウェーバー、その他主要国のセントラルバンカーが、欧州救済案を話し合ったのは、この場所だった。

　世界のＧＤＰの八〇パーセントを占めるヨーロッパ、アジア、アフリカ、オーストラリア、北米、南米の三〇ヵ国の中央銀行総裁が集まる経済会合では、いつも丸いテーブルの周りをぐるりと総裁が囲む。真ん中には、プレゼンテーションを映し出すための大きなテレビスクリーンが何台か参加者に向けて置かれている。この会議には副総裁も出席する。彼らは総裁の一列後ろにぐるりと座っている。ＦＲＢ議長がまずアメリカ経済について簡単にまとめ、質問を受け付ける。アメリカ政府はどのように財政赤字を削減するつもりか？　住宅市場でなにが起きているか？　それから議論はヨーロッパに移り、その後インドや中国といった新興国に移っていく。会議は長時間続き、エリートたちは午前中いっぱいこの場所に缶詰めになる。

　日曜の夜は宴の時間である。彼らの集う様は、「権力の同心円」と言ってもいい。いちばん外側は副総裁の輪。その内側に小さな国の中央銀行総裁の輪。その中に核となる輪がある。その正式な名称は、「経済諮問委員会総裁のための非公式《インフォーマル》夕食会」。それは地球上でもっとも排他的なディナーパーティーである。世界でもっとも重要な中央銀行総裁たちがＢＩＳ本部ビルの一八階で夕食を共にする。参加者は、ＦＲＢ議長、ニューヨーク連銀総裁、ＥＣＢ総裁、その他、日本、イギリス、ドイツ、フランス、イタリア、カナダ、そしてスイスの中央銀行の総裁である。二〇〇九年には新たな参加者が加わった。中国、インド、ブラジル、メキシコだ。それは、これらの国々がグローバルステージに立ったというしるしであった。総裁たちはみな健啖で、蝶ネクタイのウェイターが寸分の狂いもなく、だが控え目に、バターたっぷりのソースのかかったロブスターや鴨や羊を運んでくる。また、彼らは酒に強く、ボルドーやバーガンディーがふんだんに準備され、ある参加者は冗談交じりにそれを「ＢＩＳワイン」と呼んでいた。バーナンキは議長就任まもない頃、この「インフォーマル」な夕食を、「人生でもっともフォーマルな夕食のひとつ」と語っていた。

豪華な食事とワイン、そして親密な会話を楽しむ日曜夜の「バーゼル会」は一九三〇年から続いている。「ここに来る前はみな、自分の問題だけを気にかけている」一九三一年にアメリカから参加した高官はこう語っている。「テーブルの周りに二日間座っていると、彼らは自分の行動が周囲に与える影響に気づき始め、考え方が変わっていくのが見てとれる。ＢＩＳの利点は、かならずしも特定の政策行動にあるのではなく、セントラルバンカーたちがひとつの場所に集まる機会とそこから発生するもの、たとえば他国の問題を理解することにある」[23]ＢＩＳは一九三〇年に現在の本部ビルからほど近い場所に設立された。当時のセントラルバンカーはその場所で、決断と協調に失敗し、大いなるパニックへの闘いに敗れた。そして、トリシェが最大の挑戦に直面したのもまた、このバーゼルであった。

二〇〇八年の危機の間中、ＦＲＢのリーダーたちは、東京と香港とシドニーの市場が開く前、日曜夜に大急ぎで重大な決断を行なっていた。それがあまりに度重なったため、バーナンキは、回想録のタイトルは「アジアが開く前」で決まりだなと冗談にしていたほどだった。[24]今、延々と続く週末の話し合いを通して時間と闘っているのは、欧州であった。

各国財務大臣はブリュッセルに集まっていた。のちにギリシャ首相となるルーカス・パパデモスECB副総裁はブリュッセルで話し合いを見守り、バーゼルのトリシェに逐一報告していた。その他のECB高官はフランクフルト本部にいた。財務大臣たちは、ロンドン、ワシントン、東京の中央銀行と電話でつながっていた。危機対応の専門家であり世界最大経済の財務長官であるガイトナーは欧州の財務大臣に個別に連絡をとり、ことの重みを伝えようとしていた。電話会議のはじめに、六〇〇億ユーロの緊急融資を行なうという案が議論された。ガイトナーはそのみみっちさにあきれ、そんなものでは話にならないと伝えた。彼らの真剣さを市場に伝えるには、その一〇倍は必要だろう。アメリカ政府が二〇〇八年に実施した金融救済法案級のものが。彼らはしぶしぶそれを認め、大規模な救済案作りに乗り出した。

　ガイトナーはトリシェと頻繁に連絡をとり合っていた。[25] ワシントン時間の金曜午後一時半に話し、ふたたび日曜の朝一〇時前に話している。ガイトナーもトリシェもこの電話でなにを話したかについて語ろうとはしない。だが、他の関係者によると、その週末までにアメリカ政府内部、ガイトナーの部下や仲間うちでは、ECBが国債買い入れを決断し、各国政府に行動への圧力をかけていることは知れ渡っていたらしい。ガイトナーは、欧州の財務大臣にトリシェのメッセージをはっきりと伝えるという不思議な役割を果たしていた。トリシェはガイトナーに自分の心づもりをはっきりと伝えていたのだろうか？　それはふたりにしかわからない。だが、トリシェとガイトナーに多くの点で通じるものがあったことは確かである。ふたりは経済学者ではないにしろ、その世代のもっとも重要な経済政策立案者であり、経済外交と官僚的な策略に突出した手腕を発揮していた。ガイトナーのニューヨーク連銀総裁時代に、ふたりは幾度となくバーゼルで夕食を共にした。お互いの間には、言葉にしなくても通じるものがあったのかもしれない。

バーナンキは副総裁のドナルド・コーンをバーゼルに派遣し、自分は故郷サウスカロライナ大学の卒業式でスピーチを行なっていた（その題は、「幸福の経済学」だった）。スピーチを終える頃、東海岸時間の昼過ぎに、イタリア中央銀行総裁のマリオ・ドラギから緊急連絡が入ったとのメールを受け取った。ドラギは欧州でもっとも尊敬されるセントラルバンカーのひとりである。「ドラギ総裁から議長にお伝え願いたいということでした。日曜夜か月曜早朝にFRB、ECB、SNB（スイス中銀）、BOE（英中銀）、BOJ（日銀）、BOC（カナダ中銀）による次のような共同声明を発表してはどうかとのことです。『主要中央銀行は、金融システムに緊急かつ充分な流動性を供給する準備がある。外貨資金不足に対応するため、協調行動を行なう』」欧州は、ふたたびアメリカが立ち上がりコミットメントを示すことを求めていた。

一方、バーナンキとコーンは、欧州への圧力緩和を助け、世界の中央銀行が協調して危機と闘う決意を示したいと思ってはいたが、同時に微妙な立場に立たされてもいた。ふたりは、この問題は基本的に欧州が解決すべきことで、グローバル協調に中身はなく象徴的なものだと考えていた。しかもそれは、政治的に非常に微妙なタイミングだった。上院は翌週にもドッド‐フランク法案の柱となる一連の修正条項の採決に入る予定だった。FRBが外国に多額の融資を与えるというニュースは、ありがたいものではない。事前に政治家にひと通り電話をかけて了解を得るわけにもいかなかった。バーナンキはなにしろ、FRBを政治と切り離し、政治家の介入から守るために闘っていたのだから。

バーナンキは日曜朝にテレビ会議を通じてFOMCを招集した。ワシントンの理事たちは、議長室近くの小奇麗な「特別図書館」と呼ばれる会議室に集まり、地区連銀総裁たちはそれぞれの場所から参加した。バーゼルのコーンは欧州での交渉の模様を伝えた。FOMCはバーナンキとコーンの意見に賛成だった。FRBはスワップ協定を再開するが、それは欧州が後始末の責任を持つと約束したときに限る。

つまり、危機のなかにいた全員が、手をつないで同時に飛び降りようとしていた。欧州各国政府、ECB、そして世界中の中央銀行が。その全員が、もし他の人が飛び降りないなら自分もやらないと言っていた。

財務大臣がブリュッセルに集まっていたその日曜、不運な出来事が起きた[26]。東西ドイツ統一後に銃弾を受け一九九〇年以来車いす生活を送っていたドイツ財務大臣のヴォルフガング・ショイブレが、ブリュッセルに向かう途中で具合が悪くなり病院に運ばれた。そこで急遽イェルク・アスムセンという比較的若手の官僚が、最初だけショイブレの代わりを務めることになった。メルケル首相は急いでドレスデンにいたトーマス・デメジエール内務大臣をブリュッセルに派遣した。アスムセンは政府を代表して交渉する立場になかった。デメジエールが到着するまでは、会議が前に進まなかった。

財務大臣の議論の焦点は、救済資金をどのように組織するかということだった。フランスその他の多くの国はブリュッセルに新たな組織を作り、ユーロ圏各国がそこに資本を提供することを望んだ。そして、ユーロ政府が保証する「ユーロ債」を発行し、問題のある国に条件をつけて融資を行なう。ドイツ、オーストリア、フィンランドは自分たちが救済パッケージの内容と条件により大きな影響力を残す方法を望んだ。フランスのやり方では、自分たちが小切手を送ってもその使い道をほとんど決められないように思えたからである。五月九日日曜の午後には、だれの目にも分裂は明らかとなり、アジア市場が開く前に合意を導くには、トリシェが援助を引き揚げるとほのめかして脅さなければならないほどだった。

日曜夜、トリシェはふたたび理事会を招集した。バーゼルにいた理事はBISの会議室に集まり、フランクフルトとヨーロッパの各国をテレビ電話で結んだ。リスボンでの会合以来話し合ってきた案を正式に決定するときが来ていた。ギリシャ、アイルランド、ポルトガルの国債を買い入れて危機感を和らげ、ＥＣＢが金融政策をコントロールしていると示すべきか？　それとも、基本に忠実に条約の精神を守るべきか？　トリシェは前者を強く推した。

トリシェは、流通市場で国債を買い入れながら、同時に市場から流動性を吸収する——ユーロ供給量を一定に保つ——「不胎化」策を提案した。ブンデスバンク総裁のウェーバーとＥＣＢ理事のシュタルクは、二日前に送ったメールと同じロジックを使って強硬に反対した。債券市場への介入は、さらに状況が悪化してからでなければならない、と。

結局、理事会は圧倒的多数で国債買い入れを支持した——しかし、各国財務大臣や国家元首が自力で救済策を決めるまで、そのことを隠す。ＥＣＢの介入決定を知れば、気が緩んでしまう。原理原則より現実主義が勝った結果であった。ウェーバーとシュタルクはオランダ中銀のノウト・ウェリンクと共に、反対派の先頭に立った。

流動性供給の手順については、比較的すんなりと合意ができた——金融機関に六ヵ月の融資を行ない、二〇〇八年の危機で効力が証明されていたＦＲＢとのスワップ協定を再開する。

ＥＣＢは結論を出した。「証券市場プログラム（ＳＭＰ）」を通して国債を買い入れる。作戦発表は月曜早朝とする。あとは政治家たちが話し合いに決着をつけるまで、沈黙を守らなければならない。もしこの決定がブリュッセルに漏れたら、切迫感が失われてしまう。

ＥＣＢが臨戦モードに入ると、ＦＲＢもスワップに入る準備を整えた。バーゼル時間の午後七時四六分、ワシントン時間の午後一時四六分、コーンはバーナンキにメールを送った。タイトルは「作戦準備完了」。

ブリュッセルでは、ドイツ代表の到着を待つ間、話し合いは進まなかった。夜は深まっていたが、合意は遠かった。フランス財務大臣のクリスティーヌ・ラガルドが言った。「オーストラリアは諦めて、東京に間に合わせましょう。ひとまず休憩を」[27]オーストラリアの株式市場が開く午前一時には間に合わないので、午前二時の東京の開場までに決着をつけようという意味である。最終的な妥協案となったのは、オランダの提案だった。全ＥＵの参加による「欧州金融安定化ファシリティー（ＥＦＳＦ）」を設立し、問題国救済のために四四〇〇億ユーロを上限として融資を行なう。三年の期限でこれを運用し、その後は恒久的な「欧州安定化メカニズム（ＥＳＭ）」に引き継ぐ。

フランスの提案したユーロ債は実現しなかったが、ドイツは充分な妥協を引き出し、白紙小切手を切らなくていいと安心できた。ＩＭＦが二五〇〇億ユーロの資本を提供し、ＥＵと二対一の資本比率を維持することとなった。救済金を受け取る政府に厳しい財政削減を要求することができ、ドイツも少しは安心できる。しかし、それはまた一種の綱渡りでもあった。ＩＭＦのストロス・カーン専務理事は資金提供を約束したが、実際にはその権限はなかった。決定にはＩＭＦ理事会の承認が必要だった。このことは、この巨大救済策が急ごしらえであったことを表す以上に、舞台を整えることを優先して手続きを後回しにするストロス・カーンの尊大さを表していた。

午前三時一五分、財務大臣は厳しい闘いを終え、救済案を発表した。結局日本市場の寄り付きにも間に合わなかったが、ヨーロッパ首脳が必死に救済案をまとめていることが、市場を落ち着かせていた。その後まもなくＥＣＢは声明を発表し、ＦＲＢとスワップ協定に参加する他の中央銀行もそれに続いた。「政策理事会は……金融政策波及メカニズムを妨げる、特定市場での厳しい緊張に対応するための措置を決定した」声明は、ＥＣＢの行動は問題国家を救済するためでなく、ユーロの価値を維持するためであると述べていた。

アクセル・ウェーバーは、国債買い入れの議論に敗れたが、それで終わりではなかった。ＥＣＢ政策理事会では、投票について沈黙を守ることがルールで定められていた。理事の投票の詳細を議事録として開示するFRBやイングランド銀行と違い、ECB政策理事会の議事録は三〇年間非公開となっていた。理論上は、そうすることで理事が自国の利益でなくユーロ圏全体のために意思決定をしやすくなるはずだった。もうひとつの基本原則は、欧州各国の中銀――ブンデスバンクやフランス中央銀行――がECBの政策理事会の決定に従って証券の売買を行なうことである。アメリカにおける一二の地区連銀と同じように、ECB政策理事会の政策を実施するのは、これら各国中銀である。

ウェーバーにしてみれば、政策理事会は自らのルールや正統性を完全に無視していると感じられ、したがってこれらの基本原則も疑わしいと思われた。

日曜のECBの政策理事会が終わると、ウェーバーはブンデスバンク理事会を招集した。ECBの政策理事会の決定は他言してはいけないことになっていたが、今回は極めて重要な問題だったため、ブンデスバンク理事会に諮ることにした。決定に従うべきだろうか？　ECBの命令に従ってギリシャとポルトガルの国債を大量に買い入れ、政府の資金調達のための造幣を禁じた長きにわたる原則に背いてもいいのか？

もしその答えがノーだったなら、ユーロは数日も経たずに崩壊し、ECBはすべての信頼を失い、ドイツはマルク通貨に戻らざるをえなかったに違いない。世界の金融市場はリーマン破綻後より深刻な暴落に見舞われるだろう。瀬戸際に立たされたブンデスバンクは、そのような危険な結果を回避できるなら、とやかく言わずに原則を曲げてもいいと結論付けた。ほとんどの人が知らぬ間に、その夜世界は金融恐慌の一歩手前まで来ていたのである。

ウェーバーは金曜朝のメールで脅した通り、ECBの原則に背いて自分の不満を公表することにした。トリシェは反対意見があったことをかなり遠回しに認めただけだった。「全会一致ではない決定もあった」五月一〇日のブルームバーグテレビのインタビューで、トリシェはそう答えていた。「国債買い入れに関しては、賛成が圧倒的多数だった」ウェーバーは自分が反対したことをはっきりと世間に知らせたがった。そこで、月曜朝に金融業界誌の取材を受けた。「国債買い入れは、金融システムの安定に深刻な危険を及ぼすものだ」とウェーバーは語った。「このような異例の状況であっても、私がＥＣＢの決定の一部に批判的なのはそのためだ」[28]

しかも、ウェーバーはドイツでもっとも著名な批評家でもあった。その翌日、高級日刊紙のディー・ヴェルトは、こう記事にした。「昨日発表された決定に、もはや正当性はない。ＥＣＢの独立性は失われた」トリシェはウェーバーやマスコミの批判を自分への個人攻撃と受け取った。厳格なドイツ流のセントラルバンカーとして尊敬を勝ち取ってきた究極のヨーロッパ人であるトリシェは、市場安定化への自分の献身に疑いを持たれたことに、深く傷ついていた。

また、トリシェはウェーバーの公開批判に激怒していたという。それはトリシェにとって、ＥＣＢのルールと統一欧州の精神への侮辱であったばかりか、セントラルバンカーの義務、つまりバーゼルの男たちがお互いに守るべき約束を破棄する行為でもあった。

一四章　英国王《キング》のスピーチ

その集いの正式名称は、「ロンドン市長主催の銀行家と企業家の夕べ」である。だが一般には、スレッドニードル街とロンバード街の交差点にある市長公邸の名にちなんでマンションハウス・ディナーと呼ばれている。イギリス財界の名士にとって、それは一年でもっとも重要なイベントだ。その夜、タキシードに身を包んだ人々はワインを飲みながら、財務大臣とイングランド銀行総裁のスピーチに耳を傾ける。財務大臣と中銀総裁にとって、それは一年でもっとも注目度の高いスピーチであり、大胆な考えを発表する機会でもあった。そこに出席する資本家だけでなく、世界中の多くの人々が、毎年六月のこのスピーチに特別な関心を寄せていた。

したがって、二〇〇九年の夕食会の二日前に、マービン・キング総裁のスピーチがまだ完成していないと聞いた財務大臣のアリスター・ダーリングは妙だと感じた。「なにかあると思った」[1]とダーリングは回想録に書いている。キングは思慮深く精緻なスピーチを行なうことで知られていた。ぎりぎりまで準備を引き延ばすタイプではない。当日になってスピーチの数時間前に原稿を受け取ったダーリングは、キングがそれを隠していた理由がわかった。

「大変な一年でした」キングはそう切り出した。大変どころではなかったはずだ。「忘れられない一年ですが、繰り返したくはありません」
キングは金融危機とその後遺症を総括し、「財政政策もまた、変わらなければなりません。財政赤字の削減に向けた明確な計画を作りあげることが必要です」と言った。それから、危機の教訓を活かして金融業界の規制を変えなければならないとも語った。労働党内閣が行なった一九九七年の金融改革によって、イングランド銀行の監督権限が制限されたことに触れ、絶妙な比喩でそれを表した。「イングランド銀行は、結婚式や葬式のときは人であふれるものの、普段の説教を聞いてもらえない教会のようなものです」キングは茶目っ気たっぷりにそう言った。
「悔い改めよと呼びかけるだけではなにも変わりません。自分たちに都合のいい行動をやめさせるには、警告では足りないのです。説教や葬式しか許されないのなら、中央銀行が新たな法的責任をどう果たしたらいいかわかりません」[2]
つまり、金融機関にただ指図するだけでは、なにも変わらないということである。本物の権限が必要であるとキングは言っていた。その言葉は、財務大臣に向けられていた。
ダーリングにはわかりすぎるほどわかっていた。演壇に座っていた彼は、大勢のゲストが見守るなかで、なんとか苛立ちを悟られないように繕った。「全員がキングの意図を理解していた」とダーリングはのちに書いている。「それは金融サービス機構から権限を奪おうというあからさまな試みだった。ということは――そこにいた全員にもわかっていたが――政府への直接の挑戦、つまり私への挑戦に他ならなかった」[3]
大物政治家の仲たがいをいつも目ざとく取り上げてニュースにするイギリスのマスコミは、今回もまた期待を裏切らなかった。「キング、金融規制をめぐり財務大臣に嚙みつく」という見出しがインディペンデント紙を飾った。ガーディアン紙は、「キングがダーリングに金融規制をめぐって威嚇射撃」と記事にした。保守系のデイリー・テレグラフ紙は、キングの財政政策に関する発言に焦点をあて、中銀総裁が財務大臣を「これまでになく激しく非難した」[4]と書いた。キングが言葉でダーリングを刺そうとしていたのなら、それは成功したようだった。

未曾有の金融危機の後遺症に苦しみ、人気のない末期政権に仕えていたダーリングは、キングの発言はまさにキングらしいと受け取った。「マービンの発言は、政府の弱さゆえのものであり、もし次の選挙後にまた我々と付き合わなければならないと思っていたら、あのように噛みつくことはなかったはずだ」とダーリングは書いた。

「それは中銀総裁にとって危険な領域だった……キングは妥当な発言と政治論争の間の一線を越えるところまで来ていた」

王に対する反逆

近代民主主義において、中央銀行総裁は肩書きを超える影響力を持っている。その仕事は単に金融政策を立案し銀行を監督するにとどまらない。彼らは国家のチーフ・エコノミストでもある。理想を言えば、中央銀行総裁は経済への健全な知見を広め、政治家を間違った決定から遠ざけ、正しい決定へと導くような説得力を持つ声でなければならない。また同時に、政治家と距離を置き、国家の重大な決断を選挙で選ばれた代表者に任せることも求められる。その糸を紡ぐのが、中銀総裁の最大の挑戦である。

中銀総裁は、財務大臣や大統領の傍にただ立っているだけのこともある。二〇〇八年の金融救済法案をめぐる議論の間のバーナンキがそうだった。また、二〇〇一年のブッシュ減税の際のグリーンスパンのように、暗黙の支持を送ることもある。二〇一〇年にトリシェが繰り返し行なったように、政策を導くために断固とした態度を見せることもある。いずれの行動も代償を伴う。中立的な調整者として、または理論に基づく政策に専念すべき神聖な集団の一員としての中央銀行総裁という立場を傷つけてしまうのである。

二〇〇九年から二〇一〇年にかけて、キングは政治家に対して辛辣で攻撃的な姿勢を貫いていた――少なくとも政府首脳に対してはそうだった。市長公邸でのスピーチでキングが示した財政赤字と金融規制への批判は、労働党と真っ向から対立する発言であり――二〇一〇年の総選挙で巻き返しを狙う保守党とほぼ完全に一致するものであった。これが、その後のイギリス経済と中銀総裁の役割を形作っていくことになった。

イギリスもその他の国々と同じように、二〇〇八年の金融パニックで深い傷を負っていた。ロンドンがふたたび商業の中心地として浮上した一五年間の繁栄のあとで、これからどうなるのだろうという不安を人々は感じていた。金融危機直前までおよそ五パーセントだった失業率は、市長公邸の夕食会の頃には八パーセント近くにまで上がっていた。イギリスの巨大な金融業界はまだ混沌のなかにあり、公的債務は二〇〇七年の対GDP比四四パーセントから二〇〇九年には六九パーセントまで膨れ上がっていた。エリザベス女王までもが懸念して、二〇〇九年三月にキングを呼びつけたほどだった[5]――五七年の在位の中で女王がイングランド銀行総裁と膝を交えたのは、これがはじめてだった。女王との面談を終え、キングはのちにこう語った。「絶対にだれにも明かせない」だが、女王が公に発した、「それほど大きな危機が迫っていたなら、なぜだれもそれに気づかなかったのか」という質問に、キングは「それが起きることに全員が気づいていましたが、いつ起きるかはだれにも予想できませんでした。地震多発地帯のようなものです。ですから耐震の建物を建てなければならないのです」[6]

と答えたという。

当時、一〇年物国債の利回りは四パーセントを下回っていた。しかし、キングの見たところ、イギリス経済の実情は、債券市場が織り込んでいるよりも脆弱に思われた。米国債市場は規模、流動性ともに世界最大である。年金基金やソブリンファンドはいつでも、どんな巨大な規模でもここで取引を行なうことができる。それが、アメリカの財政状態の実情よりも、長期の調達を可能にしていた（二〇〇九年夏時点で、アメリカの公的債務はＧＤＰの九割だった）。一方で日本の国債は、国民が貯蓄の一環として、国への義務のように購入する。そのことで国の実力よりもはるかに多額の借金が可能になっている（同時点の日本の公的債務はＧＤＰの二・一倍に及んでいた）。

しかし、ポンドはドルと違って世界の準備通貨ではなく、イギリス国民は日本人のように国債に投資しない。イギリスの財政が危ういと見れば、投資家は容赦なくイギリス国債――かつて券面に金の縁どりがあったことから「ギルト」と呼ばれている――を投げ売るだろう。これまで利回りが低かったからといって安心はできない。金融危機で明らかになったように、市場センチメントは思いがけず急激に変化する。政府にはその年一七五〇億ポンドの調達が必要で、それ以降もしばらくは同水準の調達が必要になると思われた。もし投資家に突然はしごを外されたら、大変なことになる。イギリスの債務危機を未然に防ぐため、議会はただちに行動を起こすべきだとキングは訴えていた。

二〇〇七年後半の危機の当初、限定的で臆病ともいえる対応にとどまり、金融規制への関わりを避けていたときからここに至るまでに、キングの考えは大きく変わっていた。ＦＲＢやＥＣＢと同じく、イングランド銀行もこのときまでにルールブックを投げ捨てていた。キングはかつて銀行規制を、面倒な法律面の雑事だと考え、金融業界の失敗が明るみに出ると銀行家をますます軽蔑するようになっていた。だが、イングランド銀行が金融機関の監督により大きな役割を担うべきなのは明らかだった。

一九九七年にゴードン・ブラウン財務大臣のもとで設立された金融サービス機構は、金融セクター全体の健全性よりも株式詐欺などの狭い範囲の問題に目を向け、その責任を充分に果たしていなかった。ノーザンロックの破綻に続く混乱した一八ヵ月のなかで、イングランド銀行は、最後の貸し手としての権力と資力を備えた唯一の組織だった。しかし、キング就任以来、マクロ経済理論に主眼を置いてきたイングランド銀行は、金融システムに関する現場知識の蓄積がおろそかになっていた。二〇〇九年はじめに議会を通過した法案には、イングランド銀行の目的のひとつとして「国内金融システムの安定と強化に貢献すること」[7]という文言がはじめて盛り込まれた。といっても、実際に法的な権限が与えられたわけではない。

イングランド銀行総裁は、眉間に皺を寄せるだけで民間銀行を動かせるという有名な言葉があるが、キングはもっと具体的なものを求めていた。イングランド銀行が金融機関を支えるためには、本物の権限が必要だった。

例のスピーチの一週間後、キングは議会の財務省特別委員会で金融政策についての定期報告を行なった――だが、政府とキングの間にはピリピリとしたムードが漂っていた。キングは市長公邸でのスピーチから一歩も引かなかった。財政政策について、「次の選挙まで待つ余裕はありません。財政赤字を削減し信頼できる財政政策を世界に示さなければなりません」[8]と訴えた。

野党保守党はキングの発言に乗じて政府を攻撃した。「ゴードン・ブラウンの財政政策にとどめを刺した」と言ったのは、影の財務大臣、ジョージ・オズボーンである。キングの発言は、「イギリス政府に景気回復への計画などなかったことを示すものだ」とオズボーンは言った。

ダーリングは金融改革の政府案――戦略の骨子を描いた白書《ホワイトペーパー》が翌週発表されることになっていた――を作成していたが、その案は金融サービス機構と財務大臣とイングランド銀行の間で責任を分担する方向を指していた。この頃、キングとダーリングの関係はとげとげしいものになっていた。ホワイトペーパーについて相談を受けたかと聞かれたキングは、「それは相談の定義による。私は草稿を見ていないし、その内容も知らない。他に見た人がいるかどうかも知らない」と答えている（対照的なのは、ちょうどこの時期に、ティム・ガイトナーは金融改革案を草稿中で、バーナンキとＦＲＢがこれに深く関わっていたことである。ＦＲＢのスタッフが財務省に派遣されて細かい点を助けていたほどだった）。

「アリスター・ダーリング財務大臣とは、いい関係を保っています」キングはその朝、議会でそう明言した。「なんの問題もありません」

キングの言葉を額面通りに受け取った人はいなかった。

議会を誘導するのに忙しいキングではあったが、本来の仕事もあった──だが、金融政策委員会との関係も怪しくなっていた。二〇〇九年三月に委員会は政策金利──ただバンクレートと呼ばれる──を〇・五パーセントまで、つまりイングランド銀行三一五年の歴史で最低水準にまで引き下げていた。

さらに下げることもできたが、これを下回ると住宅金融組合が融資をストップする心配があった。イングランド銀行はＦＲＢと日銀に倣って量的緩和、つまり長期国債買い入れによる流動性の供給に踏み切ることを決めた。はじめに七五〇億ポンド、その二ヵ月後には一二五〇億ポンドの買い入れを行なった。

危機の初期は、必要な措置が明らかであり、危機下の協調を示す意思もあったため、金融政策委員会は平穏であった。リーマンショック前のキングとブランチフラワーの確執でさえ、キングが利下げに傾いたことで、消えていた。

二〇〇九年五月にブランチフラワーの任期は終わった。だがその夏までに、キングと委員との対立は深まり——これまでになかった出来事が起きた。

イギリス経済はその夏の急降下から多少持ち直してはいたが、活発な回復は見られず、デフレリスクも消えてはいなかった。九人の委員全員が、さらなる金融緩和に同意していた。問題は、その量であった。

キングがチーフ・エコノミストだった時代に作られた手続きに従って、政策決定の前週の金曜、この場合は七月三一日に委員会が招集された。この会合は、数十名のエコノミストとスタッフが参加し、バンクエージェントと呼ばれる企業窓口担当者が全国から招集され、国内の現状と経済についての幅広い分析が行なわれる。

翌週の水曜、政策決定前日の午後に、九名の委員が、巨大なクリスタルのシャンデリアのかかった壮麗な部屋に集まる。三時間ほどの会合のあと、委員はふたたび翌日木曜に集まり、政策を決定する。最後の会合は朝九時に始まり、その日の正午に世界に向けて決定が発表される。

イングランド銀行の政策決定会合は、親密な集まりである。理事会だけでも一九名が名を連ね、一部屋に七〇名近い人間が集まるFRBの会合や、二三名のメンバーからなるECBの政策理事会とは、まったく雰囲気が異なる。大人数のFRBやECBの政策会合では、だれがいつどれだけ話すかが決まっており、全員がそのルールに従っている。

会合が開かれる部屋こそ壮麗だが、それを除けばイングランド銀行の金融政策委員会は企業取締役の集まりとそれほど変わらない。自由でくだけた議論を通して少人数の委員が意見を交わす。マービン・キングがイングランド銀行を支配していたとはいえ、このくだけた形式が他の中央銀行の総裁に比べてキングの政策決定への影響力を弱めていた。たとえば、キングは、トリシェのように委員の発言をひとり五分に制限して、反対意見を抑えるようなことはできなかった。人々が闊達に自分の考えを表明し、反対意見を自由に口にできるのが、イギリスの政治風土である。二〇〇九年八月六日の朝、委員はいつにもましてそれを実践していた。

前日午後の会合は、いつものように冗談を言い合える比較的自由な雰囲気だった。木曜の会合は、はじめに総裁が五分から一〇分ほどそれまでの議論をまとめ、政策の枠組みを決めていた。それから副総裁のチャールズ・ビーンが一〇分ほど話し、選択肢となる政策案を提起した――がよく聞いていれば、キングがどの案を望んでいるかは明らかだった。

イングランド銀行のモデルによると、インフレを目標の二パーセント前後にとどめるには、五〇〇億ポンドの追加緩和が必要になる、とビーンが説明した。それから、キングが理事ひとりひとりに意見を聞いた。その後、彼は自分の考えをはっきり述べた。デフレリスクが高いなか、モデルよりも一層大胆な緩和が正当化される。キングは七五〇億ポンドの追加緩和を提案した。

こうした判断をとことん議論するのが理事会の存在意義である。スタッフの分析によると、どちらでも一年後の景気に大きな差はないと予想された。五〇〇億にするか七五〇億にするかは微妙な判断だった。これまでのように全員がすんなりとキングの意見に従ってもおかしくはなかった。

だが、この日はなぜか違っていた。全員がピリピリしていた。長期の危機対応モードに疲れ果て、夏休みが待ち遠しかったからかもしれない。あるいは、キングの命令的な態度にうんざりしていたのかもしれない。キングは金融危機の最中と同じように自分への服従を期待していたようだった。多くの委員たちは独立した政策立案者としての役割を主張したがっていたが、金融危機の最中には委員会の不一致が市場を混乱させることを恐れていたのである。

キングを支持したのはティム・ベスレーとデビッド・マイルズのふたりだけだった。残りの六名――

——副総裁のビーン、金融システム安定化の責任者であるポール・タッカー、チーフ・エコノミストのスペンサー・デール、市場チーフのポール・フィッシャーその他——はみな、五〇〇億ポンドの緩和を支持した。それまでの七〇回を超える政策会合で、キングが少数派となったのはこれが三度目だった。

二週間後に議事録が公開されたが、理事会での論戦については微妙な言い回しで触れられていただけだった。「理事会ではインフレの見通しについて広範な意見が述べられ、その見通しへの適切な政策対応をどの水準に設定するかについてさまざまな議論が行なわれた」

だが議事録を見れば投票の中身は明らかだった。キングがちょっとした反逆に遭ったことは、世界中に知れ渡った。

キングの辛い勝利

二〇〇九年の終わりから二〇一〇年のはじめにかけて、イギリスが今すぐ財政赤字削減に取りかからなければならないという証拠が、少なくともキングの目には、ますます積み上がっていた。一〇月のギリシャ危機と一一月のドバイ・ショックは、投資家が国債リスクに対して寛容でなくなったことを示していた。二月に行なわれたカナダ・イカルイトのG7会議で、キングは他の総裁たちと声を揃えて財政赤字の削減を求めていた。注意深く市場を見ていれば、イギリス国債が次第に債券市場で敬遠されていくのがわかったはずである。一〇月頭には三・四パーセントだった一〇年物利回りは、その年の終わりには四・〇二パーセントになっていた（もちろん、六〇bpの値上がりは債務危機の予兆とは言えず、二〇〇八年末のリーマン危機の間に比べるとまだまだ低い水準だった）。

財政赤字の削減が信頼の強化につながり、支出削減と増税の悪影響を完全に緩和できるというトリシェの理論を、キングは訴えていたわけではない。だが、財政緊縮が多少は信頼回復を助け、痛みを和らげるのに役立つかもしれないとは言っていた。二〇一〇年二月の記者会見では、財政赤字の削減が刺激策になるというトリシェの見方に同意するかと質問され、「状況による」と答えていた。「どんな場合でも即座に財政赤字のギャップを埋めようというのは、ちょっと単純すぎる気がする。だが、非常に重要なのは、そして私がトリシェに賛成するのは、政府は構造的財政赤字の削減に向けた明確で信頼に足る計画を常に備えようということである」[9]

キングはトリシェとバーナンキの間をとっていたともいえる。バーナンキはどちらかというと伝統的なケインズ学派の立場に立ち、財政支出の削減は景気減速を招く割に目先の恩恵は少ないと考えていた。一方、トリシェは財政緊縮こそが景気回復をもたらすと信じていた。キングはむしろ、危機管理を重視していた。財政危機は、国家経済に深刻なダメージを与えるばかりか、中央銀行の危機対応の選択肢を狭める。中央銀行が金融政策を緩和して通貨の価値を下げれば、緊縮財政による目先の痛みをいくぶん和らげることができる。

しかし公的債務の削減へのキングの要求がいくら理にかなったものであったとしても、与党労働党がそれを喜んだはずはない。

一方保守党は、キングの発言を、労働党が国家の財政運営にだらしないことを裏付ける証拠として受け取った。「ゴードン・ブラウンの主張が崩れ、断固とした行動への合意が生まれた」[10]影の財務大臣であるジョージ・オズボーンはそう言った。

与党労働党との緊張関係がますます高まっていたキングは、イギリスの次期指導者と次第に近しくなっていった。二〇〇九年の冬から春にかけて、キングはオズボーンと未来の首相であるデビッド・

キャメロンに五回も会っている。[11] 会合を秘密にしようと努力していたが、逆にそのことでキングが保守党に助言を与えているという印象が強まっていた。二〇〇一年から二〇一〇年まで金融政策委員会の委員を務めたケイト・バーカーは、こう語っている。「マービンが次の政権といい関係を築こうとしていたと見る人もいるかもしれない。また彼が、市場の信頼失墜を純粋に懸念していたと見る人もいるでしょうし、その懸念はもっともです。『このままではいけない』という彼の意見は正しいでしょう。ですが、彼の表現は政治的に取られてもおかしくないものでした」

緊縮財政を強く訴える動機がどこにあったにしろ、キングはオズボーンとキャメロンをそれほど高く評価していなかったようである。二〇一〇年二月一六日、キングは駐英アメリカ大使に着任したばかりのルイス・ズースマンに会った。ズースマンはキングとの会話をワシントンに報告している。「キングは保守党リーダーの経験不足を懸念し、党首キャメロンと影の財務大臣ジョージ・オズボーンは、財政支出削減へのさまざまな反対圧力を充分に理解していないようだと語っていた」[12] キングが、公的債務の削減をどのように実施するのかと聞くと、ふたりは「一般論しか話さなかった」らしい。キングはふたりの比較的若い政治家――キャメロンは当時四三歳、オズボーンは三八歳だった――を軽量級と見なしていた。「また、キングは保守党の層の薄さを懸念していた。キャメロンとオズボーンにはほんの数人のアドバイザーしかおらず、その小さな内輪の人脈より外に助けを求めることを嫌がっているようだった。キャメロン／オズボーン組はうまくいっていた頃のトニー・ブレア／ゴードン・ブラウン組とは違う」

キングは内密のつもりで、アメリカの要人にキャメロンへの厳しい評価を口にしていた。

二〇一〇年五月六日のイギリス総選挙の当日、ECB総裁らはリスボンに集まり、真夜中までユーロ圏の救済案を話し合っていた。そしてその同じ日にアメリカではフラッシュ・クラッシュが起きた。

いつもしかめっ面のゴードン・ブラウンと陰鬱な景気に挟まれて、労働党は苦戦を強いられていた。世論調査は労働党の野党転落を予想していた。実際、保守党は六五〇議席中、追加の九七議席をほぼすべて労働党から奪った。しかしキャメロンが期待したほどの大勝とはならなかった。保守党は過半数を獲得できず、五七議席を持つ自由民主党と連立を組む必要に迫られた。

　第三党の自由民主党は、保守党と労働党の両方から熱烈なラブコールを受け、はじめて交渉力を持つ立場となった。キングは交渉に直接関わったわけではない――だが、まったく無関係だったとも言えない。自由民主党側の交渉役だったデビッド・ローズは、こう書いている。「財政赤字の問題は交渉に影を落としていた。イングランド銀行総裁に我が国のリスクについて説明を求めたのもそのためだった[13]」保守党は、キングの支持が、自由民主党を緊縮財政の方向に向かわせる力となったと語っていた。

　しかし、キャメロン首相のもとで新政府が発足する頃、イギリス経済への逆風は強まっていた。その年の前半は、食糧、エネルギー、その他の商品価格が世界的に高騰し、量的緩和政策によってポンドが下落するなか、輸入品の価格が上がっていった。そのうえ、付加価値税の減税措置が期限切れとなり、さまざまな品物がさらに値上がりした。三月のインフレ率は、目標の二パーセントを大きく上回る、三・四パーセントにまで上昇した。キングとほとんどの金融政策委員はこれを一時的な値上がりと考え、金利引き上げを正当化する継続的なインフレとは見ていなかった。「経済の余剰能力を考えると、中期的にはインフレ率が目標を下回ると思われる」五月一二日の記者会見でキングはそう言ったが、一方で「先行きはかなり不透明である」とも認めていた。

　インフレ懸念に加えて、ユーロ危機がイギリスの金融市場を乱高下させていた。イギリス貿易の約半分はユーロ圏が相手であり、ユーロ危機がイギリス企業にとって破壊的な打撃となりかねなかった。

オズボーンもダーリングもイギリスがユーロ救済にコミットすることに反対し、財政緊縮には賛成していた。キングは選挙前に財政緊縮をあからさまに訴えることは避けようとしていたが、連立成立から二日後の五月一二日の記者会見では、もう躊躇はなくなっていた。キングは保守党と自由民主党がすべきことについて、これまでになく断固とした調子で語っていた。


新政権の最重要課題は、財政赤字への取り組みです。イギリスが抱えるなにより緊急な課題は、財政赤字であります。議会をあげてこれに対応し、今すぐに真剣さと信頼性を示す措置をとらなければなりません……市場を敵に回してはなりません。この二週間、そしてギリシャに関してはこの三ヵ月の経験から、それは明らかです。[14]

キングははっきりと新首相にこう伝えたのである。約束を守れ。後戻りはできないぞ、と。

金融政策委員会の政策発表後、委員たちは一般公開用の議事録の承認を行なう。二日半にわたる長くとりとめのない議論を、スタッフがさまざまな意見と決定の理由を箇条書きにして一〇ページ近くにまとめあげる。議事録承認のための会合は、通常あっさりと終わる。スタッフが準備した議事録に委員が変更点を指摘し――少しずつ足したり引いたりして――全員で変更に合意する。

だが、選挙の数日後、五月一〇日の議事録の承認会議は、いつもと違っていた。たいていはすんなりとまとまるものが、まとまらなかった。

キングの指示によってスタッフが準備した五月の議事録の草案には、キングが常々語っていた緊縮財政の推進を委員会が一〇〇パーセント支持したとの文言が入っていた。「我が国には中期的に大幅な財政削減が求められる。公的債務調達費用の不必要な上昇を回避するには、二〇一〇年三月の予算案よりも詳細かつ大幅な緊縮策が必要となるであろう」それは、財政緊縮を実行しなければイギリスが債務危機に陥る可能性があるとするキングの説に委員会のお墨付きを与える文言だった。

だが全員がそう思っていたわけではない。英国経済はいまだ金融危機後の脆弱な状態にあり、現在はユーロ圏の問題を抱えるなかで、急速な財政赤字の削減を強引に推し進めることは賢明でないと考える委員もいた——しかも市場がイギリス国債への信頼を失っているという兆しは見えるか見えないか程度のもので、財政政策はそもそも中央銀行の仕事ではないはずだった。それでもキングは譲らず、その文言を入れるかどうかは投票にかけられた。キングは六対三で勝ち、反対派には昨秋委員になったばかりのアメリカ人経済学者アダム・ポーゼンと、九年間委員を務めこれが最後の会合となるケイト・バーカーがいた。

今回はキングが勝った——だがこれがのちのち尾を引くことになる。

じゃぶじゃぶの時代は終わった

連立政権はキングのアドバイスを聞き入れた。五月二四日、政権発足からわずか二週間後にオズボーンはすでに始まっていた年度内での六〇億ポンドの財政支出削減を発表した。それはＧＤＰのわずか〇・四パーセントだったが、その実施のスピードと景気回復の遅さを考えると、緊縮財政推進派にとっても驚きだった。支出削減は、象徴的でマスコミネタになりそうな分野に集中していた。たとえば、公務員の列車出張の際の一等席の購入禁止や、三〇〇〇名に及ぶ公務員の採用凍結などである。また、政府外郭団体、たとえば地域振興会、規制監督委員会、そして美術館などへの資金援助が中止された。国民保健サービスといった本丸にはさすがに手をつけられなかったが、政府のメッセージは明らかだった。自由民主党党首のニック・クレッグが言ったように、「じゃぶじゃぶの時代は終わった[15]」のである。

その年の六月一六日に開かれた市長公邸の夕食会は、前年に比べて和やかなものとなった。この年は、中央銀行総裁と財務大臣が、お互いを讃え合う輪の中にいた。

オズボーンは、一〇年前に労働党が作りあげた金融規制の構造に変わる新しいシステムを置き、イングランド銀行を国内金融機関の監督機関とすることを提案した――キングがちょうどこの場所で一年前に求めた力を与えたのである。「独立した中央銀行だけが、マクロ経済を広範に理解し、現在と将来にわたるマクロ・プルーデンス政策の立案に必要な知見と権限を持つのです」タキシードに身を包んだ財界名士の前でオズボーンはそう言った。「そして、最後の貸し手としての中央銀行が、支援する金融機関のあらゆる側面に通じていなければならないことは、危機の経験からも明らかです。したがって、マクロ・プルーデンス面から監督業務の責任も持たなければなりません」翌日に計画の詳細を議会で発表するとオズボーンは言った。キングとオズボーンがあらかじめスピーチをすり合わせていたことは明らかだった。オズボーンのすぐあとに演壇に立ったキングは、「財務大臣から頂いた新たな責任を受け入れ、歓迎いたします」と述べた。

キングはまた、政府の財政緊縮政策を支持し、もし経済に悪影響が及べばイングランド銀行が助けると強調した。「私は、我が国の財政に健全な基盤を与える財務大臣のご努力を歓迎いたします。急速な緊縮政策が景気回復を妨げるとの懸念は承知しておりますが、……もし成長見通しが弱まれば、インフレの低下に金融政策が対応することになるでしょう[16]」

オズボーンが五月に発表した六〇億ポンドの削減は、はじまりにすぎなかった。市長公邸の夕食会の数日後、オズボーンは複数年計画を発表した。二〇一四年四月から始まる予算年度までに、GDPの六パーセントにあたる財政赤字を削減するという計画である。その中には、付加価値税を一七・五パーセントから二〇パーセントに引き上げることが盛り込まれていた。これにより、イギリス中のほぼすべての物価が二・五パーセント上がり、税収が一三〇億ポンド増えることになる。医療と国際開発以外の支出はすべて削減され、官公庁は四年間で二五パーセントの経費削減を求められた。

マービン・キングの後押しを受けたイギリスは、前例のないことに乗り出していた。一〇年物国債の利回りが三・五パーセントで失業率がおよそ八パーセントというなかで、オズボーンとキャメロンは、未来の債務危機を回避するために、支出削減と増税という先制攻撃に出たのである。その過程で、彼らは景気回復を妨げるリスクを冒し、その政策が企業と消費者の信頼を高めることを――そして、おそらくキングが金融政策を緩和して少しでも痛みを和らげてくれることを――ただ祈っていた。

キングは毎年、市長公邸でのスピーチを質問で始め、その答えで締めていた。二〇一〇年、彼のスピーチは答えから始まった。答えは「二三」である。そして、スピーチの最後に質問を明かした。

さて、答えが「二三」となる質問とは、なんでしょう？　いくつか思い当たることがありますね。まず、南アフリカワールドカップのイングランド代表チームの人数は二三人。次にイングランド代表がアッシズ（クリケットの対オーストラリア代表戦）で最後に勝ったのが二三年前。ですが、どちらも違います。それは私とオズボーン財務大臣の年の差です。念のために言っておきますが、若いのはジョージの方ですよ。この年の差がちょうどいいのです。通貨の価値を維持する金融政策に上の世代が責任を持ち、債務のつけを負わされる若い世代が財政政策の責任を持つ。うまい具合にインセンティブが配分されているわけです。金融と財政の政策協調を、私は楽しみにしております。

危機を回避した功績をほとんどだれにも認めてもらえないのは、経済の政策立案者にとって苛立たしいことだろう。回避できなければどうなっていたのかは、だれにもわからない。ただひとつだけ確かなことは、キングとオズボーンの協調が高くついたということである。

一一月には、フィナンシャル・タイムズ紙が、金融政策委員会内に緊縮財政推進への不協和音があることをキャッチしていた。一一月九日、ダニエル・ピムロットを含む三人の記者が「イングランド銀行内の一部メンバーは政府支出削減に対するキングの支持に懸念を抱き、金融政策と財政政策の一線を越えたと示唆している」と報じた。翌日、四半期ごとのキングの定例記者会見で、ピムロットは直接質問をぶつけた。「財政緊縮の規模についての政治判断に総裁が強い支持を示すことを、委員会は全会一致で賛成しているのでしょうか?」キングの返答は、よくいって言い逃れであった。「金融政策委員会内にはさまざまな意見があり、財政政策に関してもおそらく異なる意見があるだろう。だが、それは我々の仕事ではないので、議論していない」

実際には、五月の議事録承認の採決において、彼らはその問題をはっきりと議論していた。ポーゼンとバーカーはキングがごまかしていると感じ、キングの広報担当者に詰め寄った。総裁が発言を取り消さなければ、自分たちが反対意見を公にする、と。キングは手を打たず、ポーゼンとバーカーは進み出ることにした。一一月二五日に開かれた議会の財務省特別委員会で、保守党議員のアンドリュー・タイリーがポーゼンにフィナンシャル・タイムズ紙の記事について質問した。ポーゼンは遠回しに五月の議事録の文言についての顛末を語った。

私と少なくとももうひとりの委員を含めて、金融政策委員の多くは、この文言が政治的すぎると懸念し、そう発言しました。代替案も提案しました。ですが委員会の過半数は、報告書の文言を残すことを支持しました……その文言は事実としては間違いではありませんが、私と少なくとももうひとりの委員はその言葉が政治的すぎること、どちらかというと声明のようであることを懸念していました。これは私の個人的な意見です。

その数日後、また新たな事実が発覚した。機密情報公開サイトのウィキリークスからアメリカ国務省外電が流出し始めたのである。そこで、キングが駐英大使のズースマンに首相と財務大臣への厳しい批判を口にしていたことが明らかになった。キングのかつての敵、デビッド・ブランチフラワーは、「総裁は権力への渇望から判断を誤った。連立政権の経済政策に自ら介入し、イングランド銀行の独立性を傷つけた。政治的に中立であるべき中銀総裁が政治に影響され、擁護できない立場に自らを追い込んだ[17]」とガーディアン紙に書き、辞任すべきであると示唆した。

確かにズースマンとの会話を公開されたのはキングにとって面目丸つぶれだったが、ブランチフラワーも大げさに騒ぎすぎていた。キャメロンとオズボーンの経験不足は政界のだれもが懸念していたことであり、大使とキングの会話は私的なものだった。また、その外電の内容はキングのこれまでの財政赤字削減に関する発言と食い違うものではなかった。キャメロン自身は平静に見えた。一二月一日の記者会見では、首相スポークスマンがキングの仕事ぶりを褒め、「信頼関係になんら問題はない。中銀総裁が経済政策に関してさまざまな発言を行なうのは当然のことだ[18]」と語った。外電の件についてはまったく気にしないと言いながら、キングに気を持たせるようなコメントだった。

実際、二〇一〇年末から二〇一一年頭にかけて、キングと保守党との間には裏取引があるのではないかと人々は疑っていた。キングが低金利政策を続ける代わりに、保守党は急ピッチで財政緊縮を進める。キングはそんな取引はないと訴えていた。「（オズボーンから）『もし財政を緊縮すれば金融政策を緩和してくれるか』といった提案など受けたことはない」二〇一一年三月の議会証言で、キングはそう述べた。「そのような会話は一度もなかった」[19]

キングが政治的な逆風にさらされるなか、イギリス経済はスタグフレーションに突入しようとしていた。それはセントラルバンカーにとってもっとも忌まわしい悪夢である――そして、イングランド銀行の政策委員の意見は、てんでばらばらな方向を示していた。

イギリスのGDPは二〇一〇年の第4四半期に〇・四パーセント減少し、二〇一一年のはじめにプラスに転じたが、成長は鈍く失業率は回復しなかった。二〇一〇年末に七・八パーセントだった失業率は、二〇一一年に入るとふたたび八パーセントを超えてきた。同時に、ポンドの下落、燃料価格の高騰、付加価値税の引き上げが、物価を押し上げていた。物価上昇のペースは目標の二パーセントを上回り、二〇一〇年末には三パーセントを超え、二〇一一年には四パーセントを超えていた。

失業率とインフレ率が同時に高まると、中央銀行は板挟みとなる。金融政策委員会の意見は、ばらばらに分かれていた。二〇一一年二月の会合では、九人の委員が四つの異なる方向性を勧めていた。その違いは、一九七〇年代の大インフレからなにを学んだかによるものだった。

一方の極には、タカ派のアンドリュー・センタンスがいた。二〇一〇年六月に利上げを唱え始め、二〇一一年五月に任期を終えるまでずっと緩和に反対していた。センタンスは物価の上昇に注目し、企業と消費者が高インフレを常態として受け入れる恐れがあると感じていた。物価上昇は賃金を押し上げ、それがさらに物価を上昇させる悪循環が起きる。「一九七〇年代のロック音楽への憧憬はさておき、当時のような経済の混乱を繰り返してはなりません」センタンスは「金融引き締めの一〇の理由」と題した講演でそう語った。[20]

もう一方の極には、ハト派のアダム・ポーゼンがいた。ポーゼンは一流のマクロエコノミストであり、過去二〇年間日本の景気低迷を第一線で研究していた。二〇一〇年秋までには、充分な証拠が揃ったと感じていた。そして九月二八日に、ずばり「緩和すべし」と題したスピーチを行なった。イギリス経済は——そしてアメリカ経済も——潜在能力より低い成長にとどまっており、インフレはそれほど脅威ではないとポーゼンは主張していた。コモディティー価格の上昇や付加価値税の増加の「先を読めば」、景気の弱さからくる本当の圧力はインフレではなくデフレだとわかるはずだと説いていた。一九七〇年代の教訓は、イギリスや他の先進国に余剰人員や余剰施設といった問題が存在する二〇一〇年には当てはまらない、と言っていた。

二〇一〇年末から二〇一一年頭にかけて、キングはセンタンスとポーゼンの中間の立場をとっていた。ポーゼンより鋭くインフレリスクを指摘することもあれば、燃料価格の高騰や増税の目先の影響を超えて先を見るべきだと主張することもあった。だがイギリス経済が停滞し、失業率とインフレ率が同時に上昇してゆくなかで、イングランド銀行は腰をあげず政策を変更しなかった。

もし、保守・自由民主の連立政権が、財政緊縮を金融緩和で埋め合わせてもらえると期待していたなら、まったくの期待外れだった。政治的中立を証明する必要のない中銀総裁なら、結果は違っていただろうか？　あるいは、それほど辛辣でなく、仲間を説得することに長け、敵の少ない総裁なら、どうなっていただろう？

イングランド銀行が金融危機の後遺症から得た教訓は、たとえ王様《キング》であれ、その力には限界があるということだった。

一五章　QE2の危険な処女航海

二〇一〇年一一月三日、記者たちは首都ワシントンにある財務省ビルの地下の一室で、落ち着かなげに周りを見回したり、何度もコンピュータをチェックしたりしていた。そして、ついにファックス機から紙が吐き出されてきた。世界中のトレーダーとファンドマネジャーが待ち望んでいた情報が、この二枚の紙に書かれている。FRB理事や地区連銀総裁で構成される連邦公開市場委員会（FOMC）会合の結果がここに記されていた。

財務省の若手広報スタッフ、サンドラ・サルストロームは、この紙を読んではならず、それに触れてもいけない。大げさなようだが、建前上、中央銀行の独立性を侵害する恐れがあるとされているからだ。ダウ・ジョーンズの記者がファックス機からその紙を取り上げてコピーをとり、ロイターの記者がそれを机の上に置くと、三〇人かそこらの記者たちが机に群がった。記者たちが四八二語のその声明を記事にして発信するまでのタイムリミットは一〇分である。

サルストロームはその場の正式なタイムキーパーだった。何年か前まではマンガのキャラクターのついた腕時計で時間を計っていたが、今ではブラックベリーを使っている。

「あと五分」サルストロームが告げた。

「二分」

「一分――回線準備」そこで記者たちは編集デスクとの接触を許され、六〇秒後の情報送信に備える。

解禁の瞬間、二時一五分に、サルストロームは大きくベルを鳴らした。最初にこの仕事を任されてから何度も言われてきたように、彼女は全員に聞こえるように思い切り大きな音を出した。

サルストロームがベルを鳴らしたその瞬間、地球上のすべてのトレーディングフロアに情報が伝わった。ＦＲＢ言語に精通した記者たちは、七つのパラグラフのうち三つ目に本当のニュースが埋もれていることを目ざとくみつけた。今後八ヵ月で、ＦＲＢは六〇〇〇億ドル分の米国債を買い入れる。

ＦＲＢ内部では、この計画は「大型資産購入」と呼ばれていた。短期金利がほぼゼロに近いなかで、通貨供給量を増やす作戦である。この手法と日銀が一〇年前に挑戦した「量的緩和政策」との違いをバーナンキに語らせたら、一日中話し続けるに違いない（ＦＲＢも日銀もバランスシートを拡張したが、日銀が短期国債を購入したのに対して、ＦＲＢは長期債を購入していた）。ＦＲＢ内部の人間でない限り、その違いなど気にかけはしなかったのだが。今回はＦＲＢにとって二度目の量的緩和であり、その一一月の措置はまもなく「ＱＥ２」として世界中に知れ渡った。

市場の反応は――驚くほど落ち着いていた。大量のドルが世界中の金融システムにばらまかれようとしている。しかし、ＦＲＢは事前にその計画を講演の内容に紛れ込ませたりマスコミとのオフレコの会話でほのめかしたりしていた。Ｓ＆Ｐ五〇〇指数はその日〇・四パーセントの上昇、つまりほぼフラットで引けた。バーナンキとＦＲＢにとって勝利の瞬間だった。市場を思い通りに導いたのである。重要な新政策を混乱なく発表できたのだった。

この政策自体は目新しいものではない。ＦＲＢ内部の分析では、五〇～七五ｂｐの利下げに相当すると見られていた。しかしバーナンキには、日本がこの二〇年経験したような長引くデフレと景気低迷を回避する大胆な手を打ったという自信があった。しかも、この政策には充分なコンセンサスが得られていた。今回のFOMCで反対票を投じたのはひとりだけで、それはこのところ毎回反対票を投じているカンザスシティ連銀のトーマス・ホーニグだった。

だが、勝利に酔っている場合ではなかった。金融市場はQE2の発表を予想していたようだが、外の世界は違っていたことがすぐに明らかになった。

六〇〇〇億ドルの介入に対する反発はその夜始まった。その主は、フォックス・ニュースの番組でホストを務め、当時人気絶頂だった陰謀論者のグレン・ベックである。「だから、前から言ってたんだ。ナチスも真っ青だって」ベックは二〇〇万の視聴者に向かってそう言った。「まったく前例がないんだから。ジンバブエならやってみたことがあるかもしれんが。とにかく、ものすごいギャンブルだ。おそらく歴史上、この地球上最大の賭けだろう」[1]メディアを沸かせた元副大統領候補、サラ・ペイリンは、ベックに比べればまだ控え目だった。「インフレをおもちゃにすべきではないわ」どうやらはじめて金融政策に興味を持ったらしいペイリンはこう言った。「議長は手を引くべきでしょう」[2]

保守派層からの批判は、共和党を活気付けていた。FOMCの前日、共和党は中間選挙で勝利し、下院の過半数を奪回していた。共和党は、FRBの緩和政策が政府の無駄遣いを助け、加速させていると訴えていた。QE2への反対は、政治的なスローガンとなった。

「議会は税金を無駄遣いし、借金をしては無駄遣いしている。今度はFRBが通貨を刷っては使っている」ウィスコンシン州選出で下院予算委員会の委員長となったポール・ライアンは、発表の数日後にフォックス・ニュースにそう語っていた。「FRBは、基本的にでたらめな財政政策の穴を埋めようとしている。本来なら通貨を健全に保つことに集中すべきだ。この政策は将来とんでもないインフレを引き起こすだろう」[3]

アメリカ保守派の意外な味方は海外にもいた。「今回の措置を正当化する理由が見当たらない」辛辣なドイツ財務大臣、ウォルフガング・ショイブレは、メディアにそう語った。「ＦＲＢの決定はグローバル経済に不確実性をもたらし、人工的にドルの価値を押し下げる」[4]ソウルで開かれるＧ20サミットを間近に控え、オバマ大統領は、各国政府から一斉に非難を浴びていた。「アメリカは、資本市場の安定化という義務を認識していない。しかも新興国の金融市場への過剰流動性のインパクトを考慮していない」[5]と中国の朱光耀財政次官は責めていた。中国政府によるＦＲＢバッシングは驚くほど活発で、北京の美容院に行ったアメリカ人は若い美容師からそのことを責められたほどだった。

ドイツ、中国、韓国、ブラジルは、ＦＲＢがドルを市場に大量供給することで実質的に通貨戦争を仕掛け、ドル安によってアメリカの輸出企業に利益をもたらしていると批判していた。ＦＲＢは国内保守派からはアメリカ経済を弱体化していると責められ、外国政府からはアメリカ企業に不当な利益を与えていると責められていた。両者はＱＥ２をめぐる不思議な戦友であった。

ソウルでのオバマ大統領は、自分がなんら権限を持たない決定について海外の首脳から攻撃されるという、居心地の悪い立場に立たされた。そのとき偶然にも、隔月の中央銀行総裁会合がバーゼルで開かれていた。ＦＲＢ副議長のジャネット・イエレンとニューヨーク連銀総裁のビル・ダドレーは、他国のセントラルバンカーから、多少は礼儀正しく筋の通った批判を受けていた。しかし、正式な会合や親密な夕食の席では、そんな非難はどこ吹く風であった。

次にＦＲＢ叩きに参戦したのは、アニメのウサギだった。不動産屋に勤める三〇歳のオミッド・マレカンが作った七分のユーチューブビデオは、二匹の動物が――ウサギだかクマだか豚だか犬だかよくわからないが――「量的緩和」について珍問答を繰り広げるＣＧアニメである。[6]このビデオは口コミで広まり、一一月の中頃には、三五〇万回の再生を記録していた。その一一月、バーナンキにいちばん近い理事のケビン・ウォルシュと広報担当のミシェル・スミスは、そのビデオをバーナンキに見せることにした。ビデオは理論的には間違いだらけだったが、バーナンキはそれを面白いと思ったらしい。

　ＦＲＢ内部にも批判はあった。決定の翌月曜、ウォルシュはウォールストリートジャーナル紙に論説を寄稿した。「連邦準備制度理事会は、壊れた財政政策、通商政策、規制監督政策を修理する場所ではない」もし「目的が達成されない場合、または債券市場におけるＦＲＢの大きな役割が見すごせない危険を引き起こす場合」には緩和政策を捨てるべきである。[7] 文章は非常に丁寧だが、中央銀行の言葉遣いを知る人ならだれでも、行間を読むことができた。ウォルシュは五日前に賛成票を投じた政策に大きな懸念を持っている。それはバーナンキに対する深い尊敬と、追加緩和への自らの違和感をウォルシュなりに均衡させた結果だった。バーナンキは気のすすまないウォルシュから賛成票を得た。数日後にウォルシュは自分のためらいを記事にした。バーナンキは発表前にその原稿を読んでいた。

　ウォルシュの違和感はＦＲＢ内に広く存在した不満の一部でしかなかった。反対票がトーマス・ホーニグひとりだけだったのは、暦のいたずらである。投票権は一二の地区連銀総裁の中で毎年持ち回りとなるが、ＱＥ２に断固反対していた四人の総裁のうち二〇一〇年に投票権を持っていたのはホーニグひとりだけだった。実際には、ウォルシュの他にも数名はＱＥ２に深刻な懸念を持っていた。

　ＱＥ２決定後の週末、アトランタ連銀は「ジキル島への帰還」と銘打って、ファーストネームクラブの紳士たちがのちのＦＲＢを作るために集まったジョージア州の海岸沿いに集まり、一〇〇周年を祝うカンファレンスを開いた。その凍えそうな金曜の夜、ＦＲＢ高官、経済学者、記者たちが、夕食後にホテルの地下の小さなバーに集まると、ＦＲＢでもっとも口数の多いフィラデルフィア連銀のチャールズ・プロッサーが、ＦＲＢでもっとも寡黙なクリーブランド連銀のサンドラ・ピアナルトに、熱心に語っていた。

「コンセンサスだなんて、よく言えたもんだ！」プロッサーの大声は記者たちに筒抜けだった。「そんなものは、どこにもないじゃないか！」

ＱＥ２までの道のり

なぜここまで不人気な策を導入することになったのかを探るためには、二〇一〇年春まで時をさかのぼる必要がある。

当時、景気は回復しているように見えた。二四ヵ月連続で悪化していた雇用は、三月に入ってやっと増加し始めた。オバマ政権は、景気刺激策が奏功し始めていることを指摘し、「景気回復の夏」と大々的に謳い始めた。ＦＲＢではだれもが「出口戦略」を口にするようになっていた。ニューヨーク連銀の市場デスクでは、市場から流動性を引き揚げる方向にむけた小規模な実験が始まった。

バーナンキたちは、マネーサプライを引き締めるときには、価格の悪循環を引き起こさずに引き締めを実施できることを確かめておきたかった。ＦＲＢにその能力があることを示せれば、経済にとってプラスである。高インフレの期待は長期金利を押し上げ、住宅ローンや社債の金利をつり上げ、成長を阻害する。ＦＲＢが出口戦略をほのめかすことは、少なくとも理論的にはインフレ期待を抑えるのに役立つと思われた。

だが、二〇一〇年夏の半ばには、その計画は時期尚早に見え始めた。ヨーロッパ危機の影響で、Ｓ＆Ｐ五〇〇指数は四月から七月の間に一六パーセント下落していた。経済指標は回復ではなく、ふたたび景気後退の可能性を示していた。二〇一〇年六月頭に発表された前月の雇用統計は、わずか四万一〇〇〇人の増加にとどまっていた。のちに上方修正されて八万四〇〇〇人となったが、それでも失業率を押し下げるには弱すぎる数字だった。

インフレ率は低く、下がり続けていた。前年までの物価は乱高下を見せていた。二〇〇八年夏に高騰した原油他の商品価格はグローバル金融危機を受けて年末には急降下し、二〇〇九年の春と夏にはまた回復していた。だが二〇一〇年の半ばには、燃料価格は問題ではなくなった。失業率は高く、給与は上がらなかった。遊休設備やオフィスビルの空室は増えていた。ＦＲＢでは二パーセント程度の消費者物価の上昇を物価安定の目安としていた。二〇一〇年六月までの一二ヵ月間、消費者物価指数の上昇は一・一パーセントにとどまり、値動きの激しい食糧と燃料を除くとさらに低くなった。

それより心配なのは、投資家と事業家が超低金利を新たな常態と考え始めていることだった。債券投資家は、今後五年のインフレ率を平均で一・二パーセントと見ていた。

物価が上がるのはありがたいことではないにしろ、日本の例を見ればわかるように価格と給与の下落は経済により大きな痛みをもたらす。債務負担はさらに重くなり、家計は消費より貯蓄に傾き、消費の落ち込みは雇用を押し下げ、それがさらに消費を悪化させる。中央銀行は通常、利下げとマネーサプライの増加でこれに対抗しようとする。だが、ＦＲＢの政策金利の誘導目標は二〇〇八年一二月以降すでにゼロ近くまで下がっていたため、伝統的な手法は使えなかった。そこで、本来は単純な決定が、複雑になった。

経済指標が悪化しても、バーナンキは慎重に構えていた。中央銀行は直近の経済指標に過剰反応して市場を掻きまわさないよう、ゆっくりと行動する傾向がある。経済の方向性を正しく把握しているときにはそれでもいいだろう。二〇一〇年夏のＦＲＢはそうではなかった。

七月に発表されたＦＲＢの公式予測は、二〇一一年のＧＤＰ成長率を三・五〜四・五パーセントの範囲としていた。実際の数字は一・六パーセントにとどまっていた。バブルのしこり――住宅市場の崩壊、景況感の悪化、過剰債務――がどれほど成長を阻害するかを、ＦＲＢは過少に評価していた。経済指標が次々と予測の間違いを指摘していたにもかかわらず、ＦＲＢは自分たちの予測に固執していた。

「ＦＯＭＣも私も、今後数年、緩やかな成長、失業率の漸減、落ち着いたインフレが続くものと期待します」二〇一〇年七月二一日、上院銀行委員会の定例報告でバーナンキはそう証言している。バーナンキは、成長が「下方に傾いている」ことは認識していたが、三分の一の時間を出口戦略の説明に費やした。非出口戦略に触れたのは、ある質問に答えたときだけで、それを低い可能性だと言っていた。「回復が腰折れているように見えた場合には、少なくとも政策選択肢を見直す必要がありますが、まだその見直しを完全に行なっておりませんし、さまざまな可能性を考えなければなりません」

ＦＲＢ内にも、一般にも、「活動疲れ」が広がっていた。中央銀行を含む政府は、景気を刺激するためにできることはやり尽くした感があり、あとは待つだけだという雰囲気になっていた。企業には現金が余っており、債券市場での調達はたやすく、マネーサプライを引き締めても成長と雇用を抑制するとは思えなかった。だが、消費は大きな問題だった。「明日にでも三・五パーセントで二〇億ドル借りようと思えば借りられるが、使い道がない」六万人の従業員を抱えるイリノイ・ツール・ワークスのデビッド・スピアＣＥＯはそう言っていた。

実のところ、バーナンキは、マネーサプライをひそかに緩和する方法を考えるようスタッフに指示していた。[8] たとえば、準備預金の金利を現在の〇・二五パーセントからさらに引き下げることや、超低金利政策の継続をより明確な形で市場に確約することである（当時の文言では、低金利は「拡張された期間」継続されるとなっていた）。しかし、七月二一日の証言では、バーナンキは明言を避けた。

「現在の時点では、どの選択肢が有力かを正確にお伝えするところまでは来ておりません」

あまりにばらばらなFOMC

年八回開かれるFOMCの一週間前に、地区連銀総裁はセキュリティーのかかった文書サーバーにアクセスする。FOMCに備えるための極秘の事前資料がそこにある。二〇一〇年の六月から、この資料は「ティール・ブック」と呼ばれている。以前は「ブルー・ブック」と「グリーン・ブック」に分かれていたが、それがひとつになり、名前も「ティール（青緑）」に変わったのだった。

議長の監督のもとで作成されるこのティール・ブックには、FRBのアナリストによる労働市場やインフレの分析と共に今後の経済見通しが文書とグラフで示されている。また、そこで三つの政策選択肢が挙げられる。A案は、マネーサプライを緩和し経済成長を後押しするハト派案。C案はマネーサプライを引き締めてインフレと闘うタカ派案。そして、B案はその中間案で、ほとんどの場合はここに落ち着いていた。いずれにしろ、選択肢を考えるのは、議長とスタッフである。したがって、選択肢の幅も、議長自身の好みと、議長が推測する範囲での委員の意見を反映していた。

しかし二〇一〇年八月三日、FOMCの一週間前、ティール・ブックへのアクセスが可能になる日、別の場所からその内容が漏れていた。月曜朝のウォールストリートジャーナル紙の一面に「FRB、象徴的方針変更を検討中」の見出しが躍った。その記事には、「来週の会合で、勢いを失った景気について熟考し、莫大な保有証券の運用について控え目ながら象徴的な方針変更を考慮する予定」であると書かれていた。

ひとにぎりに限られたFRB番の記者グループは、長き伝統から通常いわゆる「FRBルール」に従っている。記者はＦＲＢ上層部への取材で得た情報を使っていいが、決して情報源を明かしてはいけない――「ＦＲＢ高官」と書いてもいけない。どこからその情報を得たのかがまったくつかめないような文章を書くことになっている。したがってこの記事も、情報がどこから来たのかについてヒントを与えないように書かれていたが、ＦＲＢ内部と中央銀行ウォッチャーの間では、情報源はバーナンキか彼にかなり近い筋だろうと目されていた。

地区連銀総裁たちは、朝刊の記事は意図的なリークではないかと疑っていた。そして、彼らがサーバーにアクセスしてティール・ブックを見ると、やはりその中のＢ案は、ウォールストリートジャーナル紙の記事に添った、穏やかな金融緩和を求めるものだった。翌週のＦＯＭＣの休憩時間、委員たちはバーナンキの広報担当者であるミシェル・スミスに、重要な政策転換についてマスコミが先に知らされていることに文句をつけた。

では、バーナンキが議会証言で政策についてなんのヒントも与えなかった七月二一日から、ＦＯＭＣが開かれるまでの八月一〇日になにがあったのか？　雇用統計の発表は、ウォールストリートジャーナル紙の記事とティール・ブックが出たあとだった。方向転換のきっかけとなったのは、ニューヨーク連銀のアナリストがまとめた、政策調整がなければどうなるかを示す新たな証拠だった。ＦＲＢは二〇〇八年末に金利をゼロに下げたあと、非伝統的政策への第一歩を踏み出し、「ＱＥ１」を通してファニー・メイやフレディ・マックなどの政府支援企業が発行するモーゲージ証券を買い入れた。マネーサプライを拡大すると同時に、資金不足の顕著な住宅セクターに資金を注入する狙いである。

その結果、二〇一〇年夏までにＦＲＢは一兆一〇〇〇億ドルに相当するそれらの証券を抱えることになった。ＦＲＢの方針では、これらの債券が償還期限を迎えるとき――借り換えや返済が行なわれるとき――ＦＲＢは新たな証券を購入しないことになっていた。したがって、市中に供給された通貨量は、次第に減っていくはずだった。

だがその夏、景気が減速し、投資家が実質政府保証のついた安全なモーゲージ証券に逃避するにつれ、金利は下がってきた。住宅ローンの借り手には、借り換えのインセンティブが生まれた。借り換えが行なわれ、FRBがそれを買い入れなければ、実質的には市中から通貨が引き揚げられることになる――FRBの意図とは逆になる。ニューヨーク連銀のビル・ダドレーのスタッフは当初、モーゲージ証券の残高は二〇一一年末までに二〇〇〇億ドル縮小すると予測していた。金利低下に照らしてその数字をふたたび分析したところ、減少幅は三四〇〇億ドルとなることがわかった――景気見通しが悪化しているときに、一四〇〇億ドルも余分に引き締めることになってしまうのだ。

意図せぬ引き締めを防ぐためには、FOMCでの方針変更が必要になる。議論に時間をかけるため、八月一〇日の会合前、バーナンキはFOMCの開始時間を九時から八時に早めることにした。

FOMC委員の意見は割れていた。ボストン連銀のエリック・ローゼングレン、シカゴ連銀のチャールズ・エバンズ、サンフランシスコ連銀のジャネット・イエレンの三人は、景気悪化を意識し、積極的な対応が必要だと考えていた。モーゲージ証券への再投資をはじめとして、幅広い流動性供給措置をとるべきだと主張した。バーナンキ、副総裁のドナルド・コーン、その他数人の議長追随派は、再投資は必要な措置だが、それ以上の緩和はかならずしも必要ないと考えていた。

バーナンキに近いケビン・ウォルシュとベッツィー・デュークは、緩和には大きな懸念があったが、「意図せぬ引き締め」を避けるための再投資に反対するのは難しいと見ていた。リチャード・フィッシャー、ジェフリー・ラッカー、チャールズ・プロッサー、トーマス・ホーニグのタカ派の四人の地区連銀総裁は、方針転換に断固反対だった。その中で、その年投票権を持っていたのは常にノーと言い続けてきたホーニグただひとりだった。

そういうわけで再投資が決定され、二時一五分に発表された。積極的緩和政策を求める人々は、これをそのはじまりだと受け取った。そうでない人々は、これを単なる技術的な変更だと見ていた。バーナンキにはそのあいまいさがコンセンサスを得るうえで都合よく働いたが、外の世界はこの発表をどう受け止めていいのかわからずにいた。ＦＲＢは景気回復への見方を変えたのか？　この方針変更は、なにか大きな転換のはじまりなのか、それとも一度きりの調整なのか？　ＦＲＢウォッチャーたちは、真意を測りかね、それを知ろうにもタイミングが悪かった。ＦＯＭＣの会合後にいつも講演を行なう総裁たちは休暇でいなかった。会合後にはじめてスピーチを行なったのは、いちばん最近ＦＯＭＣ委員となったミネアポリス連銀のナラヤナ・コチャラコタ総裁だった。ＦＲＢウォッチャーたちはコチャラコタ総裁についてほとんどなにも知らず、ハト派なのかタカ派なのかも測りかねていた。

再投資の決定において、コチャラコタは、どちらかというとタカ派だが方針変更を一度きりの調整と見て賛成したグループのひとりだった。八月一七日のノーザンミシガン大学でのスピーチでもそう語り、この決定が「自分が予想したよりも大きなインパクトを市場に与えた」と付け加えた。

次にこの件について公に発言したのは、セントルイス連銀のジェームズ・ブラード総裁だった。ブラードもまた比較的新しい委員で、一風変わった金融哲学の持ち主として知られていた。ブラードは、大規模で継続的な緩和政策寄りと思われ、新たな措置が「実施されるかもしれない」と語った。ブラードの次はホーニグだったが、彼はいつものように低金利を長期間継続する危険を訴えていた。

中央銀行の動きひとつに富の行方がかかった市場の参加者は、どの見方が有力なのかわからなかった。「意見があまりにもばらばらで、耳ざわりなほどだ」バンクオブアメリカ・メリルリンチのエコノミスト、イーサン・ハリスはそう言った。「ＦＲＢ内外からたくさんのまったく違う見方が聞こえてきて、市場を混乱させている」

ティッピング・ポイント

ジャクソンホールでのＦＲＢ議長スピーチは、毎年大きな注目を集める。メッセージを正しく伝えるため、バーナンキのスタッフはこのスピーチの準備に長い時間を注ぎ込んでいた（皮肉なことに、バーナンキのスピーチの中でテレビカメラが入らないのはここだけである。テキストだけが公開される）。夏のはじめには、バーナンキは当座預金残高についての学術的な話をするつもりだった。しかし、それはやめて、晩夏に間に合うように、ＦＲＢの考えを説明するスピーチをまとめることになった。

議長に就任してまもない頃は、スタッフがスピーチの最初の草稿を書いていた。だが、あまりに直しが多いため、二〇一〇年までにはまずバーナンキが最初の草稿を書き、スタッフがそれをチェックしてデータや分析を手直しする手順ができていた。二〇一〇年のジャンクソンホールのスピーチに関しては、いつもよりはるかに協力的な取り組みが行なわれた。草稿の計画段階で近しいブレーンとのミーティングが数度にわたって行なわれ、その中で金融政策全体の枠組みが作られていった。ミーティングの相手は、ジャクソンホールの四日後に四〇年間仕えたＦＲＢを引退する予定となっていたドナルド・コーン他、ケビン・ウォルシュ、ミシェル・スミス、そしてＦＲＢのエコノミストであるビル・イングリッシュとデビッド・ストックトンなどであった。議長室での話し合いは、ＦＲＢのこれまでの政策をどのように世界に知らしめるかということを超えて、もう一段の緩和が必要かという議論に発展していった。

近代的な中央銀行がみなそうであるように、ＦＲＢでもまた、インフレと景気後退の間のほどよい状況に経済を導くよう政策を正式に決定するのは委員会（ＦＯＭＣ）である。議長の投票権は一二分の一だとしても、実際には投票権をはるかに超える力を持っている。議長は議題を決め、選択肢を委員会の俎上に載せる。最善だと信じる方向に議論を導き、そうでない方向から議論を遠ざける。ＦＯＭＣの一二名の投票者のうち七名はワシントンの理事であり、たとえ懸念があったとしても議長への忠誠心から賛成票を投じることは少なくない。ジャクソンホールのスピーチにまつわる話し合いは、つまるところバーナンキがどのように気持ちを固めるかにかかっていた。

この話し合いの輪の中にいたブレーンのうち、インベストメントバンカーからホワイトハウスのスタッフとなり、のちに史上最年少のＦＲＢ理事となったケビン・ウォルシュは、一貫して追加緩和に反対していた。ウォルシュの論理に従えば、追加的な流動性の供給ではアメリカ経済の問題は解決できないということだった。住宅バブルのしこりは残り、差し押さえ手続きの遅さから清算は進まず、家計の債務負担は重く、州や自治体は支出を削減している。短期金利がゼロに近いなかで、アメリカ国民は三五年の住宅ローンを歴史上最低の四・四パーセントの固定金利で借りることができる。そして信用力のある企業はもっと低い金利で資金を借り、設備投資を行なうことができる。

数千億ドルの追加緩和が経済活動を活発化できるかどうかは定かでなかった。しかも、それにはリスクが伴った。ＦＲＢによる過剰な米国債保有は、債券市場を混乱させる恐れがあった。民間投資家が押し出されても、市場は正常に機能するのだろうか？　ＦＲＢが介入をやめたら、投資家は戻ってくるのだろうか？　ＦＲＢの積極介入は政治家の攻撃材料となるのでは？　それは実際に景況感の改善につながるのか？

ウォルシュが反対の主張を重ねると、バーナンキとコーンは単純なロジックでそれに対抗した。議会がＦＲＢに与えた政策目的は、物価の安定と雇用の最大化である。物価上昇は二パーセントを下回る、つまり安定していると見ていい。雇用の回復は期待を大きく下回る。したがって、ＦＲＢの仕事は、経済に資金を注入することである。たとえその効果が定かでないとしても。

とりわけバーナンキは、経済における「ティッピング・ポイント」理論の信奉者だった。アメリカ経済は労働人口の拡大と生産性の向上により、年率二〜二・五パーセントの潜在成長力がある。それより低い成長が続けば、経済に悪循環が起きる。失業率は上昇し、収入は減り、需要は縮小し、さらに人員は削減され、ふたたび景気は後退する。この二・五パーセントのハードルを越えるだけの後押しをＦＲＢが与えれば、その逆の好循環が起きる。雇用は回復し、収入は上がり、需要は増え、採用も増える。ＦＲＢのほんのひと押しが、大きな違いを生むというのである。

二〇一〇年春の経済指標は二・四パーセントの成長を示していた――つまり、ちょうどハードルすれすれのところにあり、バーナンキの前提が正しいとすれば、ほんのひと押しが大きな効果を生む可能性があった。もちろん、住宅市場の機能不全と債務のしこりを和らげる策がなければ、緩和の効果は限定的かもしれない。だが、差し引きすればおそらくプラスの効果があるだろう。

もしＦＲＢが投資家を国債市場から押し出したとしても、彼らは別の場所に資金を移す、すなわち「ポートフォリオ・リバランス」効果がある、とバーナンキは主張した。投資家が社債を買えば、設備投資意欲のある企業に資金が回る。モーゲージ証券を買えば、アメリカ国民は住宅を買ったり、ローンを借り換えたりできる。あるいは、株式に投資すれば株価は上がり、家計の資産は増える。

こうした議論の末に――全部で六回ほどの話し合いが持たれた――バーナンキとブレーンは、追加の量的緩和を行なうかどうかの決定を、コスト対効果の問題として提示するようなスピーチをまとめた。「今年もジャクソンホールに戻ってきましたが、経済回復と復旧に向けた責任がまだ道半ばであることは、私たちのだれもが同意するところでしょう」バーナンキはいま一度、ジャクソンレイクロッジのシカ角のシャンデリアの下に立ち、およそ一一〇名の参加者に向けてそう語った。世界中の多くの人々が、オンラインで同時に公開されるそのスピーチの原稿を読んでいた。

バーナンキは追加措置の可能性に触れたが、コミットするかなり手前にとどめていた。「ＦＯＭＣは、もし必要と判断されれば、特にもし景気の見通しが大幅に悪化した場合には、非伝統的な追加措置を提供する準備があります……ただし、措置の恩恵が弊害を上回る場合にのみ、発動されるでしょう」つまり、ＱＥ２の可能性はあるが、それは景気がさらに悪化したときに限られる、ということである。

「ＦＲＢ、一段と大胆な動きを考慮」とウォールストリートジャーナル紙は報じた。「バーナンキ、景気悪化の場合には大胆な措置」との見出しをワシントン・ポスト紙は載せた。それがマスコミの見方だった。スピーチの草稿に関わった人々は、別の見方をしていた。バーナンキはそこまではっきりとは言わなかった。ジャクソンホールのスピーチのあとは、流動性供給のためのもっとも効果的な手段を見つけ、ＦＯＭＣのコンセンサスを築く仕事が残っていた。スピーチをめぐる話し合いを通して、バーナンキは行動を起こす決心をしたように見えた――それも、大胆な行動を。今は、どのようにそれを実施するかを考えなければならなかった。

ジャクソンホールスピーチの三週間後、暗い経済指標が出るなかで次のＦＯＭＣが開かれる予定になっていた。九月三日に発表された八月の雇用統計は引き続き悪化し、失業率は九・六パーセントに上昇した。景気がガス欠になっているしるしだった。九月二一日のＦＯＭＣに向けた準備文書にアクセスした地区連銀総裁たちは、Ｂ案がまたもや緩和に傾いていることを発見した。

今回のＦＯＭＣでもふたたび、明らかな低インフレと低成長が金融緩和を正当化することはコンセンサスとなっていた。だが、その手段についての合意はなかった。バーナンキは強制しなかった。委員が同意できることを文言にまとめ、会合後の声明を通してシグナルを送ることにした。インフレは「ＦＯＭＣが最適と見る水準を多少下回っており、経済回復とインフレ目標への長期的回帰を支えるため、必要であれば追加措置を提供する」。つまり、ＦＲＢはなにかを行なおうとしているが、それがなにかはまだわからない、ということだ。

一歩ずつゆっくり進むことで、次第にＦＯＭＣ委員の意見がバーナンキに傾いていった。本当に景気が行き詰まっているという証拠が積み上がっていたうえ、追加政策を懸念する委員たちは意見を表明する充分な機会が与えられていると感じられた。一方で、バーナンキのブレーンの顔ぶれは変わりつつあった。グリーンスパンの右腕でバーナンキのもとで副議長となった、ＦＲＢの生き字引と言われたコーンが九月一日に引退した。オバマはコーンの後任としてジャネット・イエレンを指名していた。承認は一〇月の予定だったが、イエレンはすでにワシントンに引っ越していた。そして、イエレンは断固としたハト派だった——景気は下振れし、インフレは脅威でなく、より積極的な措置が必要だと強く訴えていた。

ガイトナーのあとにニューヨーク連銀総裁となったビル・ダドレーもまた、景気底上げのための措置が必要だと信じていた。しかも、彼は現場の細かい仕組みを知っていた。したがってニューヨーク連銀の市場デスクが追加緩和を実施する際に、テクニカルな問題がないかどうかを確認できた。ダドレーは市場デスクの元統括者であり、政策実施の実務的な問題を熟知していた。コーンが去り、ウォルシュが追加緩和に断固反対しているなかで、イエレンとダドレーはバーナンキにもっとも近い協力者となった。

一〇月一日のダドレーのスピーチは、明らかに大きな動きが進行中だと匂わせるものだった。ジャーナリストたちに向けた講演で、ダドレーは、ＦＲＢが雇用創出とインフレ水準の維持に失敗していることを挙げ、債券の買い入れはその両方を改善させると語った。そしてセントラルバンカー特有のまわりくどい言い回しで、こう結論を述べた。「現在の失業率とインフレ、またそれらの目標回帰への時間軸は受け入れがたいと考える。我々には、過度の負担なく追加刺激を提供できる手段がある。したがって、追加措置が与えられる可能性が高いと考える」

市場のＦＲＢウォッチャーは、ＦＯＭＣ委員たちがスピーチを事前にすり合わせていると思っているようだ。だが、地区連銀総裁は通常、バーナンキやワシントンの理事たちに事前にスピーチを見せることはなく、指示を受けることなどありえない。彼らは自分の意思で行動する。だが、ダドレーが話すときは、そうとも限らない。ニューヨーク連銀総裁は、伝統的にＦＯＭＣ副委員長を務め、その地位には委員の過半数——と議長——の考えから大きく逸脱しない責任が伴う。したがって、ダドレーのスピーチは、ＱＥ２の事前発表と考えて間違いないように思われた。

バーナンキは、なんらかの緩和が必要であるというコンセンサスを築くことに成功していた。そして今、彼らの議論は、「追加緩和を行なうかどうか」ではなく、「どのように緩和するか」に向かっていた。この変化を示すように、ダドレーのスピーチの三日後、ダドレーの右腕として市場デスクを統括し、緩和措置の実施責任者でもある、ブライアン・サックが講演を行なった。意図してあっさりと「ＦＲＢのバランスシート運用」と題したそのスピーチは、追加の債券買い入れにおける技術的な課題を説明し、ニューヨーク連銀の市場デスクがそれをどう克服するかを語るものだった。サックは追加緩和が決定されるかどうかについては言及しなかったが、彼が実施面の課題をながながと語っていること自体がＦＯＭＣの方向性を示していた。実施されない政策についてそれほど熱心に語ることはないはずだった。ＦＯＭＣのタカ派はとりわけこれに憤慨した。彼らはしょっちゅうＦＯＭＣ前に先走って方向性を口にするなと戒められていた。今回はダドレーばかりか、FOMCの委員でもないただのスタッフが先走っている。「とんでもないと思った」とトーマス・ホーニグは言う。「ニューヨーク連銀総裁――そのうえ市場デスクの責任者まで――が外で我々の方向性を語っているとは」ホーニグだけでなく他のメンバーもバーナンキに抗議した。カンザスシティ連銀総裁はこう言った。「これまで次のFOMC会合までは口を開かないつもりだったんだが。もう頭にきた」

いつどれだけマネーを注入するのか

それは暗くて寒い、小雨の降るニューイングランドの朝だった。ボストン連銀のエリック・ローゼングレン総裁は、八時一五分きっかりに毎年恒例の調査会議の開会を宣言した。二〇一〇年一〇月一五日のことである。一一年前、ボストン連銀はウッドストックでほぼ同じ顔ぶれの経済学者を集めて会議を開き、「低インフレ環境における金融政策」を議論した。そこで、当時プリンストン大学教授だったベン・バーナンキは、日本が「自らが生んだ呪縛」にとらわれて充分な金融緩和を行なっていないと主張していた。同じトピックを扱う今回の疑問は、はたしてバーナンキ自身がその呪縛にとらわれているかということだった。バーナンキは基調講演で自分の立場をかなりはっきりと打ち出していた。「FOMCの目的に照らせば、おそらく――その他すべてに変化がなければ――追加措置が妥当だと思われます」バーナンキの講演はすべての金融ニュースで生放送されていた。非伝統的政策のマイナス面は承知しているが、「FRBは雇用最大化と物価安定の二大目標を追求する政策に今後もコミットし続けます」と付け加えた。

会議後バーナンキはワシントンにとんぼ返りした。その後数時間、会議では第一線の経済学者がゼロ金利におけるマネーサプライ緩和の理論的問題点を議論していた。日銀が一〇年前に経験し、ＦＲＢがいま直面している問題は、これ以上利下げによって投資を刺激できない状況、すなわちゼロ金利制約下にあるということだった。なぜ金利がゼロを下回ってはいけないのかにとらわれている学者もいた。マイナス金利は、貯蓄への実質的な課税になる。ハーバードの経済学者であり元大統領アドバイザーのグレッグ・マンキューはボストン会議でこう言った。「たとえば預金者が、銀行に現金を置いておくとカネを取られるからこれからは自宅に置くことにしよう、ということになると、需要が高まるのは安全資産のみである。その安全な資産とは、金庫である。みんなが銀行から預金を引き揚げて家に置くとしたら、全員が金庫を買うからだ」その問題を回避するには、ランダムに選んだ番号の紙幣を無効にすればいい、とマンキューの生徒が指摘したという。「その生徒の名前は言わないでおこう。将来セントラルバンカーになりたがるかもしれないから」

学者たちが会議室で講演を行なっている間、連銀総裁と理事たちは静かに会場を抜け出して、階上にあるローゼングレンの総裁室に集まった。そこで、彼らは秘密のＦＯＭＣのテレビ会議に加わった。定期会合はまだ二週間先だったが、今朝のバーナンキのスピーチのあとで、今や市場はＱＥ２を一〇〇パーセント期待していた。だが、今回バーナンキは充分な時間をかけて実施の詳細を議論したがった。はじめから大規模な国債買い入れ、たとえば五〇〇〇億ドル、八〇〇〇億ドルといった数字を発表するか？　それともたとえば一〇〇〇億ドルから始めて、その次のＦＯＭＣでふたたび一〇〇〇億ドルの追加購入を発表するか、それとも景気の状況に応じてゼロにするか。

三時間に及んだテレビ会議は、実際にどの戦略が委員の幅広い支持を得るか、どれが支持されないかをはっきりさせる意味を持っていた。しかしまた、委員たちが辛抱強く足並みを揃えたのは、これがほぼ最後となった。これまで行なわれてきた少人数の会合とこのテレビ会議を経て、ＱＥ２の決定は充分に議論されていたため、一一月にそれが発表されたときには委員全員が自分の意見を聞いてもらう機会を持ったと感じていた。バーナンキは八月の会合以来一貫して追加緩和を後押ししながら、同時に反対派の委員に時間を与えて自分の意見に引き寄せた。だがふたたびこの非伝統的な金融政策に飛び込む前に、説得しておかねばならない人たちが残っていた。主要二〇ヵ国の財務大臣とセントラルバンカーたちである。

韓国の南東の端、ソウルから電車で二時間、釜山から車で一時間の古都慶州は空港のない不便な場所である。二〇一〇年一〇月のG20会議がここで開かれる予定になっていた。バーナンキは欠席も考えた。往復の時間を考えると、二日間の会議のために、五日も潰れてしまう(FRB議長は通常民間機を使っている。財務長官の空軍専用機にたびたび便乗していると、中央銀行の独立性を損なうと見られてしまうからだ)。しかし、外交の見地から、バーナンキは目前に迫ったQE2を世界に説明する必要があった。

G20はなんとも大がかりで骨の折れる集まりである。参加二〇ヵ国がそれぞれ財務大臣と中央銀行総裁を送り込む。その四〇人がそれぞれ副大臣と副総裁を連れてくる。通訳を帯同する大臣もいる。そのうえに、「名誉」参加者がいる。IMFや世界銀行といった国際機関から、スペインやベトナムらのG20に入らない国の代表まで。全体では一〇〇人近くが一部屋に集まる、とても親密とはいえない集いである。

韓国の財務大臣が開会の口火を切り、参加者を歓迎し、事務的なお知らせを告げる。そのあと、伝統にのっとって、アメリカ代表が演壇に立ち、経済の現状を説明する。通常であればガイトナー財務長官がメインスピーカーとなるところだが、今回はバーナンキがその役目を担い、近い将来予想されている政策について説明することになった。バーナンキも補佐役のウォルシュも、国内の政策決定に世界中を巻き込むことへの批判を懸念していた。そこで、ＦＲＢは新たな資産購入を考慮する可能性があると言うだけにとどめ、確実に実施するとは示唆しなかった。とはいっても、マスコミを通して海外の高官にそれがどのように響くかは、予想できなかった。

今回予想される措置は、アメリカ経済の現状に合わせて金融政策を適切に調整するものです、とバーナンキは言った。結果としてドル安になったとしても、ドルの価格を操作する目的ではありません。私は通貨戦争を始めようとしているのではありません、とバーナンキは訴えた。デフレを止め、アメリカ経済の収縮を止めようとしているだけです、と。

海外高官の一部は、まったく聞く耳を持たなかった。ドイツはアメリカが世界規模のインフレと金融バブルを誘発していると責めたが、バーナンキは引き締めフェチのドイツらしい意見だと思っただけだった。中国とブラジルは、アメリカが市中に解き放つ数千億ドルという資金は原油市場に流れ込んで燃料価格を押し上げると同時に、すでに投機資金の流入している新興国の株式市場にも流れ込みバブルの危険を増大させると言っていた。バーナンキはブラジルには同情的だったが、中国にはそれほどでもなかった。中国のインフレを防ぐには、彼ら自身が市場介入をやめ、人工的な人民元安をストップすればすむことだと思っていた。新興国の言い分は、アメリカがアメリカのためでなく、新興国のために最善を尽くすべきだと言っているようにしか聞こえなかった。

結果は一〇対一

毎年八回、ＦＯＭＣの委員は各地からワシントンに集まってくる。今回もまた一一月二日から始まる二日間の会合のために、委員たちはフェアモントホテルにチェックインしたあと、ワゴン車に乗って

FRB本部ビルへと向かった。マスコミは興奮した様子で、その日の下院選挙での共和党の大勝利の分析と、翌日期待されるQE2について、交互に取り上げていた。フォギーボトムのFRB本部を衛星車が囲んでいた。会合が終わる翌日水曜の午後まで発表はないのだが、白い大理石のFRB本部を背にすると報道に箔がつくようだった。

「みなさん、こんにちは」火曜の一時過ぎ、バーナンキは挨拶をした。それから、新任理事でこれがはじめての顔見せとなるサラ・ブルーム・ラスキンを歓迎した。新任副議長のジャネット・イエレンについては、「顔を見たことはあるかと思いますが」と紹介して笑いを誘った。そして会合が始まった。[9]

FOMCの会合には決められた手順があった。大会議室に全員が集まり、議題に厳格に従う。はじめにスタッフからの説明があり、委員がひとり数分ずつ順番に経済と政策についての見方を語る。会合の外では「ベン」、「ビル」と呼び合うふたりも、FOMCの議論の中では「バーナンキ議長」、「ダドレー総裁」と呼んでいた。FOMCの議事録が五年後に公開されることが決定した一九九五年以来、会合はかしこまったものになり、委員は準備された発言を読むようになり、自由な討論は少なくなっていた。ほとんど意見の分かれない政策であっても、委員たちは議事録で公開される言葉を隙のないように選んで文章を組み立てていた。

だが、QE2の会合は違っていた。

「実施するかどうか」の質問には九月の会合でほぼ答えが出ており、「実施する」に傾いていた。また、二週間前のテレビ会議では、実施の詳細について充分話し合っていた。残ったのは、委員たちがそれぞれ自分の推す方向性についで最後にもっとも説得力のある主張をすることだった。二〇一六年のはじめに議事録が公開されれば、追加緩和の強力な支持者が――イエレンとダドレー、それに加えてシカゴ連銀のチャールズ・エバンズとボストン連銀のエリック・ローゼングレンが――一五一〇万の失業者に雇用を与えるために「なにか」をしなければならないと、ときおり倫理に訴えて主張していたことが明らかになるだろう。

タカ派委員――リチャード・フィッシャー、ジェフリー・ラッカー、チャールズ・プロッサー、トーマス・ホーニグの地区連銀総裁ら――は、これまで以上に熱を込めて語った。彼らはＱＥ２がもたらす負の影響を主張した。株式と商品市場のバブル。財政ファイナンスによるＦＲＢの中立性への侵害。中央銀行は、与えられた力を超えて経済問題を解決する責任を背負うべきでない、と彼らは言った。いつもはバーナンキの味方であるウォルシュは、激しく反対した。彼がウォールストリージャーナル紙に寄稿したタカ派の論説を上回る激しさだった。ウォルシュはそのタカ派ぶりから、一度ならず冗談で「アクセル」と呼ばれていた――彼の言い分がドイツのブンデスバンク総裁であるアクセル・ウェーバーにそっくりだったからである。

だが、どちらの側も、政治的パフォーマンスでそうしていたのではない。ＦＯＭＣは決定を受け入れようとしていたが、それぞれの委員はその立場をあますところなく歴史的な記録に残しておきたかったのである。そして、最後にひとりひとり順番に採決が取られた。タカ派の中で、ウォルシュはバーナンキへの忠誠心から多数派に賛成し（数日後に自分の意見をウォールストリートジャーナル紙の論説で披露するつもりだった）、残りのタカ派で反対票を投じたのはホーニグだけだった。一〇対一の賛成多数でＱＥ２は決定し、発表文がまとめられ、財務省地下にある報道室に送るファックスが準備された。

グレン・ベック、ユーチューブ、そしてＧ20の一部参加者の大騒ぎが待っていた。

トレーディングフロアに鳴り響く音

ロウワー・マンハッタンのウォール街からほど近いニューヨーク連邦準備銀行ビルは、ヨーロッパ風の巨大ないかめしい建物である。地下に積まれた金塊を守る建物にふさわしく、分厚い石の壁が四方を取り囲み、下層階の窓には鉄格子がはめ込まれている。一九三〇年代にヨーロッパとアジアで第二次世界大戦の暗雲が現れると、世界中の政府は金塊を置いておくには自国よりニューヨークの方が安全だろうと考えた。ニューヨーク連銀は快くそれを受け入れ、マンハッタン島の岩盤地下二五メートルの場所にある金庫室を保管場所として提供した。そこには世界中の政府と中央銀行の金塊が、一二二のケージに保管されている――保有国の詳細は極秘とされている。二〇一二年初頭時点で三五〇〇億ドル相当の金塊がそこに保管されており、その総額はタイのGDPとほぼ同じだった。

金の延べ棒に憧れる旅行客やリアルな強奪シーンを撮影したい映画プロデューサーにとっては、なんともわくわくする話である。だがニューヨーク連銀にとって、それは単なるサイドビジネスだ――銀行の地方支店が、他に使うあてのない地下室で貸金庫を貸し出しているようなものである。本物の富は地上六〇メートルのどこにでもあるようなオフィスにある。白い壁、窓はひとつ、一〇人掛けの木製の机。二〇一〇年一一月のある金曜に、ディーナ・マルキオニ率いる若いトレーダー軍団がQE2を執行したのはこの場所だった。

FOMCは政策を決めるだけである。実際に市場に介入し、債券を売買するのはニューヨーク連銀のスタッフだ。一一月三日のFOMC後に出された指令は、毎月七五〇億ドルの長期国債購入を八ヵ月続け、合計で六〇〇〇億ドル分を買い入れること。だが、具体的にはどの国債を、だれから買うのか？　その日の答えは、二〇一四年から二〇一六年に償還期限を迎える国債ならどれでも、最良価格ならだれからでも。

　マルキオニはいつも特別な機会にデニッシュかベーグルを持ち寄っていたが、ＱＥ２の開始はその特別な機会だった。もちろん、その金曜の朝にどんなパンを準備するかなどは、仕事の重大さに比べれば些細なことだった。壁側のコンピュータに向かって、三人のトレーダー兼アナリストがアーロンチェアに座った。コンピュータが落ちた場合に備えてＩＴ担当者が机の端に座る。マルキオニの上司、細身でダークスーツ姿のジョッシュ・フロストが毎日そこに立ち寄り、万事うまくいっているかを確かめていた。ＣＮＢＣが流れる大画面テレビ、一秒の狂いもないデジタル時計、ワークステーションが壁際に三台とそれぞれにモニターが三つ。ひとつのモニターはブルームバーグからの市場情報用、あとのふたつのモニターには二〇社のプライマリーディーラーとつながった世界中の投資家からの応札価格が点滅している。

　ＦＲＢがスタンバイすると、プライマリーディーラーのトレーディングフロアに奇妙な音が鳴り響く。Ｆ（ファ）の音、次にＥ（ミ）、そしてＤ（レ）が連続で不思議な振動音をたてる。Ｆ─Ｅ─Ｄ、つまりＦＥＤが市場に介入するという合図である。ディーラーたちに与えられた時間は四五分。応札する国債はディーラーの保有分であろうと、顧客の保有分であろうとかまわない。マルキオニのスタッフが応札価格を見ながら、市場価格から大きく乖離した価格を見つけると、タレットと呼ばれる多機能電話のボタンを押す（マルキオニの電話には『スーパータレット』というシールが貼られている）。するとそのプライマリーディーラーの専用回線につながる。

　ＱＥ２の初日、次々と応札が入り、合計で二九〇億ドルの応札があった。コンピュータ・プログラムがそれらの価格をより分け、最良価格を見つけ出す。たとえば、二〇一四年一〇月償還の国債は、二〇一六年一月償還物とは当然ながら価格は違う。そこでコンピュータ・プログラムが相対的な最良価格を探し出す。

終了まで一分になると、トレーダーのスクリーンが赤く点滅し始める。彼らはＣＮＢＣとブルームバーグの情報を見て、市場を大きく動かす特別なニュースがないことを確認する。もしあった場合には、終了時間を延ばして、応札価格を調整する時間を相手方に与える。時間切れになると、ＦＲＢのコンピュータが、すべての銘柄から最良価格を選び出す。二〇一〇年一一月一二日、二四銘柄二九〇億ドルの応札があり、そのうち最良価格の一六本が選ばれた。

トレーダーたちは大量の国債を買い入れ、ニューヨーク連銀がそれを保有する。売り手――プライマリーディーラーとその顧客――は新規に創造された大量の通貨を手にし、それを貸し出してもいいし、別の用途に使ってもいい。ＦＲＢのトレーダーは、追加の六〇〇〇億ドルが世界経済に流れ込むまで、その後八ヵ月の間この作業を繰り返すことになった。もしバーナンキとダドレーが正しければ、この通貨はさらなる融資と投資を生む――もしタカ派が正しければ、物価上昇とバブルを生むことになる。

ＦＲＢへの集中砲火

ＱＥ２決定後、ただちに政策への批判は高まり、バーナンキ率いるＦＲＢはあらゆる方面から集中砲火を浴びていた――国内保守派、海外主要国、ＦＲＢ内部、あのアニメのクマのように物事を単純化しすぎる金融コメンテーター。伝統的に沈黙を守り正式な文書でコミュニケーションを行なってきたＦＲＢには、批判をかわす準備ができていなかった。ＱＥ２決定の当日午後、バーナンキのスケジュールでは、「メディアとの電話」に二時間が割かれていたが、[10] それはどうやらオフレコの会話だった。批判を押し返そうという努力も、大成功とはいかなかった。

バーナンキは翌日ワシントン・ポスト紙に論説を投稿し、一二月にはめずらしくテレビのインタビュー番組『六〇ミニッツ』にふたたび出演した。「紙幣を印刷していると思われているようですが、そうではありません。市中に流通する通貨量は変わりません。マネーサプライが大幅に変化しているわけではないのです」[11]バーナンキはそう言った。

まず、ＱＥ２は電子的に通貨量を増やすものであって、実際に紙幣を印刷するわけでないのは事実である。とはいっても、銀行口座にある一〇〇ドルも、だれかの財布の中にある一〇〇ドル紙幣も、その価値は変わらない。次に、マネーサプライについての発言もかなり微妙だった。国債買い入れは「マネタリーベース」を増加させ、銀行や個人がそれを貸し出すか消費すれば市中に流通する通貨量は増加する。バーナンキの発言は誠実ではなかった――国債買い入れは、まさに貸し出しや消費を増やすために行なっていたのだから。

人気コメディアンのジョン・スチュワートがホストを務める『ザ・デイリー・ショー』は、めざとくバーナンキ発言の矛盾を取り上げた。二〇〇九年三月に出演した『六〇ミニッツ』で、バーナンキは前回の国債買い入れをこう説明していた。「銀行に貸し出すには、コンピュータ上で彼らの口座への貸出残高を増やすだけでいいのです。貸し出しというより、紙幣を印刷しているようなものです」

「おカネを刷っている？」インタビュアーは聞いた。

「まあ、事実上は」とバーナンキは答えていた。

いずれにしろ、いくつかの重要な点で、ＱＥ２は奏功した。その年の経済成長と雇用はそれまで頑として低迷していた。だが、経済指標がふたたび景気後退の可能性と超低インフレに向かっていた夏の後、八月頭には遠い可能性だった量的緩和が一一月頭に確実となると、市場は反応を見せた。インフレ期待は二〇一〇年八月の一・二パーセントから二〇一一年初頭には二パーセントまで上がった。二〇一一の前半には、アメリカ経済がデフレに落ち込む可能性は遠のき、バーナンキの理論が裏付けられることになった。

それでも、バーナンキたちは新たな批判にさらされていた。歴史を振り返ると、中央銀行は、引き締めすぎる、金利が高すぎると訴える政治家に抵抗してきた。それが、独立の証しと見られてきた——景気が過熱しインフレが脅威となるとき、金利を上げる勇気を持つことが。

だが今、それが逆転し、政治家は——少なくとも保守派は——大量失業時代に引き締めを叫んでいる。三ヵ月の時間をかけ、三度のFOMC会合と一連のスピーチを通して政策を後押しするバーナンキ流の委員会運営は、ばらばらの意見を持つ個性派の集団をひとつにまとめるにはもっとも有効な手法だったかもしれない。だが、そのことが逆にFRBの行動を金融緩和への巨大な一歩のように感じさせていた。また、一度に大規模な金額を発表したことが反動を呼んだのも確かだろう。政府が七〇〇〇億ドルの救済法案を承認し、八〇〇〇億ドルの減税による景気刺激策を打ち出したあと、六〇〇〇億ドルの国債買い入れは多くの人には同じことの繰り返しに思えた。

ドッド＝フランク法案の議論で明らかになったように、FRBの存在は議会の胸三寸と言ってもいい。二大政党から一斉射撃を浴びるなか、QE2に賛成票を投じた委員たちの多くは、ふたたびこれを繰り返すことには慎重になっていた。一〇年前バーナンキが日本に積極行動を促したとき、なぜあれほど臆病に見えたのか、やっとその謎が解けた。

「一〇年前より、少しはセントラルバンカーの気持ちがわかるようになりました」二〇一一年六月の記者会見で、疲れた笑みを浮かべながら、バーナンキはそう言った。[12]

第四部

第二の波

――二〇一一年から二〇一二年まで

一六章　チョッパー、トロイカ、ドーヴィルの密約

アイルランドのマスコミは彼を「チョッパー」と呼んだ。二〇一〇年一一月一八日木曜の朝八時四五分、アジャイ・チョプラはダブリンのホテルを出てアイルランド中銀に向かった。マスコミがそのあとをつけていた。ＩＭＦ欧州局の副局長だったチョプラは、一躍アイルランドの有名人になっていた。「大金を恵んでくれる代わりに予算をバッサリ切り落とす」[1]この男が、小銭を求めるホームレスを無視して通り過ぎる姿を、記者が写真に収めようとしていた。なんとも象徴的な光景だった。

　この二〇年というもの、アイルランドはヨーロッパの優等生だった。どちらかというと貧しい国から、今やおそらくユーロ圏でも指折りの活発な経済国となっていた。柔軟な労働市場と低い法人税によって、アイルランドはグローバル企業に魅力的なヨーロッパ拠点を提供していた。政府は効率的で腐敗とも無縁だった。財政状況は非の打ち所がないと思われた。だが、政府が民間銀行債務を保証すると発表した二〇〇八年九月三〇日、国家財政はあっという間に崩壊した。「アイスランドとアイルランドの違いは？」二〇〇九年に流行ったジョークである。アイスランドでは、前年に金融システムが崩壊していた。答えは、「一文字と六ヵ月」。

　そのジョークはあながち的外れではなかったが、ふたつの国には大きな違いがあった。まず、アイ

スランドには自国通貨があった。二〇〇八年に五八パーセント下落したものの、輸出企業の競争力が上がったことで経済回復の土台ができた。アイスランドの失業率は八パーセントで底を打った。一方、二〇一〇年一一月のアイルランドの失業率は一四・八パーセントまで上昇していた。次に、アイスランドの金融業界は規模が小さく、銀行が潰れてもヨーロッパや世界の金融システムを脅かすことはなかった。アイルランドは違っていた——少なくとも、欧州首脳の目にはそう映っていた。
「注目されることには慣れていません」チョプラはアイルランド放送局の取材にそう答えた。「知らない人が近寄ってきたり、私を名前で呼んだりすることもありますが、みなさん非常に礼儀正しく温かく励まして下さいます。こうした危機のときに、アイリッシュ気質が出るのですね」[2]

救済資金と引き換えに政府に厳しい条件を突きつけていたのはチョプラだけではない。タフな交渉人として知られるドイツ人エコノミストのクラウス・マズークは、ＥＣＢを代表してダブリンにいた。また、ケンブリッジ大学出身のハンガリー人で、ハンガリー中銀とＩＭＦで経験を積んだイシュトヴァーン・セーケイは、欧州委員会（ＥＣ）の経済金融総局長として交渉に臨んでいた。アイルランド中銀の外で待ち受けるレポーターは、ビルから出てくる人たちに、「ＩＭＦ？　ＥＵ？　ＥＣＢ？」と大声で聞いていた。アイルランドの新聞は、「国際機関の官僚はみな同じに見える」[3]と皮肉を書いていた。

冗談はさておき、アイルランド国民はギリシャ国民に比べると、今後の財政緊縮を鷹揚に受け入れているようだった。その春ギリシャでは抗議グループが全国規模のストライキを行ない、議会に乱入し、銀行に火炎瓶を投げ入れ三人が死亡していた。それとは対照的に、アイルランドでは暴動などは起きていなかったが、格安航空会社ライアンエアーのＣＥＯはダブリン空港の新ターミナル開業式で、アイルランド国旗を被せた棺を持って登場し、注目を集めた。ライアンエアーのＣＥＯは、このターミナルがIMF官僚への「すてきなおもてなしの場」[4]になると言った。アイルランド国民は政治家への信頼を失い始めていた。インディペンデント紙はこんな見出しを載せた――「無能な政治家よりチョプラの方がマシ」[5]。

「古い世代の人たちは動揺したり、国家の屈辱だと感じるかもしれません」オブザーバー紙の取材にある大学生が答えていた。「だけど、現実に世界を支配しているのは大国ですから。アイルランドは小さな国です」[6]

ギリシャに現れたトロイカ

登場人物は微妙に違っていたが、アイルランドの筋書きは、数ヵ月前にギリシャで予行演習済みだった。ギリシャでは、二〇一〇年春に急遽結成された合同チームが、秋にはもっとも政治的な影響力を持つようになっていた。このチームを率いたのは、ECBのマズーク、IMFのデンマーク人エコノミストのポール・トムセン、ECの財政政策専門家でベルギー人のセルファース・デルースの三人だった。この「トロイカ」が突然一一〇〇万のギリシャ市民の未来を担うことになったのである。

三人は、アテネのホテルでルームサービスのサンドイッチを食べ、時には地ビールを飲みながら、一日の出来事を報告し合っていた。ギリシャ政府が約束を果たせているのはどの分野か？　できていないのはどこか？　もっとできるようにするにはどうしたらいいか？　階下の会議室では四〇人から五〇人、時にはそれ以上のスタッフが出前を取り、翌日の作戦を練っていた。

四半期毎の監査は通常二週間前後にわたり、その間トロイカ軍団はさまざまな政府機関の官僚を尋問し、五月に誓った約束を守っているかどうか調査した。そうした会合は内政干渉ともとれるものだったが、それがトロイカの仕事であることをギリシャ官僚も理解していた。中には、必要だった改革が外圧によってやっと始まったことを喜んでいる官僚もいた。

だが市民はトロイカによって賃金や年金が削減されたと感じ、敵意を強めていた。母国ではほぼ無名のマズーク、トムセン、デルース（その後代表はマティアス・モースに変わった）の三人の顔が新聞の一面を飾っていた。彼らが移動するときは警官が付き添い、結局ホテルも変えることになった。最初は広場の近くのグランド・ブルターニュに泊まっていたが、暴動が激しくなると少し離れたヒルトンに移動した。

三人の意見が合わないこともあった。たとえば、公務員の給料をどのくらい厳しく削減するかということだ。皮肉にも、ＩＭＦはギリシャの敵のように見られていたが、トロイカ内ではいちばん緊縮財政の影響を懸念していた。それは一九九〇年代のアジア危機と二〇〇〇年代のラテンアメリカ危機の経験からくるものであり、またＩＭＦを率いていたのがケインズ派のドミニク・ストロス・カーンだったこともあるだろう。ＥＣＢとＥＣは即時の大幅な支出削減を訴えていた。そして三人は、そうした相違をホテルの中だけにとどめ、外では団結した姿を見せていた。

「三人は私たちの前で相違を出すことはなく、非常にうまく協調しているように見えた」と言うのは、ギリシャ側から交渉に参加した官僚である。「意見の相違があると聞いたことはあるが、トロイカの団結は堅いように見えた」

いずれにしろ、二〇一〇年のギリシャはそんな状況にあった。中央銀行は救済の代償として、選挙で選ばれたリーダーに、年金や税金や国有企業の民営化についてあれこれと指図していたのである。

民主主義はここギリシャで生まれた。そしてここギリシャで死んだと言われた。

ともかく、物事はいい方向に向かっていた。二〇一〇年五月九日の週末に実施された一連の介入は成功した。欧州は——EU各国政府とECBは——断固とした決意を示し、ギリシャ危機の一層の悪化を止めた。もちろん、欧州安定化メカニズムは実体というよりむしろ概念であったが、GIPSI各国が約束を守っている限り、投資家はデフォルトを心配せずにすむ。しかも、ECBの国債買い入れは驚くほど効果的だった。五月と六月にギリシャ、アイルランド、ポルトガルの国債買い入れが開始すると市場は落ち着きを取り戻し、買い入れ額は徐々に縮小された。八月の最終週までにECBがこのプログラムを使って買い入れた債券額は、わずか六一〇億ユーロであった。[7]

それは、トリシェ流の危機対応の勝利だった。彼はたとえ小規模な介入でもタイミングとやり方次第で市場センチメントを反転できると信じていた。国債買い入れの開始で、春にユーロの崩壊に賭けていた投資家は損失を被り、無限の資金を持つECBに刃向かうことの恐ろしさを思い知った。市場はGIPSI各国への圧力を弱めた。六月に四・九パーセントだった一〇年物スペイン国債の利回りは九月頭に四パーセントまで下がっていた。

ギリシャのパパンドレウ首相は、トロイカにせっつかれてだったにしろ、いくらか成功を収め、年金削減と増税という大胆な目標を達成できそうだった。パパコンスタンティヌ財務大臣は、グローバルなメガバンクが所属する業界団体、国際金融協会（IIF）に声をかけ、投資家回り《ロードショー》を企画して主要金融都市の債券投資家に会い、改革への真摯な態度をアピールした。

五月の介入で多少の時間を稼いだ欧州は、根本的な問題について考える時間を与えられた。だが二〇一〇年の秋になっても、構造的欠陥はなにも解決されていなかった。ギリシャ国民の給与は生産性に比べて高すぎ、持続は難しかった。ドイツとフランスは危機国の債券を大量に抱えたままだった。ユーロ圏の規制当局が共同で各国金融システムのストレステストを行なったところ、それほど悪くない結果が出た。ほとんどの銀行は生き延びられそうだった。だが、そのテストは各国の国債が一〇〇パーセント償還されることを前提にしており、それこそが問題だった。

また、欧州各国が、合意したはずの欧州安定化メカニズムの詳細を詰めるに従って、協調にもひび割れが見え始めた。そんなとき、あのふたりの浜辺の散歩が歴史をかき回すことになった。

浜辺の散歩

ドイツ首相のアンゲラ・メルケルは、板挟みに遭っていた。ヨーロッパの未来は、メルケルがそれを解決できるかどうかにかかっていた。

ドイツ国民は、ギリシャ救済に怒っていた。救済案が交渉されていたまさにその日、ギリシャ救済への不満が要因のひとつとなり、メルケル率いる与党は地方選挙で大敗した。しかも、救済の合憲性がドイツの憲法裁判所で争われていた。だが一方で、欧州最強のこの女性はヨーロッパ人としての自覚を持ち、ヘルムート・コールが描いた統一欧州の理念を実現しようと心に決めていた。「みなさん、回りくどい話はやめましょう[8]」五月一三日のアーヘンでのスピーチで、メルケルはそう言った。「ユーロ危機はただの危機ではありません。存亡の危機なのです。私たちはこの試練を乗り越えなければなりません。もし失敗すればヨーロッパと世界への悪影響ははかり知れません。ですが、これを乗り越えれば、ヨーロッパはこれまでよりもさらに強くなれるでしょう」

二〇一〇年秋、救済反対の盛り上がりをメルケルは注意深く見守っていた。政府の中にも、いじわるだがもっともな疑問を呈する人々が現れた。なぜドイツ国民の血税をギリシャ支援に使うのか？しかも、ギリシャは実質破綻しているのでは？　企業が破産すれば、投資家は損失を負う。ギリシャ国債を保有する銀行や年金基金は、現行案では一銭も失わない。なぜ彼らだけが損失を免れるのか？

皮肉にも、この点にはギリシャの政治家も賛成で、債務再編よりも債務減免をよほど強く望んでいた。しかし、フランクフルトのＥＣＢとブンデスバンクでは真逆の見方をしていた。ＥＣＢは、ギリシャ国債保有者に損失を強いれば深刻な事態を引き起こすと見ていた。もし債務減免ともなれば、どんな危険な連鎖反応が起きるか予測もできない。ユーロ圏の問題国家の債券はさらに危険と目され、投資家はアイルランド、ポルトガル、スペイン、イタリアの国債を投げ売るだろう。フランスでさえ危ないかもしれない。ギリシャ国債を大量に保有するドイツとフランスの金融機関は資本不足に陥り、新たな救済が必要になるかもしれなかった。

それだけですまないかもしれない。国債は金融システムの基盤である。ギリシャのデフォルトもリーマンの破綻と同じく思いがけない波及効果を生み出すだろう。過去に自国通貨を持つ国が借金を踏み倒す例はあった。二〇〇一年のアルゼンチンと一九九八年のロシアである。だが統一通貨のもとでそんなことをすれば、どんな問題が起きるか予想もできなかった。ＥＣＢにとって、ギリシャ国家だけでなくギリシャ国債の保有者を救うことは、そうした大惨事に比べれば小さな代償だった。

一〇月一八日、欧州の財務大臣がルクセンブルクに集まり、五ヵ月前に合意した安定化メカニズムの詳細を詰めることになったが、そこにもっとも重要なふたりの姿はなかった。ドイツのウォルフガング・ショイブレと、フランスのクリスティーヌ・ラガルドである。欧州最大かつ最強の二国は、次官を派遣していた。ふたりの財務大臣はノルマンディーの海岸沿いにある小さな観光地、ドーヴィルにいた。ここはエリザベス・テイラーやココ・シャネルが休暇を過ごした街である。フィッツジェラルドの『華麗なるギャッツビー』の登場人物であるトムとデイジーのブキャナン夫妻も訪れたことになっている。ジェームス・ボンドの第一作目もこの街のカジノを舞台にしたと言われる。そして今、ドイツとフランスの元首がふたたびこの街に世界の注目を集めていた。

ドーヴィルに集まった目的は、経済について話し合うためではない。それは、ドイツとフランスとロシアの国家元首が外交と防衛問題を話し合うために開いていた定期会合だった。だがメルケルとサルコジは、この機会にふたりの間で欧州の今後の道筋に関する合意を作ろうと決めた。ふたりはロイヤル・バリエール・ホテルで会い、マスコミの前でサルコジはメルケルをハグし、側近に彼女のコートを取りに行かせた[9]。SPとマスコミが遠くから取り巻くなかで、息を飲むほど美しい夕日の沈む海岸沿いをふたりは散歩し、合意をまとめたのだった。

国内圧力にさらされていたメルケルは、五月に同意した安定化メカニズムが、財政の脆弱な国の恒久的な調達源とならないようにしたがった。メルケルは、二〇一三年以降は、救済と引き換えに債務減免を求めるべきだと主張していた。サルコジは抵抗していたが、メルケルがこだわっていた財政赤字基準違反国への自動的な制裁措置を行なわないことと引き換えに、債務減免を受け入れた。

この話し合いの直後、フランス政府は独仏共同声明を発表したが、三九一語からなるこの英語の声明は、欧州の経済政策に精通した学者以外には、まったくわけのわからないものだった。その後数日間は、この発表がなにを意味するのか憶測が飛び交った。だが、債券投資家にとって重大な知らせは声明の最後のあたりに含まれていた。「民間債権者の適切な参加を求める」[10]との一文である。

つまり、こういうことだ。今後救済が行なわれるときには、国債保有者にも負担してもらう。ルクセンブルクにいた財務大臣たちは、この「ドーヴィル合意」をマスコミ報道で知った。ショイブレの代理で出席していたイェルク・アスムセンが、夕方になって合意の骨子をメールで受け取り、プリントアウトした[11]。大臣たちは怒っていた。今まさに自分たちが交渉しているところに、欧州の二大経済国がすべての国に影響を与える合意を勝手に結んでしまった（ある外交官はフィナンシャル・タイムズ紙にこう語った。「ドイツとフランスが勝手にいろいろ決めるのには慣れているが、いくらなんでも、これはやりすぎだろう」)[12]。海の向こうのアメリカでは、そんな合意が結ばれようとしていることにまったく気づいていなかった。もしわかっていたら、財務省はオバマ大統領にメルケルとサルコジに電話させ、違うやり方を勧めていたはずだ。

だがその月曜午後、だれよりも腹を立てていたのはトリシェだった。

メルケルとサルコジが結んだ合意は、トリシェとECBが勧めていた案と正反対だった。トリシェは支援国に財政規律を厳しく求めると同時に、新たな危機を予防するために国債保有者の完全な保護を求めていた。ドーヴィル合意はどちらの点でも逆の方向に向かっていた。財務大臣が集まっていたルクセンブルクで、彼は自国の代表団にフランス語で怒鳴りつけた。「ユーロを破壊するつもりか！」[13]一〇日後にユーロ圏各国首脳がブリュッセルに集まったときも、トリシェはまだカリカリしていた。彼は首脳に国債市場の仕組みを説明し、ユーロにとって債務減免がどれだけ大きな脅威であるかを説いた。

トリシェは一五分程度の話の中で、二〇年前のパリ・クラブでの債権交渉の経験に触れた。国債保有者による損失負担は短絡的な発想で、債券投資家をユーロ圏から遠ざけ、救済の必要性に拍車をかけることになる。政府ができることをすべてしたうえで、行き詰まるなら仕方がない。しかし、はじめから投資家に損失負担を求めるなどバカげている。デフォルトの可能性を自ら上げているようなものだ。スペインは国債利回りが五パーセントなら財政になんの問題もないが、投資家に損失の可能性があると言えば、利回りは八パーセント、一〇パーセントという事態になりかねず、新たな救済が必要になってしまう。「我々は市場心理を理解しなければならない」とトリシェは言った。「安定化メカニズムに民間投資家の参加を求めれば、それはさらに脆弱になる」[14]トリシェはいつものように大げさな身振り手振りで訴えた。

欧州首脳の中でトリシェの説にもっとも賛成していたのはイギリスのキャメロン首相だった。だが、イギリスはユーロ加盟国ではなく、安定化メカニズムにも参画していなかったため、サルコジとメルケルに比べて立場が弱かった。サルコジはトリシェの考え方に否定的だったが、それは目先の意見の不一致ではなかった。サルコジは、同国人が総裁であるにもかかわらず、選挙の洗礼を受けていないECB官僚を毛嫌いしていた。

サルコジとメルケルの合意案に対するトリシェの激しい批判は、すぐにマスコミに漏れた。数日後の記者会見で、トリシェは少し婉曲に、IMFは救済の際にあたまから国債保有者に損失を負担させると決めることはないと強調した。「IMFは、市場、投資家、預金者との関係に損失を与えるような事前調整を求めない」[15]

だがその警告は間に合わなかった。ドーヴィル合意後、市場はトリシェが恐れた通りに反応し始めた。イタリア、ポルトガル、スペインの利回りは上昇した。もっとも心配なのはアイルランドだった。サルコジとメルケルが海岸沿いを歩いたあの日、アイルランドの一〇年物国債利回りは六・二五パーセントだった。それが一一月一一日には九パーセント近くまで上昇していた。G20会合のため韓国にいた欧州の財務大臣・中央銀行総裁は、市場圧力の緩和を求める声明を発表し、既存の国債保有者は完全に保護され、二〇一三年までは損失が生じることはないと言明した。それでもアイルランドへの圧力を取り除くことはできなかった。

アイルランドの不動産と金融バブルの崩壊は経済活動を停滞させ、税収を落ち込ませた。銀行の債務保証だけでもGDPの四〇パーセントにのぼっていた。三年前にほとんどゼロだった財政赤字は二〇一〇年にGDPの三一パーセントにまで上昇し、公的債務をGDPの九二・五パーセントまで押し上げていた。二〇〇九年末にユーロ圏で財政赤字への懸念が浮上したとき、アイルランドはギリシャや他の国々に先駆けて支出削減と赤字縮小に努めた。だが、ＥＣＢの金融政策は、加盟一七ヵ国すべてに向けたものである。アイルランド中銀が経済収縮に対応して勝手に緩和政策をとることはできない。金融引き締めのなかでの財政緊縮が、不況を生み出した。

それでも、アイルランドはギリシャとは違う。国債利回りが高騰しても、年金準備のおかげで政府の手元資金は潤沢だった。利回りの低下を待つため新発債の発行を延期したが、二〇一一年夏までは余裕があるはずだった。だが、政府の支払い能力を懸念した預金者たちが、銀行預金を引き出し始めた。金融機関は最後の貸し手であるＥＣＢに助けを求めた。ＥＣＢは緊急貸出の適格担保基準を引き下げていたため、金融機関はアイルランド国債を差し入れることができた。

二〇一〇年一一月までには、アイルランドへの融資は一三八〇億ユーロにのぼっていた[16]——ＧＤＰの八九パーセントにもあたる金額である。人口がその一〇倍のスペインでも危機が起きていたが、ＥＣＢからの融資額はアイルランドの三分の一程度にとどまっていた。大量の融資が欧州のセントラルバンカーたちを神経質にさせていた。もしアイルランドがデフォルトすればヨーロッパ中が混乱する。

トリシェは、アイルランド政府に書簡を送り、ＥＣＢの融資が無限でないことをはっきりと表明した。また、「金融機関が中央銀行に頼りきるのは通常の状態ではない。我々は常にこの問題への次の対応策を考えている」[17]と表明していた。そうした発言で、預金者はＥＣＢがそのうち緊急融資の基準を引き上げ、民間銀行は払い戻しに窮することになるのではないかと懸念し、金融危機は悪化した。

トリシェは、アイルランド首脳に、ギリシャで導入したようにＥＣＢ／ＩＭＦ／ＥＣの三者監視のもとに新規資金を注入する銀行再編案を提案した。ＥＣＢは、アイルランドの失敗の原因は支出削減のスピードが遅く信頼回復が充分でないことだと思っていた。「迅速に大胆な手を打つ必要性をアイルランド政府に訴えてきた」ＥＣＢ役員会のロレンゾ・ビニ・スマギはアイルランド日刊紙の取材にそう答えていた。「トリシェ総裁は、私的な会合でも、ECやEUの会合でもたびたびこのことに触れている。二〇〇九年に、総裁が大胆な策を発表したときには、市場に大きなインパクトがあった。だが二〇一〇年には、ここまでの大胆さは見られなかった」[18]

ECBの役員がそんな発言をしていたのである。緊縮財政の影響で失業率が五パーセントも悪化するなかで、債券投資家の信頼を取り戻せるかどうかもわからないままさらに支出を減らし増税を行なうよう勧めていたのだ。もちろん、アイルランドにそんな余裕はなかった。

そんなわけで、トロイカの出番がやってきた。

一一月二一日、アイルランド政府はおおかたの予想を正式に認めた。トロイカ体制による救済である。一一月二八日までに八五〇億ユーロの支援が決定した。IMFは三・一パーセントの金利での融資に合意したが、欧州安定化メカニズムからの融資金利は五・八パーセントとはるかに高く、救済国への懲罰的な金利とも言えるものだった。アイルランドの金融機関と関わりの深いイギリスは、三八億ドルを提供した。

「他に道はありませんでした」[19]アイルランド首相のブライアン・カウエンはそう語った。

トロイカとの交渉において、アイルランド政府は二〇一三年までに一五〇億ユーロの歳出削減を行ない――うち六〇億ユーロを二〇一一年に削減する――固定資産税を追加導入し、最低賃金を時給七・六五ユーロに切り下げ、二万一〇〇〇名の公務員を削減することに合意した。

与党共和党は二〇一一年二月の総選挙で歴史的大敗を喫し、カウエンは退陣を迫られた。かくして、カウエンはユーロ危機のために退陣させられた最初の国家元首となった。この流れはその後も続くことになる。

アイルランドが救済案に合意する九日前、バーナンキはECBでスピーチを行なうためフランクフルトを訪れていた。バーナンキはセントラルバンカーの国際協調が危機対応に非常に効果的であると述べていた。「実際、金融市場のグローバル化によって、そうした協調は欠かせないものとなっています」

三年前の信用市場の崩壊後に始まった中央銀行の協調であったが、その責任の大部分は今やFRBからECBに移っていた。危機対応のベテランパートナーとなっていたバーナンキとトリシェは、その日の朝ECBの総裁室で会っていた。バーナンキはトリシェを指さしてこう言った。「さて、今度は君の番だな」

ECBは一二月までに「証券市場プログラム」を通じた国債の買い入れによって、アイルランドとポルトガルへの支援を加速させていた。アイルランドの金融機関救済を行ないながら、ユーロ圏の金融機関への三ヵ月物の無制限融資を少なくともあと五ヵ月は継続すると発表した。したたかなトリシェらしい戦略だった。他の役者――この場合はアイルランド政府と欧州機関――が必要な措置をとるまで、支援を控えていたのである。

一二月一六日のECB政策理事会では、安堵感と共に新たな決意が漂っていた。ドーヴィル合意への市場の拒否反応のあとで、アイルランド救済とECBによる介入がふたたびパニックを緩和していた。欧州の指導者は、統一ヨーロッパとユーロ通貨への共通のコミットメントを表す声明をいま一度発表した。「ユーロ各国政府とEU首脳は欧州安定化に必要な施策をすべて行なう準備がある」共同声明は七つの主要合意項目を掲げ、「ユーロは現在も未来も欧州統一の核であり続ける」と宣言していた。[20]

その翌年は、欧州がこの言葉をどこまで守れるかを試す年となった。GIPSIのうち二国はECBの監視下に入った。次はポルトガルが控えていた。アテネとダブリンで起きたことを見れば、リスボンに多くを望むことはできなかった。

次のECB総裁はだれ?

『ユーロビジョン・ソング・コンテスト』は、世界最初のリアリティー番組と言っていい。一九五六年に始まったこの番組は、各国代表の参加者が競い合い、視聴者の投票で優勝者を決めていた。『アメリカン・アイドル』が始まるずっと前から、この番組は欧州全土で放送されていた。二〇一一年五月、ポルトガルでめずらしい参加者がエントリーしていた。将来への暗い見通しに絶望した若者のグループが一般投票で優勝したのである。ポルトガル代表は、ありがちな軽いポップアーティストではなく、ラテンアメリカの革命服に身を包んだ「闘争者」という名のグループに決まった。[21]

彼らが作った曲は、持たざる者の悲痛な叫びだった——が、ポルトガル語がわからない人には、なぜこの奇妙な身なりのグループが代表に選ばれたのかまったくわからなかったに違いない。「昼も夜も／苦難は喜び／そして人々は前に進む／街角で叫びながら」と六人は歌った。それは、ポルトガルの「失われた世代」による憤懣《ふんまん》の表れだった。「仕事といえばアルバイトしかなく、未来のチャンスは海外移住しかない」[22]メンバーのひとりで、カフェでアルバイトをする大卒の二九才の若者は、フィナンシャル・タイムズ紙の取材にそう答えていた。三月のある週末には、そうした数万人の若者が一一の都市でデモを行なった。

ヨーロッパ全土で、金融危機は社会や政治に摩擦を引き起こし、統一ヨーロッパの理想に亀裂を入れていた。GIPSIの国債利回りはふたたび上昇し、ポルトガルではジョゼ・ソクラテス首相が対策案を発表した。二〇一一年三月二三日、失業率は一二パーセントにのぼり、街角ではデモが続くなかで、対策案は議会の支持を得られず、ソクラテス首相は退陣に追い込まれた。
次の展開は、おおかたの予想通りである。トロイカがやってきた。ポルトガルが正式に救済を要請したのである。交渉が始まった。五月三日までに、ポルトガルはＩＭＦ／ＥＵ／ＥＣＢの救済を受け入れ、即時の大胆な歳出削減と増税を打ち出した。財政緊縮による不況のなかで、またひとり、国家元首が去っていった。
五月一一日、ギリシャでは財政緊縮に抗議する二万人がアテネの街角を埋め尽くし、石や火炎瓶を投げていた。労働組合はストライキに入り、交通機関と公共サービスは麻痺した。失業率は一六・八パーセントにのぼり、まだ上がり続けていた。「もうたくさんよ」ＢＢＣの取材に六〇歳の主婦が答えていた。「あいつらは私たちと子供を殺す気なんだ」[23]それはあながち大げさでもなかった。二〇一一年のギリシャの自殺率は前年の二倍に膨らんでいた。[24]
不満が広がっていたのは、街角だけではなかった。通信企業や港湾の民営化が進まず、約束を果たせないことが明らかになるにつれ、トロイカとパパンドレウ首相との緊張も高まっていった。[25]雇用者に従業員の解雇や賃金削減の柔軟性を与える法案がＩＭＦとＥＣＢの手によって起草された。
債務国はそんな状況だった。だが債権国でも社会的軋轢が生まれていた。フィンランドの議会選挙では民族主義を掲げる真正フィン人党が、反ＥＵ、反移民政策を掲げて大躍進を遂げていた。人種差別的な政党として長く批判されてきたこの政党は、全体の一九パーセントの投票を勝ち取り、二〇〇議席中これまでで最大となる三九議席を奪った。真正フィン人党のティモ・ソイニはテレビ番組でポルトガル救済案をこき下ろし、フィンランドは拒否権を発動する可能性もあると言った。「今のままの救済案は通さない」[26]
街中の抗議行動。議会への乱入。民族主義政党の台頭。それらはみな、ＥＣＢとトリシェの戦略に端を発する出来事だった。だが、トリシェの八年にわたる任期は一〇月末で終わろうとしていた。彼のあとを引き継ぐのは誰だろう？

ＦＲＢ議長は大統領が指名し、上院が承認する。その手続きは極めて透明だ。ＥＣＢ総裁の選任手続きは正反対である。理論的にはＥＵ加盟二七ヵ国の過半数の賛成によって、ＥＣＢ総裁は決まる。だが実際に関係するのはユーロ加盟一七ヵ国だ。ユーロ非加盟国は口出しをしない。一国につき一票ずつ投票権があるといっても、ドイツとマルタの票が同じ重みであるはずはない。

ＥＣＢ総裁は、各国元首間の駆け引きで決まる。元首は自国の候補をＥＣＢ総裁に推す。だが自国の候補者を総裁にするには、なんらかの政治的「代償」を支払わなければならない。それは経済政策である場合もあれば、農業や防衛の分野における譲歩である場合もある。能力があって信頼でき、他国の支持を集められる候補がいるのか？　次はだれの「順番」なのか？　また次の八年もフランスからということはありえない。こうした仕事は持ち回りが順当であろう。トリシェの前はオランダのウィム・ドイセンベルクだった。

これらはすべて首脳と少数の閣僚の間で話し合われることであり、決して書き残されることはない。ＥＣ委員長やＥＣＢ総裁決定の舞台裏は、一般市民は絶対にわからない。

二〇一一年の頭にトリシェ後任の最右翼と目されていたのはアクセル・ウェーバーだった。メルケル首相はここ数年、他の国際機関のトップにドイツ人を推しておらず、ＥＣＢ総裁に的を絞っていると思われていた。だが二月一一日にウェーバーはブンデスバンク総裁を辞任しＥＣＢ総裁候補も辞退すると発表して周囲を驚かせた。その顚末は、欧州政治における微妙な駆け引きのケーススタディになりそうなものだった。

二〇一〇年五月に国債買い入れへの不満を表明したウェーバーは、その年の後半めずらしく沈黙を保っていた。ウェーバーは、ＥＣＢの歴史における最大の決断において明らかな少数派であり、彼がマスコミに話したためにそのことは公になっていた。ＥＣＢ内で、ウェーバーはその後も重要な役割を負っていた――ブンデスバンク総裁としてだれよりＥＣＢの政策を実施していたからだ。だが、こうした最重要課題で少数派に属する限りは、総裁としてＥＣＢを運営できないだろうと親しい人には話していた。理事会の多数派に毎回意見を覆されていたら、リーダーとしてまともに機能できない。周囲の期待がどうであれ、政策理事会が方向転換しない限り、ウェーバーは自分に務まらないと思っていた。

ウェーバーは辞退を発表するまでに九ヵ月待った。国債買い入れの方向性に転換があるかどうかを様子見していたことに加えて、危機の最中にブンデスバンクを捨てると見られたくなかったらしい。メルケルがドイツ人総裁の実現にどれだけ肩入れしているかを見極めようとしていたのかもしれない。第二次世界大戦の後遺症から、ドイツはその経済力の割に国際機関のトップに自国の人間を送り込んでいなかった。

メルケルはその不均衡を正そうとしていた。だが一方で、彼女は自分の政治資本を慎重に使う賢い戦略家であった。フランス政府は、ウェーバーがユーロ圏救済のために柔軟に行動しないのではという懸念を発していた（「ユーロ圏は状況の変化に応じて柔軟に対応できる人材を必要としている」[27] サルコジの側近はフランスの経済誌にそう答えていた）。イタリアのベルルスコーニ首相はイタリア中銀総裁のマリオ・ドラギを大っぴらに推していた。広く尊敬を集めるセントラルバンカーのドラギにとって、ベルルスコーニの推薦はありがた迷惑だったかもしれない。マフィアとの関わりや、売春婦とのパーティーや、そのいいかげんな態度を、他の欧州首脳、特にメルケルは毛嫌いしていた（ベルルスコーニが口にしたらしいメルケルの外見への侮辱が気に障ったことは言うまでもない）。

二〇一〇年一一月、ウェーバーはパリのドイツ大使館でスピーチを行ない、フランスの政治経済界のエリートたちと会った（強い印象を残したと言われる）。メルケルとウェーバーのふたりが出席した二〇一一年一月のダボス世界経済フォーラムでは、ウェーバー支持者が政界首脳への根回しを行なっていた。だが冬が過ぎるにつれて、欧州の政治家やセントラルバンカーから充分な支持が集まらないことが次第に明らかになってきた。また、メルケルも一方でウェーバーを支持しながら、サルコジをねじ伏せるまでには深入りせず、巧妙に立ち回っていた。ウェーバーの辞退がメルケルに直接伝えられる前にマスコミから漏れると、それは首相へのあてつけのように映った。「もちろん、メルケルは怒っている」[28]とシュピーゲル誌は書き立て、新聞はこの問題をめぐる政府内の混乱を描いていた。

ウェーバーがだめなら、別のだれかを探すしかない。ドイツ国内に優秀なエコノミストは数多くいたが、強力な総裁候補はいなかった。ユルゲン・シュタルクは信頼されてはいたものの、外からはウェーバー以上に「ドイツ的」つまり、厳格で頭でっかちだと見られていた。そのうえ、シュタルク自身もECB理事としての八年の任期の終わりに近づいていたため、新たに八年任期の総裁に任命することには法的な問題があるかもしれなかった。比較的小さな国のダークホースの名前は囁かれていた——フィンランドのエリッキ・リーカネンやルクセンブルクのイブ・メルシュである。だが、危機に際してECB総裁としての責任を果たせる力量と市場の信頼を持つ候補はただひとりだった。「ミスター・売春婦パーティー」ことベルルスコーニの推す人物である。

ドラギはバーナンキより三年前にMITで経済学博士号を取得しているが、当時はお互いを知らなかった。イタリアのユーロ加盟に尽力し、恒常的インフレを是正し、イタリア人エリートの間で地位を固めたドラギは、不安定な政治環境のなかで国を運営することに長けた優秀な官僚だった。仲間のセントラルバンカーはドラギを高く評価し、グローバル金融市場のリスク管理を担当する金融安定理事会の議長に彼を指名したほどだった。

ＥＣＢ総裁の指名を考えるうえで、欧州首脳の目から見るとドラギの経歴には少なくともふたつの難点があった。ドラギは三年間ゴールドマン・サックスの副会長を務めていた。ゴールドマンは金融危機を引き起こしたグローバル金融機関の一社と考えられ、政治的なイメージは最悪だった。そして、彼はＧＩＰＳＩの一員、つまりまもなく救済を受ける側に立つ国の出身だった。イタリア人のセントラルバンカーは、救済を与える側の国家から信頼を得ることができるだろうか？　マスコミから「スーパーマリオ」とあだ名されるドラギは、ドイツやオーストリアやフィンランドからも「スーパー」だと認められるだろうか？

ドイツの最初の反応は否定的だった。タブロイド紙は、「イタリア人はダメ！[29]」と見出しをうち、「マンマミーア、イタリアではトマトソース味のスパゲティーと同じくらいインフレは当たり前」と書き立てた。だがドラギはインフレ防止を第一目標に掲げ、ドイツだけでなく他の欧州各国のマスコミと政治家をうまく味方につけた。

ユーロの存続さえ危ぶまれるときに、もっとも警戒すべきはインフレではなかったはずだが、ドラギの作戦は奏功した。金融界からの大きな後押しを得て――ロイターが調査した四五名の民間エコノミストのうち二九人がドラギを支持した――ドラギは圧倒的優位に立った。ドイツの日刊紙ビルトでさえドラギの肩を持ち、四月にはドラギがプロイセンの軍帽をかぶったイラストを載せ、「よく見たところ、ドラギは真正プロイセン人だった[30]」と書いていた。

五月一一日、メルケルはドラギを支持すると発表した。「彼は経済の安定化と信頼性について、我々と同じ姿勢をとっています」と週刊誌に語った。「ドイツはドラギ氏の立候補を支持します[31]」実際には、メルケルも彼女の側近も他に推薦する候補を思いつかなかった。少なくとも、ヨーロッパ全体で広く支持されるような候補はいなかった。ドイツの支持を得て、ドラギは欧州議会の承認手続きに進んだ。
トリシェの後継者が舞台袖で出番を待つなか、状況はますます厳しくなっていった。

現代の金融政策における最大の失敗

ユーロの導入から一〇年間、変わらなかったものがある。同じ顔ぶれの債権国――ドイツ、オーストリア、フィンランド――は、支出を抑え貯蓄を積み上げていた。債務国――ギリシャ、ポルトガル、スペイン――の顔ぶれも変わらず、彼らは借金によって無理な支出を続けてきた。ギリシャでは、それが政府の大判振る舞いに使われた。アイルランドとスペインでは、それが不動産バブルを生んだ。どちらの場合も、国民は生産力を上回る収入に慣れきっていた。彼らは自分が思うほど金持ちではなく、いずれその現実に戻らなければならなかった。

通常は、為替の動きでその大部分は調整される。ギリシャのドラクマはドイツマルクに対して値下がりするはずである。すると、給与の額は同じでも、実質賃金は下がっていく。労働者は少しずつ貧乏になり、同じ金額で買えるガソリンやワインの量は減るが、相対的な収入と相対的な生産性はマッチするようになる。政府が特別なことをしなくても、均衡は回復される。

しかし、ギリシャとドイツはユーロという統一通貨のもとにあるため、別の方法で不均衡を解消しなければならない。ひとつの方法はＥＣＢが金融政策を緩和し、通常より高インフレを許すことである。債権国の物価と賃金が年率四～五パーセントで上昇し、債務国の賃金が頭打ちになっていれば、数年内に両国の相対賃金はファンダメンタルズに回帰し成長は戻るはずである。だが、ＥＣＢはこの選択肢を真剣に考えたことはなかった。彼らはインフレを二パーセント弱に抑えるという目標に固執し、インフレ嫌いのドイツ人には四～五パーセントの物価上昇などもってのほかだった。

したがって、打てる手はもうひとつしかなかった。債務国の賃金と年金を直接に削減することである。それがトリシェとＥＣＢの選んだ道だった。いわゆる内的減価政策である。公務員の給与や年金の削減、労働組合との再交渉といった手段で賃金を下げるのである。トロイカ内で、賃金削減にもっとも強く固執したのはＥＣＢだった。トリシェ自身がギリシャの上級官僚に詰め寄り、単位労働コストのグラフを指さして、ギリシャの賃金は欧州諸国に比べてはるかに高いと訴えた。

問題は、通貨の切り下げやインフレではなく直接の賃金削減によって不均衡を解消しようとすると、経済的な痛みが表面上も現実的にもはるかに大きくなってしまうことである。名目賃金の硬直性と呼ばれる現象だ。

人間の心理は不思議なもので、給料が五パーセント下がるよりも、インフレによって通貨の価値が五パーセント下がる方が、感じる痛みは少ない。そのうえ、債務過多の国家では、インフレが起きれば返済は楽になるが、デフレと賃金削減が起きれば返済は苦しくなる。統一通貨制度に加えて、ＥＣＢが通常水準を超えるインフレを容認しなかったことで、ＧＩＰＳＩ各国は長期にわたる不均衡を、もっとも痛みの激しい方法で調整しなければならなくなった。そのため彼らは債務負担に耐え切れなくなり、債権国は救済に走らざるを得なくなっていた。

痛みを抱えた問題国にできたのは、他の欧州諸国の景気回復を祈ることだけだった。そうなれば、少なくともギリシャ産のオリーブやイタリアワインやスペインの別荘への需要は増えるだろう。二〇一一年春、トリシェ率いるＥＣＢはその可能性さえも妨げていた。

その年の頭、中国とその他新興国の需要増加と中東の政情不安から、原油を含む商品価格は上昇していた。三月にはユーロ圏全体のインフレ率はＥＣＢの目標を超える二・六パーセントに達していた。ＧＩＰＳＩは二桁の失業率に苦しんでいたが、他の欧州大国――ドイツ、フランス、ベネルクス三国――は持ちこたえていた。

トリシェは三月頭の政策理事会で即時の利上げを決定した。四月に二五ｂｐの利上げが行なわれ、七月にもふたたび行なわれた。欧州で多くの国がまぎれもない不況にあるなかで、ＥＣＢは引き締め政策を実行していた。四月の記者会見で、利上げが周辺国への圧力増加につながるのではと聞かれたトリシェは、ばっさりと切り捨てた。「我々は三億三一〇〇万人のために物価を安定させる責任があり、今日の決定も含めてユーロ導入以来とってきた政策はすべて、物価安定を目的とするものである[32]」

スペインにとっては不運としか言いようがなかった。

振り返ると、二〇一一年春と夏の利上げは現代の金融政策のなかでも最大の失敗だったと思われる。しかし、それをＥＣＢの政策理事会や欧州首脳に対する駆け引きの一部として見た場合には、違う見方ができるようだ。

二〇〇七年の危機の初期から、トリシェは金融システム維持のために、通常の金融政策の範囲を超えた大胆で非伝統的な措置をとってきた。バーナンキが国債買い入れと金利調整を同じ目的に向けた別々の武器と考えていたのに対し、トリシェはこのふたつをまったく違う目的のための道具と考えていた。二〇〇八年夏、ＥＣＢは欧州の金融機関に無制限の融資を行ないながら、他方でインフレと闘うために金利を上げていた。

このことが、セントラルバンカーや政界首脳からの信頼につながっていた。たとえば、ウェーバーとブンデスバンクは、ＥＣＢがインフレ警戒に余念がないことを確信すればこそ、安心して金融機関への融資を行なえた。二〇一一年春と夏の利上げはインフレリスクに関する分析の結果として妥当なものだったかもしれない。だが、本当の目的についてはトリシェは絶対にオフレコでも明かさなかった。それは彼がインフレファイターとしての信頼を維持することだ。その信頼が危機対応への大きな裁量を彼に与えていた。

しかも、政策理事会は全会一致で利上げを認めていた。ギリシャとアイルランドとポルトガルも利上げを支持した。「強いシグナルを送ることが必要だと感じたし、その意味では奏功した」ある理事はそう語った。「もし間違っていれば秋に元に戻せばいいと思っていた」

一方でユーロ圏内の亀裂は深まっていた。これから設立する欧州安定化メカニズムとその機能をめぐって、大きな対立が起きていたのである。このメカニズムはこれまでのＥＣＢの役割を引き継いで、市場圧力にさらされた国の債券を買い入れるのか？　トリシェはそれを願っていた――国債買い入れは中央銀行ではなく欧州の財政政策責任者の担う役割だと感じていたからである。

しかし、二〇一〇年五月の合意にもかかわらず、債権国の醜い政治の現実が、危機にある債務国へのいかなる救済策への合意も阻んでいた。二〇一一年三月の政策理事会では、証券市場プログラムを通したアイルランドとポルトガルの国債買い入れの中止が決定された。いつものトリシェのやり方だった。市場の圧力がなければ、政治家は動かない。そこで、ＥＣＢは黙って手を出さず、市場に任せることにした。そのことで、痛みが生じても仕方がない、と。

トリシェはチェスをしているようなものだった。クイーンを守るためには、ポーンを差し出さなければならない。だが、それにより欧州経済の脅威に対抗する力は弱まった。もしトリシェが負けるようなことがあれば、それはものすごい大敗になりそうだった。

一七章　ヨーロッパの大統領

二〇一一年五月頭、ルクセンブルク首相のジャン・クロード・ユンケルは秘密会議を開いた。ユーロ圏の四大国の財務大臣に、ギリシャの財務大臣とトリシェが加わって、この小国で会合を開き、今後のギリシャ対策について話し合うのである。パパンドレウ首相は、前年四月に正式に支援を要求したとき、ギリシャを沈みゆく船にたとえていたが、船の沈むスピードは一層速くなっていた。ここ一年でギリシャの失業率は一二・一パーセントから一六・八パーセントに悪化していた。一〇年物国債の利回りは九パーセントから一五パーセントに上がった。対GDP比一四八パーセントだった公的債務は一七一パーセントまで上がっていた。二月には国中でストライキが起き、アテネでは緊縮財政への抗議デモに一〇万の市民が参加していた。議会の外には「我々は死にかけている」[1]と書いた横断幕がたなびいていた。

ルクセンブルクの会合は、二七名の代表者とそのスタッフが出席する大人数の政策会合と違い、影響力のある少数の意思決定者が一部屋に集まることで、どんな選択肢も排除せず、率直に意見を交わすことが目的だった。国際組織の本部があまりない場所に集まれば、マスコミに嗅ぎつけられる危険は減ると思われた。

五月六日金曜のその夜にトリシェが会合に向かっていると、スタッフのブラックベリーが振動した。悪い知らせだった。ドイツの週刊誌が会合の情報をキャッチしたらしく、主要国財務大臣がギリシャのユーロ脱退の可能性を話し合うとウェブサイトに一報を載せた。ドイツのショイブレ財務大臣はこれに反対する模様、と記事は報じていた。ギリシャ脱退が、ギリシャとドイツとＥＣＢに大きな打撃となることが解説されていた。ギリシャ脱退は、「機関投資家のユーロ圏への信頼を大きく損なうことになる」と週刊誌は書いていた。それは「他国に伝播するだろう」[2]、と。

トリシェは怒り心頭だった。秘密の会合だからこそ、わざわざここまで来たのである。それがマスコミに知られれば、なにか大きな政策発表があるとの期待を市場に抱かせてしまう。そして、なにもなければ失望と混乱を生む。ユンケルの広報担当者は会合の存在を否定したが、のちに「あの時点でアメリカ市場が開いていたため、会合を否定しなければならなかった」[3]と言い訳をしていた。

実際には、その会合はギリシャのユーロ脱退を話し合うものではなく、債務負担を減らすかどうかという微妙な問題を議論するためのものだった。だが情報漏洩はユーロの危機対応における問題を象徴していた。バーナンキとガイトナーはいつでも好きなときにマスコミに漏れないよう話ができる。一七ヵ国が参加するユーロ圏では、どこかの国の新聞にかならず議論の内容が漏れていた。そしてこのインターネット時代に、ベルリンの新聞報道は、インクが乾ききらないうちにパリの政界やロンドンのトレーディングフロアに伝わった。

会合が始まると、トリシェは集まった大臣たちの前で怒りをあらわにした。「秘密会合でないのなら参加できない。こんなことははじめてだ」と言ってトリシェは席を立ち、フランクフルトに戻った。どうやらピリピリしていたのは、ギリシャ経済だけではなかった。

それから数日後、トロイカのもうひとりのトップの行動が大々的に報道された。五月一四日土曜の昼過ぎ、マンハッタンの高級ホテルの客室係がＩＭＦ専務理事ドミニク・ストロス・カーンの部屋に入った。九分後、その客室係は部屋を出た――そして、ストロス・カーンに性的暴行を受けたと訴え出た。[4]のちにストロス・カーンは、犯罪ではなく「道徳的失敗」だと述べている。一二時二六分、ストロス・カーンはホテルを発ち、娘と昼食を取ったあと、パリ行きの飛行機に乗るためケネディ空港に向かった。翌日にはメルケル首相との会合が予定されていた。

四時四〇分、搭乗準備中のストロス・カーンに港湾局の警官が声をかけた。[5]彼がホテルに忘れた携帯電話を渡すためという口実である。だが警官はストロス・カーンを連行した。ストロス・カーン逮捕の噂は二〇分後にツイッターに流れ始めた。七時三五分にはニューヨーク・タイムズ紙がウェブサイトで信頼できる一報を流した。世界でもっとも影響力のある男のひとり、しかも次期フランス大統領候補は、イースト・ハーレムの拘置所にいた――そして、レイプ未遂と性的暴行の罪で起訴されようとしていた。

ストロス・カーンは即座にＩＭＦを辞任したが、客室係の信憑性に疑問が持たれ、起訴は結局取り下げられた。ストロス・カーンの女癖の悪さは、三年前にも問題になっていた。ＩＭＦの部下に性的関係を強要したという。[6]だが、今や彼のキャリアは終わり、大統領への夢も泡と消え、ユーロ危機のキープレーヤーのひとりでもなくなった。ストロス・カーンの突然の失墜とその醜悪さは、共に危機と闘っていた仲間たちを唖然とさせていた。

ちょうどギリシャ救済が山場を迎えていた時期、この事件によってナンバー2のジョン・リプスキーがＩＭＦのトップに立つことになった。リプスキーはＪＰモルガンのエコノミストだったアメリカ人で、思慮深く優秀な債務危機のベテランだった。だが、ストロス・カーンと違ってヨーロッパ首脳との間に強い絆はなく、その年末に引退することがすでに発表されていた。

ＩＭＦのリーダー不在は、最悪のタイミングで起きた。ギリシャは、救済策と引き換えに約束した改革の多くに失敗し、トロイカは厳しい態度で臨もうとしていた。「政府の対策はうまくいっていないようだ」とＩＭＦから派遣されていたポール・トムセンは言った。「今後数ヵ月の間に構造改革への断固とした措置がとられなければ、政府対策案は修正を迫られるだろう」[7]つまり、ギリシャ政府が民営化と財政緊縮を進めない限り、次の救済資金を与えず、ギリシャを破綻させるということだ。

パパンドレウ首相は改革に精一杯努力していた。父と祖父を首相に持つパパンドレウは、グーグル・アースを利用してプールのある家を見つけ出し固定資産税を追徴するなどの措置を講じていた。[8]プールのある家は全部で一万六〇〇〇軒を超えていたが、それを報告していたのは三二四軒だった。マルサのＧメンがナイトクラブの駐車場を回り、高級車の登録番号を一台一台チェックしたところ、六〇〇〇人が一〇万ユーロを超える値段の車に乗りながら、一万ユーロの年収しか申告していなかった。

しかし、脱税者の摘発はまだ簡単な方だった。トロイカのメンバーでさえ、パパンドレウが政治的に難しい立場にいることを認めていた。「ギリシャの目の前に道は開けているが、それはアウトバーンではない」二〇一一年六月にトロイカのあるメンバーはそう言っていた。

民営化はトロイカにとってとりわけ魅力的な政策だった。多くの問題を一度に解決してくれるからだ。たとえば、一社独占の電力会社や、国有港湾の過半数の持ち分を売却すれば、ただちに負債を返却できる。また人工的に高止まりしている賃金――政治家は労働者票を得るために、国有企業の賃金や福利厚生を高水準に維持していた――は継続できなくなる。ギリシャの賃金は競争にさらされ、長期の景気見通しは改善する。したがって、民営化はトリシェの長期目標である単位労働コストの改善につながる――新たな民間オーナーが労働者の生産性を上げてくれればなおさらそうなる。生産性が上がれば賃金をそれほど下げなくてもギリシャの競争力は上がるはずだった。

社会主義政権がギリシャ経済の民営化を強いられたのは、皮肉なめぐり合わせだった。与党内では多くのメンバーが民営化に賛成票を入れるくらいなら棄権した方がましだと脅しをかけていた。首相は中道右派の新民主主義党が連立政権を組んでくれるなら、自分は退陣してもいいと提案した。だが新民主主義党はパパンドレウをそのまま苦しませ、国民に嫌われる緊縮財政の責任を与党に押し付けておく方が得策だと考えた。

「この明らかに間違った処方箋には賛成できない」[9]新民主主義党党首のアントニス・サマラスは、パパンドレウとの会合でトロイカ政策への協力を断った。「私はパパンドレウ首相とギリシャ社会への冒瀆を語りに来たのではない。ギリシャ国民に対するこのような犯罪を許すべきではないと言いに来た」[10]急進左派連合のアレクシス・ツィプラス党首はそう言った。

パパンドレウは民営化法案を議会で通すために、党にぎりぎりの決断を迫った。トロイカの命じる緊縮財政措置を実施するか、さもなくば党首を降ろしてくれ、と。パパンドレウは信任投票を求め、六月に内閣改造を行ない、かつてのライバル、エバンゲロス・ベニゼロスを新たな財務大臣に任命した。ベニゼロスは、ロンドン・スクール・オブ・エコノミクスの博士号を持つ前任のパパコンスタンティヌほど経済通ではなかったが、二〇〇四年のアテネオリンピックを成功に導いた経験豊富でしたたかな政治家だった。

その二日後、ベニゼロスは欧州各国の財務大臣との会合のためルクセンブルクに送り込まれた。フランス財務大臣のクリスティーヌ・ラガルドがストロス・カーンの後継としてＩＭＦ専務理事になることが規定路線となっていたが、その間はリプスキーが一歩も譲らぬ交渉を行なった。朝二時まで続いた七時間の話し合いで、リプスキーは次の一二〇億ユーロの援助を実施する条件としてふたつの項目を突きつけた。ひとつはギリシャ政府が緊縮財政案を議会で通すことであり、ベニゼロスはそれを誓った。もうひとつはヨーロッパ各国が、向こう一年間はギリシャ支援の資金拠出にコミットすることである。ＩＭＦだけに負担を押し付けられてはたまらない――もし欧州各国がコミットしないなら自分たちの資本を引き揚げると脅した。「救済プログラムの資金を保証することが必要である。つまり欧州パートナーの資金提供を確保するということだ」リプスキーはその夜記者たちに語った。「それが確保できなければ、我々は前に進めないし、これらのふたつの条件がすみやかに満たされるものと期待する」[11]

六月二二日、パパンドレウはなんとか党のメンバーをねじ伏せて信任を得ることができた。その七日後、三〇〇議席中ぎりぎりの一五五議席を持つ与党リーダーのパパンドレウとベニゼロスは、嫌がる議員のもとにふたつの法案を持ち込んだ。五〇〇億ユーロ規模の民営化法案と二八〇億ユーロの歳出削減案である。目の前にデフォルトの危機が迫っていた。法案が否決されれば、トロイカは救済資金をストップし、ギリシャは支払い不能に陥る。法案は可決され、パパンドレウは反対票を投じた与党議員を直ちに除名した。

議会前広場には、数千人の市民がデモのために集まっていた。[12]ほとんどの市民は平和的だったが、中には財務省に火をつけたり、警官隊に石や火炎瓶を投げる人もいた。警官隊は発煙筒や催涙弾で応戦した。このデモにより、アテネ全体で九九人が病院に運ばれた。

ギリシャはふたたび猶予を得たが、長く暑い夏はまだ始まったばかりだった。

トリシェは与え、そして奪う

国家は時として一方的に借金を踏み倒す――一九九八年のロシアがそうだった。ＩＭＦ主導の救済は、投資家の信頼を回復することができなかった。だがたいていの場合は、国家が支払いに行き詰まると債権者との長い交渉が始まる。貸し手はもちろん全額返済を求める。だがそれができない場合には、交渉の席につくことを望む。一方的に返済額や条件を決められては困るからだ。借り手にとっては、その手続きを経ることで将来また借金が可能になる。貸し手にとっては、少しでもマシな条件を引き出す機会になる。

二〇一一年春、ギリシャの公的債務はGDPの一・六倍にのぼっていた。不安定な経済状況のなかで、これはどうしようもないことなのか？　ギリシャ国債を保有する海外の銀行は、最終的には債務リストラに合意し、秩序ある話し合いのなかで損失を受け入れるしかないだろうと思い始めていた。ギリシャは実質破綻に陥っている。返済できない借金を抱えている。その事実を直視しなければならない。

一九八〇年代の頭以来、遠回しに「民間セクターの参加」と言えば、それは、まさにこのような交渉のために民間銀行によって設立された国際金融協会（ＩＩＦ）に出番を求めることだった。元財務省官僚でＪＰモルガンのバンカーでもあったＩＩＦ代表のチャールズ・ダラーラは五〇社から六〇社の銀行と話し合い、再建案の受け入れ意思を確認した。ダラーラはパパコンスタンティヌに連絡し、それからトリシェに連絡した。トリシェは言葉を選びながら話をした。「お気持ちはありがたくいただきますが、この方向に向かうとは思われませんし、みなさんに参加していただくまでもないと思います」

トリシェは公にも、プライベートでも同じように強調していた。「債務リストラと減免措置には反対である」二〇一一年六月の記者会見でそう言っていた。「純粋に自発的でない措置や強制の要素が少しでもある措置を完全に排除する。債務不履行も、一部あるいは全部のデフォルトも、回避する。

これが我々の立場であり、これまでも明らかにしてきたことである」[13]トリシェは債務減免措置が危険な前例となることを強く恐れていた。ギリシャ国債の減免措置はギリシャだけの問題でなく他の脆弱な国々に影響し、さらには統一欧州の未来に影響するとまで考えていた。

さらに、トリシェは民間投資家の参加がＥＣＢに与える影響も懸念していた。ギリシャの銀行は国債を担保としてＥＣＢに差し入れ、融資を受けることで生きながらえていた。もし減免措置がとられれば、ＥＣＢは損失を引き受けるか、融資をストップして銀行を破綻させるか、その両方を強いられることになる。ＥＣＢはギリシャ国債を大量に保有していた。アナリストはその残高を四五〇億から五〇〇億ユーロと予想していた。

つまり、ギリシャ国債の減免を許せば、ＥＣＢは大きな損失を背負うことになる。場合によっては、ユーロ加盟国に資本拠出を求めなければならないかもしれない。ＥＣＢが資本拠出を求めたとたん、独立しているはずの中央銀行に政治家の影響力が及ぶ――中央銀行の自主自尊が脅かされる。トリシェ自身はこうした懸念を公にしたことはなかったが、ＥＣＢがＩＭＦや民間投資家よりも強硬に債務減免に反対していたのはそのためだろう。

ＩＭＦの内部でもストロス・カーンとリプスキーは、債務減免は必要ないというＥＣＢの見方におおかた賛成だった。だが、スタッフはかならずしもそうではなかった。ＩＭＦ融資は、対象国への持続可能な救済の一部として行なわれることが原則だった。つまり融資への返済が行なわれ、そのうち債務と利回りがある程度コントロールできる水準まで下がると信じるに足る理由がなければならない。そうでない場合には、ＩＭＦは債権者に損失を負担させることに異存はない。ユーロ圏内での減免措置はそれ以外の地域に比べてグローバルな金融システムに大きな影響を与えることは予想されるが、それでもその方が理にかなっている。もし国が破綻しているなら、そこに資金を注ぐより、現実を見た方がいい。

そして、ギリシャに派遣されたＩＭＦ高官もまさにその結論に達しつつあった。ＩＭＦは、「国債のデフォルトや銀行破綻はヨーロッパ全体の金融システムに衝撃を与え、流動性をふたたび枯渇させ、グローバルな波及リスクを生む可能性がある」[14]というＥＣＢの主張を承知していた。ＥＣＢとＥＣは、デフォルトが起きなければそうした波及リスクはないと思っていたが、ＩＭＦのスタッフは「デフォルト回避のシナリオにおいても深刻な波及リスクがある」と見ていた。

二〇一一年夏のはじめには、トリシェの強烈な反対は影を潜めていた。債務減免以外には帳尻が合わないことを全員が見て取り、ギリシャ政府は違っていた。トリシェもシステム全体のリスクとモラルハザードを感じていた。しかし、ギリシャ政府は違っていた。その時点で債務リストラの議論は国家への裏切りのように思われていた。「債務リストラの話はタブーだった」あるギリシャ官僚はニューヨーク・タイムズ紙にそう語っている。「だれもその話に触れなかった。もしユーロ各国に提案しようものなら、永遠につまはじきとなっていただろう」[15]

六月の終わり、ダラーラはアテネに飛び、パパンドレウとベニゼロスに会った。ダラーラが債務リストラは避けられないと言うと、「彼らの顔にショックと驚きが浮かんだ。信じられないといった様子で呆然としていた」[16]という。

かくして、次の救済計画の一環として、債権者たちは協力して自発的な債務リストラの話し合いに入った。七月二〇日の夜、トリシェはフランクフルトからベルリンに飛び、メルケル首相とサルコジ大統領に話をつけることにした。ふたりは債務減免が自発的なものであり、ＥＣＢが損失を免れ、ギリシャ以外の国では債務減免を許容しないと明言する限り、この措置を邪魔しないことに合意した。午前一時にトリシェとメルケルとサルコジの三人はブリュッセルに合意を伝えた。[17]銀行と財務大臣の話し合いが、「銀行家の司令室[18]」と名付けられた会議室で進んだ。

ＥＣ本部では、ダラーラとドイツ銀行ＣＥＯでＩＩＦ会長のヨゼフ・アッカーマンの率いるチームが、極めて複雑な交渉の主導権を握っていた。ユーロ圏政府（債券保有者にできるだけ多くの損失を負担させたがった）と民間銀行（当然、損失は小さいに越したことはなく、自発的な交渉からいつでも撤退できるため優位な立場にあった）が対立していた。また、ギリシャへのエクスポージャーの多い国（たとえば、ドイツは既存のギリシャ国債の代わりに、新規の安全な債券を受け取りたがっていた）と少ない国（直接に損失を負担することを望んでいた）が対立した。そしてＥＣＢはその他全員と対立した。

実際には全員が、自分がいちばんの貧乏くじをひかないように闘っていた。皮肉にも、主役の中で不在だったのはベニゼロスである。この時点で、ギリシャは自分の運命を自分で決められなくなっていた。

大騒動の末、二〇一一年七月二一日に発表された合意は、国債の償還期限の延長と金利の引き下げによって政府に時間を与えると同時に債務を軽減し、元本の一部減免を認めるものだった。この合意によってギリシャは二〇二〇年までに一三五〇億ドルを節約できることになった。平均償還期限は六年から一一年に延び、国債の現在価値は二割超減少した。また、ＥＣＢは損失を免れ、トリシェの求めた「例外的な措置」を得ることに成功した。ＩＩＦは九〇パーセントの債券保有者が合意を受け入れると自信を持っていた。

「この提案により、グローバル投資家はギリシャの損失を自発的に受け入れた[19]」ダラーラは声明でそう述べた。グローバル投資家はそうする他になかったのである。

六月と七月のギリシャをめぐるドタバタ劇のあとで、市場は神経質になっていた。ユーロ危機の特徴は、目先の問題にとらわれて当局が判断を下していたことだった。たとえば今回のギリシャの一件に関しても、彼らの政策によって市場が態度をどう変えるかという懸念はほとんど見られなかった。ギリシャにとっては最善の策だったとしても、債券市場にアイルランドやスペインやイタリアへの懸念が広がれば、まったく意味がない。

実際、ギリシャ国債の減免が決まったあと、グローバル投資家は他に「自発的な」減免が行なわれそうな国はどこかと考えた。アイルランドとポルトガルはすでに緊急融資の協定を結んでおり、両国共に救済案の条件をきちんと果たしていたため、ＩＭＦ・ＥＵの支援が打ち切られる可能性はほとんどないと思われた。そこで、当然のごとく投資家は残りのＧＩＰＳＩ国に目をむけた。スペインとイタリアである。

もしこの二国が破綻すれば、ヨーロッパと世界への影響はこれまでの比ではない。スペインとイタリアの人口を合わせると、ギリシャとアイルランドとポルトガルの四倍にのぼる。危機の初期における数ヵ国の救済なら、ＩＭＦとヨーロッパにとってそれほどの負担ではなかったが、スペインとイタリアを救済するとなれば、ヨーロッパ全体を破綻に追い込みかねないほどの負担となる。両国は大きすぎて潰せないが、同時に大きすぎて救えない国家であった。

六月末の時点で、一〇年物イタリア国債の利回りは四・二五パーセントであり、ドイツ国債よりもおよそ一・二五パーセント高かった。ギリシャの債務減免が話し合われていた七月一四日、ロールオーバーのための五年物と一五年物のイタリア国債合計五〇億ユーロの入札が行なわれた。だが、入札価格はいつもの利回りにほど遠かった。ユーロ圏の未来が危ぶまれるなかで、投資家は高い利回りを要求していた。イタリア国債は敬遠され、利回りが上昇し始めていた。八月の頭には五・五四パーセントまで上昇した。

イタリアとスペインは、ギリシャとアイルランド、そしてポルトガルとまったく同じ筋書きをたどっていたが、今回は救済が可能かどうかさえわからなかった。フランスとドイツが、ギリシャ、ポルトガル、アイルランドに実施したのと同程度の割合でイタリアを支援するとなれば、自国の対GDP債務を二三から二五パーセントほど増やす必要に迫られ、そうなると自国の信用力に懸念が及ぶ[20]。

七月末から八月頭にアメリカでオバマ政権と共和党率いる下院が債務上限の引き上げをめぐって膠着状態にあったことが、状況をさらに悪化させた。交渉がまとまらなければグローバル金融の根幹である米国債がデフォルトしてしまう。やっと交渉がまとまったのは、期限のたった数日前の七月三一日だった。八月五日、S&Pは政治的混乱を理由に、この世界一裕福な国の格付けをトリプルAからダブルAプラスに落とした。

トリシェはあるときガイトナーにこう言った。「三分の二は自分たちのせいだが、三分の一は君たちのせいだ」グローバル市場はいつも同じ方向に動く。巨大危機に終わりが見えないと思えば、投資家は欧米の株式を売り、スペインとイタリアの国債を売り、原油その他の商品先物を売る。危機が解決されそうだと思えば、それらの資産を買い、安全で利回りの低い資産、たとえばドイツ国債や米国債、そして円やスイスフランを売る。

国債買い入れを中断し、利回りを上げて問題国の首脳に行動を強いるトリシェの策略はうまくいった。しかし、突然にユーロの危機ファイターたちが二年をかけて回避しようとしてきたことが現実になろうとしていた。欧州主要国にパニックが飛び火し、リスクは彼らの手に負えないほど大きくなっていた。トリシェの任期終了は三ヵ月後に迫っており、すべてがコントロール不能になりつつあった。断固とした行動をとるときが来ていた。指をくわえて見ていると、統一ヨーロッパが崩壊の危機にさらされる。トリシェは黙って見ているわけにはいかなかった。

八月四日木曜日の政策理事会で、ＥＣＢは春から休眠中の証券市場プログラムを再開することを決定し、ふたたび市場から直接国債を買い入れることにした。トリシェは慎重に振る舞った。その午後の会見で、ウォールストリートジャーナル紙の記者に国債買い入れを再開するかと聞かれ、「そのうちわかるだろう。この会見の最中にもなにかが起きるかもしれない」と答えた。別の記者が聞いた。「総裁、今この瞬間にＥＣＢが南欧の国債を買い入れているという情報がトレーダーから入っています。コメントいただけますでしょうか？」トリシェはにやりと笑って答えた。「先ほど答えたと思うが。まあ、そういうことで」

はい、次の質問。

その日市場は急落した。買い入れが再開されたのはアイルランドとポルトガルの国債だけで、イタリアとスペインは対象に入っていなかった。買い入れ規模も問題の解決には遠く及ばない額だった。ＥＣＢの慎重さは、市場を混乱させていた。トリシェはパニックを止めるためにどんな手でも打つ気があるのか？　もしあるのなら、見返りになにを求めるのだろう？

各方面からトリシェへの圧力が高まっていた。メルケルとサルコジ他ヨーロッパ首脳は、手遅れになる前にＥＣＢが大規模介入を行なうことを望んでいた。アメリカもイギリスもクリスティーヌ・ラガルド率いるＩＭＦも同じだった。彼らは中央銀行が政治的影響から独立した判断を行ない、粛々と債券を買い入れることを望んでいた。逆の立場にいたのが、政策理事会の中のドイツ人委員——役員会のユルゲン・シュタルクと、アクセル・ウェーバーの後任としてブンデスバンクの総裁となったイェンス・バイトマン——および、彼らに近い考えを持つ中銀総裁たちである。二〇一〇年五月に交わされた理想対現実の議論、つまりユーロ圏を救うためにマーストリヒト条約の精神を冒してもいいのかという問題が再燃した。

ユーロ圏第三と第四の経済大国に対して大規模なトロイカ救済案を実施するだけの資本と意思はECBにはおそらくないと思われた。しかし、練達の危機ファイターであるトリシェは、先手を打つ必要がある――また助けるからには見返りがいる――と考えていた。八月五日の政策理事会の翌日、トリシェはイタリアとスペインの首相に書簡を送り、市場の信頼回復のために彼らがなにを行なうべきかをはっきりと伝えた。この計画に合意するなら、ECBは国債を買い入れ、市場圧力の緩和に努める、と。イタリア宛ての手紙は、トリシェとイタリア中銀総裁マリオ・ドラギ両名の署名入りでベルルスコーニ首相に送られ、ECBによる支援と引き換えにベルルスコーニが実施すべき項目を列挙していた。要約すれば、硬直的なイタリアの労働市場を現在の経済環境に合わせよというものだった。そして九月末までに議会の承認を得ることが要請されていた。「政府が適切な行動をとるものと信頼している」[21]トリシェとドラギはそう書いていた。

ベルルスコーニ政権はこの手紙に腹を立てた。政府閣僚たちはこれを、長く続いてきた官僚と政治家の間の新たな攻防と見た。ベルルスコーニの側近たちはイタリア中銀を労働組合寄りの左派と見て、手紙は主にドラギが書いたものだろうと考えていた。しかし、手紙の内容が労働組合に厳しい要求を突きつけるものだったことを考えると、その読みは筋違いだった。実際にはトリシェとECBが手紙を草稿し、ドラギとイタリア中銀は少し変更を加えただけだったと言われる。ベルルスコーニ政権は、助けがもっとも必要なときに、重箱の隅をつつくような議論に終始していた。

中央銀行の高飛車な命令にベルルスコーニ政権が侮辱を感じたにしろ、首相と財務大臣のジュリオ・トレモンティはいやいや従わざるをえなかった。ベルルスコーニは会見を開き、財政赤字削減を加速させ、他の改革を進めてイタリアの競争力を上げることを誓った。グローバル市場は好意的に反応した。

この会見は、秘密の手紙に書かれた条件の受け入れを国民の前で誓約するものだった。トリシェは政権からも内々に言質を取ったが、これまでのベルルスコーニのいいかげんさを考えると、約束はあてにならなかった。「内々の会話はあったが、それより会見での言葉が重要だった」あるＥＣＢ高官は言う。「公のコミットメントしか信用できない」

ミラノの日刊紙がこの手紙を手に入れたのは、その六週間後だった。だがスペインのホセ・ルイス・サパテロ首相に宛てた手紙はまったく表に出なかった。スペインは要求を受け入れる準備ができていた。人気が地に落ちていたサパテロは、自分が党首のままでは彼の属する社会労働党が大敗すると見越して党首を退き、総選挙の繰り上げ実施を決定した。ベルルスコーニと違って政治家としての生き残りに固執しなかったサパテロは、ＥＣＢの推奨を抵抗なく受け入れた。

イタリアとスペインがトリシェの条件を受け入れたあと、八月七日日曜の午後に、政策理事会はふたたび会合を開いた。[22] 役員会の六人はフランクフルト本部の三五階にあるトリシェの総裁室に集まった。その他の理事たちは母国のオフィスや休暇場所から電話をつないだ。トリシェは自分の主張をまとめた。状況がこれ以上手に負えなくなる前に行動すべきである。ＥＣＢはいびつな金利格差是正のために、能力の範囲内で金融政策を実施しているにすぎない。イタリアとスペインの首相は改革にコミットし、フランスとドイツは欧州金融安定化ファシリティー（ＥＦＳＦ）を早急に活用することに合意した。サルコジとメルケルはＥＣＢからＥＦＳＦに国債買い入れを移管する旨の共同声明を出すことになっていた。

だが、理事会の一部は納得しなかった。反対派は、ＥＣＢがふたたび原則に背き、浪費国を助けるために資本を危険にさらそうとしていると見ていた。ユルゲン・シュタルクはだれより強硬に反対した。スペインとイタリアへの手紙はＥＣＢの権限を大幅に逸脱するものであり、中央銀行を不当にヨーロッパ版ＩＭＦとして位置付けるものになりかねず、民主的正当性の規範と中央銀行の独立を冒していると考えていた。イタリアおよびスペイン国債の買い入れが金融政策であるなら、政府がなんと言おうがなにをしようが、それを実施すべきである。もし財政政策なら、それはＥＣＢの仕事ではなく、ＥＣとＩＭＦが行なうべきである。シュタルクは強硬な態度をとったが、ウェーバーと違ってそれを外に漏らしたりはしなかった。政策理事会のメンバーの一部は、もしシュタルクの主張が通らなければ彼は早晩ＥＣＢを去るだろうと予想していた。

四時間の議論の末、トリシェは採決をとった。シュタルク、ブンデスバンク総裁のバイトマン、オランダとルクセンブルクの中銀総裁は反対票を投じたが、賛成多数で買い入れは決まった。翌朝ＥＣＢはイタリアとスペインの国債買い入れを開始した。買い入れによって利回りはそれぞれ〇・八パーセントと〇・九パーセント下がった。

当初イタリアは、国債買い入れと引き換えに受け入れた支出削減と自由化の約束を果たしているように見えた。八月一二日、ベルルスコーニ内閣は四五〇億ユーロの歳出削減によって二〇一三年までに財政均衡を目指すことを了承した。この案には、年収九万ユーロを超える層への五パーセントの追加課税などを含む高額所得者への増税と、地方自治体の歳出削減などが含まれていた。その日、ベルルスコーニはいつものように大げさに、イタリアの苦しい財政をギリシャ救済のせいにした。「人助けが報われないとは、なんと悲しいことでしょう。グローバル環境が変わり、我々は地球規模の問題に直面しています[23]」

イタリアの徴税職員たちはギリシャを真似て、フェラーリやマセラティの登録番号を記録し、その所有者がありえない収入を申告していないかを調べた。「イタリアはひどい」ある議員はワシントン・ポスト紙に語っていた。「別荘や公園ほどの大きな庭のある家の持ち主が一万五〇〇〇ユーロの年収だと申告してるんだから」[24]
しかしその三週間後、ベルルスコーニは議会の圧力を受け追加課税を諦めた。だが、イタリアの決意が鈍るのを、ＥＣＢが指をくわえて見ているはずはない。八月第一週にＥＣＢが二二〇億ユーロの買い入れ、第二週に一四〇億ユーロの買い入れを行なったあと、イタリア国債の利回りは四・三二パーセントまで下がっていた。[25]だが、ベルルスコーニの発言が聞こえてくると、トリシェは国債の買い入れを中断した。第三週にＥＣＢは五〇億ユーロの国債買い入れを行なったが、ほぼすべてはスペインの国債だった。九月頭にイタリアの一〇年物国債利回りは四・九二パーセントまで上昇した。それは奇妙なゲームだった。ベルルスコーニの行儀が良ければ国債を買い入れて彼に報い、悪ければそれを罰する。トリシェ殿は与え、そして奪う。
「ヨーロッパに電話をするときには、だれにすればいいんだね？」[26]ヘンリー・キッシンジャーが口にしたと言われる有名な言葉だ（キッシンジャー自身は否定している）。それは、数十ヵ国からなる多言語の大陸全体を代表して決断を下す権限と意思のある人物がいないことに対するアメリカその他各国首脳の不満を示していた。だが二〇一一年八月までに、それは変わっていた。ヨーロッパには中央権力が存在した――底なしの資本を使ってフランクフルトから大陸各国の首相や議会にフランス語訛りで命令する男。その月、あるアナリストはブルームバーグニュースにこう語った。「トリシェは事実上ヨーロッパの大統領となった」[27]
しかし、大統領の力にも限りがあることが、まもなく明らかになる。
二〇一一年九月と一〇月は統一欧州が振り回された月であった。ＥＣＢと化かしあっていたベルルスコーニは汚職で起訴されそうになり、化けの皮が剝がれた。スペイン政府は選挙に揺れ、先行きが見えなくなっていた。市場は噂と声明に一喜一憂していた。

八月頭に国債買い入れの議論に敗れたユルゲン・シュタルクは、静かに退任への布石を敷いていた。彼は市場の混乱を防ぐため、メルケルとドイツ政府に充分な後任選出の時間を与えた。ECB役員会に正式にドイツ枠があるわけではないが、六人のメンバーの中に大陸最大の経済国の代表がいないということは考えられなかった。シュタルクは九月九日に辞任を発表した。ECBの公式発表では、辞任は「一身上の都合」[28]によるものとされていたが、その「一身上の都合」とは、シュタルクがイタリアとスペイン国債の大量購入を無責任でルール違反だと考えたことにあるとだれもが知っていた。

その日、ECBの分裂を危惧した市場は、またもや急落した。インターナショナル・ヘラルド・トリビューン紙は、アナリストの言葉を引用していた。「非常に危険な兆候。ECB内の分裂が予想以上に大きいことを意味している」[29]だがその日の論説は、シュタルクの辞任に含まれた重要なポイントを見逃していた。その後ただちに、メルケルが側近の財務省高官、イェルク・アスムセンをシュタルクの後任とするとの情報が漏れ出した。その年の頭に、メルケルは自分に近しいイェンス・バイトマンを、アクセル・ウェーバーの後任としてブンデスバンク総裁に選んでいた。両者に共通していたのは、ブンデスバンクが伝統的に好んできた、原則を重んじるタカ派論者ではなかったことである。

メルケルは、ブンデスバンク内部の人材や、インフレ強硬派の学者を選ぶこともできた。だがそうせずに、政治的な柔軟性を持ち合わせ、いざというときにユーロ圏に助け舟を出してくれそうな——メルケルとドイツ政府への圧力を和らげてくれそうな——経済の専門家を選んでいた（バイトマンは総裁になるとブンデスバンクの伝統的アプローチに近づき、国債買い入れの再開に反対した。しかし、就任前にはウェーバーよりも救済に積極的だと思われた）。シュタルクの辞任は、まさにECB内の分裂の結果であった。しかし、辞任によってその分裂は多少和らいだともいえる。

ECBが国債買い入れで時間を稼いでいる間、各国政府はお互いを支えるための恒久的な仕組みを作り出そうとしていた。フランスは、「ユーロ債」構想に傾いたままだった。米国債をそれぞれの州でなく国全体が保証しているのと同じことだ。問題国家にとってはありがたいが、浪費を重ねる債務国に足をすくわれたくないドイツと他の債権国にとっては迷惑な話だった。それは、ヨーロッパ各国が自国の税制と予算権限をブリュッセルの中央権力に委譲してはじめて検討できる案だった。

それはとりもなおさず、国家としての統治を諦めるようなものだ。またそれは、九月七日のドイツ憲法裁判所の決定にも違反することになるはずだった。憲法裁判所は、そのような条約が批准されない限り、ドイツ政府が中央組織に権限を与えることは許されないと判決を出していた。

それ以外の、より斬新な手法も浮上していた。たとえば、EFSFに銀行の認可を与えて債券を発行させ、その資金を使って必要に応じて問題国の国債を買い入れるといったことである。トリシェは反対だった。それはすなわちEFSFが最後の貸し手であるECBの監督下に入ることを意味し、結局ECBが個別国家を支援するのと同じことだからである。ティム・ガイトナーは、アメリカがFRBと財務省の両方のリソースを使って二〇〇八年の危機を乗り越えたように、ECBの巨大なリソースを活用する方法を探すべきだと訴えていた。だが、トリシェから見ると、それはマーストリヒト条約の精神に反するやり方に思えた。

トリシェは、各国首脳が欧州融合の新たなモデルを模索するための時間稼ぎをしていた。だが、首脳たちはその時間を浪費していた。

オペラ座の夜

一八八〇年に建設されたフランクフルトの旧オペラ座は、第二次世界大戦中に連合軍の空爆を受け、その後数十年にわたる市民の多大な努力によって再建された。再建後のルネサンス調のファサードには、この言葉が刻まれている。「正直で、美しく、善良な者へ」

二〇一一年一〇月一九日、壮大な理想を掲げたこの場所が、ふたたび欧州復興努力の中心地となった。その夜、旧オペラ座では、退任を二週間後に控えたトリシェの四〇年にわたる欧州の理想への献身を讃える祝賀会が開かれていた。だが、その夜乾杯に集まった高官の多くは、パーティーの行なわれていた大宴会場ではなく、別の会議室でEFSFの詳細を詰めることになった。

その水曜の夜、約一八〇〇人の招待客がオペラ座を埋めた。ひとり、またひとりと欧州統一の立役者がEU旗を背に演壇に立った。ヴァレリー・ジスカール・デスタン元フランス大統領。ヘルムート・シュミット元ドイツ首相。そしてEUの主要機関総裁――ヘルマン・ファン・ロンパウ欧州理事会議長、ジョゼ・マヌエル・バローゾEC委員長、ユーログループのジャン・クロード・ユンケル議長。メルケル首相。そしてトリシェの後継者マリオ・ドラギ。

ユーロ設立の立役者の中で、もっとも印象的なスピーチを行なったのは、シュミットだった。「トリシェ総裁率いるECB理事会は、金融およびソブリン危機に際して必要な行動をとれることを示した唯一の組織でした」車いすに座った九二歳の元首相は、そう褒め讃えた。「いわゆる『ユーロ危機』についての議論は、政治家とマスコミの与太話にすぎません。今起きていることは、欧州連合の政治的行動能力の危機であります。欧州の未来にとって、この明らかな行動力の欠如は、個別国の過重債務よりはるかに大きな脅威なのです[30]」

そしてトリシェが演壇に上がった。この一年で一〇年分も歳をとったようだった。いつものように自信満々だが、いつもよりも感情的にトリシェは歴史を振り返った。「通貨統一はいにしえの昔から続いてきた永遠の夢でした」トリシェは欧州の通貨統合を追求した、ローマ帝国と一五世紀のボヘミア王を引き合いに出した。「欧州経済通貨同盟（ＥＭＵ）の最大の弱点は、統治体制です。通貨統合は期待通りの結果を出しております。統治を強化しなければならないということが、今回の危機のいちばんの教訓と言えましょう……私は常に統治の『飛躍的進歩』を要求してまいりました」[31]

スピーチが終わって万雷の拍手を浴びたトリシェは、その他数名と共に別室に移り、「飛躍的進歩」の具体的な形を探した。

ＩＭＦ専務理事のクリスティーヌ・ラガルドも出席していた。妻の出産に付き添っていたサルコジ大統領は、ぎりぎりに飛んできた。裏口から忍び込もうとしたが、マスコミが多数参加するパーティー会場にフランス大統領が気づかれずに入れるはずはない。ヨーロッパでもっとも力のある役者たちが一堂に会した。そして時間切れは近づいていた。債務危機を話し合う最後の機会となるはずのＥＵ首脳会議、そして互いの違いを乗り越えるための会議は四日後に迫っていた。

サルコジはＥＦＳＦに銀行の認可を与えることを主張し――メルケルとトリシェにばっさり断られていた。ＩＭＦの資金を活用する複雑な案も拒否された。

サルコジとトリシェの応酬は激しさを増し、会議の公用語である英語を忘れ、しばしば母国語のフランス語でやり合うまでになっていた。サルコジはトリシェが原理原則にこだわりすぎると考えており、その日トリシェのスピーチに間に合わなかったことも、偶然ではなかった。小さなことではふたりが合意できる部分もあった。しかし、トリシェの要求する「飛躍的進歩」をどう実現するかについては、答えが出ないままだった。

ドラギは会議室を抜け出して、コンサートが行なわれていた大ホールに戻った。ひと月にわたる「ＥＣＢによる文化の祭典」のクライマックスイベントとして、ＥＣＢとイタリア中銀が共同スポンサーとなったコンサートが開かれていた。伝説のマエストロ、クラウディオ・アバドが設立したモーツァルト管弦楽団が演奏していた。プログラムの最後は、メンデルスゾーンが一八三〇年代にイタリアへの旅に触発されて作曲した交響曲第四番だった。メンデルスゾーンは家に送った手紙の中で、この『イタリア』交響曲について、「これまでいちばん楽しげな曲で、特にナポリ舞踊を取り入れた最終楽章は喜びに満ちている」と書いている。

トリシェとメルケルとサルコジが控室で結論の出ない議論を交わすなか、メンデルスゾーンの最終楽章が建物に響き渡っていた。歓喜に満ちたその音色と裏腹に、ヨーロッパの先行きは暗澹《あんたん》としていた。

一八章　脱出速度

リック・ペリーはただのテキサス州知事ではない。彼はテキサスそのものだった。牧場主の息子でありテキサスA&M大学で畜産を学んだペリーは、ジョギングにも装塡された拳銃を携帯し、二〇一〇年にはコヨーテを撃ったと言っていた。大統領候補に名乗りを上げた二〇一一年八月、彼はアメリカ第二の人口を誇る州の人気知事であり、巨大な寄付者基盤を持ち、共和党右派が待ち望んだバリバリの保守主義者だった。結局はレースから脱落するが、当初は共和党候補の指名を獲得しそうな勢いだった。

立候補を表明した二日後、アイオワ州の田舎町で開かれた有権者集会で、ペリーはアメリカの中央銀行をどう思うかと質問された。「あぁ、FRBか。それについてはパスしたいところだね」ペリーはそう言いつつも、まったくパスする様子はなく言葉を続けた。「まあ、あいつらについてはいろいろ言われてるね。あいつらが選挙までまだカネを刷り続けるようなら、まあアイオワではどうか知らんが、テキサスじゃひどい目にあうぞ。この大切な時期に政治的な駆け引きのためにカネを刷るなんぞ、アメリカへの裏切りだな」

人々は喝采した。バーナンキは二〇〇八年の金融危機の泥沼のなかでアメリカと世界経済を導き、二〇〇九年には中央銀行の独立性を守り、二〇一〇年にはQE2を実施し、デフレスパイラルと景気後退を回避したといえるだろう。当たり前の責任を果たしたセントラルバンカーに対して、有力な大統領候補がただじゃおかないぞと脅していた。

ペリーの発言があった時点で、アメリカ経済は前年夏に続いて二度目の落ち込みを経験していた。二〇一一年の年頭から四ヵ月は楽観的な空気が流れていた。雇用は毎月平均で二〇万七〇〇〇人増加した。だが五月から八月にかけては八万人を下回った。失業率は九・一パーセントと高止まっていた。指標の弱さにはさまざまな理由があった。ヨーロッパ財政への緊張が高まり始めたことや、数字のからくりで年初の好調と年央の不調が過剰に強調されたこともある。だが実のところ、成長はふたたび減速しているようだった。バーナンキの懸念にもかかわらず、景気が「脱出速度」に達するための対策を、FRBはここ数ヵ月打っていなかった。QE2による国債買い入れは六月末に終了し、FOMCがそれを再開する気配はまったくなかった。

FRBはすでに大量の国債を買い入れ、短期金利をほぼゼロに押し下げていた。これ以上なにができるだろう？　突然のパニックが起きた二〇〇八年末には、大胆に先手を打つことができた。あれから三年経った今、だらだらと景気が低迷するなかで、FRBは同じような斬新な策をとれるのだろうか？

なにが景気に効くのかわからず、中央銀行の存在そのものに対する敵意がつのるなか、バーナンキはテキサス級の大きな問題に直面していた。

あらゆる選択肢をもう一度おさらいするときだった。だが、QE2が始まった前年と大きく違う点がふたつあった。ひとつは年初に燃料価格が高騰したせいで、インフレ率が上昇していた――前年に一・二パーセントだったインフレ率は、八月までの一二ヵ月で三・八パーセントに上がっていた。

もうひとつは、バーナンキたちがＱＥ２の後遺症に悩まされていたことである。だれもが――議会の保守派から中国やドイツの首脳まで――六〇〇〇億ドルの国債買い入れを攻撃していた。セントラルバンカーは、政治的批判や外圧にかかわらず国家経済に最善と信じることを行なおうと心がける。だが、実際にはその「最善と思われること」は、ほぼかならず環境の影響を受ける。二〇一一年のアメリカには緩和政策への敵意が充満していた。つまり、バーナンキは追加緩和が困難な環境にいた。

ＦＲＢのアグレッシブな対応を求める声もあった。その先頭に立っていたのは、ノーベル賞受賞者でニューヨーク・タイムズ紙の人気コラムニスト、ポール・クルーグマンである。しかし、政界では、追加緩和は話にもならなかった。共和党はほぼ全会一致で緩和政策に反対していたし、民主党はまったくその件に触れようとしなかった。

たとえば、上院の銀行委員会の公聴会では、共和党のボブ・コーカーが――普段はバーナンキ支持派だ――がこう述べている。「現在のＦＲＢの積極性を非常に懸念している。これまで（ＦＲＢと）いい関係にあった私でさえ、手足を縛りたくなるほどだ。ＦＲＢの積極政策が市場を乱し、長期的に悪影響を与えていると思われる……」[1]

バーナンキはスタッフに緩和の新たな手法を考えさせていた。ＱＥ２への批判は政策の効果を薄めていると彼は感じていた。それは、将来の緩和期待を引き下げ、企業と個人を消費と投資にさらに慎重にさせていた。ＦＲＢが無能で無責任であると評論家が騒いでいれば、個人も企業も未来を信頼することはできない。そこでＦＲＢのスタッフは目立たない方法、数千億ドルもの国債買い入れ以外の方法を必死に考えていた。

ＦＲＢでは、緩和政策の選択肢をいつもふたつのグループに分けていた。ひとつのグループはＦＲＢのバランスシートを使って資産の規模と構成を調整する方法である。ＱＥ２はその典型だ。もうひとつのグループはそれより間接的な方法である。ＦＲＢの将来の方向性と期待を市場に伝え、現在の通貨価値を調整する方法である。たとえば、二〇〇八年以来ＦＲＢは「超低金利」を「長期間」継続すると示唆してきた。そして二〇一一年八月九日のＦＯＭＣで決定したのがこの方法だった。

ＦＲＢのスタッフは、「ティール・ブック」の中で、「超低金利の長期間継続」を拡大する選択肢を提案した。具体的な時期も盛り込まれた。バーナンキたちは文言を調整し「現在の経済状況を鑑みて、少なくとも二〇一三年半ばまで超低金利を続けることが妥当であろう」とした。それは決して斬新な方法ではない――いずれにしろ超低金利が長期間続くことは予想されており、それは価格に織り込まれていた。だが、ＦＲＢが緩和策を模索するほど状況は悪化していると市場に知らせることになった。

ダラス連銀のリチャード・フィッシャー、ミネアポリス連銀のナラヤナ・コチャラコタ、フィラデルフィア連銀のチャールズ・プロッサーらは反対票を投じた。ＦＯＭＣで三人の反対者が出たのは一九九二年以来であり、今後の追加緩和策は内部の大反対に遭うことをバーナンキは覚悟した。また今回の措置にも懸念すべき点があった。それは、長期的な投資家に悲観的なシグナルを送ってしまう可能性だ。少なくとも二年間超低金利を続けなければならないほど、状況は悪いと認めることになる。

また、共和党予備選ではバーナンキが格好の標的になっていた。他の候補もペリーに負けじとバーナンキバッシングに参戦していた。

「私なら、即刻クビにする」共和党の指名を争っていたニュート・ギングリッチは九月七日のディベートでそう言った。「バーナンキは歴史上まれに見るインフレ容認派の危険な議長である。彼の政策が不況を悪化させた」[2]九月末のＦＯＭＣ会合では上下両院の共和党リーダーがバーナンキに書簡を送り、ＦＲＢは「アメリカ経済への異例の追加介入を避けるべきである」と告げた。金融政策に政治的圧力を与えるような、あまりにもあからさまな手口だった。

しかし、ユーロ危機が深刻化し、アメリカ景気が悪化するにつれ、異例の追加介入の必要性はこれまでになく高まっていた。FRBのスタッフは大騒動を避けるような賢い緩和措置はないかと頭をひねった。量的緩和を実施すれば、いわゆるポートフォリオ・リバランスが起きる。たとえば、QE2のようにFRBが六〇〇〇億ドルの米国債を買い入れれば、米国債を買うはずだった投資家は別の資産――社債、モーゲージ証券、株式――に資金を振り向ける。すると、その資金の行き先によって、社債やモーゲージ証券の金利が低くなったり、株式市場が上昇したり、成長が促されたりする。

これを裏付ける証拠は多い。たとえば、国債買い入れを示唆するようなスピーチやコメントのあとにはかならず株価が上昇する。同じ原理で、別の組み合わせも考えられる。もしFRBが資産を短期債から長期債に移せば、経済全体の長期利回りは低下し、設備投資や住宅ローンが刺激される。短期利回りは上がるが、ほんの少しである。というのも、FRBはすでに長期の超低金利にコミットしているからだ。理論的には短期でも長期でも買い入れコストは低くなる。

これがツイスト・オペとよばれるもので、一九六一年からさまざまな形で使われてきた政策である。バーナンキたちは、これを「償還期限延長プログラム」と呼んでいた。だがマスコミはツイスト・オペという呼び名を好んだ。残存期間が三年未満の米国債を四〇〇〇億ドル分売却し、六年から三〇年までのものを四〇〇〇億ドル分買い入れることで、QE2とほぼ同じインパクトがあると予想された。

しかし、FRBは国債買い入れで新しい通貨を生み出しているわけでなく、普通の政治家はツイスト・オペを理解できないため、QE2ほどの注目は集まらず批判されることはないと思われた。「カネを刷る」と言えば、なんだか恐ろしく聞こえる。「FRBの市場ポートフォリオの償還期限の延長」と言えば、たいがいの人はけむに巻かれる。それは形を変えた量的緩和だった――もちろん、F

OMCのタカ派にはお見通しだった。フィッシャー、コチャラコタ、プロッサーの三人はふたたび反対した。

しかし、外野の批判はおおかたやんでいた。FOMC後に各国主要紙は「ツイスト・オペ」を記事にしていたが、QE2に比べれば静かなものだった。バーナンキは、大恐慌であろうが一九九〇年代の日本であろうが、中央銀行には危機のどん底にある経済を底上げする力があることを、学者としてのキャリアを費やして訴えてきた。FRB議長として五年目になるバーナンキは、今もそれを信じていた――だが、政治的に大きな代償を払わずに、その力を使って緩和の恩恵を得る術を学んでいた。

「衝撃と畏怖」

アメリカ経済はここ数年のトラウマからゆっくりと回復しつつあったかもしれないが、イギリス経済にはまったく回復の兆しが見えなかった。インフレと失業率は高く、ユーロ危機は数ヵ月ごとにグローバル金融市場に新たなパニックの波を起こしていた。「解決されたかと思うと、さらにそれを超える大きな問題が発生する。まるでテレビドラマの『キリング』のようです」二〇一二年の市長公邸でのスピーチで、キングはBBCでも放送されたデンマーク発の政治スリラードラマに触れた。「といっても、デンマークはユーロの加盟国ではないのですが」[3]

スレッドニードル街には無力感が漂っていた。「ブラックベリーを見るたびに、ヨーロッパ発の暗いニュースが流れてくるが、自分たちにはどうすることもできない」とイングランド銀行のある高官は言っていた。ユーロに加盟しないというイギリスの判断は正しかったようだ。イギリス財政の状況はスペインとそう変わらない。イギリスの金融政策がロンドンでなくフランクフルトで決められていたら、間違いなくGIPSIの仲間に入れられていたはずだ（すると、この頭字語も変わっていただろう）。

ユーロに加盟していなくても、イギリスはユーロ危機の余波を被っていた。イギリスの輸出の約半分はユーロ圏向けであり、イギリスの銀行も大陸へのエクスポージャーは大きく、イギリス企業は毎朝フィナンシャル・タイムズ紙に載る海峡の向こうのニュースに影響された。「ユーロの加盟国でないからといって、ユーロ圏での出来事の影響を避けることはできない」[4]実際には、そのキングの言葉以上に影響は大きかった。

そのもどかしい二〇一一年夏、キングはウィンブルドンの準決勝戦、ナダルがマレーを破った試合を観戦していた。キングの座るロイヤルボックスには、結婚したばかりのウィリアム王子夫妻に加え、俳優のマイケル・ケインやヴォーグ誌編集長のアナ・ウィンターといった華やかな世界の人々が座っていた。[5]ロイヤルボックスでは携帯電話の使用が禁じられている。保守派のタブロイド紙は、試合中はキングに連絡がつかない状態だったと報じた。

このタブロイド紙は、キングのウィンブルドン観戦を執拗に追いかけ、一三日間の大会中キングが少なくとも六日は観戦に訪れたことを伝えていた。オンラインではまぶたを閉じたキングの画像に「七月一日金曜日：サー・マービン、男子準決勝で居眠り。この日、イギリスの経済回復見通しに影を落とす指標が発表された」というキャプションが添えられた。

キングに対するマスコミのバッシングやイギリス政界からの批判は、少々不公平であった。イングランド銀行内の敵でさえ、キングが夜遅くや週末まで働く勤勉な努力家であることを認めていた。午後にテニス観戦に行った日も、午前中と夜は働き続けていた。

だが、イギリスにはスケープゴートが必要だった。二〇一〇年にキングが提唱した緊縮政策は痛みを伴い、二〇一一年前半の成長率はほぼゼロだった。当時、イングランド銀行内部も含めて、アナリストたちはこれを一時的な要因によるものと見た。冬季の吹雪による取引の中断。三月に日本で起きた大震災によるサプライ不足。春に行なわれたロイヤル・ウェディング前後の休暇による生産性の低下。だが、振り返るとそれらは単なる言い訳で――イギリス経済は実際に低迷していた。

二〇一一年の夏を挟んで失業率は悪化し、三月の七・七パーセントから九月には八・三パーセントに上昇していた。インフレ率は高止まりしたままで、燃料価格の高騰とポンド下落に伴う輸入品の価格上昇から、春を通して五パーセントを超えていた。二〇一一年にはそれらが高じてスタグフレーションが起きていた。イギリスにとっては厳しい状況であり、中央銀行にとっては悩ましいジレンマだった。

イングランド銀行内でも意見は割れていた。金融政策委員会の九人のメンバー中二人、マーティン・ウィールとチーフ・エコノミストのスペンサー・デールは、インフレが最大の脅威であるととらえ、二〇一一年七月の会合で利上げを勧めた。逆に、景気の減速と失業率の悪化を重大な問題だと見たのがアダム・ポーゼンだった。ポーゼンは二〇一〇年一〇月の会合から毎回、追加の量的緩和、つまりイギリス版QE2を提唱し続けていた。キングが率いる多数派は変更なしに投票した。

この優柔不断さは、一見して二〇〇八年夏の繰り返しのように見えた。インフレ率が高止まりするなかで、委員会には引き締め派と緩和派の両方が存在し、キングは何もしないことで両派のバランスを取っていた。しかし、金融政策に変化はなかったものの、キングと親しい人々の話を聞き、彼の公式発言を注意深く読むと、二〇一一年の夏から秋にかけてキングの考え方に大きな変化があったことがわかる。

時間が経つにつれて欧州首脳たちが揺れ動くのを見たキングは、警戒心を高めていた。六月の財務省特別委員会では、「金利を上げるとすれば、失業率が悪化しているときではなく、失業率が回復し、景気が加速している環境においてでしょう」と証言し、失業率が悪化する状況で利上げを行なう可能性を事実上否定すると同時に、量的緩和が罪悪であるといった考えを打ち消し、追加の国債買い入れへの下地を作った。「QEは完全に伝統的な金融政策手段であります。可能性はあります」[6]

その後の八月、金融政策委員会は四半期のインフレ報告書――中銀エコノミストによるもっとも詳細な景気見通し――をまとめるにあたり、通常とは異なるアプローチを取り入れた。ユーロの崩壊はますます現実味を帯びていたが、キングたちはその可能性を景気見通しに組み入れることはできないと判断した。もしユーロが崩壊すれば、三年前のリーマン破綻時と同様に、すべての見通しは役に立たなくなる。そこで、欧州の破綻がない前提で、GDP、インフレその他の予測を立てた。そして、次のような一ページの付記をつけた。「現在のユーロ圏の緊張から生まれるリスクの展開は予想できず、この予測には反映されない混乱の恐れがある」[7]つまり、ユーロ圏の崩壊リスクはあまりにも深刻であるため、メインの予測とはまったく切り離して考えるべきだということである。

「イギリス経済のリスクは外的なものである」キングは報告書の発表会見でそう語った。「我々は海外と協調して、民間および公的過剰債務の削減に取り組む必要がある。しかし、大規模調整が必要な場合、イギリスの金融政策ができることには限界がある。今後数ヵ月でインフレ率に影響を与えることはできないだろう。しかし、そうした調整が起きるような方向に政策を定めることはできる。金融政策委員会はまさにその方向に向かっている」[8]

九月頭に開かれた金融政策委員会では、インフレ懸念は消散し英国経済は欧州発の深刻な危機のなかにあるという共通認識のもとで、追加の量的緩和を実施する一歩手前まできていた。全員の方向性はほぼ一致しているように見えたが、キングはもう一ヵ月待つことを勧めた。「見通しは悪いが、もう一ヵ月だけ様子を見てみようという雰囲気だった」ある内部関係者は語った。八月の金融市場はあまりに混乱しており、もしかしたら追加緩和が必要ないという数字が出る可能性もあった。「八月には大きな出来事、特に金融市場に影響する重大なニュースがあったことに注目している。根本的なトレンドが改善するとは見ていないが、ボラティリティーが落ち着く可能性はある。それ以外のことが変わらなければ、追加の資産購入を実施する」[9]

一〇月が来ても突然市場が好転することはなく、委員会は全会一致で七五〇億ポンドの国債買い入れを決定した――高級日刊紙はこれを「衝撃と畏怖」[10]と表現した。それは、経済規模で比較すると、FRBが七五〇〇億ドルの買い入れを実施することに等しかった。つまり、イギリスのQE2はアメリカより二五パーセントも大きな規模だったのである。数ヵ月前まで、積極緩和派のポーゼンでさえ、五〇〇億ポンドの買い入れを訴えていた。しかし、キングの戦略――景気低迷と低インフレが明らかになるまで待ち、証拠を段階的に積み上げていく手法――は、中銀内外からの積極策への支持を固めることにつながった。

キングは追加緩和を単に状況に応じた措置にすぎないと見せていた。「世界経済は減速し、アメリカも中国も減速し、もちろん特にヨーロッパは減速している」キングはマスコミにそう語った。「世界は変わり、正しい政策対応も変わる」[11]

二一世紀の速水優

バーナンキは二〇一一年九月にツイスト・オペを実施した。マービン・キングは一〇月に大規模な国債買い入れを実施した。ふたりとも慎重に足場を固め、市場を攪乱したり中央銀行の政治的な立場を傷つけることなく景気を刺激することができた。ゼロ金利下の世界においては、利下げ余地のある場合と違い、バーナンキもキングも、緩和の費用と効果を慎重に測らなければならなかった。そして、二〇一一年秋、欧米景気が回復の兆候なくだらだらと停滞するなかで、これだけフル稼働しているふたりを慎重すぎると批判する人々が現れはじめた。二一世紀の速水優になりつつある、と。

中銀内にも一部存在したこうした積極派は、ポートフォリオの償還期限の延長や国債の追加購入以外の斬新な方法で大胆に景気を刺激する策を考え始めた。アメリカ版アダム・ポーゼンとなりつつあったシカゴ連銀総裁のチャールズ・エバンズは、その九月にロンドンで講演し、よりアグレッシブな措置を訴えた。「たとえば、経済環境がまったく反対だったとしましょう。インフレ率が目標の二パーセントに対して五パーセントに上がったと考えて下さい。中央銀行は高インフレを抑えるためにあらゆる手を打つはずです。お尻に火がついたように行動するでしょう。私たちもそれと同じく、労働市場を改善するために活発な手を打つべきなのです」[12]

ＦＲＢはこれまで数ヵ月先の経済見通しを常に楽観的に予測していた。たとえば二〇一一年一月のＦＯＭＣは、その年の経済成長を三・四〜三・九パーセントと予測していたが、実際の数字は二パーセントだった。「尻に火のついた」エバンズは、景気減速へのシステマティックな対策を提唱していた。景気が落ち込むたびに新たな政策を持ち出すのではなく、特定の経済状況には特定の対策で狙い撃ちすべきだと訴えていた。たとえば、二〇一一年九月、失業率は九パーセントで、振れ幅の大きな食糧と燃料価格を含めた一二ヵ月の物価上昇は二パーセントだった。エバンズは、インフレが三パーセントを下回っている限りは、失業率がたとえば七パーセントを切るまで超低金利を続けると宣言することを提案した。

ＦＯＭＣは、一連の会合でこの案やそれに関連する数多くの政策案を議論した。フィラデルフィア連銀のチャールズ・プロッサーらタカ派委員でさえも、このアイデアを魅力的だと感じていた。これならFRBの政策を明確に予測可能な形で世界に示すことができる。エバンズとFOMCのハト派は三パーセントまでのインフレを容認していたが、他のメンバーは目標の二パーセントを超えるインフレを容認するような発表を躊躇した。

エバンズのアイデアは真剣に討議されたが、一二月のFOMCでは、メンバーによる今後の金融政策の予想――利上げを二〇一四年と予想するメンバーと二〇一五年と予想するメンバーの数など――を一般に公開し始めることを決めただけだった。それは、政策に透明性を与えるための、ほんの小さな一歩にすぎなかった。

九月のスピーチの中で、エバンズはこれに関連するアイデアにも言及した。それは、ゴールドマン・サックスの経済調査グループのほか、オバマの元経済顧問でカリフォルニア大学バークレー校の教授を務めるクリスティーナ・ローマーも提唱していたアイデアである。危機前の成長率を前提にGDPを予測すると、二〇一一年には財とサービスの生産が一兆ドルほど失われていた。それが生産能力と実績の差、つまりアウトプットギャップである。危機前の軌道上にGDPの数値目標を掲げ、たとえインフレ率が二パーセントを上回ってもGDP目標を達成するまで緩和政策を続けるというのが、彼らの案だった。

名目GDP目標と呼ばれるこの政策は、危機の影響が払拭されるまで経済のアクセルを踏み続けると確約するものである。ローマーはこの案を一九七九年のポール・ボルカーの政策になぞらえた。ボルカーはFOMCを説得してインフレを抑えるための引き締め政策に集中し、金融政策の枠組みを再構築した。「絶望的な時代にこそ大胆な政策が求められる」[13]ローマーはニューヨーク・タイムズ紙にそう寄稿した。「ポール・ボルカーは一九七九年にそれを理解していた。フランクリン・ルーズベルトは一九三三年に。そして今度はベン・バーナンキの番だ。バーナンキはこの機会を逃してはならない」

この記事が寄稿されるまでに、バーナンキはすでにFRBのエコノミストに名目GDP目標を詳しく研究させ、コンピュータモデルを使ってそのメリットとリスクを洗い出していた。FOMCは一一月の会合の初日に詳細なプレゼンテーションを聞き、この案を議論した。しかし、この政策には大きな弱点があった。たとえば、この政策はおそらく一〇年、または一五年というかなりの長期間FRBが政策を維持できると信じられなければ効果はない。もし採用や設備投資を行なう主体が中央銀行の政策実施能力に疑問を持てば――FRB議長の任期はわずか四年である――、名目GDP目標は奏功しない。

しかも、この政策を維持し続けても成長率が上がらなければ、高インフレを許容するだけでなく、事実上それを約束することになる。たとえば、名目GDP目標が五パーセントで成長が一パーセントであれば、四パーセントのインフレを目標にした政策を実行しなければならない。すると、長期金利はインフレリスクに合わせて上昇し、一般のアメリカ国民は急激な物価上昇に苦しむことになる。

名目GDP目標とその派生形に関する議論は、数時間にも及んだ。FOMCの一部、特にタカ派のメンバーは、このアイデアを検討するまでもないとみていた。インフレ抑制と物価の安定が、中央銀行のもっとも重要な目標だと思っていたからである。高インフレを許容するような政策を受け入れられるはずはなかった。そこまで批判的でない委員もいた。だが、最終的にはハト派の委員でさえ、このような政策を推す決心はできなかった。ボルカー的大転換は訪れなかった。バーナンキ自身は、この話題についてはめずらしく感情的になり、浅い分析でこの政策を声高に主張するエコノミストたちに腹を立てていた。しかし同時に、バーナンキはその背後にあるFRBへの批判――アメリカが危機前の成長軌道に回復するまでFRBが休みなく手を打ち続けると信じられる環境が作られれば、政策は奏功するはずだという批判——も承知していた。問題は、彼らの打つあらゆる政策が攻撃され、有望な政策はリスキーで前例のないものしかなく、なにをやるにもコンセンサスが必要な状況のなかで、どのようにその環境を実現するかということだった。

屋上から叫んでいるのにだれも聞いてくれない

二〇一二年が明け、バーナンキとキングはそれまでの戦略を継続した。FRBは一月に、利下げを行なうタイミングの目安を二〇一三年半ばから二〇一四年末に変更すると発表した。イングランド銀行は、景気の腰は弱くインフレ率は下がっていると判断し、二月に量的緩和を再開し、五〇〇億ポンドの追加買い入れを行なった。FRBは六月の会合で二巡目のツイスト・オペを決定し、一巡目の四〇〇〇億ドルに加え、二六七〇億ドルの分の短期債と長期債の入れ替えを実施した。七月にはイングランド銀行がさらに五〇〇億ポンドの追加緩和を行なった。

キングとバーナンキは、幾度となく同じ政策に戻っていき、前例のない政策には乗り気でないようだった。その理由が、非伝統的な政策が失敗すると分析から知っていたからなのか、委員会によって手足を縛られていたからなのか、政治的報復を恐れたからなのかは、神のみぞ知るところである。大胆でリスキーな政策が存在しないわけではなかった。しかし二〇一二年のバーナンキとキングは既存路線にとどまり、マリオ・ドラギとECBがユーロ危機を解決してアメリカとイギリスへの圧力を消してくれるよう願っていた。もしそうなれば、リスキーで前例のない政策を打つ必要はない。

二〇一二年五月のキングの記者会見で、ニュース専門局の記者が、総裁はユーロ危機に断固とした対応をとるよう欧州首脳に「何年も」言い続けていますが、と前置きしてこう聞いた。「屋上から叫んでいるのに、だれも聞いてくれないのはさぞかしもどかしいのでは？」[14]

「ああ、そうだな」イギリス経済の未来が自分のコントロールの外にあることをほぼ認めたように、キングは言った。「だが、叫ぶのはもうやめた。私ははっきりと意見を伝えた。今度は彼らがそれに応える番だ」

一九章　スーパーマリオの世界

パナギオティス・ロウメリオティスは、ホワイトハウスにほど近いＩＭＦの食堂で昼食を取っていた。二〇一一年の年末、ＩＭＦのギリシャ代表であるロウメリオティスは、苦しい立場にあった。だが、年長の政治家として、彼はその仕事に誇りを持っていた。携帯が鳴った。パパンドレウ首相からである。「至急アテネに来て欲しい」切迫した様子だった。「首相になってもらいたい」

パパンドレウは持ちこたえられなくなっていた。与党全ギリシャ社会主義運動はぎりぎりの過半数しか持たず、景気後退に手をこまねいていた首相への信頼が失われていた。パパンドレウは野党新民主主義党と連立するか、「統一」政府を作る――無党派のリーダーを首相後任に据えて改革を行ない、その後選挙で新たな首相を選出する――案を交渉していた。

ロウメリオティスは妻に電話した。妻はまったく喜ばなかった。「とんでもない！　あなた殺されるわよ！」しかし、ロウメリオティスは、苦しむ母国のために、大きなリスクを負うことが自分の責務だと考えた。ロウメリオティスは鞄に荷物を詰め、ダレス国際空港に向かい四時のフランクフルト行きに飛び乗って、そこからアテネに飛んだ。

しかしロウメリオティスがアテネに到着するまでに、新民主主義党党首のアントニス・サマラスは心変わりしていた。ロウメリオティスはＩＭＦの官僚ではなく、ギリシャ政府を代表していただけだが、嫌われもののＩＭＦに関係する人物に総理を任せられないと考えたのだった。

そこで、パパンドレウはまた探し始めた。次に白羽の矢を立てたのは、引退したギリシャ人エコノミストで、ハーバード大学の客員教授だったルーカス・パパデモスである。皮肉なことに、パパデモスはつい最近までトロイカの中心人物のひとりだった。二〇一〇年まではＥＣＢの副総裁を務めていた。だが、なぜだかＥＣＢはＩＭＦほど嫌われていないようで、パパデモスは政治的にはより好ましい候補だった。二日後、パパンドレウは辞任し、パパデモスが国家救済のかじを取ることになった。

この奇妙な展開は、二〇一一年初頭のもぐら叩きのような行き当たりばったりの危機対応を象徴している。パパデモスは偶然そのときヨーロッパにいたので、大西洋を越えて飛んで帰る必要はなかった。彼は同じく引退したエコノミストであるマリオ・モンティとフランクフルトでのパネルディスカッションに参加する予定だった。ふたりともその予定をキャンセルしなければならなかった。一一月一一日、パパデモスはギリシャ首相となり、その翌日にモンティがイタリア首相に任命された。ジャン・クロード・トリシェはその二週間前に引退しており、スペインのホセ・ルイス・サパテロは一一月二〇日に政権の座を追われることになった。

欧州が新たなスタートを必要としていたとき、役者の顔ぶれが次々と変わっていた。問題は、この新たなチームが、新たな結果を出せるかということだった。

マリオ・ドラギは一一月一日にＥＣＢ総裁に就任したが、就任式に割く時間はなかった。ジャン・クロード・トリシェは八年間使った風通しのいい三五階の総裁室を引き払い、ドラギがそこに入ったが、模様替えの余裕もなかった。就任当日は、グローバル市場にとって近年で最悪の日となった。欧州の銀行の株価は暴落し、フランスのソシエテ・ジェネラルの株価は一六パーセントも下落した。スペインとイタリアの国債利回りは比較的落ち着いていた――ＥＣＢが大規模介入を行なっていたからである。ガーディアン紙は少し意地悪く、こう書いていた。「マリオ・ドラギの総裁としての初日は、大量の自国の国債買い付けに費やされた」[1]

その前日、議会でぎりぎりの過半数を維持しつつ、混乱の高まる国家を導こうとしていたパパンドレウ首相は、大胆な賭けに出た。ギリシャ国民に支援策受け入れの是非を問う――暗にギリシャがユーロ圏にとどまるかどうかを問う――国民投票の実施を発表したのである。答えが「イエス」であれば、パパンドレウは改めてすべきことを行なう。もし「ノー」ならば、ギリシャはデフォルトに追い込まれ、経済は混乱の渦に飲み込まれる。パパンドレウにとって、それは迷走にけじめをつけるための方法だった。だが、他の欧州首脳から見れば、無責任で自暴自棄なやり方に見えた。

パパンドレウの発表が招いた混乱が広がるなか、ドラギにとってはじめてのＥＣＢ政策理事会が一一月三日に開かれた。彼のスタイルは、前任のトリシェとは違っていた。ドラギはメンバーの冗長で独り言のような発言を歓迎せず、端的でシャープな議論を好んだ。「会合は非常に的を射ていた。議論は哲学的ではなく、具体的で分析的だった」ドラギとトリシェの両方の会合を経験した人物はそう言った。トリシェは、冗長な発言を、自分の意思を通すための時間稼ぎに利用した。理事会のメンバーが長く話せば話すほど、トリシェに反対する時間が減ることになる。トリシェは会合の頭に自分の意見と望ましい選択肢を披露し、他の二二人のメンバーに暗黙のプレッシャーをかけていた――少なくとも、反対派を守勢に立たせていた。

二〇〇六年にバーナンキがグリーンスパンのあとを継いだときと同じように、ドラギも議論の順番を変えた。まず、政策理事会のメンバーに先に意見を聞いた。それから、さまざまな見方を要約し、自分の意見を述べた――今回の場合は、ユーロ圏が景気後退に陥りつつあること、それが結果的に物価を押し下げること、欧州の成長を押し上げるためには利下げが必要であることだ。

トリシェが九六ヵ月間欠かさず行なってきたように、ドラギもその木曜午後にＥＣＢ本部で記者会見を開き、総裁としてのはじめての金融政策会合で二五ｂｐの利下げを決定したと発表した。次の会合でもまた、同じことを繰り返した。二度の利下げはトリシェが四月と七月に行なった利上げを元に戻す措置だった。さまざまな指標と予測が欧州の景気後退を証明していたが、それでもドラギにとって大胆な措置だった。ドラギに懐疑的なドイツ人にインフレ容認とみられることを恐れずに、きっぱりと理論に基づく行動をとったのである。それは新総裁の自信を示すものだった。

追い込まれたベルルスコーニ

二〇一一年のＧ20サミットのスローガンは「新たな世界、新たなアイデア」だった。だが南フランスに降り立った権力者たちは、古い世界の中心で古い問題に頭を悩ませることになった。

Ｇ20は二〇〇八年以降、アメリカと欧州だけではグローバルな問題を解決できないことが明らかになるなかで、深刻な危機に対する協調政策を話し合う有望な機会となっていた。世界のリーダーが共通の課題に協調して対応しようと思うなら、台頭著しい新興国――特に中国、ブラジル、インド――の参加が必要だった。

この根本的な考え方自体は否定しようのないものだった。しかし、主要国に加えて、地域を代表する比較的小さな国家（サハラ以南のアフリカを代表する南アフリカ共和国や中東を代表するサウジアラビア）が参加するＧ20は、実際にはまとまりのない優柔不断な集団だった。二〇名の国家元首と財務大臣、スタッフ、通訳、その他の招待者――国連事務総長、ＩＭＦ専務理事、その他もろもろ――

が一堂に会する舞台は、神経をすり減らす外交パフォーマンスの場となる。サミットの最後に発表される、世界の方向性を示す共同声明はたいてい、これ以上ないほどあいまいな文言である。これだけ利害のかけ離れた国同士の承認を集めるとなれば、それも仕方のないことだろう。

カンヌで開かれた二〇一一年のサミットは、これまでにも増して神経がすり減るような会合だった。超大国の代表が不運なＧＩＰＳＩ諸国に詰め寄るような外交は、いくら世界のためとはいえ、ある種いじめに近いものがあった。ギリシャは正式なメンバーではなかったが、サルコジとメルケルはサミット開幕前夜にパパンドレウをカンヌに呼びつけ、最後通牒を突きつけた。国民投票に固執するなら、ギリシャがユーロ圏にとどまるかどうかを問うべきだ、と。「結局、ギリシャがユーロの一員であり続けたいかを聞いているようなものでしょう」[2]メルケルはその夜そう繰り返したという。「一流シェフの手による料理は素晴らしかった。だが、会話は街角の食堂レベルのものだった」とドイツの日刊紙は報じていた。

サルコジとメルケルは、国民投票が中止されるか、投票の結果ユーロ圏に残ることが可決されなければ、次の八〇億ユーロの支援を凍結すると告げた。「不誠実だ、とパパンドレウに告げた」[3]ユーログループのユンケル議長はのちにそう語った。翌朝アテネに戻ったパパンドレウは、新民主主義党のサマラス党首と中道右派と中道左派の連合政権を作り、超党派の長老リーダーを元首に任命する新たな戦略を打ち出した。「ギリシャ社会の悪い部分はすべてパパンドレウのせいにされているようだった」あるギリシャ高官は言う。「パパンドレウは難しい局面のなかで実直に国を導こうとしていたが、力量不足だったし、すこしピントが外れているようだった。カンヌでの出来事はギリシャにとっても、また彼個人にとっても屈辱だった」

オバマ大統領は、サルコジやメルケルに負けず劣らず断固とした態度で、国際会議場の部屋から部屋へと回っていた。オバマはティム・ガイトナーと国際問題担当財務次官のラエル・ブレイナードの例に倣って、カタリスト、つまりユーロ圏首脳への外圧となるべく行動していた。一一月三日夜、パパンドレウが国民投票を諦めドラギが利下げを実施したその日、オバマとヨーロッパ首脳はベルルスコーニに圧力をかけるため集まった。彼らはベルルスコーニに不意打ちをかけ、信憑性のある財政計画もなしにカンヌに来たことを責め立てた。

その雨の夜にベルルスコーニが同意したこと――IMFがイタリアの経済運営を監視すること――は表向きには自発的なものとされていた。だが、それは数時間かけてさんざん脅した末の同意だった。「まるで水責めで強要されたようなものだ」とイタリア人ジャーナリストは書いていた。「イタリア史上最高のリーダーであり、世界一の権力者だと思い込んでいたベルルスコーニは、返す言葉もなかった……まるで闇討ちに遭ったようなものだった[4]」

イタリアは、トロイカ軍団によってあれこれと指図されるギリシャなどの国々に一歩近づいていた。IMFの監視受け入れはベルルスコーニの意思ということになってはいたが、それは暗黙の強要があったからだった。もし彼が断れば、国際社会は苦しいイタリアを見捨てることになりかねなかった。議会へのベルルスコーニの影響力は弱まりつつあり、海外の首脳はだれも彼を信頼していなかった。経済問題とは無関係ではあるが、公式写真撮影の際にベルルスコーニがアルゼンチン大統領のクリスティーナ・フェルナンデス・キルチネルに流し目を送っていたことも、メルケルや各国リーダーの気に障っていたことは間違いない。

カンヌのG20は大失敗だったというのが、おおかたの見方だった。首脳たちは車で移動していたが、スタッフは徒歩かバス移動を強いられ、雨でびしょ濡れになっていた。それは雨に降られた暗い会合であり、世界経済の見通しも同様に暗かった。世界経済をより安定的で持続可能なものにするという長期目標については、まったく進歩がなかった。とはいえ、なんの成果もなかったわけではない。ギリシャとイタリアでは、より信頼できる新たなリーダーへの政権交代が進んでいた。さらに、欧州首脳がアメリカやイギリスの小言にうんざりし始めていたとき、新たな声が聞こえてきた。世界中のさまざまな国家元首たちが、オバマやキャメロンと同じように、繰り返し圧力を用いるようになっていた。

ブラジルやオーストラリアなど、多くの首脳がヨーロッパ経済の脆弱さを批判していた。中国の胡錦濤国家主席はとりわけ断固とした調子で、信用できる再建計画がなければ欧州を助けるために資金を提供するつもりはないと言った。

メルケル、サルコジ、ドラギは世界が彼らの行動を待っていることをわかりすぎるほどわかっていた。

その翌週、パパデモスとモンティがそれぞれパパンドレウとベルルスコーニに代わって政権の座につくという記事が出た。これをアテネとローマの決定ではなく、事実上フランクフルトとブリュッセルとベルリンの決定であると報じた記事もあった。つまりECBとECとドイツ政府が指図しているというのである。実際には、そこまであからさまに指図していたわけではない。ギリシャとイタリアの政権内部の情報源によると、彼らが欧州の権力機構から首相の指名について特定の指示を受けた事実はない。その選択過程にも介入していない。だが同時に、パパンドレウとベルルスコーニの後任の交渉に関わった党首脳は、トロイカや各国政府に信頼される人物を選ぶことを強く意識していた。

さらに、メルケルよりも市場がイタリア政府に大きな圧力をかけていた。一〇月には一〇年物国債利回りは五パーセントを切っていた。それが、ベルルスコーニ退陣直前の一一月九日には六・五六パーセントになっていた。もしこの高利回りが続けばそれだけでデフォルトしてしまう。一一月一一日までの一週間でＥＣＢが買い入れた国債は、その前週が一〇〇億ユーロだったのに対してわずか三〇億ユーロだった。[5] 国債買い入れが減れば、利回りは上がり、ベルルスコーニへの圧力も増す。ドラギがイタリア政府に口出しをする必要はなかった。国債買い入れ次第で、それができたのである。

　モンティの首相任命はイタリアに即座の信頼をもたらした。経済規模に比べてイタリアの政治的な力が弱かったのは、メルケルとサルコジがベルルスコーニに敬意を払わなかったからにすぎない。モンティが政権についたことで、イタリアはフランスと共にドイツへの拮抗力となった。二週間のうちに、ふたりのイタリア人がユーロ危機の方向性に大きな影響力を持つようになっていた。モンティとドラギの「スーパーマリオブラザーズ」だ。マスコミは面白おかしくふたりをそう呼んだ。

　スペインで行なわれた一一月二〇日の総選挙で、マリアノ・ラホイ率いる中道右派の国民党が圧勝し、大掃除が完了した。ユーロ危機はＧＩＰＳＩすべての首相をひきずり降ろしたのだった。

死に体の政権

　ドラギ就任からまもない水曜日、欧州の大手民間バンカーが集まった昼食会で供されたのは、フランクフルトの西にあるプファルツ地方の白ワインだった。[6] 彼らは地ワインを飲みながら、欧州と世界に広がっていたパニック沈静化のヒントを口にした。

　その場に集まった民間主要銀行は、危機伝播の鍵となる存在であり、ギリシャやイタリアの問題をドイツとフランスの大問題にしていた媒体でもあった。ヨーロッパの金融機関は国債を大量に保有していたため、その価値が下がると彼ら自身の健全性が危ぶまれるようになっていた。サブプライム住宅ローン証券もギリシャ国債も、超安全な投資と思われていたが、その後ほぼ紙くず同然になった。

二〇一一年一一月にはありとあらゆる種類の赤信号がともり、これらの資産を保有する欧州の金融機関が問題を抱えていることが明らかになっていた。調達コストはどんどん上がり、投資家が金融機関の返済能力を疑っていることを表していた。

したがって、欧州への恐れを鎮めるには、金融機関が調達源を失わないと世界に確約することがいちばんだろう。つまり、ＥＣＢが今も最後の貸し手としての役割を果たす準備と意思と能力があると示すことである。銀行が今後長期にわたって資金調達できるとの確信が高まれば、ソブリン危機から金融危機への悪循環を断ち切ることができるはずだ。また同時に、欧州以外の中央銀行も、繰り返される危機と不況の悪循環を止めようとしていた。兆単位のドルとポンドを危機の初期に注ぎ込んでいた彼らは、技術的かつ法的な問題に手足を縛られていた（たとえばバーナンキとＦＲＢはドッド - フランク法のもとで緊急融資に新たな制限を課せられていた）。ドラギとバーナンキとキングは次の一手に頭を悩ませ、スタッフに可能性を探るよう指示していた。特にキングは、数ヵ月前に比べてユーロ危機が国内経済に与える影響を深く懸念していた。彼はＦＲＢとＥＣＢの間に立ち、グローバルな協調政策を考えるうえでのある種のリーダー的役割を果たした。

一一月二四日木曜日はアメリカの感謝祭の祝日だったが、バーナンキとニューヨーク連銀総裁のビル・ダドレーがアメフトを観戦したり七面鳥を食べたりする前に、出なければならない電話会議があった。世界中のセントラルバンカーが協調しリーマン破綻後のパニックと闘い始めてから三年後、彼らはふたたび同じ手を使うことを考えていた。国際協調の隠れた武器だったスワップラインは今も開かれていたが、ほとんど活用されていなかった。欧州の金融機関はどちらかというと中央銀行ではなく市場を通して資金を調達していたし、それが通常のあるべき姿であった。しかし、二〇一一年のグローバルな経済不安のなかで、民間市場は決して確実な調達源ではなかった。ＦＲＢが条件を緩和すれば、欧州の銀行システムへの流動性が供給できる。

バーナンキらはこの方法に積極的だった。スワップレートを下げ、ヨーロッパその他の金融機関にドルを借りやすくしようというのである。そして、先進国主要中銀——ＦＲＢ、ＥＣＢ、イングランド銀行、スイス国立銀行、日銀、カナダ中銀——が協調声明を発表した。声明は単なる飾りである——日本とカナダに危機は飛び火しておらず、この行動の目的はドルをユーロ圏に供給することだった。

中銀総裁たちはこの感謝祭の電話会議の間に全員が口頭で計画に同意したが、それぞれの政策理事会に諮って正式な了承を得る必要があった。特に日銀は電話会議でなく対面の会合が必要だったため、時間がかかった。そのため正式な承認には数日を要したが、一一月三〇日ニューヨーク時間の朝八時に、主要中銀六行は「グローバル金融システムへの流動性供給を強化するための協調行動」[7]を発表した。

この行動で実質的に金融機関の調達コストは五〇ｂｐ下がることになった。だが、これにはさらに大きな象徴的な意味があった。「ついにグローバル協調きたる！」[8]とカナダの高級紙は見出しを掲げた。「アメリカがユーロ救済に乗り出す」とイギリスの日刊紙は一面に載せた。主要株式市場は軒並み高騰した。アメリカ、フランス、ドイツの主要株式指標はそれぞれ四パーセントを超える上昇を記録した。

その翌日、ドラギは欧州議会に予定通り出席した。英語、フランス語、ドイツ語、イタリア語でまず挨拶をしたあと、今後の政策についてオブラートに包まず語った。「欧州の経済通貨共同体が必要としているのは、新たな財政協定であります——ユーロ圏政府が共有する財政ルールの再構築が必要です」と述べ、ＥＣＢはそれを助けて市場のボラティリティーに対応すると暗示した。「まずは、順番が大切です」と語った。言い換えれば、ＥＣＢは追加支援を行なう準備があるが、それはユーロ共通の財政政策ができてからということだ。

このとき、アナリストの多くは、より断固とした政治決断にドラギが国債買い入れで報いるという意味だと思っていた。実際には、政策理事会の中には、国債買い入れ疲れがあった。イタリアとスペイン国債の買い入れは目の前の市場不安を和らげるには役立ったが、長期的な解決策になっていないと感じられていたのである。ＥＣＢはリスクをとって政治家の尻拭いをしていた――国債買い入れを長く続ければ続けるほど、ますますそうなっていくと思われた。

ブンデスバンクは特にいつもこの種の懸念を抱えていた。ドラギはブンデスバンク総裁のイェンス・バイトマンらドイツ人セントラルバンカーを味方につける方法を探した。ブンデスバンクは国債買い入れには反対していたが、民間銀行への流動性供給にはあまり抵抗がなかった。たとえば、二〇一〇年五月に、アクセル・ウェーバーは国債買い入れには強硬に反対しながら、流動性供給措置には異論を挟まなかった。

二〇〇七年八月九日に欧州のマネーマーケットがはじめて凍結したときからずっと、ＥＣＢの政策の核にあったのは、緩和した条件で――担保要件を緩和し、融資期間を延ばすなど――金融機関に資金を供給することだった。が、融資期間は最長一三ヵ月だった。もし長期の資金調達が確保されれば――たとえば三年――イタリアやスペインの国債をそれほど焦って売る必要もなくなる。実際、もしＥＣＢが金融機関に緩い条件で長期の融資を行なえば、金融機関がＥＣＢに代わって国債市場を支えてくれるだろう。そうすれば、ＥＣＢは政府に直接融資しなくてすむ。

バイトマンとブンデスバンクは融資期間の延長は二年程度にとどめておくべきだとし、理事会の要求よりも厳しい担保要件を課すことを好んだ。彼らは民間銀行がＥＣＢに頼りきりになることを懸念していた。しかし、これは国債買い入れに関する論争のような根本的理念の違いではなく、細かい部分についての意見の食い違いだった。一二月八日の政策理事会では、担保要件を引き下げ、期間を三年に延長した「長期リファイナンスオペ」の実施が議論され、承認された。

しかし、ドイツ人メンバーは――ＥＣＢの理事として最後の会合に臨んだユルゲン・シュタルクを含めて――二ヵ月連続の利下げには消極的だった。それではトリシェがその年のはじめに行なった利上げを完全に覆すことになる。シュタルクと数名のメンバーはユーロ圏の景気減速とインフレ低下を示すさらに確実な証拠が出るまで利下げを控える方向に傾いていた。実際、ドラギの記者会見用の原稿は、利下げを行なわない前提で準備されていた。しかし、政策理事会の過半数は即時の利下げを正当化する充分な証拠があると見ており、ドラギは多数派の意見を支持した。そこで、会合から記者会見までの二時間の間にシュタルクは慌てて原稿を差し替えることになった。ドラギは記者たちに、こう打ち明けたほどだった。「本日の会合では、『活発な』議論が行なわれた――中央銀行ではめずらしいほど、本当に『活発』だった」そして、意見は割れたが、それは「内容ではなくタイミングの相違[9]」だったと語った。

ドラギが二度目の政策理事会で勝ち取ったのは、利下げと大規模な追加支援策だけではなかった。ドラギは、理事会を二分する国債買い入れプログラムから、影響力のあるドイツ人メンバーの支持を得られる措置へと政策を方向転換したのである。

長期リファイナンスオペは、想像以上の大成功を収めた。一パーセントの固定金利で三年の資金を調達できるこのオペに、金融機関は殺到した。一二月の初回オペでは五二三行が総額四八九〇億ユーロの調達を行なった。二度目のオペでは八〇〇行が五三〇〇億ユーロを調達した。

細かいところは違っていても、ドラギの措置はバーナンキが二〇〇八年に行なった措置と基本的には同じである。世界に炎が燃え移らないよう、中央銀行の資金で分厚い壁を作ったのである。

いずれにしろ、この集まりに大きな意味はなかった。スーパーマリオブラザーズのおかげで、その冬から春にかけては楽観ムードが漂っていた。もちろん、長期的な欧州の金融システム統一をめぐる問題はくすぶっていたが、ＥＣＢが築いた壁は金融システムを安定させていた。マリオ・モンティは、ベルルスコーニが空手形を切ったイタリア財政改革を実行していた。二〇一一年一一月二五日には六・五七パーセントだった一〇年物国債の利回りは、翌年三月九日には四・一九パーセントまで下落していた。アイルランドとポルトガルは、驚くべき政治的結束を示し、痛みの伴う改革を実施していた。スペインは新たな中道右派政権のもとで、一連の改革を行なっていた。ここでもまた、ギリシャだけが違っていた。

パパデモスはＭＩＴの博士号を持つ一流のエコノミストでありセントラルバンカーである。三〇年にわたって欧州の政策立案に関わってきた経験と、コロンビア大学教授としての知恵の蓄積があった。控え目で静かな語り口のパパデモスは、ギリシャが直面する挑戦を、複雑に絡み合った技術的問題だととらえていた。セントラルバンカーらしく、大衆の意見を感じ取る政治的な直観ではなく、冷徹な分析に基づいて判断を下した。しかし、彼の仕事は、もっとも才能ある政治家にとってさえ難しいものだった。二〇一一年一二月、パパデモスは連立両党のリーダーを集めて急遽内閣を発足させ、これまでお互いをけなしあってきた両党の閣僚グループを統率しなければならなかった。

そのため、二〇一二年一月と二月の「第二次基本合意書」――救済資金と引き換えにギリシャが従うべき修正条件――をめぐる交渉は、とりわけ厄介になった。パパデモス個人の信頼度が高くても、トロイカの命令による給与削減や民営化をギリシャ政府がすぐに受け入れるわけではなかった。また、ＥＣとＥＣＢも譲歩してくれなかった。しかもドミニク・ストロス・カーンが抜けたＩＭＦは、以前ほど寛容でもなくなっていた。パパデモスたちはまず、給与削減と民営化のどの部分から手をつけるかについてトロイカと交渉し、次に連立政党の支持を取り付けなければならなかった。話し合いが朝の四時、五時まで続くこともザラだった。

最終的に、新たなギリシャの妥協案を盛り込んだ八二ページの文書ができ上がった。ギリシャ政府は三月の償還に間に合うよう、支援を受けることが決まった。だが、その政治的代償は大きかった。

二月一三日、およそ八万の市民がアテネの街角を占拠し、議会で承認された給与と年金削減案に抗議した。一五〇の店舗で略奪が行なわれ、四五の建物が焼き討ちに遭い、一〇四名の警官が負傷した。「まるで戦争のようだった」あるドアマンは語った。「ここがアテネだとは信じられない。アテネで生まれ育ってもう六〇年になるが、こんなことははじめてだ[10]」あるギリシャの政治新聞は、鉤十字をつけナチスの衣装を着たメルケルの合成写真を一面に載せていた[11]。

それは、発足してまだ三ヵ月の連立政権の終わりのはじまりだった。右寄りの新民主主義党はその間隙につけこみ、総選挙を要求した――左寄りの全ギリシャ社会主義運動は、二一パーセントを超えてますます悪化し続ける失業率と、国民がここまで耐えてきたさまざまな財政緊縮措置の責任を負わされ、死に体となっていた。だが、総選挙はあまりにも視野の狭い判断であった。今後のさらなる経済への痛みを考えれば、まったく政治的野心のないパパデモスに政権を維持させ、大衆の不満をすべて現政権に向けたあと、最悪の事態を脱してから総選挙を要求する方が理にかなっていた。

しかし、政治的計算が苦手なのはパパデモスだけではなかった。アントニス・サマラスと新民主主義党もまた、復権を急ぎすぎていた。総選挙の実施が決まった。

退けられた元首たち

ＥＣＢが壁を建てることに成功したとはいえ、万事オーケーとはいかなかった。その春ヨーロッパ大陸の大半ではまだ景気後退が続いており、そうでない国でも成長率は低かった。イタリア経済は二〇一二年前半に年率三パーセント収縮し、スペインは一・五パーセントの収縮、フランスでは成長が頭打ちになっていた。主要国の中で成長が続いているのはドイツだけだったが、それでも年率一・五パーセントという低成長であった。失業率は高く、二〇一二年四月時点で、フランスとイタリアでは一〇パーセント超、アイルランドでは一五パーセント弱、スペインでは二四パーセントを少し超えていた。経済が健全な国――ドイツとオランダ――の失業率は五パーセントを少し上回っていたが、オーストリアはそれよりも低かった。

ヨーロッパは二極化していた。ひとにぎりの国家が穏やかな経済成長または穏やかな景気後退を経験する一方で、それ以外のほとんどの国は大変な苦境に陥っていた。そのなかで、ＥＣＢは各国共通の金利政策しか許されず、それはとりもなおさず一九九〇年代のユーロ懐疑派の恐れが現実のものになりつつあることを意味していた。

金融市場が安定しても、現状維持は難しいことが、その春明らかになっていた。合意に基づいて財政緊縮を実施していたＧＩＰＳＩの経済は収縮し、ＥＣＢは大胆な利下げでその痛みを和らげることはできなかった。ヨーロッパ各国の関心は、財政緊縮から成長戦略へと移り始めていた。イタリアやスペインのような国が成長軌道に戻るにはどうすればいいだろう？　それは財政の改善にもつながるはずである。

特にドラギは、目先の財政改革だけでなく未来の経済成長に目を向けるよう、さかんに各国政府に訴えるようになっていた。四月二五日の欧州議会証言でも、政府は「主要な財政、金融、構造問題に取り組むべき」であるとしながら、それを補うような「起業支援や雇用創出などの成長戦略を積極的に取り入れる必要がある」[12]と訴えていた。

つまりこういうことである。ECBは（1）各国の多様な状況に合わせた金融政策を個別に実施することはできず、（2）健全な国家のインフレを許容してまで、GIPSIを救うことはできない。したがって、各国の政治家が成長を後押しする政策を探さなければならないということだった。財政赤字の削減をなにより優先していたトリシェと比べると、大幅な方向性の転換だった。

財政緊縮から成長戦略へのシフトがもっとも劇的だったのは、フランスである。四月二二日と五月六日の二度にわたる大統領選挙でサルコジの対抗馬となったのは、ストロス・カーンの逮捕後に社会党の看板として浮上したフランソワ・オランドだった。この三年間、サルコジはマスコミから「メルコジ」と呼ばれるほど、メルケルに腰巾着のようにくっついており、ふたりのパートナーシップがヨーロッパの危機対応を形作っていた。

そのパートナーシップのもとで、サルコジは欧州統一の推進と問題国家への寛容な処遇を主張していた。だが、政策よりもメルケルとの関係維持に熱心だとも思われていた。また、正しい答えよりも派手な発表に関心があるようにも見受けられた。

オランドは、見せかけの改革でなく、福祉予算を削らずに富裕層への増税によって財政赤字を縮小することを公約に掲げた。選挙に勝ったオランドは、公約をすぐ実行に移した。いかなるときにも緊縮財政を再優先に掲げるドイツの政策にオランドが懐疑的だったことは、ヨーロッパ全体に影響を与えた。そのうえ、イタリアでモンティが台頭していたことで、パッとしない緊縮政策を訴えるのはメルケルだけになった。

こうしてグローバル危機の初期を闘った国家元首は、メルケルを除いてほぼ全員が排斥されていた。左派が負けて右派が政権を握った国もあれば（イギリス、スペイン、ポルトガル）、逆の場合もあった（フランスと、アメリカもある意味でそうと言えるかもしれない）。結局はリーダーの力量がいちばん問題だった。メルケルが政治的に生き残り、二〇一二年の半ばにも高い支持率を維持していたのは偶然ではない。ドイツ経済は欧米主要国の中でもっとも堅調だった。ドイツ以外の国民は、今のリーダー以外ならだれでもいいと思うようになっていた。

この不安定な政治環境のなかで、ギリシャ国民は特に大きな変化を求めていた。五月六日、オランドがサルコジに勝った日、ギリシャの総選挙ではパパデモスの連立政権が大敗した。この結果に世界は言葉を失った――少なくとも、民衆の間で増大していた不満に目をつぶっていた人々はそうだった。

世論調査によると、国民の大半は政府が結んだトロイカ合意に強く反対していた。しかし同時に、ユーロに残りたいという意見が圧倒的多数を占めていた。このふたつは、現実には相容れないものである。救済案を拒否すれば、政府は早晩支払い不能に陥る――海外債権者への返済だけでなく、公務員の給与、医療費、軍事費なども支払えなくなる。自国通貨を持たないギリシャは、通貨を印刷して支払いに充てることもできない。トロイカの要求を拒否することは、ユーロを捨てドラクマか新たな自国通貨に戻ることを意味していた。

新通貨は確実にユーロより価値が低くなるはずだった。貯金をスイスやドイツの銀行に移すか、タンスにしまっておかない限り、ギリシャ国民の貯蓄は大幅に減ることになる。実質的な収入も減り、ＥＣＢが望んだ給与削減は一気に実現するだろう。同時にギリシャの輸出品や観光業は競争力を持ち、成長回帰への土台が作られる。ギリシャとイタリアのどちらで休暇を過ごそうかと悩んでいる旅行者にとって、ギリシャが突然魅力的になるのである。

ギリシャのユーロ離脱を意味する「グレグジット」という造語は、マスコミだけでなく、政府高官の間でも使われていた。二年前にはありえないとされていたユーロ離脱の可能性が、今やオープンに議論されるようになっていた。

　五月六日の総選挙で、共産党その他の極左政党が集まった急進左派連合は、一七パーセントの票を獲得した。五パーセントの得票だった前回の選挙からは、大躍進であった。ネオナチ派の「黄金の夜明け」は〇・三パーセントから七パーセントに急進した。国民の多くは経済破綻をもたらした中道政党を排斥し、両極へと票を移した。新民主主義党は、全ギリシャ社会主義運動と合わせても、過半数の議席を獲得することができなかった。小政党との調整は不調に終わり、過半数を持つ連立政権は成立せず、出直し選挙が実施されることになった。六月一七日の出直し選挙で新民主主義党と全ギリシャ社会主義運動はぎりぎりの過半数を勝ち取り、脆弱な連合政権が誕生した。中道は生き延びた。が、首の皮一枚でつながっているだけだった。

希望を取り戻すために

　二〇一二年七月、ドラギはユーロ圏の根深い構造問題を解決するための仕事について、めずらしいたとえを使って表現した。「ユーロは、マルハナバチのようなものです。マルハナバチは、自然の法則に従えば飛べるはずがないのに飛んでいる。ユーロは数年間にわたってよく飛び回ったマルハナバチです。そして、今、人々は『どうして飛べたんだろう』と訝しみ、大気中のなにかがそれを可能にしたのだろうと考えている。金融危機でその大気中のなにかが変わったのです。マルハナバチは本物のハチにならなければならない。それが今起きていることです」[13]
　このスピーチの中で、ドラギは誓った。「ECBはユーロを維持するために必要なことをすべて行ないます。私が誓います。それで充分でしょう」経済の格差がヨーロッパを引き裂いているなかで、

ＥＣＢはこの不可能な仕事を本当にやり遂げられるのだろうか？　戦後のヨーロッパ統一は、二〇世紀の大戦をもたらした過激な原理主義や不寛容を一掃するための目標だった。それがヨーロッパの究極の理想であり、ＥＵやユーロを作った原動力であり、トリシェの生涯の夢であり、この世代の国家元首がかなえた最高の成果であった。

二〇一二年の五月末、アテネの高級ホテルの屋上で、各国から集まった観光客――ドイツ、フィンランド、イギリス――が、ライトアップされたパルテノン神殿を背に写真を撮り、笑いながらばか高いジントニックを飲んでいた。遠くからドラムの音が聞こえ、制服とヘルメット姿の警官が議事堂から一斉に飛び出し、防衛線を張るように並んだ。五〇〇人は下らない群衆が大判のギリシャ旗や松明を振りながら、シンタグマ広場になだれ込んでいた。

ネオナチ党の「黄金の夜明け」ですよ、とバーテンダーが教えてくれた。「二、三日おきにデモがあるんです」そこにはふたつのヨーロッパがあった。活き活きとして、国際的で、満たされたヨーロッパ。そして、ふてくされ、孤立し、怒りに満ちたヨーロッパ。

セントラルバンカーの仕事は、ドライで専門的なものだと思われがちだ。だがドラギの仕事は、国債市場や救済策よりも大きな意味を持っていた。危機から五年が経った今、怒りにまかせた過激派の影を追い払うことが、彼の仕事であった。人間の心に潜む醜悪な衝動をふたたび抑えるため、経済に希望を持てる世界を取り戻さなければならなかった。

二〇章　周総裁の漢方薬

丸顔で白髪交じりのその中年男性は、集まった人々に語りかけるため、紫のネオンに照らされたステージに進み出た。人々が待っていたのはロックスターではない。セントラルバンカーである。すべてが大掛かりできらびやかだった。天井にかかったシャンデリアは象ほどに大きかった。イベントのスポンサーにはＢＭＷやボストンコンサルティンググループが名を連ねていた。ラスベガスかドバイかと見紛うほどだ。

だがここは北京である。舞台は市内でもっとも高層な中国国際貿易センタータワー。二〇一〇年一一月のその日、大手メディアが主催する経済会議でスピーチを行なった中国人民銀行総裁の周小川は、赤いカーテンを背にした中国指導者のイメージとはこれ以上ないほどかけ離れていた。周は、そのステージに進み出ると同時に新たな中国に向けての一歩を踏み出していた。それは世界中の人々の経済生活に影響を与える大きな一歩であった。

大国の勃興には、かならずグローバル経済への影響力の増大が伴う。そして偉大な経済力の背後には、力のある中央銀行が存在する。一九世紀イギリスにおいてロンドンを世界金融の中心に押し上げたのは、少なからずイングランド銀行の力である。二〇世紀に入り第一次大戦後にアメリカが超大国として台頭するにつれ、ニューヨークが金融の中心となった。連邦準備制度が一九一四年に設立されたのは偶然ではない。

中国の台頭は、この世代のもっとも注目すべき経済トレンドである。一九九一年に三三〇ドルだったインフレ調整後の一人当たりＧＤＰは、二〇一一年には五四三〇ドルにのぼっていた。その躍進によって、数億の国民が経済的に自立し、過酷な労働を強いられることなく、両親の世代が想像もできないような現代社会の恩恵を受けている。中国は二〇一〇年に日本を抜いて世界第二位の経済大国となった。アメリカの四倍の人口を誇る中国は、次の世代にはほぼ間違いなく世界一の超大国になるであろう。

だが、上海がニューヨークやロンドンのようなグローバル金融の中心となるかどうか――もしそうなるとしたら、どんな姿になるのか――は、まったくの未知数である。周とその後継者に任された仕事は、決して易しいものではない。過去数世紀をかけて欧米の中央銀行が蓄積した教訓が活かされるような金融システムを築くには、政治の影響力を排除しなければならない。そのうえで、欧米社会とは極めて異なる、中国の文化と経済に基づいたシステムを確保する必要がある。

二〇一〇年一一月のその金曜、ネオン輝くステージに立った周は、中国と欧米の経済政策の違いを表すのにピッタリの比喩を持ち出した。

「理論と臨床試験に基づく西洋医学の治療薬は、単一の成分で素早く効きますが、中国の漢方薬はさまざまな成分を含み総合的に病を治すものです。漢方の医師は、患者の状態によって調合を変えます。薬草を除いたり、加えたり、成分の分量を変えたりするのです。患者からのフィードバックを受けて、調整していきます。

漢方医学は西洋医学ほどすべてを網羅するものでもなければ、論理的でもないでしょう。漢方医学では試行錯誤を通して副作用のある薬草を取り除いたり、投与量を減らしたりします。それは経験を通した学びであり、終わりなき調整です」[1]

つまり、中国の経済政策は永遠に変化し続け、健康――つまり繁栄する平和国家――維持のために幅広い政策をとるだろうという意味である。二〇〇七年にアメリカで始まり、その後ヨーロッパで繰り返されたグローバル危機は、伸び盛りの中国経済を脅かし、中国首脳部の標榜する「調和社会」を乱していた。

狭い意味での周の仕事は、人民元をドルと並んで世界の基軸通貨とすることである。だが、経済の足腰を強め、危機に直面した欧米各国よりも持続可能な繁栄をもたらすことは、はるかに大きな挑戦だ。そして、先進国の中央銀行ほど権威のないなかで、彼はそれを行なう必要があった。

皇帝の勅令

ＦＲＢ議長はアメリカでもっとも影響力のある公人の五指には確実に入り、場合によっては大統領に次ぐ権力を持っているともいえよう。ＥＣＢ総裁は、時としてヨーロッパで最大の権力者とも考えられる。しかし、中国人民銀行総裁は、中国の権力者の中で、おそらく両手にも入らない程度の存在である。西洋人はこの事実を見過ごしがちだ。フォーブス誌は周総裁を「世界でもっとも影響力の大きな人物」の一五番目に挙げ、[2] フォーリン・ポリシー誌は彼をバラク・オバマよりひとつ下でバーナンキよりもひとつ上の第四位に位置付け、[3] 中国専門家からは嘲笑を買っていた。その理由を理解するには、中国人民銀行が西側の中央銀行とどう違うかを知る必要がある。

一九四八年に設立された中国人民銀行は、中央銀行というよりも国有企業に融資を行なう唯一の国有銀行であった。中国は一九八三年から自由市場と統制経済を組み合わせたハイブリッド経済に移行し、中国人民銀行から枝分かれした四つの国有銀行が生まれた。一九九五年に、中国人民銀行は正式に近代的な形の中央銀行となった。他国の中央銀行と同じく、中国人民銀行もまた、通貨の創出と流通、金利と為替政策、最後の貸し手機能を含むさまざまな役割を負っている。グローバル経済の浮き沈みから自国を守るために莫大な外貨準備を保有するのも、中国人民銀行である。

しかし中国人民銀行が欧米の中銀と同じ役割を果たしているからといって、同じ権力を持つとは限らない。中国の制度では、独立したセントラルバンカー――国家のために最善と信じる政策を行なう独立した中央銀行総裁――という概念は存在しない。周とその前任者は、上層部からの指令を実施する専門官僚だった。決定を下すのは国家主席を頂点とする共産党中央政治局委員会の九名の委員である。周は、行政機関である国務院の三五名のメンバーのひとりである。だが、彼は、さまざまな分野――製造業、農業、軍事その他――を代表するメンバーのひとりにすぎない。周は二週間ごとに国務院に経済状況を報告し、金利の方向性を提案する。だが、決定は国務院内のさらに限られた少人数のグループ、そして最終的には政治局が行なう。

「ある日博物館にいるとき、皇帝が側近から勅令の草稿を受け取っていた時代と変わらないことに気づいた」ある中国のセントラルバンカーは言った。「かつては皇帝が承認し、印鑑を押していた。今は中国人民銀行が上に提案をあげる。だが、上からの印鑑がなければ、なにもできない」

中国の政策決定の研究に生涯を捧げる人――アナリスト、外交官、学者――でさえも、中央銀行の意思決定がどのように行なわれるかを正確には把握していない。「中央銀行で知的議論は行なわれるが、それは権力構造の一部ではない」と言うのは、中国人民銀行を深く知る人物である。対中関係を担当するアメリカ政府高官は、北京のアメリカ外交官が何年もかかって集める政府筋の情報に比べると、ワシントンにいる中国の外交官がアメリカの新聞から数日間で得る米政府情報の方がはるかに多いと語る。

この神秘性が憶測を呼び、中国人民銀行への不信につながっている。二〇一〇年八月には、アジアの金融界で奇妙な噂が囁かれ、拡散していた。中国人民銀行が米国債で多額の損失を抱え、周は処罰を恐れてアメリカに亡命したというのである。[4] そのうえ、ＦＲＢのドナルド・コーン副議長が、中国政府が周に報復するようなことがあれば、スイスに銀行口座を持つ五〇〇〇人の中国高官の名を明らかにすると脅したという尾ひれまでついていた。中国側は噂を繰り返し流していたウェブサイトを閉鎖させ、全国メディアで周を支持した。

中国人民銀行の危機における政策を理解するためには、中国の政治制度と風土を理解しなければならない。およそどんな政府も経済に影響を与えるさまざまなツールを持っている。なかでも、課税と支出、規制、国内金融政策、国際通貨政策は重要なものだ。先進主要国ではそれぞれのツールを実施する権限を別々の主体に委ねている。課税と支出は選挙で選ばれた政治家に。規制運用は行政機関に。そして欧米諸国ではこれまでの経験から、金融政策は政治から独立した専門家集団に任せるのが最善だということになっている。

中国の制度ではこれら経済に関わる権限すべてを最高権力の座につくひとにぎりの人々が持ち、政府の目標を達成するためにそれらを連動させて使っている。その目標とはすなわち、体制維持である。中国共産党には一二億の国民との暗黙の契約がある。我々に権力を預けておいてくれれば、高成長を実現し、生活水準を上げてあげよう、という契約だ。

二〇〇八年秋、リーマン破綻によって世界の金融システムが混乱するなか、中国式の経済運営には明らかな利点があった。欧米の経済が崩壊し、メイドインチャイナの衣類、おもちゃ、食器洗浄機の需要も急落した。中国政府と人民との暗黙の契約も、危険にさらされていた。大量の失業者がデモで不満をぶつける日も遠くないように思われた。

一一月五日、中国政府は四兆元、つまり五八七〇億ドルの景気刺激策――その年のＧＤＰのおよそ一二・五パーセントにあたる規模――を打ち出した（アメリカが二〇〇九年二月に打ち出した刺激策は、中国よりもはるかに遅く、ＧＤＰの五パーセントにしかすぎなかった）。しかし、驚くべきは、その規模だけでなく、政府がすべてのツールを一度に使ったことである。ほんの数ヵ月前に高インフレと不動産バブルを懸念して信用引き締めに向かっていた中国人民銀行は、いきなり方向性を転換した。金融機関の預金準備率条件を引き下げ、金利も引き下げた。また、地方自治体に命じて公共インフラへの投資を加速させた。銀行融資の割り当て制度を緩和し、四大国有銀行が地方自治体や国有企業に自由に融資が行なえるような環境を作った。

「政府はどんなプロジェクトでも手当たり次第承認していた」ノースウェスタン大学教授でベテラン中国ウォッチャーのビクター・シャーはそう言う。「国家発展改革委員会からのお達しを銀行に持ち込んで、カネをくれと言えばそれで事足りた[5]」

アメリカの危機対応と比べてみるといい。どちらの国家も、景気後退と闘うために金融政策を緩和した。どちらの国も、財政刺激策を実施した。だが民主主義の醜い現実から、アメリカの金融救済法案は政争の道具になった。中国では銀行が政府の支配下にあることで、強制的に融資を実施することができたが、危機で体力の弱ったアメリカの民間銀行は、融資がもっとも必要なときにそれを引き揚げた。それだけではない。二〇〇八年末、アメリカの専門家と学者は、救済資金が無駄なプロジェクトに費やされていると批判し始めたが、一方で中国メディアは強制的に否定的な報道を止められていた。アメリカの努力は、自国メディアによってさんざんにこき下ろされていた。

中国のやり方は奏功した。中国経済は、アメリカよりも半年早く二〇〇八年の第4四半期に底打ち、ほぼただちに危機前の一〇パーセント近い成長率に戻った。民主主義と言論の自由は西洋文明最大の成果である。だが、金融パニックにおいては、全体主義に利があった。

周と中国人民銀行は、信用過剰とインフレを引き起こす危険を冒していたが、危機の初期対応においては良き兵士だった。「他国の対応を他山の石としてきた。我々はより迅速に断固として行動する」[6]二〇〇九年三月の中国メディアのインタビューに、周はそう答えている。しかし、その年の後半、中国経済が急回復すると共に、別の問題が浮上した。クズのようなプロジェクトに過剰融資が行なわれ、不良債権による巨額の損失が発生する可能性が出てきたのである。銀行は指示された通りに、政府が損失を補填してくれると信じて地方自治体に巨額融資を行なっていた。今そのつけが回ってきた。

二〇〇七年に引退していた人民銀行前副総裁の呉暁霊は、二〇〇九年七月と八月に自由な立場でこう語っていた。「天文学的な融資額によって、大惨事が隠されている」[7]二〇〇九年後半、中国人民銀行は静かに引き締めに向かった。二〇一〇年一月には、銀行の経営陣を集めて、新規融資を停止するよう通達を出したと言われる。通達に違反すると、処罰の対象となった。違反者には自己資本比率の引き上げを要求した。

人民銀行を含む中国政府は、注目に値することをやってのけた。まず、彼らは中国を欧米の金融危機の悪影響から切り離し、世界的な不況のなかで国内経済を一時的な減速にとどめることに成功した。さらに、過剰流動性が新たなバブルとインフレを生み出しそうになるや、即座に蛇口を閉めたのである。

かくして体制は維持された。

中国の新たなエリート

周小川は一九四八年に生まれた。ちょうど毛沢東が蔣介石を排斥し、中華人民共和国を建国した時代である。周の父親は機械工業部の部長など政府要職を歴任した周建南で、第五代国家主席の江沢民を指導したこともあった。息子の周小川は、毛沢東指揮下の共産党高官のいわゆる二世官僚として台頭してきた、中国の新たなエリート階級の一員だった。

特権階級である二世官僚には、メリットもデメリットもある。一九六〇年代と七〇年代の文化大革命時代、周ら高等教育を受けた都会の若者の多くは農村に送られ、重労働を強いられた。中国東北部の建築資材工場で四年を過ごした周は、その経験の過酷さについて特に語っていない。「肉体労働の他に、通信技術に触れる機会があった。伝送線を改善したり、工作機械を修理することもあった」[8] 周はインタビューにそう答えている。周の工学への興味は消えず、一九七〇年代の前半に北京化工学院で学び、清華大学の機械工程学院で博士号を取得した。博士論文は、工学の「制御理論」を、統制経済から市場経済への移行に伴う価格変動にどう適用するかについてだった。

一九八六年、周は政府の経済シンクタンクに入り、そこで工学研究が経済分析に驚くほど役立つこと——特に危機対応において——に気づいた。制御理論は、センサーを介して自動調整を行ない、システムを安定的に保つための方法論である。この技術は身の回りのさまざまなものに応用されている——自動車の走行制御や、洗濯機のサイクル調整など——と同時に、通信衛星や最先端の軍事システムに欠かせない技術でもある。周は二〇〇九年のスピーチで、制御理論に触れてこう言った。「複雑なシステムの中には、通常多くのフィードバック回路がある。正のフィードバックは増幅され、景気循環にも似た大きな揺れを生み出す。負のフィードバックは揺れを減らす。近年の経済と金融システムには、正のフィードバックが立て続けに起きているといえるだろう。そのためにシステムが大幅な揺れを経験している。必要なのは、システムすべてを再構築することではなく、負のフィードバックを与えることである」[9]

一九八〇年代に若き研究者だった周は、腐敗の少ない市場寄りのシステムを作ろうとする改革派に属していた。その中のひとりで一流の経済学者である呉敬璉は、古くさい「毛沢東主義」[10]に今も異論を唱えている。もうひとりの改革者、趙紫陽は総書記までのぼりつめたが、天安門事件で失脚し粛清された。天安門事件後、趙紫陽と関わりのあった周は対外経済貿易部の副部長を解任され、中国を追われた。彼はアメリカに渡り、カリフォリニア大学サンタクルーズ校で二年間、研究員として論文や書籍を執筆した。アメリカ人の同僚たちには、それほど評価されなかったようである。二五年後の今、彼のことを憶えている人はあまりいない。

天安門事件で、彼の政治生命はほぼ終わったように見えた。だが、父のかつての部下だった江沢民が共産党トップにのぼり、改革派が党内で重用されるようになった一九九〇年代に、母国でのチャンスがめぐってきた。欧米では金融業界と経済政策立案者との慣れ合いが批判されるが（ヘンリー・ポールソンはゴールドマン・サックスのCEOから財務長官となった）、中国での銀行と政府との緊密な関係に比べたら、かわいいものである。民営化に踏み出したとはいえ、大銀行は国家の道具であり、融資先も条件も政府の指示に従っている。銀行の経営陣は政界と深く結びつき、経済閣僚は金融業界か公共機関に天下る。

周はその典型だ。一九九〇年代の頭に、周は中国銀行（人民銀行ではない）の副頭取となった。次に、中国人民銀行の副総裁を二年務め、その後中国建設銀行頭取、中国証券監督委員会、つまりアメリカの証券取引委員会（SEC）に相当する組織の主席を歴任した。二〇〇二年に中国人民銀行の総裁となり、一〇年間そこにとどまることになった。その間、周の経済哲学はほとんどの中国政府閣僚とは違っていた。二〇〇〇年に証券監督委員会の主席となったとき、こう語っている。「市場が解決できることは、市場に任せる。監督者である我々はレフェリーであって、アスリートでもコーチでもない[11]」

人民元をグローバル通貨に

中国人民銀行は、古い中国の官僚主義と欧米風の経済哲学が不思議に混ざり合う組織である。その本部は、北京中心部の天安門広場から三キロほど離れたところにある、帝政時代の中国貨幣を彷彿とさせるような、半円形の建物である。多くの政府機関と同じく、職員は決まった時間にきっちりと食堂に集まり三食を共にする。朝食は八時、昼食は一二時、夕食は六時と決まっている。昼食のあと散歩をしたり少し睡眠をとったりする人も多い。中間管理職より下の職員は長テーブルに集まり、食べにくそうな魚とご飯を食べている。高官や訪問客はエグゼクティブ用のダイニングルームを使う。そこでは世界の高級ホテルで出されるような食事が供される。

周が総裁に就任したとき、中国人民銀行には、まともな経済調査部が存在しなかった。「研究員たちは、経済学者として適切な教育を受けていない。彼らは学問的な研究を行なわない。報告書はケーススタディか政策白書のようなものだった。きちんとした訓練がされていなかった」元人民銀行幹部はそう言った。先進国の中央銀行で交わされるような、経済理論に関する活発な議論はほとんどなかった。研究員は周やその他高官の与えるプロジェクトをこなすだけである。

周はその文化を変え、人民銀行をより普通の中央銀行に近づけることを目標とした。彼は積極的に

「ウミガメ」――西洋で教育を受け中国に戻ってきた帰国子女――を採用した。周自身は、海外で過ごした時間は短いが、西洋文化に思い入れを持っていた。良質のワインを飲み、ヨーロッパのクラシック音楽やオペラを愛し、時にはボイス・オブ・アメリカのラジオ放送を英語で聞いていた。ティム・ガイトナー、マービン・キング、そして欧米の多くのセントラルバンカーと同じように、周もテニスが好きだった。二〇〇九年に大統領経済顧問だったラリー・サマーズとダブルスで対決することになった周は、勝った方が元ドルの為替レートを決めることにしようと冗談を言った。[12] 周のダブルスパートナーがあまりにもうまかったため、アメリカチームは、さくらではないかと疑った。スタッフの中から、大学チャンピオンかなにかを引き抜いてきたのだろう。勝ったのは中国チームだった。

周が総裁に就任してからの一〇年間に、中国は市場を重視した自由な金融システムへと大きく前進した。二〇〇〇年代の頭に中国は岐路に立っていた。世界の下請け工場として、わずかばかりの賃金稼ぎで終わりたくなかった。未来の産業を育て、アジアと世界に中国の力を知らしめるには、近代的な金融システムが必要だった。しかし、古いシステムは一九八〇年代以降、数億人の国民を貧困から救い出すことに成功していた。たとえ限界があったとしても、成功しているシステムを捨てるのは難しかった。

中国の未来をめぐる議論の中で、周たちは国境を越えた自由な資金の流れ、政府でなく市場による金利の設定、そして人工的に人民元安を導くような為替市場への介入を控えることを勧めた。中国政府は二〇二〇年までに上海をグローバルな金融拠点にすることを目標とし、周と人民銀行の力はその実現に不可欠なものと位置付けていた。

金融大国となるには、厚みと流動性のある債券市場――大量の預金を企業や政府の投資に振り向けるチャネル――が必要である。成熟した債券市場は、産業の潤滑油となり、さまざまな取引を助け、経済全体にまたがる市場金利を設定する。活発な債券市場は、国有銀行に頼らない資金調達を可能にする。政治家のお気に入りの企業ではなく、市場がもっとも有望だとみなす企業に資金が流れる。中国の債券市場は驚くほど未発達であり、二〇一二年にはその時価総額はGDPのわずか九パーセントと、アメリカの五〇パーセントにはるかに及ばなかった[13]。周と人民銀行は以前から活発な債券市場の必要性を訴え、近年ではいくらか成功を収めつつあった。

従来、長期社債の発行には煩雑で政治的な手続きが必要とされていたが、人民銀行は二〇〇五年、コマーシャルペーパーの発行手続きを簡略化し、短期資金が必要な企業のための抜け道を作った。二〇〇八年には金融危機に対応した景気刺激策の一環として、融資が必要な地方自治体に目をつけて、中期の地方債市場を作ることに成功した。また、人民元をより国際的な通貨とする取り組みの一部として、資本統制を緩和し、二〇一〇年から外国企業による香港の人民元建て「点心債」の発行を解禁した。二〇一二年には長期の社債や地方債の発行ルールも緩和された。

周と人民銀行はしつこく、しかもタイミングにうまく乗じて中国の債券市場を育成してきた。また、彼らは人民元がいつかドルやユーロや円と並んで国際貿易の中心的通貨となることを目標に、一貫して人民元の国際化を後押ししてきた。二〇〇九年に発表した論文の中で、周は「グローバルな金融システムの安定化と世界経済の成長に必要な国際準備通貨とはなにか[14]」を考え、ドルの優位性が世界金融危機の大きな要因だったと示唆していた。

この言葉は、中国首脳部が抱いていた懸念を反映したものだった。FRBのQE2発表以降、膨大な保有米国債が中国をアメリカ経済の浮き沈みにさらしていることは明らかだった。彼らは口には出さずとも、新たな通貨の枠組みに人民元が大きな役割を果たすと信じていることは間違いなかった。二〇〇九年一〇月、中国人民銀行は人民元の国際化について研究する「金融政策二部」という部を新設した[15]。部長になったのは、スタンフォードで博士号を取り、ハーバード・ロースクールを卒業した究極のウミガメ、李波だった。

中国人民銀行は近年、韓国、インドネシア、タイ、オーストラリアといった環太平洋圏の中央銀行とスワップ協定を結んでいる。「スワップ協定の主な目的はオーストラリアと中国間の地域通貨による貿易と投資を促進し、二国間金融協調を強めることである」[16]オーストラリア準備銀行は声明の中でそう述べていた。二〇一二年には、日本やイギリスといった先進国も通貨協定に入ることが協議された。ドルでなく人民元でのグローバル貿易を進めようとする取り組みの一環だった。

彼らは人民元を世界の基軸通貨にしたいという思いを公に打ち出してはいない。公式文書では、「人民元の国際化」ではなく「人民元の進出」、つまり中国を超えて外に出てゆくという意味の文言が使われている[17]。二〇一二年のインタビューで周は、人民元の国際化は「政府の支援でなく市場意思によるもの[18]」だと答えている。

しかし、計画的な努力が進行中であるのは明らかだ。ただし、中国が金融大国を目指す過程は通常と逆である。通貨の国際化は、変動為替相場に始まり、資本規制の自由化で投資が呼び込まれ、それによって海外での通貨の流通が促進される。中国は規制を完全に自由化せず、人民元の国際貿易利用を進めようとしている。あるインタビューで、周はその理由を率直に語った。「まずできるところから手をつけて、そこから難しい分野に広げた方がいい[19]」

ウミガメの勝利

二〇一一年一一月三〇日、ニューヨーク時間の朝六時、中国人民銀行の発表が稲妻のように金融市場を駆けめぐった。国内銀行の預金準備比率を〇・五パーセント引き下げたのである。欧州が危機対応に苦しみ、世界景気が減速するなかで、中国はふたたび成長のエンジンをかけたのだった。

驚いたのはトレーダーだけではない。世界のセントラルバンカーたちも驚いていた。ちょうどその日、中国の発表から二時間後、アメリカ、ＥＵ、イギリス、日本、カナダ、スイスの中央銀行が、数週間にわたる協議の末、スワップレート引き下げの共同声明を発表した。先進国のセントラルバンカーは、中国がそんな準備をしているとは、露ほども知らなかった。それは緩和に向けた幸運な偶然だった。だが、金融市場は全員が示し合わせて救助に駆けつけたと思い込んでいた。

現実には、中国人民銀行は海外の中央銀行に関わりなく、独自路線を貫いていた。周とその前任者たちは、以前からＢＩＳ会合に参加し、他国のセントラルバンカーと会っていた。二〇〇九年以来、周は主要国のセントラルバンカーが参加する日曜の夕食会にも招かれていた。彼は見事な英語を話し、思慮深い経済学者であると同時に、愉快な人物でもあった。そのうえ、周は改革派の一員と目され、もし改革派が最高権力の座に立てば、中国は完全にグローバルリーダーの輪に入り、より平和で豊かな世界を築くことに貢献するだろうと考えられた。

だが二〇一二年の時点では、周と他の先進国セントラルバンカーの間には距離と疑いがあった。その大きな原因は、周が他のセントラルバンカーほどの裁量を持たず、最高指導者の承認がなければ動けないことだった。周自身は協調政策に参加したくても、できなかったのだ。二〇一〇年一〇月一〇日、ＩＭＦと世界銀行の年次会合で、中国は年内の利上げを考えていないと周は言った。九日後、人民銀行は政策金利を二五ｂｐ上げた。マスコミの一部は周を「策士」[20]と呼んだが、彼はただ中央政治局常務委員会の決定を知らされていなかっただけだと事情に詳しい人は語っている。二〇一二年六月七日の利下げも、発表直前、おそらく同日まで人民銀行には知らされなかった。

イングランド銀行やＦＲＢの高官の間には、これから発表される政策変更は仲間の外には漏れないという暗黙の信頼があるが、相手が中国となれば話は別である。中国人民銀行総裁にこれから実施する政策を打ち明けたら、その情報が大量の外貨準備を運用する担当者に伝わってしまうのではないだろうか？　これまでそうなったという証拠はないが、確信を持てないセントラルバンカーもいる。

二〇一〇年の経済会議での周のスピーチは、バーゼルの仲間と強い絆を保ちながら中国政府内での力を維持することに努めた、慎重な綱渡りだった。周は、中国政府が激しく非難した数日前のＱＥ２に触れ、その政策についてバーナンキとＢＩＳ会合で詳しく議論し、バーナンキの言い分も理解できたと語った。そしてバーナンキの発言をほぼそのままなぞりながら理由を説明した。「ＦＲＢの目標は、雇用創出と低インフレの維持であります。景気回復は遅れ、失業率は比較的高く、インフレは低く、政策金利がゼロに近いなか、量的緩和政策をとることは理解できます」

そのうえで、周は中国の立場を述べた。ドルは国際準備通貨であるため、アメリカには特別な責務があるが、今回のグローバル危機に至るまでその責務を充分に果たしていなかった。「ドルはグローバルな影響力を持っています」と周は言った。ＱＥ２がアメリカにとって最善の策だったとしても、「世界にとって最善とは限らず、副作用があるかもしれません」と答えた。バーナンキの味方をするでもなく、かといってＱＥ２をアメリカ叩きの道具に使う中国政府首脳の片棒をかつぐわけでもなく、周はこう締めくくった。「ＱＥ２のグローバルなインパクトを総合的に分析するには、多角的な見方が必要でしょう」

総裁として一〇年を務めた周の功績は、権限に限りがあるなかで、近代中国の方向性を形作ったことにある。彼は深刻な不況を回避し、融資バブルが起きそうになると権力者を説得して緩和政策を中断した。中国の金融市場の育成と資金フローの自由化を推し進めた。欧米経済が疲弊し、その哲学的支柱が揺らぐなかで、中国はグローバル経済の予期せぬ原動力となった。その成功は、少なくとも二〇一二年までは、周と「ウミガメ」官僚の勝利のしるしであった。

だが、中国には、経済超大国としての台頭の足かせになりかねない、経済問題とリスクが今も根深く存在する。この一〇年の経済成長は、インフラ投資と住宅建設を背景にしたものだった。この莫大な投資が正当なリターンを生まなければ、銀行は不良債権を抱え、新たな危機が起きるかもしれない。中国の住宅価格は、二〇〇〇年代の欧米と同じように、ファンダメンタルズからはるかに乖離している可能性もある。大手国有企業は簡単に融資を受けられたが、政治コネクションのない中小企業はなかなか資本に手が届かない。周はそれを変えようとしてきたが、失敗と成功が交錯する結果となっている。

しかしそれよりも、中国の金融システムがこの国をどこまで成長させるかが問題だろう。グローバル危機において、このシステムは非常に有効だった。市場資本主義は確かに乱雑ではあるが、数世紀をかけて欧米で発達したシステムは、他のどのシステムよりも多くの富を生み出した。深刻な景気後退後の二〇一一年でも、アメリカの一人当たりGDPは中国の六倍近い。金融危機は確かに自由市場の弱点をさらけだした。しかし、周ら改革派が新たな政治経済のシステム作りをさらに進めようとすれば、大きな挑戦が立ちはだかる。もっとも複雑な病気には、漢方薬は効かないからだ。

周がこの一〇年行なってきたことは、伝統的な処方箋をいくつか試すといった単純なものではない。彼の功績は、中国のもっともいい部分を抜き出し、それを欧米流の手法と組み合わせたことにある。中国独自の文化、政治、経済システムは、先進国に繁栄をもたらした金融インフラ、たとえば自由市場を介した資本分配システムや強力で独立した中央銀行と融合しうるのだろうか？　一〇数億人の未来は、その答えにかかっている。

あとがき　ふたたびジャクソンホールへ

二〇一二年八月三〇日、アラン・グリーンスパンの旅立ちを祝福してから七年後、グローバル危機の最初のさざ波のなかで住宅金融について議論したあの日から五年後、世界中のセントラルバンカーはふたたびジャクソンレイクロッジに戻っていた。二〇〇五年の賛辞と二〇〇七年の警告が、もうずい分と昔のことのように思われた。

ＥＣＢ創設以来、この会議に役員会からだれも出席しないのははじめてだった。マリオ・ドラギたちはフランクフルトの本部で、ユーロ危機と闘うための新たな対策を練っていた。会議に来ることができた高官は、ここ数年の深夜に及ぶ話し合いに疲れ果て、ヘトヘトな様子だった。いつもは出席者で賑わうホテルのラウンジも、その夜は静かだった。

金曜夜の余興もまた、どこかしらいつもより活気がないようだった。二〇〇七年にはカウボーイがあばれ馬を鎮めるパフォーマンスを見せていた。馬でなくても同じテクニックを使って信頼と自信を植え付けることができますよ、とその男は言った。客のひとりが、「信用市場はどうだ？」と聞き笑いを取っていた。[1]今回は地元の農場主が手作りの木製動物を持ち込んで、セントラルバンカーに投げ縄を伝授した。あるＦＲＢの理事はうまく牛にロープをかけたが、強く引っ張りすぎてプラスチックの角が取れてしまった。金融ネタにできそうだったが、その冗談を口にした人はいなかった。

　主要国の中央銀行は一行残らず、数年前の想像をはるかに超えた政策を実行していた。ＥＣＢは、ユーロ設立条約の精神に背いて国債を買い入れ、民主主義国家の予算、課税、規制判断に深く介入した。ＦＲＢは投資銀行と保険会社を救済し、四年にわたって今もゼロ金利を維持し、量的緩和を通して二兆ドルの国債を購入していた。イングランド銀行はＥＣＢと同じく政治に深く関わり、ＦＲＢと同じようにバランスシートを膨張させていた。

　その結果、どうなっただろう？　主要先進国の経済は足踏みを続けている。アメリカ、イギリス、そして一部を除いてほぼすべてのヨーロッパで、成長率は潜在能力を下回っている。危機前の成長が続いていた場合と比べると、二〇一二年の夏にはＥＵとアメリカを合わせて一三〇〇万も多くの失業者を生み出していた。若い世代は将来に希望を持てなくなった。年金世代は一生かけて貯めた資産が危機で損なわれた。ヨーロッパの一部では過激派がデモを行なっていた。その秋には、ギリシャのネオナチ党「黄金の夜明け」が、移民への暴行を繰り返すようになっていた。スペインやポルトガルやイタリアの街角には不満が充満していた。

　ジャクソンホールでは、金融理論の第一人者であるコロンビア大学のマイケル・ウッドフォード教授が演壇に立ち、「ゼロ金利制約下の金融政策」について語った。いかにも学者然としたウッドフォードは、遠回しにＦＲＢとイングランド銀行の危機における政策はすべて間違っていたと指摘していた。

「この結果が示すのは、セントラルバンカーにとって現在の状況下ではどんな政策もあまり効き目がないということです。中央銀行が言うほどには、効果のありそうな選択肢や魅力的な選択肢はないように見受けられます[2]」ウッドフォードは、中央銀行は単発の政策を繰り返し実施してきたが、未来への期待を形成することにはほとんど役立っていないと語った。

量的緩和は、それだけではほとんど効果がないとウッドフォードは主張した。アメリカ、イギリス、そしてヨーロッパの一部でも、いくらか改善が見られたとたんに緩和政策が終わることを全員が知っているから。中央銀行の次の政策が見えなければ、景気が回復に向かうと信じることはできない。そして、低金利の継続期間を公表する「ガイダンス政策」もまた、問題である。それは、景気が今後何年も低迷すると中央銀行が予想している証拠だからだ。それでは信頼を喚起することにならない。

それはまるで、アクセルを床まで思い切り踏み込んで、少しスピードが出るとすぐに足を離してしまうようなものだ。高速道路の流れに乗るには、アクセルを踏むだけでなく、一定の速度に達するまでしばらく踏み続けなければならない。

「こうなって欲しいと思う経済予測を発表すれば、自動的にみんながそう信じるわけではありません。行動の伴わない言葉だけでなんとかなるなら、それこそ魔法でしょう」

疲れ切った聴衆の中で、魔法の杖の一振りですべて解決して欲しいと思ったセントラルバンカーはひとりではなかったはずだ。

「必要なことはすべて行なう」

ドラギは、ヨーロッパ問題の根を断たなければならないと感じていた。これまでの三年間、中途半端で臆病な対応により問題は先送りされてきた。ＥＣＢは証券市場プログラムを介した二度の国債買い入れで景気を立て直そうと試み、さらに二度の長期リファイナンスオペを通して欧州の銀行に大量融資を行なってきた。しかし、どれも痛み止めであって治癒にはならず、厳しい決断を先延ばしにしただけだった。ドラギはより恒久的な答え、つまりユーロ圏の未来の姿を想定し、その実現にＥＣＢがどう貢献できるかを考えていた。

六月以来、ドラギは、欧州統一を守るためのより体系的な計画を立てていた。同時に、巧みな売り込み作戦も始めた。作成中の計画についてドイツ財務大臣のウォルフガング・ショイブレとメルケル首相の側近に報告し、ドイツ政府の支持を確保した。前回の国債買い入れに反対したフィンランド、オランダ、オーストリアの中央銀行総裁に会い、包括的な政策への賛同を取り付けた。夕食会、電話、サミットや国際会議の際の表敬訪問など、ことあるごとに計画への支持を求めた。

こうした非公式の売り込みに加え、ドラギは公に計画を発表した。それは、ロンドンのランカスターハウスで開かれたグローバル投資会議の席上だった。スピーチ原稿には新たな計画は盛り込まれていなかった。しかしドラギはタイプされた原稿に手書きで数行の文章を書き込んだ。記者たちに渡された原稿には、その文章が含まれていなかったため、ＥＣＢはウェブサイトにスピーチ全文を掲載した。

ドラギはこのスピーチで、なにか大きな政策を打ち出すことを発表した。政策理事会に諮る前に、大胆な誓約を行なったのである。「ＥＣＢはユーロを維持するために必要なことをすべて行ないます。私が誓います。それで充分でしょう」すべての利害関係者――金融市場、国家元首、各国中央銀行――に、自分たちの新しい政策を信じてくれと言ったのである。かならず結果を出す、と。

ＥＣＢはこれまでに大量の資金供給を行なっていたが、一貫した戦略がなく、いつも後手に回り、状況が少し改善するとすぐに手を引いていた。明確な基準を設定し、どのような状況でなにをするかを決めた方がいいとドラギは主張した。そのルールが決まれば、ＥＣＢは原則どこまでも資金を供給する。

マスコミは「必要なことはすべて行なう」という言葉を大きく取り上げた。だが、そのスピーチにははるかに重要な含みがあった。デフォルトの可能性の高い国債の利回りが上がるのは当然である。しかし、その利回りの上昇が、ユーロ崩壊の恐れによるものだとしたら、話は別である。「リスクプレミアムの要因がその国家固有のものでない場合には、我々の出番となります」

言い換えれば、スペインとイタリアの国債を投げ売る理由が、この二国の健全性でなくユーロ崩壊の恐れからくるものだとしたら、ECBが介入するということだ。

「したがって、我々はこのような事態に対処することになります。話はここまでにしておきましょう。これが私の率直な考えです」

アクセルを踏み続けろ

メルケルがイェンス・バイトマンをブンデスバンク総裁に任命する一年前には、バイトマンは前任者のアクセル・ウェーバーより柔軟な考え方を持っているように見えた。バイトマンはこれまで、厳格な引き締め主義のブンデスバンクと、より柔軟な取り組みを許容する政府との間を取り持ってきた。メルケル政権においても、またそのあとも、バイトマンはブンデスバンクの伝統を尊重しながら同時にユーロ圏の救済に手を尽くすような、これまでとは違うタイプの総裁になるものと期待されていた。

しかし、ECB本部から一五分と離れていないブンデスバンクの建物に収まったバイトマンは、前任者たちに劣らず原則に忠実であることをはっきりと表明した。そして無制限に通貨を供給することになりかねないドラギの約束に、怒りをあらわにしていた。「これは政治解決を必要とする問題ではないだろうか」[3]バイトマンはドラギに電話でそう伝えたと言われている。

政策理事会前夜の八月一日の夕食会で、ドラギは計画を披露した。[4] 国債買い入れによる資金供給は、ECBの設立条約の精神に反する、とドラギは言った。政府の資金調達のために通貨を刷ることは禁じられている。だが、ユーロ崩壊に賭ける投機家のせいでスペインやイタリア国債利回りが上がっている場合、それを正常に戻すためにECBが介入することは許されるのではないか？　それはECBの責務の一環ではないだろうか？　正式な支援要請を発表しIMFからの条件受け入れを認めた国に限って、国債買い入れを行なえばいい。

ドラギは、ECB内でこの案が予想外に受け入れられそうだとの感触を持った。ただバイトマンだけが強硬に反対していた。しかしオランダ、フィンランド、オーストリアは、ユーロ圏の崩壊に対抗するための介入と位置付けるドラギの考え方を支持しており、流れはバイトマンに不利な方向に向かっていた。ドラギはドイツのショイブレ財務大臣に国債買い入れへの支持を求め、ショイブレは公に支持を発表していた。メルケル政権はドラギの政策にお墨付きを与えていたのである。巧みな外交術によって、ドラギはバイトマンを周囲から孤立させることに成功した。

夕食会の翌朝、ECBは定例の政策会合を開き、短い昼食の後でドラギはふたたび記者会見に臨んだ。新たな国債買い入れプログラムに幅広い支持があることはわかったが、詳細を詰めるのにあと一ヵ月は必要だった。大きな発表がなかったことで、市場は当初失望し、世界的に下落した。その後、トレーダーたちは改めてドラギの発言を読んでみた。ECBは「目的達成に充分な規模の公開市場オペを実施する予定である」とドラギは発言していた。詳細は「数週間後に」決定される、ということだった。

ドラギらが計画を作成している間、バイトマンは外からそれを眺めていた。フランクフルトのECB内部で政策が練られているちょうどそのとき、バイトマンは片道一八時間離れたジャクソンホールの会議に出席していた。八月二九日付の週刊誌のインタビューで、バイトマンはこう語っていた。統一欧州の枠組みは「過剰に拡大され、ときに濫用されており」、国債買い入れは「財政ファイナンスにかなり近いものである」と[5]。「ブンデスバンクの反抗」という見出しのもと、一点を睨みつけて拳を握るバイトマンの姿が、ドイツの有力誌の表紙を飾っていた。

だが、それも大勢に影響はなかった。ドラギの作戦は奏功した。九月六日の政策理事会では、ほとんど波風が立たなかった。ドラギとアスムセンが数週間かけて練り上げた政策を提案した。バイトマンはふたたび反対を表明した。採決が行なわれ、二二対一で提案は可決された。

その木曜午後、いつもより少し多くの報道陣で賑わうなか、ドラギはセントラルバンカーらしく必要以上の平静さで、発表を行なった。「本日、政策理事会は、ユーロ圏のソブリン債を流通市場で買い入れる、新たな『国債購入プログラム（ＯＭＴ）』の実施を決定した」この新たな略語、ＯＭＴが従来のＳＭＰ、つまり証券市場プログラムに取って替わることになった。

ＯＭＴは問題国家の中期債だけを購入する——長期債ではなく、三年物から五年物に絞って買い入れることになった。理論的には、市場は長期債利回りを上げることで、放漫国家に圧力をかけることができる。支援を受ける国家は厳しい財政規律を要求される。決定が全会一致かと聞かれたドラギは、イタズラっぽくこう答えた。「反対意見はひとりだけだったが、それがだれかは想像にお任せする」

それから二週間もしないうちに、バイトマンはフランクフルトにある金融史の研究機関で講演を行なった。まず、通貨の起源となった貝や塩といった古代の取引媒体について語り、希少品の裏付けのない現代の通貨へと話題を移した。このゲーテの故郷で、バイトマンは『ファウスト』の一節を引用した。「メフィストフェレスは、『金銀と比べて、紙の通貨のなんと便利なことよ。物々交換は必要なくなった。さあ、人生を楽しもう』と告げて人々を扇動したのです。人々はこの恵みに浮かれ、先々どうなるかを疑おうともしなくなりました」[6]

バイトマンはECBの新たなプログラムを名指ししたわけではなかったが、講演のタイミングと場所、そして彼自身の国債買い入れへの反対を考えれば、ファウストのたとえがなにを指しているかは明らかだった。マリオ・ドラギはメフィストフェレスで、欧州は悪魔と契約を結んだという意味だった。

だが、バイトマンの反対も、言葉だけだった。ブンデスバンクはECBの決めたプログラムを実行しないわけにはいかなかった。ドラギは記者会見でバイトマンからプレッシャーを受けたかと聞かれた。「この数ヵ月間に、非常に重要で基本的な決定に関してほぼ全会一致の支持を受けたことを、もちろん総裁として喜んでいる。もちろん、完全な全会一致の方が望ましく、今後はそうなることを期待している」ドラギはそう答えた。

「私は見たままの人間だ。この仕事に必要なのは、自分の頭で考えることだ。外圧で私の意見が変わることはない」[7]

ジャクソンホールでは、ウッドフォードの講演の三時間前に、バーナンキが登壇していた。世界中が見守るなかで、バーナンキはいつものように注意深く準備した原稿を読んだ。

二〇〇八年の終わりからFRBが採用してきた量的緩和やその他の政策は、景気の下支えとなり、警戒された副作用も今のところは顕在化していない、とバーナンキは言った。だがアメリカ経済の成長率はいまだ低く、失業率は高く、インフレ懸念はまったくない。「アメリカ経済が抱える問題を見すごしてはなりません」とバーナンキは言った。「労働市場の低迷は、特に深刻な問題です。人材が活用されないこともそうですが、失業率の高止まりが将来にわたって経済に構造的ダメージを与えるからです」

そのうえで、バーナンキは続けた。「FRBは必要に応じて追加的な措置をとり、より強い経済回復と労働市場の継続的な改善を後押ししていくつもりです」

それだけだった。

このスピーチに含まれないことの方が大事だった。バーナンキは新たな緩和の下地を作ったが、メニューについては教えてくれなかった。FRBは三巡目の国債買い入れ、つまりQE3を始めるのだろうか？　それともツイスト・オペを拡大するのか？　はたまた超低金利期間をさらに延長するのか？

バーナンキがそれを明かさなかったのは、意図あってのことだ。

短期的な措置を単発で実施するだけでは充分ではないとバーナンキ自身も感じていた。ジャクソンホールのあと、バーナンキはFOMCを同じ方向に誘導し始めた。電話をかけ、メールを送り、ワシントン在住の理事にも会った。

FOMCの中には、断固とした緩和派のメンバーがいた。ジャネット・イエレン、ビル・ダドレー、シカゴ連銀のチャールズ・エバンズ、サンフランシスコ連銀のジョン・ウィリアムズである。反対に、なにがあっても首を縦にふらないタカ派もいた。リッチモンド連銀のジェフリー・ラッカーと、フィラデルフィア連銀のチャールズ・プロッサーである。バーナンキはそのどちらでもないメンバーに働きかけた。彼らは、一般の注目を集めるような、目立つ委員ではなかった。しかし、その全員か、大半の支持を得られれば、新たな政策を実施できるとバーナンキは読んでいた。

バーナンキは、アトランタ連銀のデニス・ロックハートとセントルイス連銀のジェームズ・ブラードに話をし、ミネアポリス連銀のナラヤナ・コチャラコタにメールを送った。地区連銀総裁になったばかりで非伝統的な緩和政策に懸念を示していたジェレミー・スタインとジェローム・パウエルにも会った。また慎重な緩和推進派のエリザベス・デュークとも協調し、消極派にも納得できるよう文言を調整した。こうした話し合いを通して、バーナンキは一方で委員たちがどこまでやる気があるのかを見極め、また一方で単発政策でなく景気回復までコミットし続けるウッドフォード流の戦略にFOMCの関心を向けようとしていた。

ジャクソンホールの講演から二週間もしないうちにFOMC会合が開かれたが、バーナンキの調整は実を結んでいた。ウッドフォードが提唱した、失業率またはインフレが目標値に回復するまで緩和政策を続けることを誓約するという案は、FOMCの支持を得た。

もちろん、細かい意見の違いはあったが、もっとも紛糾したのは規模である。とりあえず、毎月四〇〇億ドルの買い入れから始めることになった。ツイスト・オペと合わせると、三〇日おきに八五〇億ドルの資金を市場に供給することになる。「労働市場が目に見えて改善しない場合には、改善が見られるまで、物価安定が維持される範囲で、政府機関保証のモーゲージ証券の買い入れを継続し、追加の資産購入を実施し、その他の適切な政策を行なう。また、景気回復が加速したあとも、適切と認められるまでの期間、緩和政策を継続する」と発表された。

つまり、労働市場が改善するまで、あるいはインフレが問題になるまでは、流動性を供給し続けるということだ。そして、目標が達成できるまで、必要な規模の介入を行なう。車が巡航速度に達するまで、アクセルから足を離さない。

市場はQE3を待ち望んでいた。彼らはそれより大きなものを得た。恒久的QEである。

だが、バーナンキはまだ手を緩めなかった。

二〇一二年一二月一二日、定例のFOMC会合のあと、バーナンキはいつものように記者会見を開いた。「現在の労働市場は、人的資源と経済的資源が浪費されている状態にある」FOMCは失業率が六・五パーセントを切るか、予想インフレ率が二・五パーセントを超えない限りは超低金利を維持することを決定した。バーナンキはアメリカ景気をどん底から救い出すため、またもや帽子からうさぎを取り出して見せたのである。一〇年前、日本に実験の必要性を説いたバーナンキが、よくも悪くもそれを実行しようとしていた。それは、バーナンキの人生をかけた政策不要論との闘いだった。そして二〇一二年、バーナンキは勝利を収めつつあった。

銀色の海に浮かぶ美しい宝石

二〇一二年一〇月にサウスウェールズの商工会議所で講演を行なったマービン・キングが引用したのはシェークスピアだった。リチャード二世の言う「王権にふさわしい島」、イギリスの景気は世界の圧力に押し潰されており、「銀色の海に浮かぶこの美しい宝石は、今や荒波に揉まれる船のようです」と語った。[8]

この荒波に立ち向かうため、二〇一二年夏の終わりにECBとFRBは新たな政策を実施していたが、イングランド銀行はまたもやそれを眺めているだけだった。二〇一〇年から財政緊縮を開始していたイギリスの景気は、どこから見てもアメリカより悪かった。二〇〇七年の危機前の成長軌道と照らし合わせると、経済活動は一五パーセントほど収縮していると思われた。アメリカは潜在力よりも六パーセントほど下だった。

その二週間前、キングは別の講演で、イギリスの偉大な企業家ジョサイア・スタンプとケインズの会話を引用していた。「長引く失業問題は、経済という機械における許されざる故障ではないのか?」一九三〇年代、大恐慌が始まった時代にケインズはそう聞いた。「それは少々荒っぽいものの言い方ですな」とスタンプは答えた。「地震の被害が数分で回復できると思いますか？　複雑な機械を一度に修理できなければ失敗だという考えには同意できませんな」[9]

キングはその秋、イギリス経済は「壊れた機械」ではあるが、ゆっくりとした自然回復の過程にあると見ていた。「貿易赤字と債務の拡大に支えられたいびつな景気拡大のあとで、先進国経済は大きな調整局面に入っている。グローバルな大規模調整により、今の世代はその影のもとで生きることを余儀なくされた」キングは量的緩和に戻る選択肢を否定しなかった。だが、その調子は無制限の緩和を打ち出したドラギやバーナンキとはまったく違っていた。

「通貨の印刷は……単なる天からの贈り物ではありません。経済に必要な調整に、抜け道はないのです。待つことも必要です」

どんな統治にも終わりがある。スレッドニードル街の王にとってもまた、その日は近づいていた。二〇一三年六月の任期切れ前年の一一月二六日、オズボーン財務大臣は議会でキングの後継者を発表した。大本命は副総裁のポール・タッカーで、対抗馬がいなかったためノミ屋は賭けに応じなかったほどだった。だが、オズボーンは世界をアッと言わせた。一二〇代イングランド銀行総裁は、イギリス人でさえなかった。政府はカナダ銀行総裁のマーク・カーニーをキングの後任として選んだのである。二〇年にわたりキングは中央銀行に君臨し、イギリス経済を支配してきた。カーニーの任命は、それを考え直すときが来たという明らかなメッセージだった。

ルビコン川を渡った中央銀行

危機の五年目は、一年目にそっくりだった。

イングランド銀行はふたたび様子見を決め込み、その他の中銀は行動に出た。マービン・キングは、景気の厳しさを自覚しながらもイギリス経済は自力回復に向かうと感じていた。

ＥＣＢは金融市場を狙って大胆な介入を始めた。ドラギのもとで、ＥＣＢは一層クリエイティブに市場に介入するようになっていた。ジャン・クロード・トリシェが休暇中に危機の第一報を受けた二〇〇七年八月からは、想像もできない変化だった。トリシェは現在フランス中央銀行の巨大な役員室に鎮座し、時おり講演を行なったり、国際会議に出席したり、だれにも邪魔されずにサンマロでの時間を過ごしている。

二〇〇七年に始まった金融危機に対抗して、どの中銀よりも先に最初に金利を引き下げたＦＲＢは、ふたたび二〇一二年に緩和政策へのさらなる一歩を踏み出した。サウスカロライナ州の田舎町出身の静かで知的な大学教授は、抜け目ないネゴシエーターとなっていた。バーナンキの政策が奏功するかどうかはまだわからないが、彼はこれまでの研究から緩和政策が景気回復に最善であると信じ、それを実行した。

巨大危機のなかで世界最大の中央銀行を導いた男たちには、それぞれ異なる考え方、挑戦、そしてリーダーとしての流儀があった。危機から五年を経たグローバル経済はまだ明るいとはいえないが、大国の間に戦争は起きていない。統一欧州は維持されている。ハイパーインフレも起きず、おそらくギリシャとスペインを除けば経済恐慌も起きていない。しかし、すべてが順調だったときに感じられた平和と繁栄への確信は揺らいでいる。それを守るために、バーナンキやキングやトリシェ、そして彼らの不人気な仕事が必要となった。褒め言葉に聞こえないかもしれないが、大惨事を回避することは、決して小さな仕事ではない。

セントラルバンカーは完全無欠ではない。彼らの失敗――リーマンを破綻させ、イギリスで早期の財政緊縮に乗り出し、ユーロ危機で後手に回ったこと――は今後も経済に傷を残すだろう。三人とも、就任したときとはまったく違う組織を出て行くことになった。元に戻れないルビコン川を渡ってしまった中央銀行は、以前よりはるかに政治的変化に左右されやすく、グローバル金融とさらに密接に結びついている。FRBがふたたび投資銀行を救済しないと言い切れる人はもういない。イングランド銀行が議会に財政政策を指示しないとも、ECBが財政ファイナンスを行なわないとも言えないのである。

イングランド銀行の金融政策委員会メンバーだったアダム・ポーゼンは、マイケル・ウッドフォードのジャクソンホール講演に激しい反論を寄せた。「今日の中央銀行が、実験的で前例のない、少々スキャンダラスで危険な政策を実施していると考えるのは、時代遅れもはなはだしい。そんな作り話を信じるべきではない。中央銀行は純粋で汚れない存在であらねばならず、市場介入によってそれが永遠に汚されるなどという前提は合理的でなく、今どき一般市民だってそんなことは信じていない」

ベン・バーナンキ、マービン・キング、ジャン・クロード・トリシェは、過去の失敗から学んだ。ルドルフ・フォン・ハーフェンシュタイン、モンタギュー・ノーマン、アーサー・バーンズ、そして速水優から。彼らの後継者もまた、三人の失敗から学ぶことだろう。民主主義社会はセントラルバンカーに巨大な権力を与えている。これほど重要で複雑な決定を、選挙にかけるのは不可能だからである。完璧を求めるのは間違いだ。しかし、進歩を求めるべきである。中央銀行の歴史は同時に文明化の物語である。それは、公平で豊かな社会を求める道のりであり、より良い世界に向けていつまでも諦めず小さな一歩を刻み続ける旅路なのである。

解　説　中央銀行の錬金術

東京大学大学院経済学研究科教授
渡辺　努

本書の原題は *The Alchemists*（錬金術師）である。アメリカの連邦準備制度理事会（ＦＲＢ）のバーナンキ議長、欧州中央銀行（ＥＣＢ）のトリシェ総裁、イングランド銀行のキング総裁という三人の中央銀行家を錬金術師に見立て、彼らが二〇〇七年以降の金融の混乱にいかに対処したかを描いている。

中央銀行家を錬金術師に見立てることには異論もあろう。とりわけ、だれにもできない困難なこと、不可能と思われていたことを可能にするという意味で中央銀行家を錬金術師にたとえるのはたぶん適当でない。それは本書の意図でもない。本書で詳細に描かれているように、三人の中央銀行家は危機の突然の発生に驚き、途方に暮れ、それでも立ち向かおうとする。しかしその繰り出す策には問題を一挙に解決するような鮮やかさはなく、苦し紛れとしか見えない策も少なくない。現に危機はまだ終わっていない。錬金術師を連想させる鮮やかなお手並みとはほど遠い。

しかし中央銀行家の仕事に錬金術師の香りが漂うのは間違いない。何か特殊なパワーを彼らが持っているように多くの人が感じているのも事実だろう。本書は中央銀行の歴史を紐解くことによりそのパワーとは何かを見せてくれる。

主要な産業が農業であった時代、秋の収穫期には労働者を雇い収穫を行ない、作物を市場に持ち込むための資金が必要であった。数ヵ月後に作物を売って回収するまでのつなぎの資金である。収穫期にはどの農家も借金をしようとするため、金利が上昇し、場合によっては必要な額を借り入れることができない農家も出てくる。収穫作業にも支障を来す。

農民に資金を貸すだれかが現れて欲しい。そうすれば無事収穫ができ、作物を現金化することができる。初期にはこのだれかは村の資産家であったかもしれない。さらに時代が進むと、銀行や民間の決済機関が、毎秋大都市から農村部へと資金を移動させる役割を担うことになる。しかしそれでも、災害などの理由で都市部に突発的な資金需要が生じると、農村部に資金が回らずパニックが起きる。そこで登場したのが中央銀行だった。中央銀行は農民に資金を貸し、それによって金利の季節的な変動を抑えることに成功する。農民が必要とするときに必要なだけの資金をさっと渡すことができる。ここには確かに錬金術の香りがする。

金本位から不換紙幣へと時代が移るにつれて、この機能の意味が一層明らかになる。不換紙幣であれば金（ゴールド）がなくてもおカネを発行できる。あたかも金が増えたかのようにおカネを増やすことができる。正に、錬金術である。

人々が必要なときに必要なだけのおカネを渡すのは古くから変わらない中央銀行の仕事である。しかし、人々がなぜおカネを必要とするのか、いつおカネを必要とするのかは時代と共に変遷してきた。収穫期におカネを渡すだけなら中央銀行の仕事は単純だ。だが、「必要なとき」の意味が変わるなか、中央銀行の機能は急速に変貌してきた。

本書の一章で詳細に描かれているのは一七世紀のスウェーデンで起きた銀行取り付け騒ぎである。預金者から預かったおカネ（銅板）を遊ばせておくのはもったいないと考えたストックホルム銀行は、企業の仕入れ資金として貸し出しに向ける。人々の預金を効率的に投資へと振り向ける金融イノベーションである。銅板を貸し出す結果、銀行の金庫にはカネはない。しかしスウェーデンの預金者は銀行の経営に懸念を抱き、カネを返せとストックホルム銀行に要求した。銀行取り付けである。銀行は融資の繰り上げ返済を借り手に要請し貸出を回収しようとする。だが銀行から資金を借りた人たちも資金を遊ばせているわけではなく、回収の要請に応えることはできない。預金者も、銀行も、借り手も、すべての人がおカネを欲しがっている。しかしおカネはない。

これは収穫期と同じで、経済全体としておカネが不足し、おカネを貸すだれかを求めている。本書の三章に描かれているように、二〇世紀初頭のアメリカではジョン・ピアポント・モルガンのような資産家が銀行取り付けを収拾させる役割を果たした。しかし資産家の能力には限界がある。錬金術師が必要となる。これが、最後の貸し手としての中央銀行の機能である。ウォルター・バジョットは一五〇年前にイングランド銀行が最後の貸し手として貸し出しを行なう様子を「商人にも、中小銀行にも、あの人にもこの人にも」と描写したが、だれかれの分け隔てなく、資金の必要な人に必要なときに届けるという考えが次第に確立していった。

「必要なとき」の意味は、現代にあってはさらに変化した。アメリカの不良住宅ローンを起点とする二〇〇七年以降の一連の危機では、人々はだれもが自分のおカネを手元に置いておきたいと考え、他人に貸そうとしない。一方で資金手当てができないと必要な支払いが履行できないという深刻な事情を抱え、貸してくれる先を探して奔走する人がいる。本書の一〇章で描かれている二〇〇八年三月のベア・スターンズがまさにそれであり、保有するモーゲージ証券の価値が下がり、その支払い能力への懸念が強まるなかで、レポ取引による短期資金の取得ができないという状況に陥っていた。事態を複雑にしていたのは、ベア・スターンズが投資銀行であり、ＦＲＢが最後の貸し手として守るべき対象に含まれていなかったことである。しかし結果としてみると、ＦＲＢはあたかも「あの人にもこの人にも」の原則に忠実に従うかのようにして、錬金術師として振る舞うことになる。

＊

農業の季節資金であれば、だれがいつどれだけのおカネを必要とするかを計算するのはさほど難しくない。しかし不動産担保証券に関連する損失が世界のあちこちの金融機関で発生した二〇〇七年以降は、カネを渡す相手は国内の金融機関だけでなく、世界中に散らばっていた。本書の第二部に鮮やかに描写されているように、いつだれにどれだけのカネをどのようにして渡せばよいのか、つまり最後の貸し手機能をグローバルに展開するという新たな課題に直面し、三人の錬金術師も迷いに迷った。

しかし三人の錬金術師が迷ったのは、危機のグローバル化だけが原因ではない。実は、銀行取り付けの時代にも、さらには農業資金の時代にも、中央銀行家はおカネを渡すことに躊躇してきた。その構図は今回の危機でも同じである。たとえば、元ＦＲＢ議長のポール・ボルカーはベア・スターンズの救済を「長い歴史のなかで中央銀行が危機時に掲げてきた哲学への挑戦」と批判した。中央銀行家が錬金術の技を出し渋る理由はどこにあるのか。

錬金術を出し渋るべきでないと主張したのはミルトン・フリードマンである。人々はおカネを欲しがっている。中央銀行は輪転機を回しさえすればおカネを印刷できる。輪転機を回しに回して人々が欲しいだけのおカネを印刷しない理由はどこにもない。これがフリードマンの唱えた最適通貨供給という説である。経済の隅々にまでおカネが行き渡り、もっとおカネが欲しいと訴える人がこの世にいなくなるまで輪転機を回すべきというのが彼の主張である。これを延長して考えれば、収穫の時期には（もしかしたらそれ以外の時期にも）輪転機を回し続け、すべての農民が資金繰りの心配なく暮らせるようにすべきということになる。

ところが錬金術師たちはそうは考えない。その理由は中央銀行の錬金術に限界があり、錬金術師たちはそのことをよく承知しているからだ。中央銀行が発行するおカネは不換紙幣である。よく知られているように、人々が不換紙幣をおカネとして認知するのは、他の人たちもおカネとして認知していると信じているからだ。錬金術師が発行するおカネには、金（ゴールド）でないにもかかわらず、皆が金と同じに扱うはずだと人々に思わせる魔法がかかっている。この魔法が錬金術を支えている。

しかしこの魔法は時に解けてしまうことがある。本書の四章で紹介されている一九二〇年代におけるドイツのハイパーインフレはもっとも有名な例である。ライヒスバンクは戦費調達のため紙幣を大量に発行し、敗戦後は戦争債務の返済のためにさらなる紙幣発行を続けた結果、自分の取引相手がマルクを受け取ってくれるはずという魔法が解けてしまった。すべての人がマルクをできるだけ早く手放そうとする。その結果、おカネの価値は急落し、天文学的な物価上昇と通貨下落が発生した。結局、ライヒスバンクは魔法をかけ直すために、新しいおカネ（レンテンマルク）の発行に追い込まれる。

一九七一年のドルと金の兌換停止（ニクソンショック）も魔法がいかに脆いものかを我々に教えてくれる。ニクソン大統領は景気を拡大し失業を減らすために、マネーサプライ（おカネの流通量）を増やすことを優先課題とした。本書の五章には、当時の大統領参謀がＦＲＢのスタッフに対して、朝起きて鏡の前で髭を剃っているとき、マネーサプライを増やすために自分になにができるかと自問するように、と指示したとの逸話が紹介されている。マネーサプライの増加によって魔法が解け、アメリカ経済は七〇年代後半には一〇パーセントを上回る高インフレを経験することになる。

*

中央銀行の錬金術師たちは、資金難で苦しむ人たちの手元におカネを届けたいという思いと、カネを配りすぎることで魔法が解けてしまうことへの恐れの間で揺れ動いてきた。それが顕著に表れた最近の例は日本銀行である。日本は他国に先駆けて金融危機を経験し、一九九九年にはインターバンク市場の貸借金利をゼロにまで下げるゼロ金利政策を導入する。金利がゼロということはインターバンク市場のだれもが一切のコストを負担することなしに資金を調達できることを意味する。それに必要なだけの資金が中央銀行によって提供されているということであり、これはフリードマンの提唱した最適通貨供給に他ならない。

しかし当時の速水優日銀総裁はこの政策を導入・維持することに積極的だったわけではなく、本書の七章の記述を借りれば、「低金利政策を抜け出す言い訳を探しているようだった」。速水総裁は強い通貨が国益との信念をもち、大量の資金供給により円を下落させることに抵抗があったと言われている。資金を日本経済の隅々にまで行き渡らせることよりも、錬金術の魔法が解けてしまうことを彼は恐れていたのかもしれない。

日銀がゼロ金利政策を導入した頃、当時FRBの理事であったバーナンキは、大量の資金供給に躊躇する日銀の消極性を批判し、トマトケチャップでもなんでもよいから買い入れて市中に資金を供給すべきだと東京で講演したといわれる。大恐慌の研究者として知られるバーナンキには金融恐慌が実体経済へと波及することへの懸念が強くあった一方、魔法が解けることへの懸念は少なかったのかもしれない。それに対して、戦後の弱い円の時代を経験してきた速水総裁はそれがトラウマとなり、円への信認が失われることを強く懸念したのかもしれない。その姿はECBによるユーロ圏ソブリン債の購入提案に最後まで抵抗したブンデスバンクのバイトマン総裁と重なる。

＊

イングランド銀行の金融政策委員会メンバーを務めたアダム・ポーゼンは、本書をレビューする文書の中で、中央銀行家は錬金術師というよりも薬剤師のようなものだと述べている。中央銀行家が使える薬は無限ではない。しかも専門の医師の処方箋に従わなければならず、薬事法の縛りもある。そうしたなかで、副作用を最小化しながら適切な薬を選択しその量を決めるというのが中央銀行家の仕事だという意味だ。

政策金利がゼロの壁にぶち当たったときでもFRBはなお経済を刺激する手段を豊富に持つと言い張ったバーナンキを錬金術師の典型とすれば、ポーゼンや速水氏は薬剤師型を志向しており、中央銀行家の間でも意見が分かれている。また、日銀の現総裁である黒田東彦総裁は錬金術師を目指しているのに対して、中央銀行のやれることには限界があると主張した前任の白川方明総裁は薬剤師型なのかもしれない。

本書の著者はジャーナリストらしく立場を明確にすることを慎重に避けているが、中央銀行家がオールマイティな錬金術を習得していることを信じている様子で、錬金術師の代表格のバーナンキの手法を讃えているように読める。また、中央銀行の非伝統的政策手法をめぐる最近の論調もどちらかといえば錬金術師を支持しているようだ。しかし本書も指摘しているように、中央銀行家が錬金術の存在に気づきそれを利用し始めたのは高々一五〇年前のことだ。錬金術の習熟には程遠く、あれこれと使い方を試している段階というのが実情だ。中央銀行家が持っている錬金術とはいかなる代物で、それをどう使うべきか。試行錯誤が続くだろう。

二〇一四年二月

原　注

イントロダクション　蛇口を開ける

1. Vikas Bajaj and Mark Landler, "Mortgage Losses Echo in Europe and on Wall Street," *New York Times*, August 10, 2007, A1.
2. Bank of England, August 2007 inflation report, press conference transcript, August 8, 2007.

一章　ヨハン・パルムストルヒと中央銀行の誕生

1. Gunnar Wetterberg, *Money and Power: From Stockholms Banco 1656 to Sveriges Riksbank Today* (Stockholm: Sveriges Riksbank, 2009), 44.
2. Ibid., 21.
3. Ibid., 33.
4. Rodney Edvinsson, "Swedish Monetary Standards in Historical Perspective," Stockholm Papers in Economic History No. 6, Department of Economic History, Stockholm University, 2009, http://www.historia.se/SPEH6.pdf
5. Wetterberg, *Money and Power*, 32.
6. アメリカの最低賃金に応じて賃金を調整。

二章　ロンバード街、統べよブリタニア、バジョットの格言

1. Geoffrey Elliott, *The Mystery of Overend & Gurney: A Financial Scandal in Victorian London* (London: Methuen , 2006), 180.
2. Ibid., 3-4.
3. Ibid., 177-78.
4. "London Letters," *Friend of India* (Calcutta), June 21, 1666.
5. "If anything can justify a suspension of the Bank," *Times* (London), May 12, 1866.
6. Walter Bagehot, *Lombard Street: A Description of the Money Market* (London: Henry S. King and Co., 1873), 45-46.〔『ロンバード街　金融市場の解説』久保恵美子訳、日経 BP 社〕
7. Ibid., 155-56.
8. Ibid., 78.
9. Elliott, *The Mystery of Overend & Gurney*, 181.
10. "London Letters."
11. Bagehot, *Lombard Street*, 96.
12. Ibid., 81.

13. Ibid., 94.

14. Elliot, *The Mystery of Overend & Gurney*, 185-86.

15. B.R. Mitchell, *British Historical Statistics* (Cambridge: Cambridge University Press, 1988).〔『イギリス歴史統計』中村寿男訳、原書房〕

16. Elliott, *The Mystery of Overend & Gurney*, 184.

17. Thomson Hankey, *The Principles of Banking, Its Utility and Economy: With Remarks on the Working and Management of the Bank of England* (London: Effingham Wilson, 1887).

18. John H. Wood, "Bagehot's Lender of Last Resort: A Hallowed Tradition," *Independent Review* (Winter 2003), 343-351.

三章　ファーストネームクラブ

1. Matthew St. Clair Clarke and David A. Hall, *Legislative and Documentary History of the Bank of the United States* (Washington, DC: Gales and Seaton, 1832).

2. Phil Davies, "The Rise and Fall of Nicholas Biddle," *Federal Reserve Bank of Minneapolis,* Region 22, no. 3 (September 1, 2008).

3. Tim Todd, *The Balance of Power: The Political Fight for an Independent Central Bank, 1790-Present* (Kansas City: Federal Reserve Bank of Kansas City, 2009).

4. Reginald C. McGrane, ed., *The Correspondence of Nicholas Biddle Dealing with National Affairs, 1807-1844* (Boston: Houghton Mifflin, 1919).

5. Andrew Jackson, "First Annual Message," speech, United States Congress, Washington, DC, December 8, 1829.

6. 8 Reg. Deb. 141 (1831).

7. Todd, *The Balance of Power*, 9.

8. Robert F. Bruner and Sean D. Carr, *The Panic of 1907: Lessons Learned from the Market's Perfect Storm* (Hoboken: John Wiley & Sons, 2007), 24.〔『ザ・パニック』雨宮寛、今井章子訳、東洋経済新報社〕

9. Ibid., 78.

10. Thomas W. Lamont, *Henry P. Davison: The Record of a Useful Life* (New York: Harper & Row, 1933), 81.

11. Nelson Aldrich, "Monetary Commission," address, Economic Club of New York, New York, November 29, 1909.

12. "He Uses a Tombstone to Bolster Argument: Grewsome Exhibit Made in the House by Congressman Smith in Opposing Money Bill," *Atlanta Journal-Constitution*, September 14, 1913, 4.

13. "As Bryan's Child Aldrich Attacks Money Measure," *Atlanta Journal-Constitution*, October 16, 1913, 1.

14. Channing Rudd, "How Money Makes Money," *Sun* (London), December 25, 1913, A2.

四章　狂気、悪夢、絶望、混乱――中央銀行が失敗するとき、その二幕

1. Gerald D. Feldman, *The Great Disorder: Politics, Economics, and Society in the German Inflation, 1914-1924* (Oxford, London: Oxford University Press, 1993), 32.
2. Ibid., 32.
3. Ibid., 33.
4. Ibid., 148.
5. Harold Nicolson, *Peacemaking, 1919, Being Reminiscences of the Paris Peace Conference* (Bethesda: Simon Publications, 1933).
6. Adam Fergusson, *When Money Dies: The Nightmare of the Weimar Collapse* (London: William Kimber, 1975), 140.〔『ハイパーインフレの悪夢　ドイツ「国家破綻の歴史」は警告する』黒輪篤嗣、桐谷知未訳、新潮社〕
7. Ibid., 113.
8. Feldman, *The Great Disorder*, 583.
9. Bernd Widdig, *Culture and Inflation in Weimar Germany* (Berkeley: University of California Press, 2001), 45.
10. Fergusson, *When Money Dies*, 171.
11. Ibid., 175.
12. Adam Smith [George J.W. Goodman], *Paper Money* (New York: Dell, 1982), 57.〔『ペーパー・マネー』風間禎三郎訳、ティビーエス・ブリタニカ〕
13. Edwin Lefevre, "The Little Fellow in Wall Street," *Saturday Evening Post*, January 4, 1930.
14. Liaquat Ahamed, *Lords of Finance: The Bankers Who Broke the World* (London: Penguin Press, 2009), 260.〔『世界恐慌　経済を破綻させた4人の中央銀行総裁』吉田利子訳、筑摩書房〕
15. Ibid., 260.
16. Ibid., 259.
17. Allan H. Meltzer, *A History of the Federal Reserve Vol. 1, 1913-1951* (Chicago: University of Chicago Press, 2003), 294.
18. Charles S. Hamlin, address, Dinner in Honor of Visiting Journalists, Washington, DC, May 26, 1930.
19. Charles Kindleberger, *The World in Depression: 1929-1939* (Berkeley: University of California Press, 1973), 131.〔『大不況下の世界　1929-1939』石崎昭彦、木村一朗訳、岩波書店〕
20. Meltzer, *A History of the Federal Reserve*, 323.
21. Milton Friedman and Anna Jacobson Schwartz, *A Monetary History of the United States: 1867-1960* (Princeton: Princeton University Press, 1963), 308.
22. Ahamed, *Lords of Finance*, 415.
23. Andrew Boyle, *Montagu Norman: A Biography* (New York: Weybright and Talley, 1967), 281.

24. Ibid., 281.

25. Barry Eichengreen, *Golden Fetters: The Gold Standard and the Great Depression, 1919-1939* (New York: Oxford University Press, 1992), 263-64.

26. Ralph A. Young, memorandum to William McChesney Martin, August 25, 1961, http://fraser.stlouisfed.org/docs/historical/martin/21_04_19610825.pdf

27. Ahamed, *Lords of Finance,* 418.

28. Robert Skidelsky, *John Maynard Keynes, 1883-1946: Economist, Philosopher, Statesman* (London: Penguin, 2003), 448.

29. Ahamed, *Lords of Finance,* 430.

30. Skidelsky, *John Maynard Keynes*, 449.

31. Studs Terkel, *Hard Times: An Oral History of the Great Depression* (New York: New Press, 1970), 218.〔『大恐慌！』小林等、高橋早苗、忠平美幸、藤井留美、矢羽野薫訳、作品社〕

五章　アーサー・バーンズの憂鬱

1. William Safire, *Before the Fall: An Inside View of the Pre-Watergate White House* (New York: Belmont Tower Books, 1975), 510.

2. Ibid., 517.

3. Robert H. Ferrell, ed. *Inside the Nixon Administration: The Secret Diary of Arthur Burns, 1969-1974* (Lawrence: University Press of Kansas, 2010), 49.

4. Milton Viorst, "The Burns Kind of Liberal Conservatism," *New York Times*, November 9, 1969.

5. Eileen Shanahan, "Nixon Aide Sees Price Rise Relief," *New York Times*, February 1, 1970.

6. Stephen H. Axilrod, *Inside the Fed* (Cambridge: MIT Press, 2009), 62.〔『アメリカ連邦準備制度の内幕　議長側近の見たアメリカ金融政策とその運営　マーテインからミラー、ボルカー、グリーンスパンを経てバーナンキまで』田村勝省訳、一灯舎〕

7. Ferrell, *Inside the Nixon Administration,* 47-48.

8. Wyatt C. Wells, *Economist in an Uncertain World: Arthur F. Burns and the Federal Reserve, 1970-1978* (New York: Columbia University Press, 1994), 73.

9. Ferrell, *Inside the Nixon Administration,* 48.

10. Burton A. Abrams, "How Richard Nixon Pressured Arthur Burns; Evidence from the Nixon Tapes," *Journal of Economic Perspectives* 20, no. 4 (Fall 2006).

11. *Time*, December 14, 1970.

12. "Business: 1970: The Year of the Hangover," *Time,* December 28, 1970.

13. David Frum, *How We Got Here: The 70's* (New York: Basic Books, 2000), 291.

14. William Greider, *Secrets of the Temple* (New York: Simon & Schuster, 1989), 66.

15. Donald F. Kettl, *Leadership at the Fed* (New Haven, Connecticut: Yale University Press, 1986).

16. Eric Gelman et al., "America's Money Master," *Newsweek*, February 24, 1986, 46.

17. Greider, *Secrets of the Temple,* 86.

18. Ibid., 116.

19. Arthur F. Burns, "The Anguish of Central Banking," lecture, Per Jacobsson Foundation Lectures, Belgrade, September 30, 1979.

20. "Meeting of the Federal Open Market Committee," transcript, Board of Governors of the Federal Reserve System, Washington, DC, October 6, 1979.

21. Joseph R. Coyne, "Reflection on the FOMC Meeting of October 6, 1979," *Federal Reserve Bank of St. Louis Review* 87, no. 2 (March/April 2005), 313.

22. Peter T. Kilborn, "Already a New Look at a Legend," *New York Times*, January 24, 1988.

23. David Pauly et al., "The Credit Crunch Is On," *Newsweek*, March 31, 1980, 52.

24. Joseph B. Treaster, *Paul Volcker: The Making of a Financial Legend* (Hoboken: John Wiley & Sons, 2000), 6.〔『ポール・ボルカー』中川治子訳、日本経済新聞社〕

25. Ibid.

六章　マーストリヒトでルーレットを回す

1. Gilbert Kaplan, "Mad about Music," June 6, 2004, radio broadcast, transcript, http://www.wqxr.org/#!/programs/mam/2004/jun/06/

2. Sebastian Mallaby, *More Money Than God: Hedge Funds and the Making of a New Elite* (London: Penguin Press, 2010), 161.〔『ヘッジファンド　投資家たちの野望と興亡』三木俊哉訳、楽工社〕

3. Larry Elliott, Will Hutton, and Julie Wolf, "Pound Drops Out of ERM," *Guardian*, September 17, 1992, 1.

4. Otmar Issing, *The Birth of the Euro* (Cambridge: Cambridge University Press, 2008), 3.

5. "The Schuman Declaration–9 May 1950," European Union, http://europa.eu/about-eu/basic-information/symbols/europe-day/schuman-declaration/index_en.htm

6. Issing, *The Birth of the Euro,* 23.

7. Mary Elise Sarotte, *1989: The Struggle to Create Post-Cold War Europe* (Princeton: Princeton University Press, 2009), 37.

8. Ibid., 43.

9. Karl Jaspers and Hannah Arendt, *Correspondence, 1926-1969* (New York: Mariner, 1993), 17.〔『アーレント＝ヤスパース往復書簡　1926-1969』大島かおり訳、みすず書房〕

10. Kenneth Dyson and Kevin Featherstone, *The Road to Maastricht: Negotiating Economic and Monetary Union* (Oxford: Oxford University Press, 1999), 202.

11. Sarah Lambert, "Mozart Ushers in New Dawn at Maastricht," *Independent* (London), February 8, 1992, 9.

12. Rudiger Dornbusch, "The Euro Controversy," MIT Department of Economics Editorial, 2001.

13. "Federal Taxes Paid vs. Spending Received by State," Tax Policy Center, October 19, 2007,

http://taxfoundation.org/tax-topics/federal-taxes-paid-vs-spending-received-state
14. Timothy Curry and Lynn Shibut, "The Cost of the Savings and Loan Crisis: Truth and Consequences," *FDIC Banking Review* 13, no. 2 (December 2000), 26-35.
15. FDIC Division of Research and Statistics, *History of the Eighties, vol.1, An Examination of the Banking Crises of the 1980s and early 1990s*, 183, http://www.fdic.gov/bank/historical/history/vol1.html
16. Michael Keegan and Stephen Rountree, "Map: U.S. Migration Flows," *Pew Research Center*, December 17, 2008, http://www.pewsocialtrends.org/2008/12/17/u-s-migration-flows/
17. Paul Krugman, "The Euro: Beware of What You Wish For," *Fortune,* December 1998.
18. Lionel Barber, "The Euro: Single Currency, Multiple Injuries: Lionel Barber Recounts the Race for the ECB Presidency and the Price of Chirac's Insistence on a Frenchman," *Financial Times*, May 5, 1998, 2.
19. Alastair Campbell, *The Blair Years: Excerpts from the Alastair Campbell Diaries* (London: Hutchinson, 2007), 299.
20. Katherine Butler, "Blair Seals Backroom Deal over Presidency of Central Bank but Experts Fear Ferocious Row Could Ruin Currency's Credibility," *Independent* (London), May 4, 1998.

七章　速水優、トマトケチャップ、ゼロ金利政策の苦悩

1. Ben S. Bernanke, "Comment on America's Historical Experience with Low Inflation," *Journal of Money, Credit, and Banking* 32, no. 4 (November 2000, Part 2), 995.
2. Richard Werner, *Princes of the Yen: Japan's Central Bankers and the Transformation of the Economy* (Armonk, New York: M.E. Sharpe, 2003), 89.
3. Ibid., 96.
4. Ibid., 62.
5. Ibid., 61.
6. Richard C. Koo, *The Holy Grail of Macroeconomics: Lessons from Japan's Great Recession* (Hoboken, New Jersey: John Wiley & Sons, 2009), 237.
7. Ben S. Bernanke, "Making Sure 'It' Doesn't Happen Here," remarks, National Economists Club, Washington, DC, November 21, 2002, http://www.federalreserve.gov/BOARDDOCS/SPEECHES/2002/20021121/default.htm
8. Alexander Urquhart, "BOJ Resists Government Bond Fund Scheme," *South China Morning Post*, February 12, 1999, 5.
9. Ben S. Bernanke, "Japanese Monetary Policy: A Case of Self-Induced Paralysis," paper, ASSA Meetings, Boston, January 9, 2000.
10. "End to Deflation Fears Nearing, BOJ Chief Says," *Japan Times*, May 20, 2000.
11. "BOJ Adopts Quantitative Monetary Easing Policy," *Daily Yomiuri* (Tokyo), March 20,

2001, 1.

12. Mayumi Negishi, "Hayami says Jesus Guided Him through Five-Year Ordeal," *Japan Times*, March 20, 2003.
13. Alan S. Blinder, "Monetary Policy at the Zero Lower Bound: Balancing the Risks," *Journal of Money, Credit, and Banking* 32, no. 4 (November 2000), 1093.
14. Kazuo Ueda, "Japan's Experience with Zero Interest Rates," *Journal of Money, Credit, and Banking* 32, no. 4 (November 2000), 1107.

八章　ジャクソンホール合意と大いなる安定期

1. Tim Todd and Bill Medley, *In Late August* (Kansas: Federal Reserve Bank of Kansas City, 2011).
2. Eric Gelman, "America's Money Master," *Newsweek*, February 24, 1986.
3. Paul Krugman, "Pre-reading for Jackson Hole," *Conscience of a Liberal* (blog), *New York Times*, August 25, 2011.
4. Jon Hilsenrath, "The Path of Kohn: Crisis Changes a Fed Vet," *Wall Street Journal*, April 11, 2009.
5. "In Come the Waves," *Economist*, June 16, 2005.
6. Federal Reserve Statistical Release, accession number Z.1.B.100.eB.100, http://federalreserve.gov/releases/z1/; Bureau of Economic Analysis, "Gross Domestic Product," http://bea.gov/national/index.htm#gdp
7. Ricardo Gimeno and Carmen Martinez-Carrascal, "The Interaction between House Prices and Loans for House Purchase: The Spanish Case," working paper, Banco de España, 2006, http://ideas.repec.org/p/bde/wpaper/0605.html
8. Ben S. Bernanke, "The Global Saving Glut and the U.S. Current Account Deficit," remarks, Sandbridge Lecture, Virginia Association of Economists, Richmond, March 10, 2005.
9. SIFMA database (U.S. corporate issuance data), http://www.sifma.org/research/statistics.aspx
10. Jean-Claude Trichet, interview with *Financial Times,* May 14, 2007, http://www.ecb.eu/press/key/date/2007/html/sp070518.en.html
11. Edmund Andrews, "Greenspan Is Concerned about 'Froth' in Housing," *New York Times*, May 21, 2005.
12. "Old Lady Is Dazed and Confused," *Guardian City Pages,* August 18, 2005.
13. "Meeting of the Federal Open Market Committee," transcript, Board of Governors of the Federal Reserve System, Washington, DC, June 29-30, 2005.
14. Ibid.
15. "Meeting of the Federal Open Market Committee," transcript, Board of Governors of the Federal Reserve System, Washington, DC, December 13, 2005.
16. Alan Greenspan, "Opening Remarks," Federal Reserve Bank of Kansas City Economic

Symposium, Jackson Hole, August 2005.
17. 映画『インサイド・ジョブ　世界不況の知られざる真実』などを参照。
18. Hyun Song Shin, "Commentary: Has Financial Development Made the World Riskier," Federal Reserve Bank of Kansas City Economic Symposium, Jackson Hole, August 2005.

九章　三人の委員会

1. Robert J. Shiller, "Understanding Recent Trends in House Prices and Homeownership," Federal Reserve Bank of Kansas City Economic Symposium, August 31, 2007.
2. Jean-Claude Trichet, "Europe: Cultural Identity," speech, Center for Financial Studies, Frankfurt, March 16, 2009.
3. Corinne Lhaik, "Interview with Jean-Claude Trichet," *L'Express*, September 29, 2004, http://www.ecb.int/press/key/date/2004/html/sp041009.en.html
4. Jack Ewing, "A Fight to Make Banks More Prudent," *New York Times*, December 20, 2011, B1.
5. Krista Hughes, "How Jean-Claude Changed the ECB," *Reuters*, November 9, 2010.
6. David Marsh, *The Euro: The Battle for the New Global Currency* (New Haven, Connecticut: Yale University Press, 2009), 220.〔『ユーロ　統一通貨誕生への道のり、その歴史的・政治的背景と展望』田村勝省訳、一灯舎〕
7. James G. Neuger and Simon Kennedy, "Trichet Life Compass Points to Euro at Center of European Unity," *Bloomberg News*, June 7, 2010.
8. David Wessel, *In Fed We Trust: Ben Bernanke's War on the Great Panic* (New York: Crown Business, 2009), 70.〔『バーナンキは正しかったか？　FRBの真相』藤井清美訳、朝日新聞出版〕
9. Rich Miller and Jennifer Ryan, "Europe Crisis Rescue Begins with MIT Men as a Matter of Trust," *Bloomberg News*, January 12, 2012.
10. Ben White, "Bernanke Unwrapped," *Washington Post*, November 15, 2005.
11. Alistair Darling, *Back from the Brink: 1000 Days at No. 11* (London: Atlantic Books, 2011), 14.
12. Ibid., 70.
13. Chris Giles, "The Court of King Mervyn," *Financial Times Weekend Magazine,* May 5-6, 2012, 17.
14. Ibid., 17.
15. "Mervyn King," *Mad about Music*, WQXR, June 6, 2004, http://www.wqxr.org/#!/programs/mam/2004/jun/06/

一〇章　クリスマスまでには終わるだろう

1. "Customers queue at Northern Rock," YouTube, accessed April 15, 2012, http://www.youtube.com/watch?v=EyVk8EI6asQ

2. Alistair Darling, *Back from the Brink: 1000 Days at No. 11* (London: Atlantic Books, 2011).
3. "Run on the Rock," *Treasury Select Committee of the House of Commons Report I*, January 24, 2008.
4. Ibid., 48.
5. Darling, *Back from the Brink.*
6. "Run on the Rock," 63.
7. Darling, *Back from the Brink,* 28.
8. Hyun Song Shin, "Global Banking Glut and Loan Risk Premium," paper, 12th Jacques Polak Annual Research Conference, International Monetary Fund, November 10-11, 2011.
9. "Term Auction Facility lending details," Federal Reserve Board, December 1, 2010, http://www.federalreserve.gov/newsevents/reform_taf.htm
10. European Central Bank Press Release Database, bond purchase data, http://www.ecb.int/press/
11. John Brinsley and Anthony Massucci, "Volcker Says Fed's Bear Loan Stretches Legal Power," *Bloomberg News*, April 8, 2008.
12. Jean-Claude Trichet, "President's Address," speech, ECB and its Watchers IX Conference, Frankfurt, German, September 7, 2007, http://www.ecb.int/press/key/date/2007/html/sp070907.en.html
13. Jean-Claude Trichet, press conference, June 5, 2008, http://www.ecb.int/press/pressconf/2008/html/is080605.en.html
14. Jean-Claude Trichet, press conference, July 3, 2008, http://www.ecb.int/press/pressconf/2008/html/is080703.en.html
15. Anton R. Valukas, *Lehman Brothers Holdings Inc. Chapter 11 Proceedings Examiner Report* 8(2010), 12.
16. Scott Alvarez, "Re: Lehman Good Bank/Bad Bank idea discussed last night," e-mail message to Kieran Fallon, July 15, 2008, obtained by Financial Crisis Inquiry Commission, http://fcic.law.stanford.edu/resource
17. Patrick M. Parkinson, "Re: Fw: Our Options in the Event of a Run on LB," e-mail message to Scott Alvarez et al., July 21, 2008.
18. Joseph Sommer, "Re: another option we should present re triparty," e-mail message to Jamie McAndrews et al., July 13, 2008.
19. *Treasury Committee Hearing on Bank of England, August 2008 Inflation Report* (September 11, 2008), http://www.parliament.the-stationery-office.co.uk/pa/cm200708/cmselect/cmtreasy/uc1033-i/uc103302.htm
20. Jean Claude Trichet, speech, 2008 Eurofi Conference, Nice, France, September 11, 2008, http://www.ecb.int/press/key/date/2008/html/sp080911_2.en.html

一一章　マネーの壁

1. Ben Bernanke, lecture, George Washington University, Washington, DC, March 27, 2012, transcript by Federal News Service.
2. Edward P. Lazear, "The Euro Crisis: Doubting the 'Domino' Effect, "*Wall Street Journal,* October 31, 2011.
3. Michael Grunwald, "Person of the Year 2009," *Time*, December 16, 2009.
4. Ibid.
5. Aine Hegarty, "Don't Panic! Finance Minister Moves to Allay Savings Fears of Bank Customers," *Mirror*, September 20, 2008.
6. Bloomberg News database, lending data, http://www.bloomberg.com/data-visualization/federal-reserve-emergency-lending/
7. Andrew Ross Sorkin, *Too Big to Fail: How Wall Street and Washington Fought to Save the Financial System–and Themselves* (New York: Viking, 2009), 526.〔『リーマン・ショック・コンフィデンシャル』加賀山卓朗訳、早川書房〕
8. Karlyn Bowman and Andrew Rugg, "TARP, the Auto Bailout, and the Stimulus: Attitudes about the Economic Crisis," American Enterprise Institute, May 2010, http://www.aei.org/files/2010/04/22/EconomicCrisis-2010.pdf
9. "Trichet orders Lenihan 'Save your banks at all costs,'" YouTube, http://www.youtube.com/watch?v=WDN7NiEdNJ0
10. Shane Ross, *The Bankers: How the Banks Brought Ireland to Its Knees* (Dublin: Penguin Ireland, 2009), 196.
11. Alistair Darling, *Back from the Brink: 1000 Days at No. 11* (London: Atlantic Books, 2011), 143.
12. Ibid., 143.
13. Craig Whitlock and Ed Cody, "Europe Beginning to Realize Its Lenders Share the Blame," *Washington Post*, October 2, 2008, A12.
14. Marcus Walker, Joellen Perry, and David Gauthier-Villars, "EU Is Divided on Crisis Measures," *Wall Street Journal*, October 2, 2008.
15. Carlo Bastasin, *Saving Europe: How National Politics Nearly Destroyed the Euro* (Washington, DC: Brookings Institution Press, 2012), 15.
16. Ibid., 55.
17. Paul Wiseman, "Bernanke Nonplussed by Dissenters," *Associated Press*, September 19, 2011.
18. David Wessel, *In Fed We Trust: Ben Bernanke's War on the Great Panic* (New York: Crown Business), 2009, 258.

一二章　ＦＲＢの闘い

1. Michael Mandel, "Behind Bernanke's Charm Offensive," *BusinessWeek*, July 30, 2009.
2. Gerald Seib, "In Crisis, Opportunity for Obama," *Wall Street Journal*, November 21, 2008.

3. Neil Irwin and Binyamin Appelbam, "Lawmakers Balk as Administration Tries to Redefine Central Bank's Role," *Washington Post*, June 19, 2009, A1.
4. *Semiannual Monetary Policy Report to the Congress, Before the House Financial Services Committee*, 111th Cong., February 24, 2010, statement of Ben Bernanke, Chairman of the Federal Reserve.
5. *Confirmation Hearing, Before the Senate Banking Committee,* 111th Cong., December 3, 2009, statement of Ben Bernanke, Chairman of the Federal Reserve.
6. Phil Izzo, "Economists Call for Bernanke to Stay, Say Recession Is Over," *Wall Street Journal*, August 11, 2009.
7. *Executive Session to Vote on Nominees,* Senate Banking Comm., 111th Cong., December 17, 2009.
8. Neil Irwin and Lori Montgomery, "Populist Backlash Puts Bernanke under Siege," *Washington Post*, January 23, 2010, A1.
9. "Senate Session, Part 1," U.S. Senate (Washington, DC: C-Span, May 11, 2010), http://www.c-spanvideo.org/program/293440-1
10. Bernie Sanders, Federal News Service press conference transcript, Washington, DC, May 11, 2010, http://www.fednews.com/

一三章　ギリシャ悲劇

1. Jean-Claude Trichet, press conference, European Central Bank, Frankfurt, Germany, January 14, 2010, http://www.ecb.int/press/pressconf/2010/html/is100114.en.html
2. Ibid.
3. Howard Schneider and Anthony Faiola, "Hesitation by Leaders Drove Cost of Europe's Crisis Higher," *Washington Post*, June 16, 2010.
4. *Federal Reserve's exit strategy, Before the House Committee on Financial Services,* 112th Cong., February 10, 2010, statement by Ben S. Bernanke, Chairman of the Federal Reserve.
5. Jim Flaherty, "G7 Chair's Summary," remarks, G7 Meeting of Finance Ministers and Central Bank Governors, Iqaluit, Canada, February 6, 2010, http://www.g7.gc.ca/news-nouvelles-eng.html
6. Carlo Bastasin, *Saving Europe: How National Politics Nearly Destroyed the Euro* (Washington, DC: Brookings Institution Press, 2012), 183.
7. Jean-Claude Trichet, "Introductory statement before the Plenary of the European Parliament," speech, European Parliament, Brussels, Belgium, March 25, 2010, http://www.ecb.int/press/key/date/2010/html/sp100325.en.html
8. Jean-Claude Trichet, press conference, European Central Bank, Frankfurt, Germany, March 4, 2010.
9. Jean-Claude Trichet, press conference, European Central Bank, Frankfurt, Germany, April 8, 2010.

10. Stephen Castle and Matthew Saltmarsh, "Europeans Reach Deal on Rescue Plan for Greece," *New York Times*, March 25, 2010.
11. International Monetary Fund's World Economic Outlook Database, GDP and other indicators, http://www.imf.org/
12. George A. Papandreou, "Imperative Need to Activate the Support Mechanism," speech, Castelorizo, Greece, April 23, 2010, http://www.papandreou.gr
13. George Papaconstantinou and George Provopoulos, e-mail correspondence to Dominique Strauss-Kahn, May 3, 2010.
14. Jean-Claude Trichet, press conference, Lisbon, Portugal, May 6, 2010, http://www.ecb.int/press/pressconf/2010/html/is100506.en.html
15. Dan Bilefsky, "Three Reported Killed in Greek Protests," *New York Times*, May 6, 2010, A6.
16. "The ECB's Last Option: Bring out the Hank Paulson Bazooka," *Business Insider*, May 5, 2010.
17. Trichet, press conference, May 6, 2010.
18. "Findings Regarding the Market Events of May 6, 2010," *Report of the Staffs of the CFTC and SEC to the Joint Advisory Committee on Emerging Regulatory Issues*, Sept. 30, 2010, http://www.sec.gov/news/studies/2010/marketevents-report.pdf
19. Bastasin, *Saving Europe*, 201.
20. James G. Neuger and Simon Kennedy, "Trichet Life Compass Points to Euro at Center of European Unity," *Bloomberg News*, June 7, 2010.
21. "How the Euro Rescue Package Came Together," *Der Spiegel*, May 17, 2010.
22. Ibid.
23. Gianni Toniolo, *Central Bank Coordination at the Bank for International Settlements, 1930-1973* (Cambridge: Cambridge University Press, 2005), 198.
24. David Wessel, *In Fed We Trust: Ben Bernanke's War on the Great Panic* (New York: Crown Business 2009), 1.
25. Calendars of the Treasury Secretary, http://www.treasury.gov/FOIA/Pages/calendars.aspx
26. "How the Euro Rescue Package Came Together," *Der Spiegel*.
27. Ibid.
28. David Tweed and Simone Meier, "Trichet Indicates ECB Decision to Buy Bonds Wasn't Backed by All Members," *Bloomberg News*, May 10, 2010.

一四章　英国王のスピーチ

1. Alistair Darling, *Back from the Brink: 1,000 Days at No. 11* (London: Atlantic Books, 2011), 254.
2. Mervyn King, Speech at the Lord Mayor's Banquet for Bankers and Merchants of the City

of London at the Mansion House, June 17, 2009.
3. Darling, *Back from the Brink*, 254.
4. Edmund Conway, *Daily Telegraph*, June 18, 2009, 1.
5. Dan Conaghan, *The Bank: Inside the Bank of England* (London: Biteback Publishing, 2012), 219.
6. Charles Moore, "We Prevented a Great Depression, but People Have the Right to Be Angry," *Daily Telegraph*, March 5, 2011, 4.
7. Banking Act of 2009, http://www.legislation.gov.uk/ukpga/2009/1/part/7/crossheading/bank-of-england/enacted
8. Treasury–Minutes of Evidence: Bank of England May 2009 Inflation Report, http://www.publications.parliament.uk/pa/cm200809/cmselect/cmtreasy/763/09062401.htm
9. Mervyn King, press conference, Quarterly Inflation Report, February 10, 2010, http://www.bankofengland.co.uk/publications/Documents/inflationreport/conf100210.pdf
10. Daniel Bentley, "Top Economists Call for Rapid Deficit Cut," *Independent* (London), February 14, 2010.
11. Darling, *Back from the Brink*, 241.
12. U.S. Embassy London, "Bank of England Governor: Concern about Recovery," Cable 10LONDON364, http://wikileaks.org/cable/2010/02/10LONDON364.html
13. David Laws, *22 Days in May: The Birth of the Lib Dem-Conservative Coalition* (London: Biteback Publishing, 2010), 109.
14. Bank of England, Quarterly Inflation Report Q&A, May 12, 2010, http://www.bankofengland.co.uk/publications/Documents/inflationreport/conf120510.pdf
15. James Kirkup, "First Swing of the Axe: Osborne £6 Billion 'Taste' of Where the Axe Will Fall," *Daily Telegraph*, May 24, 2010, 1.
16. Mervyn King, Speech at the Lord Mayor's Banquet for Bankers and Merchants of the City of London at the Mansion House, June 16, 2010, http://www.bankofengland.co.uk/archive/Documents/historicpubs/speeches/2010/speech437.pdf
17. David Blanchflower, "Mervyn King Must Go," *Guardian*, December 1, 2010, http://www.guardian.co.uk/commentisfree/2010/dec/01/mervyn-king-bank-of-england
18. Jennifer Ryan and Thomas Penny, "Cameron Backs King as Wikileaks Cites BOE Chief's Concern on Inexperience," *Bloomberg News*, December 1, 2010.
19. Bank of England 2011 Inflation Report, Transcript of Treasury Select Committee, March 1, 2011, http://www.publications.parliament.uk/pa/cm201011/cmselect/cmtreasy/798/11030102.htm
20. Andrew Sentance, "Ten Good Reasons to Tighten," speech before the Ashridge Alumni Business Briefing at the Institute of Directors, London, February 24, 2011, http://www.bankofengland.co.uk/publications/Documents/speeches/2011/speech476.pdf

一五章　ＱＥ２の危険な処女航海

1. *Glenn Beck*, transcript, Fox News Network, New York, November 3, 2010.
2. Robert Costa, "Palin to Bernanke: Cease and Desist," *National Review Online*, November 7, 2010, http://www.nationalreview.com/corner/252715/palin-bernanke-cease-and-desist-robert-costa
3. *Fox News Sunday with Chris Wallace*, transcript, Fox News Network, New York, November 7, 2010.
4. "Interview with German Finance Minister Schäuble," *Der Spiegel*, November 8, 2010.
5. Christopher Bodeen, "China Knocks U.S. Plan to Pump Money into System," *Associated Press*, November 8, 2010.
6. David Weigel, "The Man behind the Quantitative Easing Cartoon Speaks!" *Slate*, November 22, 2010.
7. Kevin M. Warsh, "The New Malaise and How to End It," *Wall Street Journal*, November 8, 2010.
8. Neil Irwin, "Federal Reserve Weighs Steps to Offset Slowdown in Economic Recovery," *Washington Post*, July 8, 2010.
9. "Board of Governors of the Federal Reserve," redacted transcript, March 7, 2012, 491, http://www.federalreserve.gov/foia/files/2007-2010-draft-fomc-transcript-excerpts.pdf
10. Chairman's Calendar, November 2010, obtained through Freedom of Information Act request to Federal Reserve Board of Governors.
11. *60 Minutes*, transcript, CBS News, December 5, 2010.
12. Ben S. Bernanke, press conference, Federal Reserve, Washington, DC, June 22, 2011.

一六章　チョッパー、トロイカ、ドーヴィルの密約

1. Fiach Kelly, "The Day 'Chopper' Rolled into Town," *Irish Independent*, November 19, 2010.
2. Declan Lynch, "Paddy Gets His Answer to the Only Question That Matters," *Sunday Independent*, December 5, 2010.
3. Kelly, "The Day 'Chopper' Rolled into Town."
4. Finbarr Flyn, "Ryanair CEO Says $823 Million Dublin Terminal Explains Why Nation 'Broke,'" *Bloomberg News*, November 19, 2010.
5. Walter Naugton, "Better Chopra Than Our Hopeless Lot," *Irish Independent*, November 22, 2010, http://www.independent.ie/opinion/letters/better-chopra-than-our-hopeless-lot-2429998.html
6. Henry McDonald, Elena Moya, and Andrew Clark, "From Defiance to Capitulation: Six Days That Humbled Ireland," *Guardian*, November 20, 2010.
7. "Consolidated financial statement of the Eurosystem as at 27 August 2010," press release, European Central Bank, Frankfurt, Germany, August 27, 2010, http://www.ecb.int/press/pr/wfs/2010/html/fs100831.en.html

8. Angela Merkel, "Laudatio der Bundeskanzelerin der Bundesrepublic Deutschland," speech, Aachen, Germany, May 13, 2010, translated by Carlo Bastasin in *Saving Europe: How National Politics Nearly Destroyed the Euro* (Washington, DC: Brookings Institution Press, 2012), 219.
9. Bastasin, *Saving Europe*, 236.
10. "Franco-German Declaration: Statement for the France-Germany-Russia," summit, Deauville, France, October 18, 2010, http://www.euo.dk/upload/application/pdf/1371f221/Franco-german_declaration.pdf
11. Charles Forelle, David Gauthier-Villars, Brian Blackstone, and David Enrich, "As Ireland Flails, Europe Lurches across the Rubicon," *Wall Street Journal*, December 27, 2010, A1.
12. Joshua Chaffin and Peter Spiegel, "Franco-German Bail-out Pact Divides EU," *Financial Times*, October 24, 2010.
13. Forelle et al., "As Ireland Flails."
14. Bastasin, *Saving Europe*, 239.
15. Jean-Claude Trichet and Vitor Constancio, "Introductory statement with Q&A," speech, Frankfurt, Germany, November 4, 2010, http://www.ecb.int/press/pressconf/2010/html/is101104.en.html
16. Universität Osnabrück, Euro Crisis Monitor, http://www.iew.uni-osnabrueck.de/en/8959.htm
17. Trichet and Constancio, "Introductory statement."
18. Arthur Beesley, "Ireland's Meltdown Is the Outcome of the Policies of Its Elected Politicians," *Irish Times*, January 15, 2011, 11.
19. James G. Neuger and Simon Kennedy, "Ireland Gets $113 Billion Bailout as EU Ministers Seek to Halt Debt Crisis," *Bloomberg News*, November 29, 2010.
20. "European Council 16-17 December 2010 Conclusions," transcript, Brussels, Belgium, January 25, 2011, http://www.consilium.europa.eu/uedocs/cms_data/docs/pressdata/en/ec/118578.pdf
21. Susana Morela Marques, "Portugal's Eurovision Protest," *Guardian*, May 2, 2011.
22. Peter Wise, "Portugal's 'Desperate Generation' Cries Out," *Financial Times*, March 11, 2011.
23. "Greece: Clashes in Athens between Police and Protesters," *BBC News*, May 11, 2011, http://www.bbc.co.uk/news/world-europe-13356923
24. Erik Kirschbaum, "Suicides Have Greeks on Edge before Election," *Reuters*, April 28, 2012.
25. Bastasin, *Saving Europe*, 275.
26. Jussi Rosendahl and Terhi Kinnunen, "Populist Party Surges in Finn Poll, EU Aid at Risk," *Reuters*, April 17, 2011.
27. Jean-Philippe LaCour, Karl Meyer, and Dominique Seux, ["ECB: Paris-Berlin Conflict for the Succession of Trichet"], *Les Echos*, January 18, 2011, 8.

28. Veit Medick and Philipp Wittrock, "Weber's Departure Undermines Merkel's EU Clout," *Der Spiegel*, February 11, 2011.
29. Quentin Peel, "Draghi Wins Over German Newspaper," *Financial Times*, April 29, 2011.
30. Ibid.
31. Stephen Castle and Jack Ewing, "Merkel Signals Support for Italian to Lead ECB," *New York Times*, May 11, 2011.
32. Trichet and Constancio, "Introductory statement."

一七章　ヨーロッパの大統領

1. Renee Maltezou, "Greek Police Clash with Anti-austerity Protesters," *Reuters*, February 23, 2011.
2. Christian Reiermann, "Greece Considers Exit from Euro Zone," *Der Spiegel*, May 7, 2011.
3. Charles Forelle, "Luxembourg Lies on Secret Meeting," *Real Time Brussels* (blog), *Wall Street Journal*, May 9, 2011, http://blogs.wsj.com/brussels/2011/05/09/luxembourg-lies-on-secret-meeting/
4. Christopher Dickey and John Solomon, "The Strauss-Kahn Timeline," *Newsweek*, July 24, 2011.
5. Dan Bilefsky, "The French Reaction to IMF Chief's Arrest," *Lede* (blog), *New York Times*, May 15, 2011, http://thelede.blogs.nytimes.com/2011/05/15/the-french-reaction-to-i-m-f-chiefs-arrest/
6. Landon Thomas Jr., "Woman in 2008 Affair Is Said to Have Accused IMF Director of Coercing Her," *New York Times*, May 16, 2011.
7. George Georgiopoulos and Harry Papachristou, "IMF Says Greece Must 'Reinvigorate' Reform Drive," *Reuters*, May 18, 2011.
8. Daniel Steinvorth, "Greek Government Hauls Billions in Back Taxes," *Der Spiegel*, August 2, 2010, http://www.spiegel.de/international/europe/
9. Elena Becatoros, "Greek Opposition Party Rejects New Austerity Plan," *Associated Press*, May 24, 2011.
10. Ibid.
11. Stephen Castle, "IMF Gets Tough with Europe; Aid to Greece Withheld for Now," *International Herald Tribune*, June 21, 2011, 3.
12. Renee Maltezou and Harry Papachristou, "Greek Police Battle Rioters as Austerity Bill Passed," *Reuters*, June 29, 2011.
13. Jean-Claude Trichet, press conference, European Central Bank, Frankfurt, Germany, June 9, 2011, http://www.ecb.int/press/pressconf/2011/html/is110609.en.html
14. Antonio Borges and Aasim Husain, "IMF Country Report No. 11/184," working paper, Staff Report for the 2011 Article IV Consultation with Member Countries, European Department, Washington, DC, July 1, 2011, http://www.imf.org/external/pubs/ft/

scr/2011/cr11184.pdf

15. Landon Thomas Jr. and Stephen Castle, "The Denials That Trapped Greece," *New York Times*, November 5, 2011.
16. Thomas Jr., 2011.
17. Carlo Bastasin, *Saving Europe: How National Politics Nearly Destroyed the Euro* (Washington, DC: Brookings Institution Press, 2012), 294.
18. Klaus C. Engelen, "Ackermann's Banker War Room," *International Economy*, Summer 2011, 62.
19. "Greece Financing Offer: Statement by IIF Board of Directors," official statement, Institute of International Finance, Brussels, Belgium, July 21, 2011, http://www.iif.com/press/press+198.php
20. Bastasin, *Saving Europe*, 287.
21. "Trichet e Draghi: un'azione pressante per ristabilire la fiducia degli investitori," *Corriere della Sera*, September 29, 2011, http://www.corriere.it/economia/11_settembre_29/trichet_draghi_inglese_304a5f1e-ea59-11e0-ae06-4da866778017.shtml
22. Peter Müller et al., "Breaking Taboos: Concerns Mount in Germany over ECB Bond Buys," *Der Spiegel*, August 15, 2011.
23. Giulia Segreti, "Rome orders €45 Billion in Cuts and Taxes," *Financial Times*, August 12, 2011.
24. Anthony Faiola, "Amid Crisis, Italy Confronts a Culture of Tax Evasion," *Washington Post*, November 24, 2011.
25. European Central Bank Press Release Database, bond purchase data, http://www.ecb.int/press/
26. Vanessa Gera, "Kissinger Says Calling Europe Quote Not Likely His," *Associated Press*, June 27, 2012.
27. Jeff Black and Jana Randow, "Trichet Turns 'President of Europe' as Debt Crisis Stuns Political Leaders," *Bloomberg News*, August 9, 2011.
28. "Jürgen Stark resigns from his position," ECB Press release, European Central Bank, Frankfurt, Germany, September 9, 2011, http://www.ecb.int/press/pr/date/2011/html/pr110909.en.html
29. Jack Ewing and Nicholas Kulish, "Key German Resigns from Leadership of ECB," *International Herald Tribune*, September 10, 2011, 14.
30. Helmut Schmidt, "Farewell event for Jean-Claude Trichet," speech, European Central Bank, Frankfurt, Germany, October 19, 2011, http://www.ecb.int/events/shared/pdf/speech_schmidt_111019_en.pdf?9e56ea646c3197e7a7b08fa78e70a276
31. Jean-Claude Trichet, speech, European Central Bank, Frankfurt, Germany, October 19, 2011, http://www.ecb.int/press/key/date/2011/html/sp111019.en.html

一八章　脱出速度

1. Senate Committee on Banking, Housing, and Urban Affairs, transcript of hearing, July 14, 2011, CQ Transcriptions.
2. Transcript of September 7, 2011, debate of Republican Presidential Candidates at Ronald Reagan Presidential Library, Federal News Service.
3. Speech by Mervyn King at the Mansion House, June 14, 2012, http://www.bankofengland.co.uk/publications/Documents/speeches/2012/speech587.pdf
4. Mervyn King, Quarterly Inflation Report Q&A, May 16, 2012, http://www.bankofengland.co.uk/publications/Documents/inflationreport/conf120516.pdf
5. Matt Sandy and Amanda Perthen, "Crisis? What Crisis," *Mail on Sunday*, July 3, 2011.
6. Sean O'Grady, "No Interest Rate Rise before Unemployment Falls, Says King," *Independent* (London), June 29, 2011.
7. Bank of England Inflation Report, August 2011, 38, http://www.bankofengland.co.uk/publications/Documents/inflationreport/ir11aug.pdf
8. Mervyn King, Inflation Report Press Conference, Opening Remarks by the Governor, August 10, 2011, http://www.bankofengland.co.uk/publications/Documents/inflationreport/irspnote100811.pdf
9. Examination of Witnesses, Treasury Select Committee, http://www.publications.parliament.uk/pa/cm201012/cmselect/cmtreasy/1576/11102502.htm
10. Philip Aldrick, "Shock and Awe Could Be QE's Biggest Asset," *Daily Telegraph*, October 7, 2011.
11. Allistair Osborne, "Bank Pins Hopes on QE2 to Keep Economy Afloat," *Daily Telegraph*, October 7, 2011.
12. "The Fed's Dual Mandate Responsibilities and Challenges Facing U.S. Monetary Policy,' September 7, 2011, http://www.chicagofed.org/webpages/publications/speeches/2011/09_07_dual_mandate.cfm
13. Christina D. Romer, "Dear Ben: It's Time for a Volcker Moment," *New York Times*, October 30, 2011, 6.
14. Bank of England Quarterly Inflation Report Q&A, May 16, 2012. http://www.bankofengland.co.uk/publications/Documents/inflationreport/conf120516.pdf

一九章　スーパーマリオの世界

1. "George Papandreou: An All Too Final Stand," *Guardian*, November 1, 2011, http://www.guardian.co.uk/commentisfree/2011/nov/01/george-papandreou-final-stand-editorial
2. Stefan Simons, "Merkel and Sarkozy Halt Payments to Athens," *Der Spiegel*, November 3, 2011.
3. Ibid.
4. Carlo Bastasin, *Saving Europe: How National Politics Nearly Destroyed the Euro*

(Washington, DC: Brookings Institution Press, 2012), 338.
5. Derived by the author from weekly ECB balance sheet announcements at http://www.ecb.int/press/pr/wfs/2011/html/index.en.html
6. Ralph Atkins, "Eurozone Crisis: A Deft Way to Buy Time," *Financial Times*, February 7, 2012.
7. Federal Reserve Press Release, November 30, 2011, http://www.federalreserve.gov/newsevents/press/monetary/20111130a.htm
8. Kevin Carmichael, "Central Banks in Bid to Pull Europe from Doldrums," *Globe and Mail*, December 1, 2011, B1.
9. Mario Draghi, press conference, December 8, 2011, http://www.ecb.int/press/pressconf/2011/html/is111208.en.html
10. Niki Kitsantonis and Rachel Donadio, "Athens Shaken By Riots After Vote for Austerity," *New York Times*, February 14, 2012, A8.
11. " 'Memorandum Macht Frei': How One Greek Paper Views the Second Bailout," *Journal*, http://www.thejournal.ie/memorandum-macht-frei-how-one-greek-paper-views-the-second-bailout-351455-Feb2012/
12. Hearing at Committee on Economic and Monetary Affairs of the European Parliament, introductory statement of Mario Draghi, April 25, 2012, http://www.ecb.int/press/key/date/2012/html/sp120425.en.html
13. Speech by Mario Draghi, Global Investment Conference, London, July 26, 2012, http://www.ecb.int/press/key/date/2012/html/sp120726.en.html

二〇章　周総裁の漢方薬

1. Speech by Zhou Xiaochuan at Caixin Summit, November 5, 2010, official English translation at http://www.pbc.gov.cn:8080/publish/english/955/2010/20101228160916958752023/20101228160916958752023_.html
2. Nicole Perlroth and Michael Noer, "The World's Most Powerful People," *Forbes*, November 2, 2011, http://www.forbes.com/powerful-people/
3. "The FP Top 100 Global Thinkers," *Foreign Policy*, December 2010.
4. Jason Dean, "Markets Ignore China Rumor (For a Change)," *China Realtime Report* (blog), *Wall Street Journal*, August 31, 2010, http://blogs.wsj.com/chinarealtime/2010/08/31/markets-ignore-china-rumor-for-a-change/
5. "Carl Walter and Victor Shih on the Chinese Banking System," Gerson Lehrman Group High Table Video, May 21, 2012.
6. *21st Century Business Herald*, March 6, 2009, http://www.21cbh.com/HTML/2009-3-9/HTML_5DFC2OOESWSQ.html
7. Guo Ru, ["Wu Xiaoling: Astronomical loans mask catastrophe, central bank must return to hedging measures"], July 23, 2009.

8. Xu Chenjing, [“Zhou Xiaochuan: We can’t let the common people’s money become frayed”], [*Global People Magazine*], November 30, 2010.
9. Zhou Xiaochuan, “Changing pro-cycliclality for financial and economic stability,” March 26, 2009, http://www.bis.org/review/r090421b.pdf
10. David Barboza, “China’s Mr. Wu Keeps Talking,” *New York Times*, September 26, 2009, http://www.nytimes.com/2009/09/27/business/global/27spy.html?_r=1&pagewanted=all
11. Xu Chenjing, [“We can’t let the common people’s money become frayed.”]
12. Bob Davis, “Political Overlords Shackle China’s Monetary Mandarins,” *Wall Street Journal*, April 15, 2011, A1.
13. Henry Sanderson, “China Bond Market Ready for Takeoff After Bold Moves,” *Bloomberg News*, June 11, 2012.
14. Zhou Xiaochuan, “Reform the International Monetary System,” March 23, 2009, http://www.pbc.gov.cn/publish/english/956/2009/20091229104425550619706/20091229104425550619706_.html
15. Li Tao, [“PBOC confirms the establishment of a second monetary policy division”], Caixin Media, October 30, 2009, http://www.caijing.com.cn/2009-10-30/110299012.html
16. “Bilateral Local Currency Swap Arrangement with the People’s Bank of China,” Reserve Bank of Australia, March 22, 2012, http://www.rba.gov.au/media-releases/2012/mr-12-08.html
17. http://www.fx168.com/fx168html/20120514/20120514134396080.htm
18. “RMB internationalization is market’s choice,” *China Daily*, June 5, 2012, http://www.china.org.cn/business/2012-06/05/content_25566200.htm
19. “Reform Is a Big Systematic Transformation and Needs Reasonable Arrangements,” *Emerging Markets Insight*, Mirae Asset, July/August 2012.
20. Yi, Peng [“How did Zhou Xiaochuan become a trickster with the interest rate hike”], *Economic Observer*, October 21, 2010, http://www.eeo.com.cn/2010/1021/183192.shtml

あとがき　ふたたびジャクソンホールへ

1. “Tangled Reins,” *Economist*, September 6, 2007, http://www.economist.com/node/9767718
2. Michael Woodford, “Methods of Policy Accommodation at the Interest-Rate Lower Bound,” paper presented at the Jackson Hole Symposium “The Changing Policy Landscape,” August 31, 2012, http://www.kansascityfed.org/publicat/sympos/2012/mw.pdf?sm=jh083112-4
3. Brian Blackstone and Marcus Walker, “How ECB Chief Outflanked German Foe in Fight for Euro,” *Wall Street Journal*, October 2, 2012, A1.
4. Paul Carrel, Noah Barkin, and Annika Breidthardt, “Special Report: Inside Mario Draghi’s Euro Rescue Plan,” *Reuters*, September 25, 2012.
5. “Too Close to State Financing via the Money Press,” *Der Spiegel*, August 29, 2012, http://www.spiegel.de/international/europe/spiegel-interview-with-bundesbank-president-jens-

weidmann-a-852285.html

6. "Money Creation and Responsibility," speech at the 18th colloquium of the Institute for Bank-Historical Research (IBF) in Frankfurt, September 18, 2012, http://www.bundesbank.de/Redaktion/EN/Reden/2012/2012_09_20_weidmann_money_creaktion_and_responsibility.html
7. Mario Draghi press conference, September 6, 2012, http://www.ecb.int/press/pressconf/2012/html/is120906.en.html
8. Mervyn King, Speech to the South Wales Chamber of Commerce, October 23, 2012, http://www.bankofengland.co.uk/publications/Documents/speeches/2012/speech613.pdf
9. Mervyn King, "Twenty Years of Inflation Targeting," Stamp Memorial Lecture, London School of Economics, October 9, 2012, http://www.bankofengland.co.uk/publications/Documents/speeches/2012/speech606.pdf

翻訳協力／齊藤治彦

マネーの支配者《しはいしや》
経済危機に立ち向かう中央銀行総裁たちの闘い
2014年3月20日　初版印刷
2014年3月25日　初版発行
*
著　者　ニール・アーウィン
訳　者　関《せき》　美《み》和《わ》
発行者　早　川　浩
*
印刷所　中央精版印刷株式会社
製本所　中央精版印刷株式会社
*
発行所　株式会社　早川書房
東京都千代田区神田多町2−2
電話　03-3252-3111（大代表）
振替　00160-3-47799
http://www.hayakawa-online.co.jp
定価はカバーに表示してあります
ISBN978-4-15-209446-9　C0033
Printed and bound in Japan
乱丁・落丁本は小社制作部宛お送り下さい。
送料小社負担にてお取りかえいたします。

ハヤカワ・ノンフィクション

これからの「正義」の話をしよう
——いまを生き延びるための哲学

JUSTICE
マイケル・サンデル
鬼澤　忍訳
46判上製

これが、ハーバード大学史上最多の履修者数を誇る名講義。

1人を殺せば5人を救える状況があったとしたら、あなたはその1人を殺すべきか？　経済危機から戦後補償まで、現代を覆う困難の奥に潜む、「正義」をめぐる哲学的課題を鮮やかに再検証する。NHK教育テレビ『ハーバード白熱教室』の人気教授が贈る名講義。

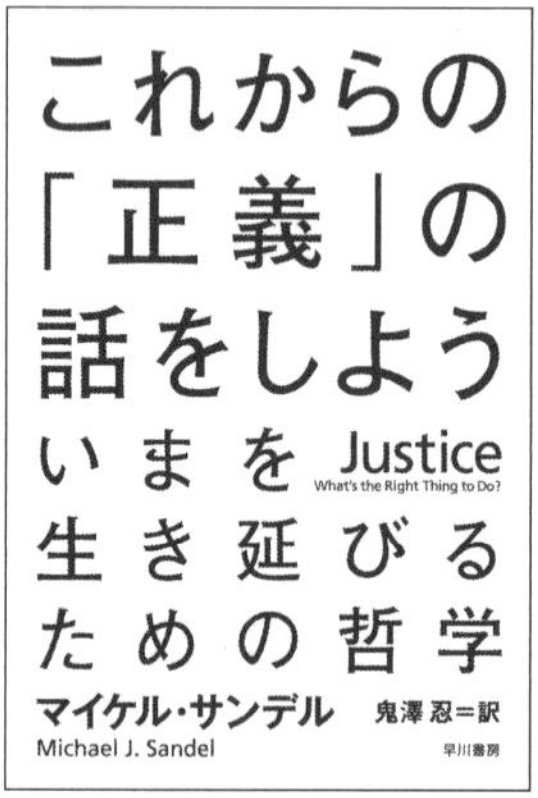

ハヤカワ・ノンフィクション

ハーバード白熱教室講義録＋東大特別授業（上下）

マイケル・サンデル
ＮＨＫ「ハーバード白熱教室」制作チーム、小林正弥、杉田晶子訳
46判並製

ＮＨＫで放送された人気講義を完全収録！

正しい殺人はあるのか？　米国大統領は日本への原爆投下を謝罪すべきか？　日常に潜む哲学の問いを鮮やかに探り出し論じる名門大学屈指の人気講義を書籍化。ＮＨＫで放送された「ハーバード白熱教室」全一二回、及び東京大学での来日特別授業を上下巻に収録。

ハヤカワ・ノンフィクション

ファスト&スロー（上・下）

——あなたの意思はどのように決まるか？

Thinking, Fast and Slow

ダニエル・カーネマン
村井章子訳
46判上製

心理学者にしてノーベル経済学賞に輝くカーネマンの代表的著作！

直感的、感情的な「速い思考」と意識的、論理的な「遅い思考」の比喩を使いながら、人間の「意思決定」の仕組みを解き明かす。私たちの意思はどれほど「認知的錯覚」の影響を受けるのか？　あなたの人間観、世界観を一変させる傑作ノンフィクション。

ハヤカワ・ノンフィクション

ハーバード式「超」効率仕事術

Extreme Productivity

ロバート・C・ポーゼン

関 美和訳

46判並製

メールの8割は捨てよ！　昼寝せよ！
手抜き仕事を活用せよ！

ハーバード・ビジネススクールで教鞭をとりつつ、世界的な資産運用会社MFSの会長を務め、さらに本や新聞雑誌の記事を執筆し、家族との時間もしっかり作ってきた著者。その「超」プロフェッショナルな仕事効率化の秘訣を、具体的かつ実践的に紹介する一冊！